Volker Gäckle, Jürgen Schuster (Hg.)

Mission im 21. Jahrhundert

Interkulturalität & Religion
Intercultural & Religious Studies

Liebenzeller Impulse
zu Mission, Kultur und Religion

herausgegeben von / edited by

Prof. Dr. Jürgen Schuster,
Prof. Dr. Mihamm Kim-Rauchholz
und Prof. Dr. Volker Gäckle

Band / Volume 8

LIT

Volker Gäckle, Jürgen Schuster (Hg.)

Mission im 21. Jahrhundert

Überlegungen und Perspektiven zur Zukunft der christlichen Weltmission

LIT

Umschlagbild: iStock.com/Drepicter

Gedruckt auf alterungsbeständigem Werkdruckpapier entsprechend
ANSI Z3948 DIN ISO 9706

Bibliografische Information der Deutschen Nationalbibliothek
Die Deutsche Nationalbibliothek verzeichnet diese Publikation in der Deutschen Nationalbibliografie; detaillierte bibliografische Daten sind im Internet über https://dnb.dnb.de abrufbar.

ISBN 978-3-643-25121-3 (br.)
ISBN 978-3-643-45121-7 (PDF)

Verlagskontakt:
Fresnostr. 2 D-48159 Münster
Tel. +49 (0) 2 51-62 03 20
E-Mail: lit@lit-verlag.de https://www.lit-verlag.de

Auslieferung:
Deutschland: LIT Verlag, Fresnostr. 2, D-48159 Münster
Tel. +49 (0) 2 51-620 32 22, E-Mail: vertrieb@lit-verlag.de

Inhaltsverzeichnis

Vorwort

Volker Gäckle und Jürgen Schuster

Wenn nach der Zukunft einer Sache gefragt wird, geschieht dies meist, weil es in der Gegenwart ein Problem gibt, die Rahmenbedingungen sich fundamental gewandelt haben und/oder Veränderungen unvermeidlich sind. Diese Punkte treffen für das weltmissionarische Engagement der abendländischen Christenheit zweifellos zu. In vielen Bereichen ist ein „Weiter so" nicht mehr möglich und der Wandel schon im vollen Gange.

Allerdings hat sich christliche Mission in den vergangenen zwei Jahrtausenden immer wieder gewandelt. Sie war immer wieder von großen Aufbrüchen, dramatischen Abbrüchen und sowohl schmerzhaften als auch fruchtbaren Zäsuren geprägt. Das 21. Jahrhundert wird diese Geschichte der Aufbrüche, Abbrüche und Veränderungen allem Anschein nach fortsetzen.

Der Fokus dieses Buches konzentriert sich dabei auf die Form der protestantischen Weltmission, die vor 300 Jahren in Europa ihren Ausgangspunkt genommen hat und in den vergangenen drei Jahrhundertern das religiöse Gesicht der Erde verändert hat. Aus kleinen Anfängen im 18. Jahrhundert sind Kirchen und Bewegungen entstanden, die im 21. Jahrhundert Teil einer Weltchristenheit geworden sind. Mit dieser Entwicklung gingen ungezählte Gebete, Hoffnungen und die Anstrengungen vieler Tausend Missionarinnen und Missionare seit dem 17. Jahrhundert in Erfüllung.

In der Missionsgeschichte hat es sich etabliert, vom 19. Jahrhundert als dem „great century of world mission" zu sprechen, dem großen Jahrhundert der Weltmission. Es war das Jahrhundert, in dem ungezählte, von europäischen und nordamerikanischen Missionsgesellschaften ausgesandte Missionare in die bis dato unerreichten Binnenregionen der großen Kontinente Asien und Afrika vordrangen, um das Evangelium dorthin zu tragen, wo es vorher noch nie verkündigt worden war.

Im 20. Jahrhundert wurde die Welt Zeuge eines vorher kaum für möglich gehaltenen Wachstums der Kirchen im Globalen Süden. Insbesondere in Subsahara-Afrika wuchs die Christenheit so stark, dass Afrika mittlerweile der Kontinent mit der in absoluten Zahlen größten Christenheit weltweit ist. Auch in Lateinamerika und Asien sind dynamische Kirchen entstanden, die mit ihrem Gemeindewachstum die traditionellen Kirchen der westlichen Welt bei Weitem überragen.

Im 21. Jahrhundert sprechen wir nicht mehr von Weltmission im Sinne einer Bewegung „from the West to the rest", sondern von einer Weltchristenheit, deren Zentrum nicht mehr in Europa oder Nordamerika liegt, sondern die sich mittlerweile polyzentrisch über den gesamten Globus erstreckt und missionarisch von „überall her nach überall" unterwegs ist. In der Mitte dieses Jahrhunderts werden voraussichtlich drei Viertel der Weltchristenheit im Globalen Süden leben. Die Ränder sind zur Mitte geworden und der ursprünglichen Mitte der abendlichen Christenheit droht die Marginalisierung.

Diese Schwerpunktverlagerung hat Rückwirkungen auf westliche Missionsbestrebungen. Wir erleben ein Ende bisheriger Selbstverständlichkeiten ausgelöst durch die hier skizzierten geschichtlichen Entwicklungen, aber auch durch eine postkoloniale Kritik an der Geschichte und Praxis christlicher Mission der letzten Jahrhunderte. Gewissheiten, die über Jahrzehnte und Jahrhunderte galten, werden in Frage gestellt. Bewährte Strukturen und Arbeitsformen befinden sich in einer Krise und gleichzeitig eröffnen sowohl die polyzentrische Struktur der Weltchristenheit als auch Entwicklungen wie die Globalisierung, die Digitalisierung und die Pluralisierung neue Herausforderungen für die Kirchen und Gemeinden auf der einen und neue Chancen für die Mission und das Evangelium auf der anderen Seite.

Dieses Buch hat seinen Ursprung in einem Prozess innerhalb der Liebenzeller Mission und der von ihr getragenen Internationalen Hochschule Liebenzell (IHL), im Rahmen dessen wir seit etwa drei Jahren nach der „Mission for Future" (kurz M4F), also der Zukunft der Mission fragen. Im Erscheinungsjahr dieses Buches feiert die Liebenzeller Mission ihr 125-jähriges Bestehen. Vieles ist in diesen 125 Jahren gewachsen, vieles hat sich verändert und in vielen Bereichen stehen wir vor neuen Herausforderungen, aber auch vor neuen Chancen. Der globale Wandel, der sich gegenwärtig weltpolitisch, gesellschaftlich, wirtschaftlich und religiös ereignet, fordert auch unsere Arbeit sowohl weltweit als auch bei uns in Deutschland heraus. Wir sind ins Fragen gekommen und uns wurden und werden Fragen gestellt. Wir sehen immer deutlicher, dass wir uns verändern müssen, um wirkungsvoll – oder biblisch gesprochen: fruchtbar – zu bleiben.

Die meisten Autoren dieses Buches sind Mitarbeiter der Liebenzeller Mission und ihrer Hochschule. Wir haben aber auch Gastautoren wie Detlef Blöcher, den langjährigen Leiter von DMG interpersonell, oder Kimberly Schuster, eine noch junge Studentin, eingeladen, ihre Expertise und Forschungen in dieses Buch einzubringen.

Das Buch gliedert sich inhaltlich in drei Teile: Der erste Teil widmet sich einem Rückblick auf die protestantische Missionsgeschichte des 20. und 21. Jahrhunderts sowie einer Standortbestimmung der Weltmission im Horizont der Weltchristenheit und einem Ausblick auf die Herausforderungen der Weltmission in den kommenden Jahrzehnten.

In einem ersten Beitrag blickt *Volker Gäckle* zurück auf das 20. Jahrhundert und die erste Weltmissionskonferenz in Edinburgh im Jahr 1910, um von hier aus die wesentlichen Entwicklungen der Weltmission im 20. Jahrhundert nachzuzeichnen. Der Beitrag endet mit einem Überblick über das gegenwärtige Bild der Weltchristenheit und die großen Herausforderungen, die darin liegen.

Über die Rolle der Mission im Zeitalter der Weltchristenheit denkt im zweiten Beitrag *Jürgen Schuster* nach. Was bedeutet Mission im Horizont einer polyzentrischen Weltchristenheit? Wie kann christliche Mission auf die Herausforderungen dieses Epochenwechsels reagieren? Der Beitrag mündet in vier Impulse zur kulturellen und theologischen Reflexion und zur Praxis der Mission.

Der Frage nach den Brennpunkten und Aufgaben einer polyzentrischen Weltchristenheit geht auch *Simon Herrmann* im dritten Beitrag dieses Teils nach. Ausgehend von einer Analyse der gegenwärtigen Gestalt der Weltchristenheit fragt er sowohl nach dem bleibenden Auftrag der Weltmission in einer veränderten Welt als auch nach den Möglichkeiten und Chancen einer global vernetzten Form der Mission in der polyzentrischen Weltchristenheit.

Im letzten Beitrag des ersten Teils widmet sich *David Jarsetz* den Zukunftstrends und -perspektiven der Weltmission. Er wählt seinen Ausgangspunkt bei weltweiten Megatrends, um anschließend zu fragen, wie sich die Missionsarbeit westlicher Missionsgesellschaften unter diesen Rahmenbedingungen verändern muss. Dabei legt er den Fokus auf weltweite Partnerschaft, ein verändertes Rollenprofil westlicher Missionare und die Herausforderungen für Theologie und Ausbildung.

Der zweite Teil des Buches konzentriert sich auf eine Reihe theologischer und struktureller Fragen der gegenwärtigen Missionsarbeit. Im ersten Beitrag dieses Teils blickt *Jürgen Schuster* auf das Konzept der Missio Dei als der bedeutendsten Geschichtsinterpretation der Missionstheologie des 20. Jahrhunderts zurück. Was ist die große Geschichte Gottes, in der sich unsere kleinen Missionsgeschichten und das missionarische Zeugnis der Kirche ereignen, und welche Konsequenzen ergeben sich daraus für unsere Missionstheologie und Missionspraxis?

Die beiden folgenden Beiträge von Tobias Schuckert und David Kramer beschäftigen sich mit den Anfragen des Postkolonialismus an die christliche Mission. *Tobias Schuckert* fragt nach der bleibenden Legitimität christlicher Mission vor dem Hintergrund der postkolonialen Kritik der letzten Jahrzehnte. Die Verwobenheit christlicher Mission mit der Geschichte der europäischen Kolonialreiche führte seit den 70er Jahren des letzten Jahrhunderts zu einer fundamentalen Infragestellung von Mission an sich. Als Kontrast zur postkolonialen Kritik an der ungleichen Verteilung von Macht, Ressourcen, Kommunikationskanälen und Bildung wirft er einen Blick auf das

Empowerment und die Befähigung zu selbständiger Theologie und Mission, die von Christen, Gemeinden und Kirchen im Globalen Süden erlangt wurden. Er schließt mit einigen Thesen zur Mission in postkolonialer Sensibilität.

David Kramer entfaltet in seinem Beitrag zunächst eine Einführung in die Anliegen des Postkolonialismus und in das Denken und die Ziele von Edward Said als einem der bedeutendsten Theoretiker des Postkolonialismus, um anschließend diese Anliegen mit dem christlichen Glauben ins Gespräch zu bringen. Abschließend formuliert er aus diesem Gespräch heraus einige Warnhinweise für eine zeitgemäße Missionsarbeit im Horizont berechtigter postkolonialer Anfragen.

Im vierten Beitrag dieses Teils richtet *Simon Herrmann* sein Augenmerk auf den Begriff, das Profil und die Rolle des Missionars. Dabei zeigt sich, wie stark sich dieser Begriff in den vergangenen Jahrzehnten durch die Verschiebungen im Missionsverständnis bereits verändert hat. Im zweiten Teil seines Beitrags stellt der Autor dann grundsätzliche Überlegungen im Blick auf die Frage an, wie rechtmäßig, sinnvoll, nützlich und austauschbar dieser Begriff im 21. Jahrhundert ist.

Im fünften Beitrag wirft *Volker Gäckle* einen Blick auf die Zukunftsfähigkeit der Missionsgesellschaft im Sinne einer Organisationsform, derer sich der europäische und nordamerikanische Protestantismus bedient hat, um das Ziel der Weltmission zu erreichen. Dabei zeigt sich, dass diese Organisationsform historisch unlösbar mit den Bedingungen ihrer Entstehungszeit und ihrer Ursprungsländer verbunden ist. Durch die Entwicklungen der vergangenen Jahrzehnte scheint die Missionsgesellschaft als Organisationsform für Mission in eine tiefgreifende Krise geraten und am Ende einer Epoche angelangt zu sein. Welche Optionen sich für Missionsgesellschaften daraus ergeben, ist Teil der abschließenden Überlegungen.

Die beiden letzten Artikel des zweiten Teils befassen sich mit dem Begriff der „Bekehrung“. Dabei entfaltet *Mihamm Kim-Rauchholz* in grundsätzlicher Weise den biblisch-theologischen Hintergrund von Bekehrung aus alt- und neutestamentlicher Perspektive, wobei sie einen besonderen Fokus auf das sog. lukanische Doppelwerk aus Lukasevangelium und Apostelgeschichte mit seinen zahlreichen Bekehrungsgeschichten legt.

Einen anderen Zugang zum Bekehrungsbegriff wählt *Andreas Jägers*. Er beleuchtet das Phänomen der „Bekehrung“ aus geistes- und sozialwissenschaftlicher Perspektive. Es lässt dabei verschiedene Stimmen, Anfragen und Wahrnehmungen aus der Kirchen- und Theologiegeschichte, der Psychologie, Soziologie und Ethnologie zu Wort kommen. Im zweiten Teil fasst er diese in einer Gesamtschau zusammen und bringt sie mit der Perspektive des kanadischen Philosophen Charles Taylor ins Gespräch, um daraus abschließend Folgerungen für die evangelistische Einladung zur Bekehrung zu ziehen.

Der dritte Teil des Buches fokussiert sich auf konkrete praktische und theologische Herausforderung aktueller Missionsarbeit. Im ersten Beitrag begründet *Detlef Blöcher* die Notwendigkeit und Unumgänglichkeit der weltmissionarischen Zusammenarbeit im 21. Jahrhundert angesichts sowohl begrenzter Ressourcen als auch enormer Potenziale und Synergien. Er entfaltet im Hauptteil einen weiten Horizont sowohl unterschiedlicher weltmissionarischer Kooperationsoptionen und -formen als auch der verschiedenen Intensitäten. In den beiden letzten Punkten legt der Autor den Fokus sowohl auf die Herausforderungen (internationaler) Partnerschaften als auch auf die Prinzipien erfolgreicher Partnerschaften.

Mit der wachsenden Bedeutung und unersetzbaren Rolle von Frauen in der Weltmission setzt sich *Kimberly Schuster* im zweiten Beitrag des letzten Teils auseinander. Sie macht deutlich, dass Frauen schon immer eine wesentliche Rolle innehatten, diese aber historiographisch nicht immer adäquat erzählt und tradiert wurde. Die Autorin beleuchtet in einem ersten historischen Teil verschiedene Facetten weiblichen Engagements in der Missionsarbeit, das meistens mehr als bei Männern von einem ganzheitlichen Charakter geprägt war. Bei der Analyse der Gegenwart steht die Wahrnehmung von Ungleichheit sowie negativen wie positiven Alltagserfahrungen im Mittelpunkt bevor sie in einem abschließenden Teil verschiedene Handlungsimpulse mit praktischen Hinweisen für ein gelingendes Miteinander der Geschlechter und eine wirkungsvolle Einbeziehung von Frauen in die Weltmission entfaltet.

Im anschließenden Beitrag diskutiert *Jean-Georges Gantenbein* die Bedeutung der Ästhetik für die evangelistische Weitergabe des Glaubens in der Spannung zwischen Kultur und Heiliger Schrift. In der säkularen Kultur des Westens wird Rettung und Erlösung erstens von der Zugehörigkeit zu einer sozialen Gruppe, hinter der sich die Suche nach dem Wahren verbirgt, zweitens vom richtigen Handeln bzw. dem guten Leben und drittens von der Schönheit im weitesten Sinn erwartet. Der Autor konzentriert sich dabei insbesondere auf die Rolle der Ästhetik, der in der protestantischen Theologie mit ihrer Fokussierung auf eine bestimmte Worttheologie zu wenig Aufmerksamkeit geschenkt wurde. Wie können die Ästhetik und die Dimension des Schönen für die Evangelisation und Mission im 21. Jahrhundert neu zur Geltung gebracht werden? Diese Frage ist der Zielpunkt dieses Beitrags.

Im letzten Beitrag dieses Teils und damit auch des gesamten Buches argumentiert *Jürgen Schuster*, dass es beim Kontextualisieren des Evangeliums um wesentlich mehr geht als nur die Adaption einer Botschaft für eine fremde Kultur. Es geht vielmehr um die Anknüpfung an eine Plausibilitätsstruktur als dem kognitiven Fundament einer sozialen Gemeinschaft und ihres Weltbildes. Wesentlich ist dabei die Einsicht, dass es kein „kulturfreies" christliches Weltbild gibt, sondern Christen die Welt immer auch auf dem Hintergrund ihres kulturellen Hintergrundes interpretieren (müssen). Wie Kirchen,

Gemeinden und Missionare eine dynamische Kontextualisierungskompetenz entwickeln können, ist der Zielpunkt dieses Artikels.

Dieses Buch erhebt nicht den Anspruch auf Vollständigkeit. Viele Aspekte bleiben unbehandelt und hätten ebenfalls einen Beitrag verdient. Dies gilt vor allen anderen für das Thema der Digitalisierung, die auch für die Weltmission und Weltchristenheit im 21. Jahrhundert eine kaum zu überschätzende Rolle spielen wird. Leider können wir dazu in der vorliegenden Aufsatzsammlung (noch) keinen Beitrag präsentieren. So muss dieses Thema noch auf eine Behandlung an anderer Stelle warten.

Wir wünschen den Leserinnen und Lesern der folgenden Beiträge Anregungen und Impulse für das eigene Denken und fruchtbringende Gespräche und Diskussionen in Gemeinden, Kirchen und der weltweiten Missionsarbeit.

Volker Gäckle und Jürgen Schuster im Januar 2024

Teil 1: Herausforderungen: Wo wir stehen

Weltmission im 20. und 21. Jahrhundert (1900–2024) Wo wir herkommen, stehen und was uns heute herausfordert

Volker Gäckle

„Was wir sind und haben – im höheren Sinn –, haben wir aus der Geschichte und an der Geschichte, freilich nur an dem, was eine Folge in ihr gehabt hat und bis heute nachwirkt."[1] Dieses berühmte Diktum des großen Kirchen- und Dogmengeschichtlers Adolf von Harnack (1851–1930) gilt auch für die Missionsgeschichte: Wer nach vorne blicken will, muss zuerst zurückblicken. Wer wissen will, wo er steht und was er hat, muss fragen, wo er herkommt. Wenn wir in diesem Buch nach der Zukunft der Mission fragen, muss der erste Blick wenigstens ein kurzer Blick zurück sein auf den Weg, den die Weltmission und die sie begleitende Missionstheologie in den letzten 124 zurückgelegt hat, wohlwissend, dass die moderne Geschichte der Weltmission eine wesentlich längere ist. Es würde aber im Rahmen eines kurzen Artikels keinen Sinn machen bei der spanischen Conquista des 16. Jahrhunderts, der Dänisch-Hallischen-Mission und ihren ersten Missionaren Bartholomäus Ziegenbalg (1682–1719) und Heinrich Plütschau (1676–1752) im frühen 18. Jahrhundert oder bei William Carey (1761–1834) und der Baptist Missionary Society im späten 18. Jahrhundert zu beginnen. Der Grund für den relativ späten Einsatz am Beginn des 20. Jahrhunderts wird im Laufe des Artikels deutlich werden.

1. Weltmission im 20. Jahrhundert

1.1 Die religiöse Umkehrung der Welt

Das 20. Jahrhundert hat die Welt nicht nur in politischer und gesellschaftlicher, sondern auch in weltmissionarischer und religionssoziologischer Hinsicht tiefgreifend verändert. Infolgedessen hat sich das Gesicht der Weltchristenheit in den letzten 124 Jahren umgekehrt. Zu Beginn des 20. Jahrhunderts war der globale Norden fast vollständig christianisiert und die großen Konfessionen des Katholizismus, Protestantismus und der Orthodoxie dominierten das religiöse Bild der Kontinente in der nördlichen Hemisphäre. Die

---

[1] Harnack, Adolf von: Das Wesen des Christentums, Leipzig 1913, 3.

Bevölkerung Europas und Nordamerikas gehörte zu über 90 % einer dieser Konfessionen an. Ein Leben außerhalb der Mitgliedschaft in bzw. Zugehörigkeit zu einer der großen Kirchen war ungewöhnlich und nicht selten gefährlich. Juden, Muslime und Baptisten können hier viele Geschichten erzählen. Währenddessen war der globale Süden abgesehen vom katholisch christianisierten Lateinamerika vom Evangelium nur rudimentär erreicht. Die mühsamen Wege ins Inland des afrikanischen und asiatischen Kontinents wurden erst ab der Mitte des 19. Jahrhunderts gewagt, wovon der Namensteil „interior mission" vieler Missionsgesellschaften, die in jenen Jahren gegründet wurden, Zeugnis gibt.

Fast 125 Jahr später erleben wir eine umgekehrte Wirklichkeit. Während der Schwerpunkt der Weltchristenheit sich in atemberaubender Geschwindigkeit in den globalen Süden verlagert hat, ringt das christliche Abendland mit einer beispiellosen Säkularisierung, die innerhalb von nur 100 Jahren zur Entkirchlichung Europas geführt hat und noch führen wird. Wo im frühen 18. Jahrhundert ursprünglich die Wiege der modernen Weltmissionsbewegung stand, gibt es immer mehr nicht nur entkirchlichte, sondern „entchristianisierte" Landstriche, in denen es kein christliches Zeugnis und kein gottesdienstliches Angebot mehr gibt. Während das europäische Abendland einen in seiner Radikalität noch nicht abzusehenden Traditions- und Religionsabbruch erlebt, werden umgekehrt bis in wenigen Jahren drei Viertel der Christenheit im globalen Süden zu Hause sein.

Um zu begreifen, was sich in diesen letzten 124 Jahren ereignet hat, lohnt sich ein Rückblick auf einen Schlüsselmoment der modernen Missionsgeschichte. Dieser Schlüsselmoment fand im Jahr 1910 im schottischen Edinburgh statt, wo damals die erste Weltmissionskonferenz überhaupt stattfand.

1.2 Edinburgh 1910 und die Vision der Vollendung der Weltmission

Auf Initiative und Einladung des amerikanischen YMCA-Sekretärs und späteren Präsidenten des YMCA-Weltbundes John Mott (1865–1955) trafen sich am 14. Juni 1910 nicht weniger als 1215 Delegierte im Konferenzsaal der Vereinigten Schottischen Kirche in Edinburgh zur Eröffnungssitzung. Die Leitung hatte Lord Arthur James Balfour (1848–1930), der einer der wichtigsten Kirchenmänner und Politiker Schottlands war und später als britischer Außenminister im Jahr 1917 mit der berühmten Balfour-Declaration zur „Gründung einer jüdischen Heimstatt in Palästina" Weltgeschichte schreiben sollte. Die Konferenz dauerte zehn Tage und brachte die wichtigsten Vertreter der anglikanischen und protestantischen Missionsgesellschaften zusammen. Vertreter der katholischen und orthodoxen Christenheit wurden nicht eingeladen. Von den 1215 Teilnehmern kamen über 1000 aus Nordamerika und v. a. Großbritannien. Aus Kontinentaleuropa waren ca. 170 Vertreter angereist und aus dem globalen Süden waren nur 17 Vertreter aus den Missionsgebieten Asiens vertreten, niemand aus Afrika und niemand aus dem „katholischen Kontinent“ Lateinamerika.

Trotz dieser konfessionellen und kulturellen Unwucht in der Zusammensetzung trafen sich in Edinburgh zum ersten Mal Vertreter der internationalen Missionsgesellschaften, um über die erreichten Erfolge und die noch zu erreichenden Ziele und Strategien für die Zukunft christlicher Mission gemeinsam nachzudenken. John Mott hatte für die Konferenz das Ziel formuliert: Innerhalb einer Generation sollten „alle Völker der Erde Gelegenheit gefunden haben, den lebendigen Herrn Christus zu kennen und zu erwarten“. Entsprechend lautete das Motto der Konferenz „Die Evangelisierung der Welt in dieser Generation“. Man hatte die Vision bis zur Mitte des Jahrhunderts mit dem Projekt Weltmission zum Ende zu kommen.

1.3 Das Finale der Weltmission

Weltmission wurde damit spätestens seit Edinburgh 1910 zu einem strategischen Unternehmen mit finaler Zielsetzung und die schiere Menge an Missionsgesellschaften, Missionarinnen und Missionaren sowie die Kolonialisierung des globalen Südens beförderten die Idee, einer weltweiten Koordination dieses Unternehmens. Dabei waren die Vision und Hoffnung allgegenwärtig, diese schon bald zu ihrem endzeitlichen Ziel bringen zu können.

Diese Pläne sind auch vor dem Hintergrund des gewaltigen Optimismus zu verstehen, der in den Gründerjahren zu Beginn des 20. Jahrhunderts herrschte. Weltmission war in jenen Jahren nicht nur ein Projekt von Kirchen oder einzelnen Missionsgesellschaften, sondern auch der europäischen Kolonialmächte. Im Rahmen der Bemühungen aller europäischen Großmächte, sich Kolonien in Afrika, Asien und Ozeanien zu sichern, wurden zwar nicht immer, aber auch nicht so selten Missionare als willkommene Gehilfen des europäischen Kulturexports angesehen. Die europäische bzw. westliche Kultur und der christliche Glaube waren noch auf das Engste verwoben. So war es auch in Deutschland nicht nur eine fromme Anwandlung, dass Kaiser Wilhelm II. anlässlich seines 25jährigen Thronbesteigungsjubiläum im Jahre 1913 alle Deutschen um eine Spende für die deutschen Missionen bat. Es gab damals viele gesellschaftliche Kräfte und wohlhabende Kreise, die das Unternehmen der Weltmission aus sehr eigennützigen Motiven großzügig unterstützten.

1.4 Weltkatastrophe statt Weltevangelisation

Was in den Jahren und Jahrzehnten nach Edinburgh folgte, war allerdings nicht die europäisch betriebene Weltevangelisation, sondern die europäisch verursachte Weltkatastrophe durch die beiden Weltkriege, die vom christlichen Abendland ausgingen, insbesondere von Deutschland, und die ganze

Welt in Mitleidenschaft zogen. Am deutschen Wesen ist die Welt nicht genesen – um das berühmte Motto der deutschen Kolonialzeit zu bemühen –, sondern fast zugrunde gegangen. Mit den Weltkriegen war zunächst auch das europäische und nordamerikanische Projekt der Weltevangelisation desavouiert. Was war von christlichen Weltmächten und Gesellschaften zu erwarten, die für 40 Millionen Weltkriegsopfer, eklatante Kulturbrüche und verheerende Zerstörungen verantwortlich waren?

1.5 Ernüchterung und neue Aufbrüche

In der europäischen Missionsbewegung machte sich in der Nachkriegszeit Ernüchterung breit. Die hochgesteckten Ziele der ersten Weltmissionskonferenz von Edinburgh waren in weite Ferne gerückt. Während des Krieges mussten viele Missionare aufgrund der politischen Situation ihre Missionsfelder verlassen. Nach dem Sturz der chinesischen Militärdiktatur und der kommunistischen Machtergreifung durch Mao Tse-tung (1893–1976) sowie der Gründung der Volksrepublik China im Jahr 1949 schlossen sich auch im bevölkerungsreichsten Land der Erde die Türen für christliche Missionare. Aber auch Kirchen in Afrika, Lateinamerika und Asien, die mit dem Ende der europäischen Kolonialreiche und der nationalen Unabhängigkeit der ehemaligen Kolonien selbst unabhängiger geworden waren, forderten einen Abzug der westlichen Missionare.

Aus der Krise der Weltkriege und dem Ende der Kolonialgeschichte resultierte allerdings nicht der Abbruch des Projektes der Weltmission, sondern ein neuer und überraschender Aufbruch. Mit der nationalen Unabhängigkeit der ehemaligen Kolonialreiche wurden auch die ehemaligen Missionskirchen selbständiger und unabhängiger. Sukzessive übernahmen die indigenen Kirchen selbst die Verantwortung für die Mission in ihren Ländern. Insbesondere im südlichen Afrika sowie in einzelnen Ländern Südamerikas und Asiens, v. a. in Südkorea und China, gab es große Erweckungen und geistliche Aufbrüche.

1.6 Das Reich Gottes und die soziale Frage

Mit dem Ende der Kolonialzeit in den Jahrzehnten nach dem Zweiten Weltkrieg gewann allerdings ein Thema wachsende Brisanz, das schon seit den 20er Jahren des 20. Jahrhunderts Gegenstand kontroverser Diskussionen war und nunmehr zum „heißen Eisen" der Weltmissionsbewegung wurde. Über ein halbes Jahrhundert hinweg führte diese Frage zu theologischen Diskussionen und Debatten und nicht zuletzt zur Trennung und Spaltung der Weltmissionsbewegung: Es ging um die Verhältnisbestimmung von Wort und Tat bzw. präziser formuliert: um die rechte Zuordnung von verkündigender Evangelisation und sozialem sowie politischem Engagement. Die divergierenden Verhältnisbestimmungen, die dazu im 20. Jahrhundert formuliert und diskutiert wurden, waren in der Regel eng verwoben mit differierenden Auffassungen im Blick auf den ntl. Begriff des „Reiches Gottes".

Von deutschen Theologen wie z. B. dem Marburger und späteren Heidelberger Neutestamentler Johannes Weiß (1863–1914) war vor allem die endzeitliche Dimension des Reiches Gottes betont worden. Im Gegensatz zu diesem heilsgeschichtlichen Endzeithorizont, der beispielsweise für deutsche Missionstheologen der Nachkriegszeit wie Karl Hartenstein (1894–1952) oder Walter Freytag (1899–1959) bestimmend wurde und Auftrag und Ziel der Mission im Horizont von Mt 24,14/Mk 13,10 definierte, setzte sich in der angelsächsischen Welt C.H. Dodds (1884–1973) Sicht einer *realized eschatology* durch. Der Akzent lag hier auf der bereits gegenwärtigen Wirklichkeit des Reiches Gottes, das schon jetzt in seine Erfüllung eingetreten sei: Die Herrschaft Gottes ist in Christus bereits jetzt gekommen. Daraus erwachse für die Kirche die Aufgabe, für eine Durchsetzung dieser Herrschaft Gottes in der Welt zu sorgen. Nur auf diesem Hintergrund lassen sich viele der folgenden Entwicklungen verstehen.[2]

Parallel zu dieser exegetischen Grundsatzentscheidung gewann in den 20er Jahren des 20. Jahrhunderts v. a. in den USA die sogenannte „Social Gospel"-Theologie an Einfluss, die den Missionsbegriff auf das soziale und gesellschaftspolitische Engagement für die Armen, Benachteiligten und Entrechteten reduzierte. Beide Linien fanden rasch zusammen: Das von Jesus verkündigte „Reich Gottes" wurde im Sinne der erwähnten *„realized eschatology"* als ein schon „realisiertes" und gegenwärtiges Reich verstanden, das sich nun auch in den sozialen und politischen Strukturen dieser Welt durchsetzen müsse. Seit den 20er Jahren wurde diese Theologie durch Missionstheologen wie dem Amerikaner Walter Rauschenbusch (1861–1918) und dem Holländer Johannes C. Hoekendijk (1912–1975) zum bestimmenden Missionskonzept der angelsächsischen Welt, die eine Führungsrolle in der Weltmissionsbewegung einnahm.

1.7 Missio Dei

Mit der ersten Weltmissionskonferenz nach dem Zweiten Weltkrieg, die 1952 in Willingen im Sauerland stattfand, ist der lateinische Begriff der „Missio Dei" (dt. Mission Gottes) verbunden. Infolge des Zweiten Weltkriegs und der Unabhängigkeitsprozesse in ehemaligen Kolonialreichen steckte die Weltmission in einer tiefen Krise und brauchte eine neue, biblisch-theologische Begründung für ihre Arbeit.

---

2 Vgl. zur exegetischen Debatte zu diesem Begriff Gäckle, Volker: Das Reich Gottes im Neuen Testament. Auslegungen – Anfragen – Alternativen, BThSt 176, Göttingen 2018, 3–15.

Der Stuttgarter Prälat Karl Hartenstein (1894–1952) führte dabei den Begriff der „Missio Dei“ in die Diskussion ein, um die christliche Mission vor einer Säkularisierung und Horizontalisierung im Sinne einer Reduktion auf die Ausbreitung der Zivilisation oder der Humanisierung der Gesellschaft zu bewahren. Mission ist demnach nicht in erster Linie eine Aktivität der Kirche. Sie ist vielmehr verankert im Wesen des dreieinen Gottes, der selbst Ausgangspunkt und Herr der Mission ist.[3]

Allerdings wurde der Begriff der „Missio Dei“ in den 50er und 60er Jahren im Rahmen der ökumenischen Missionsbewegung und unter dem Einfluss von Johannes C. Hoekendijk sukzessive ganz anders gefüllt. Hoekendijk verstand die „Missio Dei“ als Gottes ganzheitliche Zuwendung zur Welt, die sich auch neben und gelegentlich sogar unter Umgehung der Kirche ereigne. Die Konsequenzen waren fatal: Denn gemäß diesem Konzept ist auch jedes Engagement für soziale Gerechtigkeit – einschließlich politischer Aufstände und Revolutionen und unabhängig davon, ob sie von Christen oder aus christlicher Motivation heraus initiiert werden oder nicht – ein Teil der „Missio Dei“. In der Folge wurde die vertikale Dimension der Mission, konkret die Versöhnung des Menschen mit Gott, mehr und mehr zugunsten der horizontalen Dimension der sozialen Gerechtigkeit und des Kampfes gegen Armut und Hunger preisgegeben.

Spätestens seit der dritten Vollversammlung des Ökumenischen Rates der Kirchen 1961 in Neu Delhi wurde diese Theologie maßgebend für das Missionsverständnis des Weltkirchenrates und der ökumenischen Weltmissionskonferenzen. In den 60er Jahren wurde der Begriff der Weltmission immer deutlicher auf ein weltimmanentes, soziales Handeln reduziert und auch völlig säkulare und häufig sozialistische oder kommunistische Unabhängigkeits- oder sogar Revolutionsbewegungen konnten als „Handeln Gottes“ gegen die Unterdrückung seiner geliebten Welt verstanden werden. Die 60er Jahre waren die Geburtsstunde zahlloser „Befreiungstheologien“, die ein direktes Ergebnis der Theologie eines schon realisierten „Reiches Gottes“ waren, das kaum mehr etwas von einem zukünftigen Heil, aber alles von einer gegenwärtigen, „heilvollen“ Veränderung der Verhältnisse erwartete. Folglich ging es von nun an nicht mehr vorrangig um die Verkündigung des Evangeliums, sondern um das Engagement für und Identifikation mit der Welt.

---

3 Georg F. Vicedom (1903–1974) hat dieses Thema später weiter entfaltet, in ders.: Missio Dei. Einführung in eine Theologie der Mission, München 1958; vgl. auch ders.: Missio Dei – Actio Dei, neu hrsg. v. K. W. Müller mit Beiträgen von B. Brandl und H. Wagner, edition afem: mission classics 4, Nürnberg 2002.

1.8 Lausanne und die Geburtsstunde der evangelikalen Missionsbewegung

Gegen eine solche Reduktion des Missionsbegriffes wehrten sich ab Mitte der 60er Jahre evangelikale Christen, und zwar weltweit und zunehmend lauter. Vor allem durch die Initiative und das weltweite evangelistische Wirken von Billy Graham (1918–2018) begann eine Sammlung und Profilierung der theologisch konservativen Protestanten, die sich ab den 60er Jahren mehr und mehr mit dem angelsächsischen Label „evangelical" identifizierten. In Deutschland entstand dabei unter der Federführung von Peter Beyerhaus die „Frankfurter Erklärung" zur Weltmission, die sich deutlich vom Missionsverständnis des Ökumenischen Rates der Kirchen abgrenzte.[4] Die tiefen theologischen Gräben konnten je länger je weniger unterdrückt werden, was dazu führte, dass die Evangelikalen unter der Führung von Billy Graham und John Stott (1921–2011) zueinander fanden und eigene Wege gingen und eigene Netzwerke aufbauten.

Als sich 1974 in Lausanne evangelikale Christen aus aller Welt zum ersten Lausanner Kongress für Weltmission trafen,[5] stand jedoch auch hier das umstrittene Verhältnis von Evangelisation und sozialem Engagement auf der Agenda, wenn auch mit deutlich anderer Akzentsetzung: Darf sich christliches Engagement wirklich nur auf die Verkündigung des Evangeliums beschränken – wie es manchen amerikanischen Evangelikalen vorschwebte – oder muss es Christen nicht auch um die Veränderung und „Transformation" der oft ungerechten und menschenverachtenden Verhältnisse auf dieser Welt gehen? Solche Fragen wurden von René Padilla (1932–2021), Samuel Escobar (*1934) und anderen evangelikalen lateinamerikanischen Theologen auf den Lausanner Konferenzen für Weltevangelisation in Lausanne (1974) und Manila (1989) geäußert. Sie bezweifelten, dass es eine glaubwürdige Verkündigung des Evangeliums geben kann, die über das soziale Elend und die Ungerechtigkeit in dieser Welt hinwegsieht.

Geläutert und gewarnt durch den verhängnisvollen Weg der Weltmissionskonferenzen und des Ökumenischen Rates gelang es John Stott (1921–2011), eine theologisch ausgewogene Formulierung zu entwerfen, die Teil der Lausanner Verpflichtung[6] wurde, die wiederum für nicht wenige Beobachter eines der wichtigsten theologischen Dokumente des 20. Jahrhunderts ist.

---

4 https://www.theologische-links.de/downloads/mission/frankfurter_erklaerung.html (abgerufen am 06.09.2023).

5 Die deutschsprachige Dokumentation der Beiträge des Kongresses wurde herausgegeben von Beyerhaus, Peter (Hg.): Alle Welt soll sein Wort hören. Lausanner Kongress für Weltevangelisation, Neuhausen-Stuttgart 1974.

6 https://lausanne.org/wp-content/uploads/2011/06/55.pdf (abgerufen am 06.09.2023).

1.9 Die Weltmission als unvollendetes Puzzle

Ein zentrales Thema des ersten Lausanner Kongresses von 1974 war das Thema „Reaching the Unreached". Im Hintergrund stand eine imaginäre Weltkarte mit zahlreichen weißen Flecken, die noch nicht vom Evangelium erreicht wurden. Es ging bei dieser Perspektive um die Vervollständigung von etwas Unvollendetem, aber fast Fertigem. Auch bei der zweiten Lausanner Weltkonferenz in Manila war mit der Initiative „AD 2000" ein eschatologischer Blickwinkel und eine „finishing" bzw. „closing perspective" verbunden. Im Hintergrund stand die alte Hoffnung von Edinburgh 2010, das große Projekt endlich abschließen zu können.

Im Rückblick müssen wir sagen, dass Weltmission im 20. Jahrhundert häufig mit einer Haltung einherging, die mehr von einer westlichen Machbarkeits- und Vollendungseuphorie als von biblischer Nüchternheit geprägt war. Leitend war ein Bild, dass die Weltmission wie ein großes 5000 Teile Puzzle betrachtete, bei dem jeweils nur noch einige hundert Teile fehlten. Durch die Gnade Gottes und mit etwas Anstrengung könnte man das Puzzle innerhalb weniger Jahrzehnte fertig stellen und dann – so die manchmal ausgesprochene, meistens jedoch unausgesprochene Erwartung – könne Jesus gemäß Mk 13,10 wiederkommen. Diese Hoffnungen haben sich nicht erfüllt und werden heute kaum noch geäußert. Leitend war aber unterschwellig auch das Bild und die Idee eines „Christentums" im Sinne einer geographischen Ausbreitung christlicher Großkirchen in christlichen Nationen, die ein Ergebnis der abendländischen Kirchengeschichte waren und im 21. Jahrhundert zerbrochen sind.[7]

2. Weltchristenheit im 21. Jahrhundert

2.1 Volkskirchliche Überlebenskämpfe im globalen Norden

114 Jahre nach Edinburgh und 50 Jahre nach Lausanne stehen wir heute vor einer disparaten und mehr denn je uneindeutigen und unübersichtlichen Situation. Während die Christenheit im globalen Süden nach wie vor im Aufschwung ist, erlebt Europa als das einst christliche Abendland eine beispiellose Säkularisierung und in einigen Städten sogar eine Islamisierung.[8]

---

7 Vgl. hierzu den Abschnitt 1.2.4 im Beitrag „Termination oder Transformation?" in diesem Band.

8 Der Anteil der Muslime in Europa stieg von 9 Mio. bzw. 2 % im Jahr 1900 auf 54 Mio. bzw. 7 % im Jahr 2020. Das größte Wachstum fand allerdings im letzten Jahrzehnt zwischen 2010 und 2020 statt. Den größten Anteil bilden hier Muslime aus Syrien, Marokko, Pakistan und Afghanistan. Diese und die folgenden Zahlen und Daten stammen von Zurlo, Gina A.: Global Christianity. A Guide to the World's

Kirchen werden geschlossen und Moscheen gebaut. Die „closing" bzw. „finishing perspective" von Edinburgh 1910 und Lausanne 1974 hat im Blick auf die christlichen Volkskirchen Europas einen völlig neuen – sehr schalen – Klang bekommen. Hier redet niemand mehr über die Vollendung des Missionsprojekts, sondern alle über das drohende Ende der christlichen Volkskirchen.

Waren um 1900 noch 95 % der Europäer Mitglieder in einer christlichen (Volks-) Kirche, so waren es 2020 noch 76 %,[9] allerdings mit stark sinkender Tendenz und einem sehr hohen Anteil einer traditionellen und oftmals „nominellen Christenheit", die ihren Glauben kaum praktiziert.

Die europäischen Volkskirchen verlieren ihren Mehrheitsstatus und kämpfen vereinzelt bereits ums Überleben. Die beiden großen deutschen Volkskirchen haben sich seit 1950 halbiert und der Mitgliederschwund schreitet gegenwärtig exponentiell voran, so dass die nächste Halbierung bereits in den kommenden 10–15 Jahren droht. Umgekehrt wächst die Zahl der Migrationskirchen in ganz Europa. Schätzungen zufolge sind bereits heute 40 % der Gottesdienstbesucher in einer Metropole wie London schwarz oder asiatischer Abstammung.[10] Aus heutiger Perspektive steht Europa nicht am Ende der Missionsgeschichte, sondern vor einem neuen Anfang der Mission.

In Nordamerika erweist sich die Christenheit als stabiler, muss aber auch hier einen Rückgang ihres Bevölkerungsanteils von 97 % der Bevölkerung im Jahr 1900 auf 73 % im Jahr 2020 verzeichnen. Insbesondere die sog. Mainline-Churches der traditionellen protestantischen Konfessionen (Methodisten, Presbyterianer, Baptisten, Lutheraner, Kongregationalisten) mussten in den vergangenen Jahrzehnten große Verluste hinnehmen, während evangelikale, pentekostale und charismatische Gemeinden zwischen 1990 und 2020 einen Zuwachs erlebten, ebenso wie die „Kirche der Heiligen der letzten Tage" (die sog. Mormonen).[11] Mittlerweile scheint aber auch bei den letztgenannten Strömungen eine Stagnation bzw. bereits wieder eine Regression eingetreten zu sein.[12]

Largest Religion from Afghanistan to Zimbabwe, Grand Rapids (MI) 2022, 3–17, zum Wachstum der Muslime in Europa vgl. v. a. Zurlo, a.a.O., 10.

9 In Deutschland sank die Zahl der Mitglieder der beiden großen Volkskirchen im Jahr 2022 erstmals unter den 50 %-Anteil an der Gesamtbevölkerung.

10 Zurlo, Global Christianity (Anm. 8), 10.

11 A.a.O., 14f.

12 Timothy Keller hat in einer vielbeachteten Artikelreihe über The Decline and Renewal of the American Church (https://quarterly.gospelinlife.com/decline-and-renewal-of-the-american-church-extended/; abgerufen am 20.09.2023) auch den Niedergang des amerikanischen Evangelikalismus reflektiert, a.a.O., 16–44. Nachdem sich in den frühen 70er Jahren ca. 17 % der amerikanischen Bevölkerung mit dem Evangelikalismus identifizierten, erreichte die Identifikation in den 90er

2.2 Das Wunder der Gemeinde im globalen Süden

Während die Christenheit im Norden im besten Fall stagniert und im schlimmsten Fall rapide schrumpft, erleben wir im globalen Süden an vielen Orten eine dynamische Christenheit, deren Wachstum und Vitalität beeindrucken und in nur 100 Jahren zu einer Umkehrung der religionsgeographischen Verhältnisse geführt haben.

Während um 1900 82 % der Weltchristenheit im globalen Norden lebten, waren es im Jahr 2020 nur noch 33 %, davon 11 % in Nordamerika. Dieser Rückgang wird sich in den nächsten Jahrzehnten aller Voraussicht nach fortsetzen und sogar beschleunigen. Umgekehrt lebten um 1900 18 % der Weltchristenheit im globalen Süden. Heute sind es 67 % und in 10–20 Jahren werden es 75 % sein. Allein in Afrika sind bereits heute 26 % der Weltchristenheit zu Hause. Die afrikanische Christenheit bildet damit die größte Christenheit im kontinentalen Vergleich. Im Jahr 1900 lagen neun der zehn Staaten mit der in absoluten Zahlen größten Christenheit im globalen Norden. Heute sind es noch zwei, während acht der zehn Staaten mit der größten Christenheit im globalen Süden liegen. Während die Vereinigten Staaten in absoluten Zahlen nach wie vor die größte Christenheit der Welt aufweisen (1900: 73 Mio., 2020: 244 Mio.) stehen heute an zweiter und dritter Stelle die lateinamerikanischen Länder Brasilien (1900: 17 Mio., 2020: 194 Mio.) und Mexiko (2020: 128 Mio.).[13]

In Afrika lebten um 1900 geschätzt etwa 9,6 Mio. Christen und 35 Mio. Muslime. Im Jahr 2020 umfasst die afrikanische Christenheit geschätzte 667 Mio. Anhänger, was 49 % der afrikanischen Bevölkerung entspricht, und die islamische „Umma"[14] 562 Mio. Anhänger, die damit 42 % der Bevölkerung ausmachen. Im gleichen Zeitraum ist die Zahl der Anhänger afrikanischer, indigener Religionen von 58 % im Jahr 1900 auf 8 % im Jahr 2020 gefallen.[15]

In Asien wuchs der Anteil der Christenheit von 2 % im Jahr 1900 auf 8 % im Jahr 2020. Hier entwickelte sich die Christenheit in den verschiedenen Regionen Asiens sehr unterschiedlich. In Südkorea (17,5 Mio. Südkoreaner sind heute Christen, was 34 % der Bevölkerung ausmacht) und China (im Jahr 2020 schätzt man die Christenheit in China auf 106 Mio. Anhänger) gab es große Erweckungen und die katholische Kirche z. B. auf den Philippinen zählt heute 83 Mio. Mitglieder. Dagegen erlebten die historischen katholischen und orthodoxen Kirchen im Mittleren Osten in den letzten 30 Jahren aufgrund der

---

Jahren mit 29,9 % einen Höhepunkt. Seit 2007 ist die Anhängerzahl allerdings wieder stark gesunken und liegt momentan bei unter 22 %, a.a.O., 17.

13 Zurlo, Global Christianity (Anm. 8), 4.

14 Mit diesem Begriff wird in der Regel die weltweite Gemeinschaft aller Muslime bezeichnet.

15 Zurlo, Global Christianity (Anm. 8), 6.

islamistischen Verfolgung und der Flucht vieler Gemeindeglieder einen dramatischen Niedergang. Gehörten in der Region des Mittleren Ostens um 1900 noch 23 % der Bevölkerung diesen traditionsreichen Kirchen an, deren Geschichte in die Frühzeit der Christenheit zurückreicht, waren es 2020 nur noch 5 %.[16]

Lateinamerika war anders als Afrika und Asien seit der spanischen Conquista und der gewaltsamen Kolonisierung und Christianisierung im 16. Jahrhundert traditionell ein katholischer Kontinent. Im Jahr 1900 waren 95 % der Bevölkerung christlich, wovon sich wiederum 97 % zum Katholizismus zählten. Die große Veränderung des 20. Jahrhunderts bestand hier im enormen Wachstum protestantischer Kirchen, wobei pentekostale Kirchen das mit Abstand größte Wachstum verzeichnen konnten. Heute schätzt man den Anteil der protestantischen Christenheit auf 10 % der Bevölkerung (1900 waren es noch 3 %).[17]

3. Umbrüche unter den Konfessionsfamilien

Die Zahlen im Blick auf den Anteil der Christenheit an der jeweiligen Gesamtbevölkerung ist das eine, die Prägung der jeweiligen Konfessionen und Frömmigkeitsmentalitäten ist das andere. Auch unter den christlichen Konfessionsfamilien gab es im vergangenen Jahrhundert bedeutende Verschiebungen.

3.1 Katholizismus

Nach wie vor ist der Katholizismus Stand heute mit 1,2 Mrd. Mitgliedern die mit Abstand größte christliche Konfession (im Jahr 1900 hatte sie noch geschätzte 266 Mio. Mitglieder). Dabei leben Stand 2020 41 % aller Katholiken (insgesamt über 500 Mio.) in Lateinamerika (um 1900: 22 %). Auch in Afrika ist der Katholizismus eine stark wachsende Konfession. Mittlerweile leben 19 % aller Katholiken weltweit in Afrika (insgesamt 235 Mio.; um 1900: 0,7 %). Insgesamt sind bereits heute 73 % aller Katholiken im globalen Süden zu Hause (im Jahr 1900 waren es noch 27 %), während in Europa und Nordamerika Stand 2020 nur noch 27 % aller Katholiken leben. Während in Europa um 1900 noch 67,7 % aller Katholiken weltweit lebten, waren es im Jahr 2020 nur noch 20 %. Die größten katholischen Länder sind heute Brasilien mit geschätzten 150 Mio. Mitgliedern, gefolgt von Mexiko (115 Mio.) und den Philippinen (83 Mio.).

Diese Zahlenverhältnisse bilden sich bislang nur unzureichend in der Leitung der katholischen Kirche ab: Nur ca. 30 % der Kardinäle stammen aus dem globalen Süden, während über zwei Drittel nach wie vor aus Europa und

---

16 A.a.O., 8.

17 A.a.O., 12.

Nordamerika kommen. Allerdings wurde 2013 mit Franziskus I. zum ersten Mal seit dem 8. Jahrhundert wieder ein nicht-europäischer Papst gewählt, der gleichzeitig der erste Papst aus Lateinamerika ist.[18]

Häufig besitzt der Katholizismus in diesen Kontinenten eine starke charismatische Prägung. Mittlerweile schätzt man die charismatisch bzw. pentekostale Bewegung innerhalb des Katholizismus weltweit auf über 195 Millionen Anhänger.

Eine große Stärke des Katholizismus ist seine weltweite Bildungs- und Sozialarbeit. So betreibt die katholische Kirche weltweit über 103.000 Grundschulen, 49.500 Sekundarschulen, 5.100 Hospitäler und 9.200 Waisenhäuser.[19]

3.2 Orthodoxie

Die orthodoxe Christenheit ist aufgrund ihrer langen geschichtlichen Entwicklung in der Regel in Nationalkirchen gegliedert, die eine große Selbständigkeit besitzen. Die größten orthodoxen Kirchen sind heute die russisch-orthodoxe (57 Mio. Mitglieder), die äthiopisch-orthodoxe (45 Mio. Mitglieder), die ukrainisch-orthodoxe[20] (20 Mio. Mitglieder) und die rumänisch-orthodoxe Kirche (ca. 10 Mio. Mitglieder). Die orthodoxe Konfessionsfamilie ist mit Ausnahme der äthiopischen Kirche heute v. a. ein Phänomen des globalen Nordens. 73 % der orthodoxen Christenheit leben heute in Ost- und Südosteuropa.

Kaum eine andere Konfessionsfamilie hatte im 20. Jahrhundert stärker unter Verfolgungen zu leiden. Dies betraf zunächst in den Jahren 1915/16 die armenisch-orthodoxe Kirche, die unter dem Genozid an den Armeniern fast ausgelöscht wurde, dann die über Jahrzehnte andauernden Verfolgungswellen in der Sowjetunion und den von ihr dominierten kommunistischen Ostblockstaaten, die bis in die 80er Jahre des 20. Jahrhunderts hinein andauerten. Im 21. Jahrhundert litten in erster Linie die orthodoxen Kirchen des Mittleren Osten unter der Verfolgung durch den radikalen Islamismus. Waren in Syrien um 1900 noch 15 % der Bevölkerung orthodoxe Christen, so waren es im Jahr 2020 in Syrien noch 2 %, im Irak nur noch 1 % (um 1900: 4 %).

Die orthodoxe Christenheit war in den vergangenen 120 Jahren vermutlich die am stärksten verfolgte Konfessionsfamilie weltweit. Obwohl sie in

[18] Zurlo, Global Christianity (Anm. 8), 20.

[19] A.a.O., 21.

[20] Am 27. Mai 2022 sagte sich die Ukrainisch-orthodoxe Kirche vom Moskauer Patriarchat der Russisch-orthodoxen Kirche aufgrund des Angriffskrieges Russlands auf die Ukraine los. Zu ihr zählen sich ca. 13 % der ukrainischen Bevölkerung. Daneben existiert allerdings noch die Orthodoxe Kirche der Ukraine, zu der sich ca. 47 % der Bevölkerung in der Ukraine zählen.

absoluten Zahlen von 116 Mio. im Jahr 1900 auf 292 Mio. im Jahr 2020 gewachsen ist, hat sich ihr Anteil an der Weltbevölkerung in dieser Zeit von 7 % auf 4 % reduziert.

3.3 Protestantismus

Nahezu alle protestantischen Kirchen lassen sich auf die eine oder andere Art auf die europäische Reformation des 16. Jahrhunderts zurückführen. Die besondere Ausprägung der reformatorischen Theologie mit ihrer Betonung des persönlichen Glaubens, der Verantwortung vor dem eigenen Gewissen und der zentralen Bedeutung des Schriftstudiums und der Schriftauslegung brachte es mit sich, dass eine Vielzahl von protestantischen Konfessionen und Bekenntnissen entstand. Folglich begegnen sich heute sowohl im globalen Westen als auch im globalen Süden unterschiedliche protestantische Denominationen wie Lutheraner, Reformierte, Anglikaner, Baptisten, Brüdergemeinden, Methodisten, Mennoniten, Kongregationalisten usw., deren theologische Grundüberzeugungen im Kern ähnlich, aber an den Rändern zum Teil äußerst divers sind.

Der Protestantismus kann seit dem frühen 18. Jahrhundert als Ausgangspunkt der modernen Missionsbewegung gelten und der große Erfolg der Mission im globalen Süden in den letzten drei Jahrhunderten geht wesentlich auf protestantische Anstrengungen zurück. Entsprechend hat der Protestantismus dort auch ein enormes Wachstum erfahren. Lebten im Jahr 1900 nur 7 % aller Protestanten im globalen Süden, waren es 2020 nicht weniger als 75 %. Umgekehrt waren um 1900 noch 93 % der Protestanten in Europa und Nordamerika zu Hause, während es heute noch etwa 25 % sind. Gina Zurlo schätzt die Zahl der Protestanten für das Jahr 2020 weltweit auf 397 Mio. Unter den zehn Nationen mit der größten protestantischen Bevölkerung liegen 2020 nur noch drei in Europa und sieben im Globalen Süden. Die größte protestantische Nation ist heute Nigeria mit geschätzten 62 Mio. Protestanten.[21]

Im globalen Norden wird der Protestantismus vor allem durch die großen ideologischen Strömungen des Säkularismus, Individualismus und Pluralismus herausgefordert, die seine institutionelle Gestalt massiv untergraben und die großen Volkskirchen in Deutschland, Großbritannien und Skandinavien sowie die Mainline-Churches in Nordamerika schrumpfen lassen.

Die plurale Gestalt des Protestantismus führte in den letzten 200 Jahren zu zahlreichen innerprotestantischen Reform- und Protestbewegungen, die von ihrem Selbstverständnis her weltmissionarisch im höchsten Maße aktiv waren und sind und deshalb zum Verständnis des Status quo gesondert erwähnt werden müssen. Es geht hierbei v. a. um die evangelikale und pentekostal-charismatische Bewegung, wobei letztere eine überkonfessionelle Prägung

21 Zurlo, Global Christianity (Anm. 8), 26f.

hat und sich zahlreiche Anhänger auch in der katholischen Christenheit finden.

3.4 Evangelikale Bewegung

Während der Evangelikalismus aus historischer und konfessioneller Sicht eindeutig zum Protestantismus gezählt werden muss, sollte er aus theologischer, missionshistorischer und -wissenschaftlicher Perspektive gesondert betrachtet werden. Durch die Auseinandersetzungen zunächst um das Schriftverständnis im 19. und 20. Jahrhundert, dann um Fragen des Missionsverständnisses seit den 60er Jahren des 20. Jahrhunderts und schließlich um sexualethische Fragen seit dem letzten Jahrzehnt des 20. Jahrhunderts entwickelte der weltweite Evangelikalismus ein zunehmend eigenes Profil innerhalb der protestantischen Christenheit. Weil der Evangelikalismus weder ein lokales Zentrum noch eine zentrale Leitungsposition oder ein Leitungsgremium kennt, etwa in Entsprechung zum Amt des Papstes in der katholischen oder des Erzbischofs von Canterbury in der anglikanischen Kirche, ist er in sich extrem divers und vielgestaltig. Evangelikale Dachverbände wie die weltweite Evangelische Allianz oder die Lausanner Bewegung haben keine persönlichen Mitgliederlisten. Dies macht es sehr schwer, die evangelikale Christenheit zu (er)fassen. Gina Zurlo zählte 2020 unter Verwendung einer engeren Definition von „evangelikal" 387 Mio. Gläubige und damit 5 % der Weltbevölkerung zu dieser Bewegung (um 1900: 81 Mio.). Würde man die Grenzen weiter ziehen, könnten auch bis zu 600 Mio. Christen unter diesem Label subsumiert werden. 78 % dieser Evangelikalen leben im globalen Süden (um 1900: 8 %). Unter den zehn Ländern mit der höchsten Zahl evangelikaler Christen liegen neun im globalen Süden.[22] Nach wie vor sind allerdings die Vereinigten Staaten von Amerika das Land mit der größten Anzahl evangelikaler Christen.

3.5 Pentekostale und Charismatische Bewegung

Die Geschichte der Mission im 20. und 21. Jahrhundert kann nicht mehr erzählt werden ohne die Berücksichtigung der pentekostalen und charismatischen Christenheit. Sie ist mit einem durchschnittlichen Wachstum von 6,3 % pro Jahr die seit 100 Jahren am schnellsten wachsende christliche Glaubensbewegung weltweit, oft ausgelöst durch regionale Erweckungen, die mit einem besonderen Wirken des Heiligen Geistes in Verbindung gebracht wurden. Während um 1900 noch 1 % der Weltchristenheit als pentekostal oder charismatisch bezeichnet werden konnte, sind es heute 26 %. Die Bewegung

---

22 Nigeria, China, Brasilien, Äthiopien, Kenia, Südkorea, Indien, Indonesien, Tansania.

wuchs damit viermal schneller sowohl als die Weltchristenheit als auch die Weltbevölkerung insgesamt.[23] Dieses Wachstum hat sich in den vergangenen Jahren etwas verlangsamt, hält aber immer noch an.

Die pentekostal-charismatische Form des Glaubens mit seiner erfahrungsbezogenen Frömmigkeit, dualistischen Weltsicht und der Erwartung an das übernatürliche Eingreifen Gottes in Form von Zeichen und Wundern konnte in der Vergangenheit immer dort erfolgreich anknüpfen, wo große Bevölkerungsanteile aus Kontexten animistischer Religionen kamen. Diese Frömmigkeitsbewegung hat einerseits starke Bezüge zur protestantischen und evangelikalen Tradition, aus der sie ursprünglich hervorging, ist aber in keiner Weise auf diese beschränkt. Vielmehr wird ihr Anteil in der katholischen Kirche auf 195 Mio. Gläubige geschätzt. Die katholischen Charismatiker v. a. aus Lateinamerika stellen damit die größte konfessionelle Gruppe innerhalb dieser Bewegung dar.[24] Neben konfessionell formatierten charismatisch-pentekostalen Kirchen, wie z. B. die „Gemeinde Gottes" (engl. Assembly of God) oder die International Church of the Foursquare Gospel, finden sich charismatische Christen in nahezu allen historischen und traditionellen Kirchen des Katholizismus und Protestantismus, v. a. aber in den zahlreichen unabhängigen Gemeinden, die oft netzwerkartig miteinander verbunden sind.

Rückblickend wird man die Mehrheit neu gegründeter Gemeinden und Kirchen im globalen Süden im Blick auf ihren Glauben und ihre (Anbetungs-) Frömmigkeit der pentekostal-charismatischen Bewegung zurechnen müssen.[25]

Aufgrund der geringen Bedeutung von formaler Mitgliedschaft und entsprechenden Mitgliederlisten, ist eine Erhebung der Zahlen ähnlich schwierig wie bei der evangelikalen Christenheit. Schätzungen belaufen sich auf 656 Mio. pentekostal-charismatischer Christen weltweit (1970 waren es noch 58 Mio.), wobei es vielfältige Überlappungen zur evangelikalen und katholischen Christenheit gibt. Die Gemeinden sind oft klein und volatil. Die institutionelle Formatierung ist in der Regel gering und ihr Charakter als Bewegung dominiert. Wenn zehn charismatische Gemeinden nach wenigen Jahren wieder schließen, entstehen gleichzeitig 20 neue in kurzer Zeit. Viele Pastoren haben oft keine oder nur eine rudimentäre Ausbildung, da eine reflektierte Theologie in der Regel eine deutlich geringere Bedeutung spielt als die charismatische Geist-Erfahrung. Gleichzeitig erweisen sich viele pentekostal-charismatische Gemeinden in ihrer Umgebung oft als starker sozialdiakonischer Faktor.

---

23 Zurlo, Global Christianity (Anm. 8), 30.

24 Man schätzt die Zahl der katholischen Charismatiker beispielsweise in Brasilien auf 61 Mio., auf den Philippinnen auf 26 Mio. und in den USA auf 19 Mio.

25 Zurlo, Global Christianity (Anm. 8), 30f.

3.6 Unabhängige Kirchen

Ein besonderes Phänomen sind die sog. Independent Churches, die sich keiner der historischen konfessionellen Kirchen des Katholizismus, Protestantismus oder der Orthodoxen Christenheit zuordnen lassen. Unabhängige Kirchen entstehen entweder durch die Abspaltung von einer traditionellen Großkirche oder Mainline Church oder durch die unabhängige Gründung durch charismatische Führer. Ein jüngeres Beispiel für die erste Kategorie ist die Anglikanische Kirche Nordamerikas (ACNA), die sich im Jahr 2009 von der Episkopalen Kirche der USA über Fragen der Bewertung gleichgeschlechtlicher Sexualität trennte. Bekannte Beispiele für unabhängige Gründungen sind beispielsweise die „Kirche Jesu Christi der Heiligen der letzten Tage" (Mormonen), die in den 20er Jahren des 19. Jahrhundert von Joseph Smith (1805–1844) gegründet wurde und heute ca. 16 Mio. Mitglieder zählt, oder die „Universale Kirche des Reiches Gottes" (portugiesisch: Igreja Universal do Reino de Deus) in Brasilien, die 1977 von Edir Macedo (*1945), einem ehemaligen Lotterieangestellten, der sich selbst zum Bischof ernannte, gegründet wurde und mittlerweile nach eigenen Angaben acht Millionen Mitglieder zählt. Auch die Hausgemeinde-Bewegung in China, die schätzungsweise 30 Mio. Gläubige umfasst, kann zu den unabhängigen Kirchen gezählt werden. Möglicherweise die größte Gruppe der unabhängigen Kirchen sind die African Independent Churches.[26] Die meisten unabhängigen Kirchen finden sich im globalen Süden und können zum charismatisch-pentekostalen Spektrum der Christenheit gerechnet werden. Schätzungen über die Mitglieder dieser unabhängigen Kirchen sind naturgemäß sehr schwierig und hängen von zahlreichen Definitionsfragen ab. Gina Zurlo schätzt ihre Mitgliederzahl aber auf annähernd 400 Mio.

Die theologische Diversität dieser Kirchen ist in der Regel enorm und zahlreiche von ihnen, wie z. B. die „Kirche Jesu Christi der Heiligen der letzten Tage" oder die „Universale Kirche des Reiches Gottes", werden von den großen Konfessionsfamilien nicht als christliche Konfession anerkannt. In der Regel besitzen die schätzungsweise fünf Mio. Pastoren oder Priester dieser Kirchen kaum eine theologische Ausbildung. Gleichwohl verzeichnen diese Kirchen meistens die größte missionarische Dynamik.

4. Wo stehen wir heute?

Der immense Erfolg der weltmissionarischen Anstrengungen, die auf Seiten des Katholizismus seit dem 16. Jahrhundert im Blick auf Lateinamerika und seit dem 17. Jahrhundert auf Seiten des Protestantismus in Afrika und Asien unternommen wurden, führte nicht zur Vollendung der Weltmission. Nach

---

26 Allein in Nigeria wird die Zahl unabhängiger Charismatiker auf 27 Mio. geschätzt.

wie vor gibt es in zahlreichen Regionen dieser Welt kaum eine Möglichkeit, das Evangelium zu hören, geschweige denn eine christliche Gemeinde zu besuchen. Gina Zurlo, Todd Johnson und Peter Crossing schätzen, dass von 14.000 Kulturen weltweit ca. 4.000 noch keine Begegnung mit einem christlichen Zeugnis hatten.[27] Dies gilt v. a. für die muslimische und insbesondere die arabische Welt, wo Christen unter wachsenden Repressionen leiden, und eine Konversion nicht selten mit Haft oder gar dem Tod sanktioniert wird. Es gilt auch für eine Reihe von hinduistischen und buddhistischen Kulturen in Asien und nach wie vor für kommunistische Länder, in erster Linie für Nordkorea und in wachsendem Maße auch wieder für China, wo die staatlichen Repressionen christliches Leben schwierig machen oder Christen in den Untergrund drängen. Es gilt aber auch im zunehmenden Maße für Europa, wo die Säkularisierung entchristlichte Regionen entstehen lässt und missionarisches Engagement auf wenig Resonanz und immer häufiger auf offene Ablehnung und Widerstand trifft.

4.1 Vom Ende zum Anfang

Neben der bleibenden Herausforderung der Weltmission haben die tiefgreifenden Veränderungen der Welt in den letzten 124 Jahren auch die Weltmission selbst sowie die Reflexion über sie verändert.

Von den großen Visionen im Blick auf eine mögliche Finalisierung der Weltmission in einem von Mk 13,10 geprägten endzeitlichen Horizont, die noch 1910 und 1974 die Konferenzen in Edinburgh und Lausanne sowie große Teile der Missionstheologie im 20. Jahrhundert bestimmten, ist nicht mehr viel übriggeblieben. Während die Zahl der unerreichten Völker und Nationen abgenommen hat, wächst die Zahl der unerreichten Menschen kontinuierlich und dort, wo am Beginn des 19. Jahrhundert das christliche Abendland zur Vollendung der Weltmission aufgerufen hat, erodieren die Volkskirchen und das Evangelium scheint Europa wieder zu verlassen. Wir sind heute nicht nur weit entfernt von einem möglichen Ende des Projektes „Weltmission", wir sind auch weiter entfernt denn je von einer Bestimmung dessen, was wir als „Ende" betrachten würden.

Aber je stärker uns das ursprüngliche Ziel wieder entgleitet, umso schärfer sehen wir auch, wie sehr sich theologische und missionswissenschaftliche Missverständnisse in unsere Missionstheologien eingeschlichen haben. Allzu oft war das Ziel der Mission von der Idee des abendländischen Christentums geprägt im Sinne einer christlichen Bevölkerungsmehrheit, die sich in christlichen Großkirchen versammeln und früher oder später auf christlich geprägte Nationen und Gesellschaften hinwirken. Im Licht der sich ändernden

---

27 Zurlo, Gina A. u. a.: World Christianity and Mission 2021: Questions about the Future, in: IBMR 45 (2021), 15–25:18.

Verhältnisse drängt sich die Wahrnehmung in unser Bewusstsein, dass dieses Ziel nie Inhalt der biblischen Verheißungen war.

4.2 Von unerreichten Völkern und Regionen zu unerreichten Milieus und Kulturen

An die Stelle der „fehlenden Puzzleteile" in Form von „unerreichten" Völkern, Ländern und Regionen, die in Lausanne 1974 noch im Fokus standen, sind heute „unerreichte" Generationen, Kulturen und Milieus im globalen Norden sowie in den Großstädten und Mega-Cities dieser Welt getreten. Weltmission lässt sich heute nicht mehr nur geographisch messen und beschreiben,[28] denn die Angehörigen von Völkern und Kulturen trifft man heute weltweit und durch ihre Präsenz entstehen neue Kulturen, die sich oft rasch von ihrer Herkunftskultur entfernen. Im Zusammenhang der Globalisierung und der von ihr ausgelösten Migrationsbewegung ebenso wie vor dem Hintergrund der Pluralisierung und Digitalisierung verstehen sich Menschen nicht mehr nur als Mitglieder von Völkern oder Volksgruppen, sondern als Angehörige von Milieus, Mindsets, Lebens- und Alterskulturen und Generationen. Das Selbstverständnis von Menschen wird heute tendenziell immer weniger von der ethnischen oder nationalen Zugehörigkeit dominiert und immer mehr von Beziehungen, Denkformen, Mentalitäten und sozialen Zugehörigkeiten.

4.3 „Weltchristenheit" statt „Weltmission"

Der Begriff Weltmission war vom 18.–20. Jahrhundert maßgeblich ein Projekt der Christenheit im globalen Westen. Von Europa und Nordamerika aus wurden Tausende Missionarinnen und Missionare in den globalen Süden und Osten entsandt. Weltmission war bis in die zweite Hälfte des 20. Jahrhunderts ein Projekt „from the West to the rest".

Was bedeutet der Begriff aber in einer Zeit, in der in wenigen Jahren 75 % der Christenheit im globalen Süden leben werden und wir es längst mit einer „World Christianity" zu tun haben? Was bedeutet der Begriff, wenn viele einheimische Kirchen selbst Missionsgesellschaften haben und mehr Missionare aussenden, als es der Westen je getan hat, die wiederum mehr Gemeinden gründen, als es westliche Missionare je getan haben? Was bedeutet der Begriff „Weltmission" in einer Zeit, in der Mission häufig unorganisiert und ungeplant von überall her nach überall hin geschieht? Für viele Christen und Kirchen im globalen Süden lastet auf dem Begriff ein koloniales Erbe, welches das Selbstverständnis der dynamischen Christenheit im globalen Süden nicht

---

28 Shenk, Wilbert R.: Changing Frontiers of Mission, New York ²2001 (¹1999), 187: „Today we can speak only nostalgically about the geographical frontier. We now require new metaphors to describe the missiological frontier in this space age."

ernst nimmt. Demgegenüber trägt der Begriff „Weltchristenheit" zum einen der veränderten Welt im Blick auf die Verbreitung der Christenheit und zum anderen der Gleichberechtigung und Partnerschaft zwischen den Kirchen im globalen Süden und Norden stärker Rechnung.

4.4 Missionsmüdigkeit im globalen Norden

Die innere Auszehrung der europäischen Christenheit durch den anhaltenden Mitglieder- und Ressourcenverlust verbunden mit dem äußeren Bedeutungsverlust in den westlichen Gesellschaften führt auch zu einer zunehmenden Ermüdung im Blick auf das weltmissionarische Engagement. Der Fokus richtet sich in westlichen Kirchen immer öfter auf die eigene Existenzsicherung und die wegbrechenden Ressourcen an Finanzen und pastoralem Personal. Selbst in evangelikalen und pentekostal-charismatischen Gemeinden und Kirchen des Westens steht Weltmission oft nicht mehr an der Spitze der Agenda und der Spenden.

4.5 Der Bedeutungsverlust der Konfession(en)

Die immense Dynamik und Ausbreitung sowohl der pentekostal-charismatischen Bewegung als auch der zahllosen unabhängigen Kirchen v. a. im globalen Süden markieren auch einen Bedeutungsverlust der klassischen Konfessionen bzw. konfessionellen Kirchen. Allerdings besitzen auch die neueren Bewegungen sowie die jungen unabhängigen Kirchen und ihre Gemeinden eine bestimmte Lehre und bekennen sich zu bestimmten Glaubensinhalten. Diese werden jedoch meistens nicht formell ausformuliert, reflektiert und beschlossen. Oft ist das Interesse an einer theologischen (Aus-)Bildung, Reflexion und Diskussion gering, während die geistliche Erfahrung und das spirituelle Empowerment eine dominante Rolle spielen. Dies führt bei nicht wenigen unabhängigen Kirchen zur Frage, ob es sich noch um eine weitere „frische Ausdrucksform"[29] des christlichen Glaubens handelt oder bereits um eine Form christlicher Häresie, die mehr Sekte als Kirche ist.

Auf der anderen Seite fällt es den klassischen Konfessionskirchen, deren Bekenntnisbildungen entweder auf die Alte Kirche oder/und die Reformationszeit im 16. Jahrhundert zurückgehen, zunehmend schwer, die eigene Glaubens- und Lehrtradition ihren eigenen Mitgliedern zu vermitteln, geschweige denn einer säkularen Öffentlichkeit. Orthodoxe und heterodoxe Spannungen und Entwicklungen sind daher auch hier ein virulentes Thema.

---

[29] Im Jahr 2004 wurde in der anglikanischen Kirche der Ausdruck „fresh expressions of church" geprägt. Er bezeichnet „neue Ausdrucksformen gemeindlichen Lebens", die traditionelle Gemeinden ergänzen und sich mit ihnen vernetzen. Vgl. Herbst, Michael (Hg.): Mission bringt Gemeinde in Form, Neukirchen-Vluyn 2006.

4.6 Die Dominanz der Lebensfragen über die Glaubensfragen

Ein Phänomen der letzten Jahrzehnte ist die zunehmende Dominanz ethischer Lebensfragen über theologische Glaubensfragen. Dabei spielen die Fragen um die Trias von „Frieden, Gerechtigkeit und Bewahrung der Schöpfung" eine ebenso große Rolle wie die sexualethische Frage im Blick auf die Bewertung nicht-heterosexueller Geschlechtlichkeit. Letztere hat z. B. in der weltweiten anglikanischen Kirche eine kirchenspaltende Dynamik gewonnen, wobei der Riss sich zwischen den eher liberalen anglikanischen und episkopalen Kirchen des globalen Westens auf der einen Seite und den eher evangelikalen anglikanischen Kirchen des globalen Südens sowie dem evangelikalen Flügel der anglikanischen Kirchen in den USA auf der anderen Seite auftut.

4.7 Evangelistische Mission, soziale Entwicklung oder advokative Interessenvertretung?

Während sich die erste Weltmissionskonferenz in Edinburgh noch nahezu ausschließlich auf die Weltmission im Sinne der Evangelisation der vom Evangelium unerreichten Völker konzentrierte, hat sich der Fokus in den letzten 100 Jahren zunehmend auf weitere Aspekte verlagert. Die Frage nach der sozialen Verantwortung der Weltmissionsbewegung dominierte die Debatte in der zweiten Hälfte des 20. Jahrhunderts. Seit etwa 30 Jahren tritt nun eine advokative Bewegung an ihre Seite, die sich zum einen um die Interessen verfolgter Christen weltweit kümmert und zum anderen mit rechtlichen Maßnahmen und Lobbyarbeit gegen ungerechte Verhältnisse kämpft. So sehr ein Konsens besteht, dass es sich hier nicht um sich ausschließende Aspekte christlichen Wirkens handelt, so sehr ist die Verhältnisbestimmung dieser verschiedenen Dimensionen christlicher Verantwortung immer wieder Gegenstand der Diskussion.

5. Zum Schluss: Zeitenwende

Der Begriff der Zeitenwende, den der deutsche Bundeskanzler Olaf Scholz in seiner mittlerweile schon legendären Rede zum Beginn des Angriffskrieges Russlands auf die Ukraine am 27. Februar 2022 im deutschen Bundestag verwendete, wurde später von der Gesellschaft für deutsche Sprache (GfdS) zum „Wort des Jahres 2022" gewählt.

Aus weltmissionarischer und auch weltkirchengeschichtlicher Perspektive trifft dieser Begriff bereits auf die vergangenen 50 Jahre zu. In unseren Tagen und Jahren geht eine Epoche der abendländischen Weltmission zu Ende, die in den vergangenen 300 Jahren das Evangelium in die letzten Winkel und auf die entlegensten Inseln der Erde getragen hat und den einstmals „heidnischen" globalen Süden zum Schwerpunkt der Weltchristenheit gemacht hat. Zu Ende geht aber auch eine mehr als 1600-jährige Epoche des abendländischen „Christentums", das seit der Konstantinischen Wende im frühen 4. Jahrhundert eine Form christlicher Kirchen und Nationen geprägt hat. Das 21. Jahrhundert könnte zum Jahrhundert der großen Transformationen werden. Ob diese einen dystopischen Charakter haben werden oder eher einen utopischen, ist noch nicht ausgemacht. Entscheidend ist, dass auch diese Zukunft Gottes Zukunft sein wird. Die Missio Dei wird weitergehen mit einer neuen Rollenverteilung und neuen Protagonisten – bis an den Tag Jesu Christi.

Christliche Mission im Zeitalter der Weltchristenheit[1]

Jürgen Schuster

Der Begriff Mission als Sammelbegriff für die vielen Aspekte des Christus-Zeugnisses in einer pluralen Welt ist seit einiger Zeit umstritten. Ein „Weiter so wie bisher" ist jedenfalls in der christlichen (kulturelle Grenzen überschreitenden) Mission nicht länger möglich. Im folgenden Beitrag werden einige Herausforderungen benannt, denen sich kirchliche Mitarbeiter in der heutigen Zeit stellen müssen, um Wege zu Menschen zu finden und sie einzuladen, sich mit Christus auf einen Weg zu begeben. Die Beschäftigung mit dem Thema geschieht in drei Schritten: Unter dem Stichwort *Standort* geht es um die Wahrnehmung eines Epochenwechsels; es folgen ausgewählte *Pixel* globaler kirchlicher Entwicklungen; anschließend werden unter dem Stichwort *Baustellen* vier Herausforderungen beschrieben.

1. Standort: Polyzentrische Weltchristenheit wahrnehmen

Die letzten 70 Jahre haben für die weltweite christliche Kirche und christliche Mission eine tiefgreifende Wende gebracht. Sprechen wir heute von Christenheit, dann können wir uns nicht länger auf ein Christentum beziehen, dass 500 Jahre lang von Europa und der westlichen Welt aus große Teile der Welt missioniert und dominiert hat. Das Zeitalter eines monozentrischen Christentums wurde abgelöst durch die Epoche einer polyzentrischen Weltchristenheit, in der Kirchen in Nairobi, Kinshasa, Buenos Aires, Addis Abeba und Manila nicht länger fragen, was Kirchen in Genf, Rom, Athen und anderen Städten der westlichen Welt für richtig halten.

> „Das Gesicht der Christenheit heute ist so vielfältig, dass es nicht nur naiv, sondern eine große Ungerechtigkeit wäre, es mit einer bestimmten Kultur oder einem bestimmten Kontinent in Verbindung zu bringen. […] Obwohl das ehemalige Kernland des Christentums, Europa, im Großen und Ganzen post-christlich geworden ist, wird die Christenheit ihrerseits im Großen und Ganzen post-westlich. […] Als Folge davon haben wir heute eine polyzentrische

---

1 Dieser Aufsatz ist mit ausführlichen Verweisen in den Fußnoten erschienen in: Schuster, Jürgen: Gemeinsam unterwegs. Mission verändert – Mission verändert sich, Berlin 2023, 90–104.

> christliche Welt, und auch die Mission der Kirche nimmt einen unverwechselbar vielfältigen Charakter an."[2]

Es handelt sich dabei nicht einfach um eine geographische Ausweitung des bisherigen Christentums. Weltchristenheit ist ein neues Phänomen mit eigenem Charakter. Das betont der indische Theologe Pachuau:

> „Der Begriff ‚Weltchristenheit' drückt den weltweiten *Charakter* des Christentums aus, wie er von Menschen verschiedener Kulturen und Gesellschaften aus allen Regionen und Kontinenten im Herzen angenommen wurde, und wie er sich in der Vielfalt der kirchlichen Traditionen, der kulturellen Ausdrucksformen der Glaubenspraxis und der lehrmäßigen Stimmen zeigt. Dieser weltweite, vielfältige und facettenreiche Charakter der Christenheit als einer (gemeinsamen) Religion ist das, was wir heute ‚Weltchristenheit' nennen."[3]

Diese Wahrnehmung hat Folgen, auch für die theologischen Entwicklungen der Weltchristenheit. Theologisches Nachdenken als eine Reflexion von Gottes Wort im Kontext der eigenen Lebenssituation und Kultur mit ihren spezifischen Herausforderungen ist Aufgabe jeder Kirche. Angesichts des ständigen und schnellen Wandels heutiger Kulturen weltweit bedeutet das, dass auch theologische Reflexionsprozesse plural und polyzentrisch ablaufen. So hebt der westafrikanische Theologe Tiénou (Burkina Faso) hervor:

> „Das Wort ‚Kontextualisierung' wurde absichtlich gewählt, um zu vermitteln, dass Theologie niemals endgültig entwickelt und dauerhaft abgeschlossen werden kann. Überall und in jeder Kultur müssen Christen sich in einem fortwährenden Prozess engagieren, um das Evangelium auf Kulturen zu beziehen, die sich ständig verändern. Solange die Welt Bestand hat, wird dieser Prozess weitergehen."[4]

So zeigt der Begriff „Weltchristenheit" an, dass wir es nicht einfach nur mit einer geographischen Ausbreitung des Evangeliums zu tun haben im Sinne einer Addition: früher war das Christentum in der westlichen Welt zuhause. Jetzt ist es im Westen *und* im globalen Süden zuhause. Nein, wir sind – ohne es bewusst wahrzunehmen – in eine neue Epoche eingetreten, in eine polyzentrische, plurale Ära, die nicht länger aus einer monozentrischen Sicht

---

[2] Vethanayagamony, Peter and Edmund K. Chia: Introduction, in: Ogbu Kalu u. a. (Hg.): Mission after Christendom. Emergent Themes in Contemporary Mission, Louisville 2010, xvii (Übersetzung JS).

[3] Pachuau, Lalsangkima: World Christianity. A Historical and Theological Introduction, Nashville (TN) 2018, 2 (Hervorhebung im Original; Übersetzung JS).

[4] Tiénou, Tite: Forming Indigenous Theologies, in: James Phillips and Robert Coote (Hg.): Toward the 21st Century in Christian Mission. Essays in Honor of Gerald H. Anderson, Grand Rapids (MI) 1993, 245–252:247 (Übersetzung JS).

westlichen Christentums verstanden werden kann.[5] Das stellt insbesondere Kirchen der westlichen Welt vor die Aufgabe, die Implikationen dieses Epochenwechsels für christliche Theologie und für christliche Mission zu bedenken.

2. Pixel: Mosaiksteine eines neuen Missionsparadigmas aufsammeln

Die neue Situation der Weltchristenheit muss als Ausgangspunkt einer Reflexion über die Praxis christlicher Weltmission ernst genommen werden. Dazu im Folgenden eine kleine Sammlung ausgewählter Pixel, die das neue Bild kennzeichnen.[6] Auf eine kritische Auseinandersetzung mit einzelnen Beobachtungen wird an dieser Stelle bewusst verzichtet. Ein solcher kritischer Diskurs muss zusammen mit Kirchen der südlichen Hemisphäre angestrebt werden. Ein Beispiel für einen solchen gemeinsamen Studienprozess findet sich im vierten Absatz (VEM und Partnerkirchen).[7]

- Christliche Mission kann nur im Kontext der Weltchristenheit erfolgen und nur zusammen mit ihr. Entscheidende Fragen für die Kirchen der westlichen Welt lauten: Was sagen Christen und Kirchen in anderen Teilen der Welt über unsere Begabungen? Was können und sollen wir beitragen, aus ihrer Sicht? Was fördert die Eigenständigkeit und die Entwicklung einheimischer Kirchen? Was fördert ein Bewusstsein von Weltchristenheit auf Augenhöhe? Wie können wir mitarbeiten, ohne finanzielle und personelle Abhängigkeiten zu schaffen? Wo sind unsere blinden Flecken? Wo brauchen wir Ergänzung und Korrektur durch die Kirchen der südlichen Welt?

- Unsere westliche Fixierung auf Methoden und Strategien macht uns effizient und leistungsstark. Aber in einer polyzentrischen Weltchristenheit wird unsere Methoden- und Planungsstärke sich arrangieren müssen mit einem stärker personenorientierten Engagement. Strategisch

---

5 Der Begriff Weltchristenheit (*World Christianity*) bezeichnet die weltweite Christenheit in ihrer ethnischen, kulturellen und theologischen Vielfalt, so wie wir sie heute vorfinden. Im Gegensatz etwa zum Begriff *Globalisierung* beschreiben die Begriffe *World Christianity* oder *Global Christianity* gerade nicht ein einheitliches Phänomen nach westlichem Muster, sondern ein Bild polyzentrischer Vielfalt.

6 Vgl. Sunquist, Scott: A Historian's Hunches. Eight Future Trends in Mission, in: Charles E. van Engen (Hg.): The State of Missiology Today. Global Innovations in Christian Witness, Downers Grove (IL) 2016, 285–297.

7 Zur Herausforderung gemeinsamen Theologisierens vgl. die Einleitung in Henning Wrogemann: Interkulturelle Theologie und Hermeneutik. Grundfragen, aktuelle Beispiele, theoretische Perspektiven, Gütersloh [2]2016, 17–27.

ausformulierte und effizient durchgeführte Missionsarbeit ist nicht automatisch besser. Sie liegt uns Christen der westlichen Welt nur eher. Wir werden uns auf Partner mit anderen Stärken einlassen müssen.

- Das immense Wachstum der pentekostalen Bewegung im 20. Jahrhundert lässt erwarten, dass Mission im 21. Jahrhundert stärker von geistgeleiteten Impulsen motiviert sein wird als von langfristigen Strategien und Zielen. Sie wird in vielen Teilen der Welt ganzheitlicher sein und auch ganzheitlicher sein müssen, als Kirchen im Westen das gewohnt sind. Sie wird Krisen und Schicksalsschläge im Leben von Menschen weniger im Licht einer biochemischen Kausalontologie deuten und sich vielmehr auf spirituelle Erklärungsmuster stützen, etwa in der regelmäßigen Praxis von Befreiungsdiensten (*deliverance ministries*), mit deren Hilfe dämonische Einflüsse im Leben von Menschen überwunden werden sollen.[8]

- Das verlangt Prozesse gemeinsamen Theologisierens mit Verantwortlichen der Kirchen des globalen Südens. Exemplarisch sei hier auf einen Studienprozess der VEM (Vereinte Evangelische Mission) mit Vertretern von Partnerkirchen aus dem globalen Süden und in Zusammenarbeit mit dem Institut für Interkulturelle Theologie und Interreligiöse Studien (Wuppertal) hingewiesen. In diesem Prozess wurden sowohl theologische Grundlagen als auch Praxishinweise für die Durchführung von Befreiungsdiensten im Rahmen von Gottesdiensten in verschiedenen Erdteilen (Afrika, Asien) gemeinsam erarbeitet. Die entsprechenden Ergebnisse der Prozesse finden sich auf der Website der VEM.[9]

---

8 Der Kulturanthropologe und -psychologe Richard Shweder, The 'Big Three' of Morality (Autonomy, Community, Divinity) and the 'Big Three' Explanations of Suffering, in: ders.: Why Do Men Barbecue? Recipes for Cultural Psychology, Cambridge (MA)/London 2003, 74–133, stellt die Ergebnisse seiner Studie vor, welche Erklärungen für Leid in unterschiedlichen Kontexten der Welt herangezogen werden. Die drei prominentesten Kausalontologien sind (1) die biophysikalische (Erklärung von Krankheit und Leid mit Hilfe naturwissenschaftlicher Erkenntnisse), (2) die interpersonelle (Erklärung von Krankheit und Leid durch soziale Konflikte, in denen Menschen sich diverser Einflüsse aus dem Bereich magischer Kräfte und spiritueller Wesen bedienen, um ihren Konkurrenten oder Feinden zu schaden, bzw. solchen Schaden abzuwehren), und (3) die moralische (Erklärung, die vor allem im Bereich der so genannten Hochreligionen zu finden ist, in denen die Missachtung einer göttlichen Ordnung zu Krankheit und Schicksalsschlägen führt; vgl. die Freunde Hiobs).

9 https://www.vemission.org/themen/evangelisation/missionstheologie.html (abgerufen am 27.09.2023). Vgl. dazu auch Währisch-Oblau, Claudia und Henning Wrogemann: Witchcraft, Demons and Deliverance. A Global Conversation on an Intercultural Challenge, Zürich 2015; Wrogemann, Henning: Dämonologie und

- Christliche Mission im 21. Jahrhundert wird vermehrt von empirischer Forschung begleitet sein müssen. Polyzentrische Weltchristenheit heißt auch: Die Kirchen der westlichen Welt geben Menschen, die nicht an internationalen Begegnungen auf der Plattform europäischer Sprachen partizipieren können, eine Möglichkeit am Gespräch teilzunehmen. Viele werden sich nur dadurch am Diskurs beteiligen können, dass ihre Stimmen durch die Publikation der Ergebnisse empirischer Forschung wahrnehmbar gemacht werden.

- Herausforderungen im Kontext von Armut und Ungerechtigkeit, von Versöhnung und präventiver Friedensarbeit, von der Aufarbeitung traumatischer Erfahrungen bis hin zu ökologischen Fragen werden christliche Mission begleiten. Etwa: Wie kann eine Generation von Jugendlichen, die sich auf der Flucht befindet, ohne Zugang zu Bildung und ohne eine Vision für eine sozial-funktionierende Gesellschaft, diese Defizite je wieder aufholen? Dabei ist immer zu beachten: Menschen an den globalen Rändern dürfen nicht auf eine Empfängerrolle reduziert werden. Sie müssen zu Wort kommen. Sie brauchen Unterstützung, um kleine Freiräume für eine eigene Lebensgestaltung zu gewinnen. Nur auf diese Weise werden sie ihre von Gott verliehene Würde entdecken können.

- Die Nutzung von Medien für christliche Mission bringt eigene Herausforderungen. Medien beeinflussen und verändern nicht nur Kommunikation, sondern auch Inhalte. „Der Hintergrund kon-figuriert.“[10] Der Protestantismus als Glaubensform, die sich seit ihrer Entstehung auf ein gedrucktes Buch konzentriert, wird sich nicht ohne Verluste einfach medial digitalisieren können. Das Medium verschmilzt mit der Botschaft zu einer neuen Einheit (McLuhan). Christliche Mediennutzung im Kontext von Mission wird zudem nicht die eigenen medialen Produkte (Bildungsinhalte, Schulungen etc.) unidirektional der Welt anbieten dürfen. Es müssen vielmehr Plattformen entwickelt werden, die gemeinsames Lernen, Austauschen und Networking – lokal, regional und global – ermöglichen. Nur so wird Weltchristenheit wirklich ernst genommen.

Exorzismen (*deliverance*) als Thema interkultureller Theologie. Herausforderungen und Perspektiven, in: ders.: Missionswissenschaft unterwegs. Interkulturelle und interreligiöse Perspektiven, Leipzig 2017, 33–50.

10 Schmidt, Norbert: Mensch und Medium. Eine Hinführung zu McLuhan, in: Heinzpeter Hempelmann u. a. (Hg.): Handbuch Milieusensible Kommunikation des Evangeliums. Reflexionen, Dimensionen, praktische Umsetzungen (Kirche und Milieu, Band 4), Göttingen 2020, 103–111:109.

- Christliche Mission im 21. Jahrhundert ist herausgefordert, sich bewusst von den Prinzipien des globalen Marktes abzugrenzen, während sie sich gleichzeitig der Mittel moderner Globalisierung bedienen muss. Die Wurzeln einer weltumspannenden Gemeinschaft – *oikumene* – sind wesentlich älter als die moderne Globalisierung. Sie führen auch zu anderen Formen globaler Interaktion als sie uns heute im Raum von Wirtschaft und Politik begegnen. Dabei wird eine polyzentrische Weltchristenheit sowohl einer Zentralisierung wehren müssen (etwa dort, wo Ressourcen und Expertise vorhanden sind), als auch einer Fragmentierung der Peripherie.[11] Vielfalt in Einheit lässt weder das eine noch das andere zu. Nötig sind Begegnungsräume, die Partizipation, gemeinsames Zeugnis, gemeinsame theologische Reflexion und gemeinsames Gebet ermöglichen.

Die wenigen Mosaiksteine zeigen bereits, wie bunt das Feld gemeinsamen Agierens und Interagierens im Kontext der Weltchristenheit sein wird bzw. jetzt schon ist.

3. Baustellen: Konkrete Herausforderungen anpacken

Im Folgenden werden vier Aufgaben christlicher Mission aus missionswissenschaftlicher Perspektive beschrieben.

3.1 Kulturelle (und religiöse) Hybridität verstehen[12]

Den Begriff „hybrid" kennen wir aus dem Bereich der Technik. Er bezeichnet ein System, in dem zwei unterschiedliche Technologien miteinander verbunden werden und daraus ein neues Ganzes entsteht. Der Begriff Hybridität gewinnt jedoch heute auch im Bereich der Kultur- und Religionswissenschaft an Bedeutung. Wir nehmen wahr, dass Kulturen und Religionen nicht in einer Art Reinformat vorliegen. Auch die kulturelle oder religiöse Identität eines Menschen lässt sich nicht mit Vorstellungen von „reiner Kultur" und „reiner Religion" erfassen. Menschen packen auf ihrem Lebensweg unterschiedliche kulturelle und religiöse Elemente in ihren persönlichen „Kulturrucksack" hinein. Geflüchtete beispielsweise, die bei uns in Deutschland Fuß fassen wollen, müssen sich fragen, welche Aspekte ihrer Herkunftskultur sie beibehalten wollen, und welche Aspekte der deutschen Kultur sie aufnehmen wollen. Das

---

11 Yong, Amos: Many Tongues, Many Practices: Pentecost and Theology of Mission at 2010, in: Ogbu Kalu u. a. (Hg.): Mission after Christendom. Emergent Themes in Contemporary Mission, Louisville 2010, 43–58:57.

12 Vgl. Wrogemann, Interkulturelle Theologie und Hermeneutik (Anm.7), 43–159. 330–341.

sind schwierige Fragen, die Menschen herausfordern, die eigene Identität zu bedenken. Dabei ist Identität nicht als statischer Begriff im Sinne einer dauerhaften Identifikation mit dem ‚wahren Selbst' zu verstehen. Identität kann sich in einem dynamischen Prozess graduell verändern, ohne sich dabei aufzulösen.[13] Möglich wird das durch einen reflektierten Umgang mit eigenen Grenzen. Menschen, die in diversen kulturellen Kontexten unterwegs sind, werden das in aller Regel nachvollziehen können. Jahrelange Erfahrung als bikulturelle Person verändert die eigene Weltsicht und das eigene Selbstverständnis, ohne dass Menschen sich dabei sich selbst entfremden.

Ein solcher dynamischer Umgang mit Grenzen ist nicht einfach. Er erfordert in jedem Fall Einschätzung und Selektion. Welche Grenze ist für mich wichtig oder gar unaufgebbar? An welcher Stelle kann oder will ich offen sein für Fremdes? Das sind wichtige Fragen, etwa – um beim obigen Beispiel zu bleiben – im Umgang mit Geflüchteten: Was ist für dich wichtig, damit du dich in Deutschland zuhause fühlen kannst? Und *warum* ist das für dich wichtig? Nicht alles, was gewünscht wird, wird auch möglich sein (vgl. Konflikte um die Stellung der Frau in der westlichen und in der islamischen Welt). Aber auf diese Weise beginnt ein Reflexionsprozess über Grenzen und Identitätskonstruktionen. Wer bin ich? Wer sagen die anderen, dass ich bin? Und wer will ich sein in diesem neuen Kontext? (Was ich hier am Beispiel der Geflüchteten illustriere, gilt gleichermaßen für Menschen in anderen Teilen der Welt, die sich in einem Prozess des Kulturwandels befinden.)

Was für Identität gilt, gilt auch für Kultur. Auch Kultur wird heute dynamisch und hybrid, d. h. als Mischform erlebt. Kultur ist nicht einfach gleichzusetzen mit Ethnie, Sprache und Religion. Sprachliche, kulturelle und religiöse Zugehörigkeit werden im Prozess der Sozialisation erlernt. Sie werden aber in der Begegnung mit Fremden erweitert und verändert. Dabei wird Kultur nicht einfach individualisiert. Es gibt keine individuelle Kultur. Kultur ist immer kollektiv. Auf der anderen Seite entsteht aber auch keine globale Einheitskultur, so als würden Grenzen kultureller Identität sich einfach auflösen. Das wäre pathologisch. Es ist vielmehr die jeweilige individuelle Kombination der gleichzeitigen Zugehörigkeit zu verschiedenen Kollektiven, die eine hybride Identität kennzeichnet.[14] Die Frage lautet also, wie die kulturelle Identität eines Menschen als Entwicklung einer ihn auszeichnenden individuellen Kohärenz im Umfeld unterschiedlicher kultureller Einflüsse zu verstehen ist.[15]

---

13 Zum Thema Identität und Identitätsfiktionen s. Wrogemann, Henning: Theologie interreligiöser Beziehungen. Religionstheologische Denkwege, kulturwissenschaftliche Anfragen und ein methodischer Neuansatz, Gütersloh 2015, 224–240.

14 Zum Thema Kultur und Kollektive siehe: Hansen, Klaus P.: Kultur und Kulturwissenschaft. Eine Einführung, Tübingen [4]2011.

15 Michael A. Rynkiewich, Soul, Self, and Society. A Postmodern Anthropology for Mission in a Postcolonial World, Eugene (OR) 2011, 1–5, skizziert ein fiktives

Die ethnologische Ausbildung von Mitarbeitern christlicher Missionswerke hat zu lange ein homogenes, abgeschlossenes Bild von Kulturen vermittelt. Umso wichtiger ist deshalb heute die Sensibilisierung für den hybriden Charakter kultureller und religiöser Identitäten von Menschen, die sich in Anpassungsprozessen befinden.

Edward Said weist hin auf die Problematik der strikten Trennung zwischen „uns" und „den Anderen":

> „Kann man die menschliche Realität – so, wie sie auf den ersten Blick tatsächlich erscheint – in eindeutig unterschiedene Kulturen, Geschichte(n), Traditionen, Gesellschaften und sogar in Rassen aufteilen und die Folgen einer solchen Aufteilung in menschlicher Weise überleben? Mit ‚in menschlicher Weise überleben' meine ich: Gibt es eine Möglichkeit, die Feindseligkeit zu vermeiden, die mit einer Aufteilung der Menschen in ‚wir' [...] und ‚die Anderen' [...] verbunden ist?"[16]

Die Unterscheidung zwischen „uns" und „den Anderen" darf nicht einfach zu einer radikalen Trennungslinie werden. Das ruft Feindseligkeit hervor. Sie kann und darf aber auch nicht einfach aufgelöst oder geleugnet werden. Ein solcher naiver Idealismus führt seinerseits zu Ängsten und Ablehnungsreaktionen. Grenzen sind wichtig. Sie zu leugnen ist pathologisch. Aber Grenzen müssen kritisch-konstruktiv betrachtet und im Diskurs behandelt werden. Gefragt ist ein Umgang mit Grenzen, der Rahmenbedingungen für einen Diskurs im „Dritten Raum"[17] etabliert und gerade so die Möglichkeit schafft, sich trotz Fremdheit und Grenzen ernsthaft zu begegnen. In einem solchen Prozess werden konstruktivistische Identitätsfiktionen entlarvt und eine echte Begegnung mit Fremden ermöglicht. Dabei ist Hybridität kein erklärtes Ziel, sondern eine soziokulturelle Wirklichkeit in unserer komplexen, vernetzten Welt. Es geht aus der Perspektive biblischer Anthropologie darum, Vielfalt

---

Beispiel, in dem ein Mann aus dem Hochland von Papua-Neuguinea seine Familie in seinem Dorf zurücklässt mit dem Ziel, in anderen Teilen des Landes Geld und Prestige zu erlangen, um später zurückzukehren und in seinem Dorf eine politische Leitungsfunktion zu übernehmen. Auf den verschiedenen Stationen seiner Reise (Stadt im Hochland von PNG, Hauptstadt Port Moresby, Brisbane/Australien) wird er jeweils unterschiedlichen Kollektiven zugerechnet. Je weiter weg von seinem Heimatort, umso marginaler sind diese Kollektive. Der wirtschaftliche Erfolg stellt sich nicht ein. Aber die kulturelle Identität des Mannes wird von Station zu Station komplexer, eine Ansammlung von Zugehörigkeiten zu diversen Kollektiven.

16 Said, Edward W.: Orientalism, New York 1979, 45 (Übersetzung JS).

17 Homi K. Bhabha bezeichnet mit *third space* einen Raum, in dem Symbole im Diskurs neu definiert werden. Zur Bedeutung des „Dritten Raums" für interkulturelle Interaktion und Integration s. Schuster: Gemeinsam unterwegs (Anm. 1), 279–299.

und Partikularität der Menschen einerseits und die Einheit der Menschheit andererseits zusammen in den Blick zu nehmen.

3.2 Theologische Reflexion von Evangelium und Kultur gemeinsam einüben

Im Frühjahr 1996 hatte ich die Gelegenheit, die theologische Ausbildung junger Menschen in Mikronesien kennenzulernen. Dabei fiel mir auf: Die in den Gemeinden eingesetzten Pastoren waren theologisch nicht so gut ausgebildet wie die jungen Absolventen des damaligen christlichen Colleges. In dem traditionellen, animistischen Kontext der Inselwelt spielte eine theologisch-akademische Ausbildung allerdings auch nur eine untergeordnete Rolle. Der Schlüssel zur Vollmacht für das Pastorenamt lag vielmehr in der Handauflegung durch erfahrene, bevollmächtigte Leiter der Kirche. Geistbegabung wird durch Handauflegung übermittelt, nicht durch Bildung. Tatsächlich spielten die jungen Absolventen des theologischen Colleges in der pastoralen Arbeit in den Gemeinden – wenn überhaupt – nur eine Nebenrolle.

Der damalige Kirchenpräsident der *Evangelical Church of Chuuk* sprach im Rahmen des Besuchs mit mir auch über die Herausforderung, die feministisches Gedankengut damals für die christlichen Gemeinden in der Lagune darstellte. Jetzt stand die Frage im Raum: Wie sollen akademisch ungebildete Pastoren ihren besser ausgebildeten jungen Gemeindegliedern helfen, sich mit modernen Gedankenströmungen auseinander zu setzen? Es war doch schon schwierig genug, die eigene Kultur mit einer modern orientierten christlichen Bildung ins Gespräch zu bringen. Das kurze Gespräch machte deutlich, dass es auch nach (damals) 90 Jahren christlicher Missionsarbeit in Mikronesien theologische Herausforderungen gab, auf die die Kirche sich nur unzureichend vorbereitet sah.

Entscheidende Fragen im Blick auf die Selbständigkeit einer Kirche werden hier deutlich: Wie kann eine Kirche in einer traditionell oralen Kultur mit den Herausforderungen des modernen Kulturwandels umgehen? Wie lernt sie, ihre eigene Kultur und fremde kulturelle Einflüsse kritisch zu reflektieren? Wie kann sie unterstützt werden, das Evangelium in einem Prozess des Kulturwandels sinnvoll zu bewahren – eben gerade nicht als fertiges Paket – und in diesem Prozess das Verhältnis zwischen wörtlicher Überlieferung und Innovation konstruktiv neu zu bedenken? Antworten auf diese Fragen müssen einheimische Christen und Kirchen selbst finden. Die Fragen an ihrer Stelle zu beantworten, wäre nichts anderes als Paternalismus. Aber Christen in verschiedenen kulturellen Kontexten in der Auseinandersetzung mit diesen Fragen zu begleiten, sie gemeinsam mit ihnen zu reflektieren und die Kirchen auf diese Weise zu kulturell relevanten, weisen Entscheidungen zu ermutigen, wird zweifellos eine zentrale Aufgabe christlicher Mission und Theologie sein und bleiben.

Kirchen in allen Teilen der Welt müssen sich darin üben, Evangelium, Kultur und Kulturwandel aus ihrer jeweiligen Perspektive zu reflektieren. Zur theologischen Reflexion gehört auch ein Bewusstsein für Kultur und Kulturhermeneutik. „Kirche muss ‚Welt' interpretieren können, um ihre Rolle als alternative Gemeinschaft in der Welt immer wieder neu justieren zu können."[18] Es geht um eine gegenseitige Förderung solcher Reflexionsprozesse.

3.3 Das Evangelium als Geschichtsdeutung begreifen

Der englische Theologe Lesslie Newbigin überliefert folgende Aussage aus einem Gespräch, das er mit einem hinduistischen Religionsgelehrten in Indien führte:

> „Ich kann nicht verstehen, warum Sie als Missionare uns hier in Indien die Bibel als ein religiöses Buch präsentieren. Es ist doch kein Buch über Religion. Davon haben wir sowieso genug. Wir brauchen nicht noch mehr! Ich finde in Ihrer Bibel eine einzigartige Interpretation der Weltgeschichte, der Geschichte der ganzen Schöpfung und der ganzen Menschheit, und damit eine beispiellose Interpretation des Menschen als eines verantwortlichen Akteurs in dieser Geschichte. Das ist einzigartig. Es gibt nichts Vergleichbares in der gesamten religiösen Weltliteratur."[19]

Der Gesprächspartner hatte ein feines Gespür für das, was in der Präsentation des Evangeliums schieflief und bis heute – vor allem in evangelikalen Kontexten – häufig schiefläuft. Immer dann, wenn die Botschaft von Kreuz und Auferstehung Christi unmittelbar in einen individuellen, persönlichen Bezug hineingestellt wird, ohne ihre Einbettung in das geschichtliche Metanarrativ von Schöpfung, Erlösung und Neuschöpfung zu beachten, wird das Evangelium auf eine private Erlösungserfahrung verkürzt, die sich nicht grundsätzlich von Heilserfahrungen in anderen Religionen unterscheidet. Die Aussage „Jesus starb für mich, damit ich in den Himmel komme", ist *keine* Zusammenfassung des in der Bibel erzählten Heilshandelns Gottes. Christliche Mission muss sich der Gefahr einer solchen Verkürzung bewusst sein und den Geschichtscharakter des Evangeliums deutlich herausarbeiten. Es geht nicht um eine Rettung individueller „Seelen für den Himmel" – losgelöst von der Geschichte –, sondern darum, dass Gott Menschen zum integralen Bestandteil seiner heilbringenden Geschichte für diese Welt macht.[20] Tod und Aufer-

---

18 Meylahn, Johann-Albrecht: Transforming Mission, Twenty Years Later: Paradigm Shift or Cosmetic Facelift?, in: Missionalia 39/1 2 (2011), 130–151:133 (Übersetzung JS).

19 Newbigin, Lesslie: A Walk through the Bible, Louisville 1999, 4 (Übersetzung JS).

20 Im Hintergrund dieser zugespitzten Aussage steht nicht ein Geschichtsbild, das die christliche Zukunftshoffnung weltimmanent umdeuten will. Wie im weiteren Verlauf des Textes deutlich wird, bleibt der eschatologische Fokus der neuen

stehung Jesu bilden die Mitte der Geschichte Gottes mit seiner Menschheit. Gott selbst versöhnt Menschen mit sich und macht sie bereits im Lauf ihres irdischen Lebens zum Teil seines „Weltabenteuers".

> „Glaube ist die Entdeckung, in Gottes Weltabenteuer vorzukommen. […] Glaube ist ein Lokalisierungsgeschehen, ein sehr spezifisches. Es ist ein ‚sich finden in', keine Selbstlokalisierung."[21]

Als universaler Geschichtsentwurf entfaltet sich das Evangelium als ganzheitliche gute Nachricht für alle Menschen und ihre partikularen Gemeinschaften. Das hat Konsequenzen für die Interpretation von Glaube und Nachfolge. Der eschatologische Horizont des Handelns Gottes und die damit verbundene Vorläufigkeit des „heute" bleiben jederzeit im Blick. Gleichzeitig ist die Berufung zum Heil in Christus immer auch Begabung und Berufung, sich der Welt neu zuzuwenden, das „Schon jetzt" der Christusherrschaft – in der Begrenztheit der eigenen Kraft – dieser Welt anzuzeigen und gleichzeitig auf die kommende Erfüllung hinzuweisen und hinzuarbeiten. Es geht um eine Horizonterweiterung, die die persönliche Teilhabe am Heil in Jesus Christus eingebettet sieht in die Geschichte des Heilshandelns Gottes – in *„His-Story"* – und damit dem Leben jedes einzelnen Glaubenden die Perspektive eröffnet, an dieser „Symphonie der Mission Gottes"[22] teilzuhaben. Eine größere Würdigung der Lebensgeschichte eines Menschen kann es nicht geben, als Mitarbeiter Gottes in seinem Weltabenteuer zu sein.

3.4 Gastfreundschaft im Kontext pluraler Religiosität

Die Notwendigkeit eines bewussten und konstruktiven Umgangs mit Grenzen wurde bereits unter 3.1 angesprochen. Grenzen können dort zum Problem werden, wo sie Menschen strikt voneinander trennen und Begegnungen verhindern. Vorurteile gegenüber Fremden und eigene Vorstellungen über „die Anderen" bauen Schranken und Ängste auf. Menschen sind nicht länger in der Lage, auf Fremde zuzugehen und Kontakte über Grenzen hinweg zu suchen. Genau das ist jedoch dringend notwendig in einer Zeit, in der kulturelle und religiöse Vielfalt und Hybridität sich auf engem sozialem Raum entfalten.

Gastfreundschaft zu leben, erscheint in diesem Kontext als zentraler Schlüssel für die Zukunft von Mission, die Grenzen überschreiten will. Denn

---

Schöpfung im Blick. Kritisiert wird hier nur ein individualistisches, geschichtsloses Heilsverständnis mit platonischem Einschlag, dessen Charakter sich tatsächlich nicht wesentlich von Heilsvorstellungen anderer Religionsgemeinschaften unterscheidet.

[21] Thomas, Günter: Im Weltabenteuer Gottes leben. Impulse zur Verantwortung für die Kirche, Leipzig 2021, 51.

[22] Goheen, Michael W.: The Symphony of Mission. Playing Your Part in God's Work in the World, Grand Rapids (MI) 2019.

Gastfreundschaft ist vielleicht die elementarste Form der Überwindung von Grenzen, ohne andere Menschen zu vereinnahmen. Ein Gast kann in der Gegenwart seines Gastgebers frei und offen der sein, der er ist, ohne sich zu verstellen. Gleichzeitig sind Gäste eingeladen, teilzuhaben am Leben ihres Gastgebers. Gastfreundschaft bietet einen Raum zu zeigen, wer man ist und was man liebt.[23] Die Grenze zwischen „mir" und „dem Fremden" wird dadurch überwunden, dass ich mich verwundbar mache, dass ich mich öffne, dass ich etwas von meinem Leben teile mit dem Anderen. Gerade so öffnet sich ein Raum von Freiheit; eine Einladung wird übermittelt an den Gast, sich auch zu öffnen, auch in diesen Austausch einzutreten. Auf diese elementare Weise können Interesse am Anderen und eine Verbundenheit mit ihm wachsen, ohne dabei Grenzen zu verwischen oder auszublenden. Eine solche Atmosphäre der Freiheit ist für unseren Umgang mit Menschen anderer Kulturen und anderen Glaubens – in ihrer jeweiligen hybriden Gestalt – dringend notwendig. Gerade so können Mitarbeiter christlicher Gemeinden an der Basis *cultural broker* (Kulturvermittler) sein, Grenzüberschreiter, Türöffner, Brückenbauer, *Change Agents*.

Die Bedeutung einer solchen offenen Gastfreundschaft lässt sich im Leben Jesu gut beobachten. Jesus löst Grenzen nicht einfach auf. „Ich bin nicht gekommen [das Gesetz] aufzulösen, sondern zu erfüllen" (Mt 5,17). Gleichzeitig durchbricht Jesus souverän kulturelle und religiöse Grenzen seiner Zeit. Er teilt Gottes Gastfreundschaft mit Zöllnern und Sündern, ohne selbst zum Sünder zu werden. Und umgekehrt: Er, der Heilige, berührt unreine Menschen, ohne damit ihr Leben zu zerstören. Er heilt Menschen, indem er ihnen einen Platz gibt am Tisch Gottes (Eph 2,19). Die Vermittlung der Gastfreundschaft Gottes in der konkreten Begegnung, im gemeinsamen Mahl, führt dazu, dass Grenzen neu bewertet werden. Die Einladung zur Tischgemeinschaft mit Gott in Christus setzt kulturelle und religiöse Grenzen außer Kraft, ohne dabei in einer grenzenlosen Homogenisierung zu enden.

So bedeutet „Mission als gelebte Gastfreundschaft Gottes"[24] Einladung und Offenheit, auch Freiheit für die Eingeladenen, die eigene Identität zu wahren, ohne vereinnahmt zu werden, in Freiheit in der Begegnung mit Gott reagieren zu können. Menschen, die sich der Gastfreundschaft Gottes in Christus öffnen,

---

23 Steffensky, Fulbert: Lassen und nicht im Stich lassen. Momente einer interreligiösen Grammatik, Vortrag Berlin 2009 (https://www.beaonline.de/wp-content/uploads/2015/06/2009_Jubilaeum_Fulbert_Steffensky_Lassen_und_nicht-im_Stich_lassen_Momente_einer _interreligioesen_Grammatik.pdf.; abgerufen am 27.09.2023): „Mission heißt, zeigen wer man ist und was man liebt."

24 Vgl. Yong, Amos: Hospitality and the Other. Pentecost, Christian Practices, and the Neighbor, New York u. a. 2008; s. a. Wrogemann: Theologie interreligiöser Beziehungen (Anm. 13), 119–127; ders.: Missionstheologie und religiöse Pluralität. Wie Kontexte das Missionsverständnis verändern, in: Wrogemann: Missionswissenschaft unterwegs (Anm. 9), 11–21:17.

werden Teil einer neuen Gemeinschaft, die nicht durch religiöse Grenzen bestimmt ist. Denn Konversion heißt nicht Religionswechsel, sondern Anschluss finden an die Person Jesus Christus.[25] Der in der Konversion vollzogene Vertrauens- und Loyalitätstransfer hat nicht einfach eine Anpassung des an Christus Glaubenden an eine bestehende kirchliche Gemeinschaft zur Folge. Auch die Kirche wird in diesem Prozess herausgefordert, sich in der Tischgemeinschaft mit Gott und den Neuhinzugekommenen zu verändern (vgl. Eph 2; Apg 15). Die hier gefragte Veränderungsbereitschaft ist gleichzeitig elementarer Bestandteil der Wahrnehmung des Epochenwechsels von westlichem Christentum hin zur Weltchristenheit.

4. Zusammenfassung

Christliche Mission wird im 21. Jahrhundert nicht zuletzt davon leben, dass Kirchen und Christen

- kulturelle und religiöse Hybridität wahrnehmen, Menschen in ihrer Partikularität verstehen und mit ihnen gemeinsam ihre Identität im Licht Gottes reflektieren,
- ihre Schwestern und Brüdern in anderen kulturellen Kontexten in einer kritischen Auseinandersetzung mit ihrer jeweiligen Kultur und den Spannungen des Kulturwandels begleiten und sie darin unterstützen, beides – das Evangelium und ihre eigene Kultur – eigenständig und gemeinsam theologisch zu reflektieren,
- und gleichzeitig die Gemeinschaft mit Christen in anderen Teilen der Welt als Ergänzung und Korrektur für eigene theologische und kulturelle Reflexionsprozesse wertschätzen,
- das Evangelium als Gottes Story wahrnehmen und Menschen einladen, mit ihren Begabungen ihre Berufung im ‚Weltabenteuer Gottes' zu entdecken und ihren Part in Gottes ‚Symphonie der Mission' zu spielen,
- durch Gastfreundschaft kulturelle und religiöse Grenzen zwischen Menschen überwinden und in die Freiheit der Gastfreundschaft Gottes hineinführen, wo Veränderungen im Leben und Denken in einer Atmosphäre der Freiheit ermöglicht werden,
- diese Schritte in einem neuen Bewusstsein gemeinsam als Teil der einen Weltchristenheit unternehmen.

---

[25] Goppelt, Leonhard: Theologie des Neuen Testaments, Göttingen ^{3}1978, 257.

Gemeinsam unterwegs – Mission verändert. Mission verändert sich. Lesslie Newbigin erinnert daran, dass die Verheißung des Heiligen Geistes denen gegeben ist, die als hermeneutische Gemeinschaft zusammen in der Mission Gottes unterwegs sind:

> „Christen sollten sich daran erinnern, dass sie als Pilgervolk berufen sind, mit leichtem Gepäck zu reisen; wenn nötig, viel von dem Gepäck zurückzulassen, das sich während des Unterwegsseins angesammelt hat, und ohne Zögern dem Leiten des Geistes zu folgen, wohin er führt. Denn die Verheißung des Geistes wird nur denen gegeben, die unterwegs sind. Und wenn man der Erfahrung eines Missionars trauen darf, so möchte ich hinzufügen, dass man sich sputen muss, um mit dem Geist Schritt zu halten."[26]

---

[26] Newbigin, Lesslie: Honest Religion for Secular Man, Philadelphia (PA) 1966, 122 (Übersetzung JS).

Global vernetzte Mission als gemeinsame Aufgabe einer polyzentrischen Christenheit

Simon Herrmann

Als sich die Abgesandten für die Weltmissionskonferenz 1910 im schottischen Edinburgh trafen, war die Welt noch klar aufgeteilt: Die Christen aus Europa und Nordamerika hatten einen Auftrag, den Heiden in Afrika, Asien und der Südsee das Evangelium zu bringen, am besten mit einer gehörigen Portion Zivilisation und den Segnungen der sich entwickelnden Wirtschaft. Die Erweckungsbewegungen in Nordamerika, England und Schottland im 18. Jahrhundert hatten genauso wie der Pietismus in Deutschland die Grundlagen gelegt und die Motivation gesteigert, den christlichen Glauben zu verbreiten. Als der englische Baptist William Carey 1792 die Frage aufwarf, ob denn denjenigen, die Christus kannten, nicht die Verpflichtung zukäme, die Botschaft vom Heil auch denen zu verkündigen, die weit entfernt lebten, kam die neuzeitliche protestantische Missionsbewegung ins Rollen. Das 19. Jahrhundert wurde in der Folge zum „großen Jahrhundert" der protestantischen Mission, die von Europa und Nordamerika ausging.[1] Als man sich dann zu Beginn des 20. Jahrhunderts zur Weltmissionskonferenz in Edinburgh traf, war das von Erwartung, Eifer und Fortschrittsglauben geprägte Motto: „Die Evangelisation der Welt in dieser Generation."

Spult man schnell in unsere Zeit vor, werden die tiefgreifenden Veränderungen sichtbar, die nicht nur die Welt, sondern auch die globale Christenheit betreffen. Am deutlichsten wird dies an der quantitativen Verlagerung der Christenheit in den Globalen Süden[2] und den daraus resultierenden Gegebenheiten und Dynamiken, die einen neuen Kontext für die Missionsarbeit bilden – wenn denn Mission weiter als gesetzte Größe angenommen werden soll. Mission muss, wenn sie relevant sein will, neben dem biblischen Auftrag immer auch das Umfeld im Blick haben, in dem sie geschieht und in globaler Hinsicht haben sich die Rahmenbedingungen gewaltig verändert. Im ersten Teil des Aufsatzes wird daher die neue Situation der Weltchristenheit zunächst dargestellt, in einem zweiten Teil wird der bleibende Auftrag skizziert und im dritten Teil werden die Konsequenzen für den Modus

---

1 Erste Vorläufer gab es schon im frühen 18. Jahrhundert mit der Aussendung von Missionaren durch die Dänisch-Hallesche Mission (Beginn: 1706) und die Herrnhuter Brüdergemeine (Beginn: 1732).

2 Zur Definition, s. Anm. 12.

herausgearbeitet, in dem Mission in einer Zeit der polyzentrischen Christenheit geschehen kann.[3]

1. Weltchristenheit als neue Ausgangslage

Das Christentum hat sich im den vergangenen Jahrhundert immer stärker zu einer Religion mit globaler Ausbreitung und äußerst vielfältigem und facettenreichen Charakter entwickelt. Seit etwa den 1980er Jahren wird der Begriff „Weltchristenheit" (engl. „World Christianity") benutzt, um dieses Phänomen zu beschreiben.[4]

1.1 Christentum als globale Religion mit Schwerpunkt im Globalen Süden

Die Christenheit zur Zeit der Weltmissionskonferenz 1910 war weitgehend ein europäisches und nordamerikanisches Phänomen. Dies lässt sich auch an den Abgesandten zur Konferenz ablesen. Nur eine Handvoll asiatischer Christen war anwesend; afrikanische Christen waren gar nicht vertreten.[5] Die Kirchen außerhalb Europas und Nordamerikas wurden als in den Kinderschuhen steckend betrachtet oder höchstens als Jugendliche, die von den „Eltern" abhängig waren.

Diese Situation hat sich grundlegend geändert. Wer hätte damals gedacht, dass das südliche Afrika zum christlichen Powerhouse werden würde oder

---

3 Polyzentrisch bedeutet hier ganz grundsätzlich, dass die Christenheit viele Zentren hat. Sie ist nicht dominiert von einem Ort oder einer Region mit der dazugehörigen Macht und Kraft, Orientierung und Leitung für die gesamte Christenheit zu leisten. Diese grobe Definition soll für diesen Aufsatz genügen. Um falschen Vorstellungen vorzubeugen, sei darauf hingewiesen, dass es auch in der Vergangenheit nicht *das eine Zentrum* der Christenheit gegeben hat. Zu allen Zeiten haben Christen von verschiedenen Orten Orientierung gesucht oder sich ihnen zugehörig gefühlt (vgl. Kim, Kirsteen: Joining in with the Spirit, London 2012, 15). Nichtsdestotrotz sind die Zentren durch die Ausbreitung der Christenheit seit einigen Jahrzehnten weit auf der Erde verteilt und finden sich in allen Kontinenten wieder. Für eine ausführliche Diskussion des Polyzentrismusbegriffs, s.: Grümme, Bernhard: Polyzentrismus: Ein altes Konzept, theologisch neu gelesen, in: ders. u. a. (Hg.): Globale Christentümer. Theologische und religionswissenschaftliche Perspektiven, Global Religion – Religion global 2, Leiden 2022, 23–45.

4 Wenn im Folgenden von der Weltchristenheit oder von Christen allgemein die Rede ist, dann fallen darunter all diejenigen, die sich selbst als Christen bezeichnen; die Definition ist also sehr weit gehalten.

5 Südamerika wurde bei der Konferenz ausgeklammert. Die frühe Kolonialisierung durch katholische Länder und die im Vergleich zu anderen Gegenden frühe Dekolonialisierung gab Südamerika ein eigenes Gepräge. Man konnte sich im Vorfeld nicht darüber einigen, wie die Lage Südamerikas zu bewerten sei.

dass heute etwa ein Drittel der Bevölkerung Südkoreas einer christlichen Kirche angehört oder in China heute wahrscheinlich gut 100 Millionen Christen leben?[6] Das Christentum kann heute tatsächlich als globale Religion beschrieben werden. Es finden sich Christen in jedem Land der Erde.[7]

Andrew Walls, schottischer Missionshistoriker und Vordenker in Bezug auf die Entwicklungen der Weltchristenheit, hat darauf hingewiesen, dass das Christentum sich „seriell" ausbreitet, d. h. in Bewegungen, die in bestimmten Gegenden ansteigen und dann auch wieder abebben.[8] Weder Jerusalem, noch der Mittelmeerraum, noch Mitteleuropa sind mehr auf dem Höhepunkt ihrer christlichen Agilität. Dafür gibt es neue Zentren, in denen das Christentum floriert. Es wuchs zumeist an seinen geographischen Rändern und hat sich gerade im kulturüberschreitenden Prozess als äußerst lebendig erwiesen. Neben basalen Faktoren (die freilich immer wieder Gegenstand der Diskussion sind), hat sich der christliche Glaube als enorm kontextualisierbar erwiesen. Gerade diese immer neue Heimischwerdung in verschiedenen Kulturen hat ihn nach Walls lebendig erhalten und ist daher für seine Fortexistenz grundlegend.[9]

Missionare hatten an dieser Entwicklung einen entscheidenden Anteil. Sie brachten in vielen Fällen die Initialzündung für die Aufnahme des Evangeliums, das dann von Menschen vor Ort wie ein Lauffeuer weitergetragen wurde. Missionare wirkten wie Scharniere zwischen dem Glauben in ihrer Herkunftskultur und der sich in der Kultur des Einsatzlandes entwickelnden Ausprägung des christlichen Glaubens, auch wenn die Ausdrucksformen und Theologien der einheimischen Christentumsvarianten ihnen oft Sorge bereiteten.

Mitunter verbreitete sich das Christentum noch schneller, als Missionare die weitere Entwicklung nicht mehr begleiteten, wie z. B. in China, wo Missionare in den 1950er Jahren das Land verlassen mussten oder in Teilen Afrikas, wo seit etwa den 1960er Jahren im Zuge der Dekolonisierung viele Missionare abgezogen wurden.[10] Ob daraus eine Regel abgeleitet werden darf, ist

---

6 Vgl. Ross, Kenneth R. u. a. (Hg.): Christianity in East and Southeast Asia, Edinburgh Companions to Global Christianity Edinburgh 2020, 496. Alle Zahlen für China sind Näherungswerte, da sich eine genauere Ermittlung aufgrund der politischen Lage und Zensur als äußerst schwierig gestaltet.

7 Vgl. Zurlo, Gina: Global Christianity. A Guide to the World's Largest Religion from Afghanistan to Zimbabwe, Grand Rapids (MI) 2022, 3.

8 Vgl. Walls, Andrew F.: Christianity in the Non-Western World. A Study in the Serial Nature of Christian Expansion, in: ders.: The Cross-Cultural Process in Christian History. Studies in the Transmission of Faith, Maryknoll (NY) 2002, 27–48.

9 Vgl. Walls: Christianity in the Non-Western World (Anm. 8), 29.

10 Vgl. Walls, Andrew F.: From Christendom to World Christianity. Missions and the Demographic Transformation of the Church, in: ders.: The Cross-Cultural Process

in der Missionswissenschaft schon lange umstritten.[11] Fakt ist, dass das Christentum sich im Laufe des 20. Jahrhunderts in Gegenden ausbreitete, wo es vorher keine christliche Präsenz gab oder sie nur marginal war.

Auffallend ist dabei die Verschiebung des quantitativen Schwerpunkts von Nordamerika und Europa hin in den Globalen Süden.[12] Die folgende Grafik zeigt den Anteil der Christen pro Kontinent an der Gesamtzahl der Christen im Vergleich von 1900 zu 2020.[13]

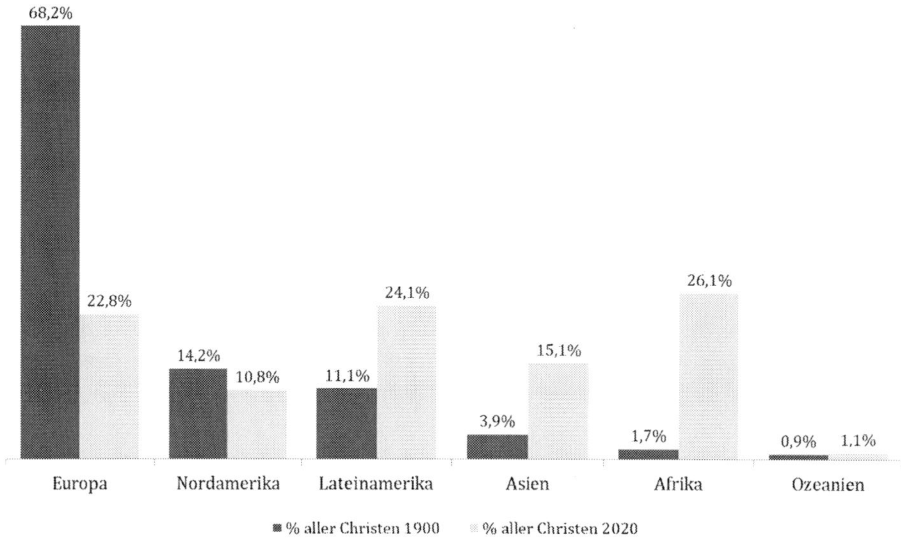

Am gravierendsten fallen der rasante Anstieg in Afrika und der enorme Rückgang in Europa auf. Während im Jahr 1900 noch 82 % der Christen im

in Christian History. Studies in the Transmission of Faith, Maryknoll (NY) 2002, 49–71, hier v. a. 65.

11 Man denke z. B. an Roland Allen und seine starke Betonung einheimischer Leiterschaft und der Forderung nach einem zügigen Rückzug von Missionaren nach der Entstehung erster Gemeinden, vgl. Allen, Roland: The Spontaneous Expansion of the Church – and the Causes which Hinder It, Cambridge, ⁴2006.

12 Hier verwendet für Asien (inkl. der ganzen Türkei), Afrika, Lateinamerika und Ozeanien; der Globale Norden umfasst damit Europa (inkl. ganz Russland) und Nordamerika; vgl. Zurlo: Global Christianity (Anm. 7), xviii. Mitunter werden andere Einteilungen vorgenommen oder das Konzept wird als von Akademikern der westlichen Welt kreiert komplett abgelehnt. Hier ist nicht der Platz, in diese Diskussion einzusteigen. Um die geschichtlich geschehenen Veränderungen der globalen Christenheit aufzuzeigen, ist es nützlich und wird so vom Center for the Study of Global Christianity am renommierten Gordon-Conwell Theological Seminary genutzt, das als beste Adresse für Statistiken über die globale Christenheit angesehen werden kann.

13 In Anlehnung an Zurlo, Global Christianity (Anm. 7), 4.

Globalen Norden lebten, waren es im Jahr 2020 nur noch 33 %. Prognosen gehen davon aus, dass im Jahr 2050 etwa 77 % der Christen im Globalen Süden leben werden; der Anteil Afrikas allein wird bei rund 39 % liegen.[14] Diese Verschiebungen gehen nicht allein auf Zu- bzw. Abwendung vom christlichen Glauben zurück, sondern werden auch maßgeblich durch Faktoren wie Bevölkerungswachstum und Migration beeinflusst.

1.2 Das Christentum inmitten anderer Glaubensformationen

Während sich die Gesamtzahl der Christen von 558 Mio. im Jahr 1900 auf 2,6 Mrd. im Jahr 2023 vervielfacht hat, ging der prozentuale Anteil der Christen an der Weltbevölkerung leicht zurück, von 34,5 % auf 32,4 %.[15] Das zahlenmäßige Wachstum der Christenheit hängt also dem Wachstum der Weltbevölkerung etwas hinterher. Zwischen 2000 und 2023 wuchs die Zahl der Christen weltweit täglich um ca. 73.000, die der Nichtchristen um etwa 153.000.[16]

Die folgende Grafik zeigt den Anteil der Christen und der Muslime an der Weltbevölkerung:[17]

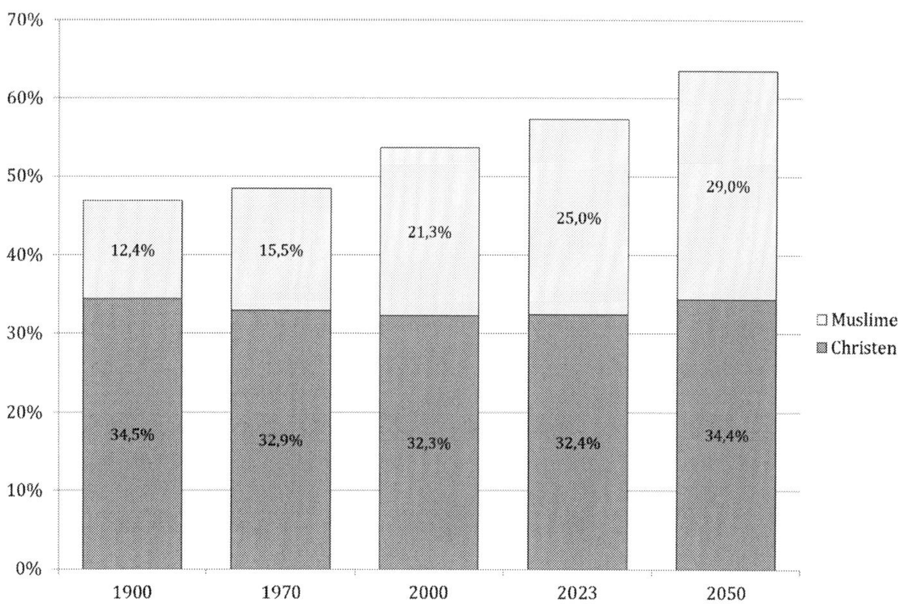

14 Vgl. Zurlo, Global Christianity (Anm. 7), 3.

15 Vgl. Zurlo, Gina A. u. a.: World Christianity 2023. A Gendered Approach, in: International Bulletin of Mission Research 47/1 (2023), 11–22:16.

16 Errechnet aus Daten von Zurlo u. a., World Christianity 2023 (Anm. 15), 16–17.

17 Erstellt auf der Grundlage von Zurlo u. a., World Christianity 2023 (Anm. 15), 16–17.

Aus der Grafik ist nicht nur der auf lange Sicht in etwa gleichbleibende Anteil der Christen an der Weltbevölkerung, sondern auch das deutliche Wachstum der Muslime zu erkennen. Außerdem fällt auf, dass diese beiden Religionen einen immer größeren Anteil der Weltbevölkerung ausmachen (werden). Vor allem in Afrika, wo um 1900 noch mehr als die Hälfte der Bevölkerung traditionellen ethnischen Religionen angehörten, bezeichnen sich heute mehr als 90 % entweder als Christen oder Muslime.[18]

Christen finden sich heute in ganz unterschiedlich geprägten Gesellschaften wieder. In Mittel- und Nordeuropa leben viele in historisch christlich geprägten, aber säkularer werdenden Staaten; in manchen Ländern, z. B. den USA, ist der christliche Glaube, trotz Trennung von Staat und Kirche, stärker im öffentlichen Leben präsent. Manche Staaten des Globalen Südens, z. B. Sambia und einige der Inselstaaten im Südpazifik, verstehen sich ausdrücklich als christliche Staaten. In vielen Ländern herrscht offiziell Religionsfreiheit und Christen leben, mal als Mehrheit (Kenia), mal als Minderheit (Japan); mal staatlich gefördert (Uganda), mal behindert (Vietnam), Seite an Seite mit Anhängern anderer Religionen oder Religionslosen. Dort, wo Christen in Staaten leben, in denen eine andere Religion (Islam, teilw. auch Buddhismus oder Hinduismus) Staatsreligion ist oder starke Ideologien Religionsausübung unterdrücken, müssen sie mit Einschränkungen der Glaubenspraxis (Malaysia) bis hin zur aktiven Verfolgung (Nordkorea, Somalia) rechnen.

Besonders für Christen in Asien und Teilen Afrikas gehört es zum Alltag, ihren Glauben in einem multireligiösen Kontext zu leben und sich – oftmals in einer Situation der Minderheit und ohne Privilegien – im Gegenüber mit anderen Religionen und Ideologien ihren Platz in der Gesellschaft zu suchen und ein christliches Zeugnis abzulegen.

1.3 Wachstum evangelikaler, charismatischer und pfingstlerischer Strömungen und die Ausprägung eines weniger von der Aufklärung geprägten Christentums

Ein weiteres Merkmal der Weltchristenheit ist das enorme Wachstum der evangelikalen[19] und der pfingstlerisch-charismatischen Strömungen,[20] die

---

18 Vgl. Johnstone, Patrick: The Future of the Global Church. History, Trends and Possibilities, Operation World Resources Series, Downers Grove (IL) 2011, 95.

19 Als evangelikal werden hier Gemeinden und Personen gelistet, die sich aufgrund ihrer Mitgliedschaft in Denominationen, die mit evangelikalen Vereinigungen verbunden sind (z. B. der Weltweiten Evangelischen Allianz, der Association of Evangelicals of Africa oder nationalen Organisationen wie dem Christian Council of Korea), als evangelikal bestimmen oder die sich in Umfragen selbst als evangelikal bezeichnet haben; vgl. Zurlo u. a.: World Christianity 2023 (Anm. 15), 18, FN 2.

20 Kirchenmitglieder, die in Pfingstkirchen oder charismatischen Kirchen oder in pfingstlerischen oder charismatischen Bewegungen innerhalb anderer Kirchen

sich teilweise überschneiden. Gehörten 1970 knapp 9 % (108 Mio.) aller Christen der evangelikalen Bewegung an, waren es 2023 15,6 % (407 Mio.). Rund 78 % aller Evangelikalen leben im Globalen Süden. Von den zehn Ländern mit der größten evangelikalen Bevölkerung liegen die USA an der Spitze; alle weiteren Länder (mit Nigeria, China, Brasilien und Äthiopien auf den folgenden Plätzen) liegen im Globalen Süden.[21]

Noch rasanter war der Anstieg im pfingstlerisch-charismatischen Segment in den vergangenen gut 50 Jahren: 1970 waren ihm unter 5 % (58 Mio.) aller Christen zuzuordnen; 2023 waren es 26,1 % (679 Mio.).[22] Die Strömung eint die Betonung der Taufe mit dem Heiligen Geist, der Geistesgaben und der erfahrbaren Spiritualität. Sie wird von Zurlo u. a.[23] folgendermaßen unterteilt: (1) eigene pfingstlerische Gemeinden und Denominationen, in denen Menschen Erfahrungen mit dem Heiligen Geist machten, die von vielen anderen Christen als seltsam empfunden wurden. Sie haben ihre Wurzeln in den Erweckungsbewegungen von Mitte des 19. bis Anfang des 20. Jahrhundert in verschiedenen Gegenden weltweit. Zu ihnen gehören z. B. die Assemblies of God oder die Foursquare Church; (2) charismatische Bewegungen innerhalb bestehender nicht-pfingstlerischer Gemeinden, in denen sich Menschen als vom Heiligen Geist erneuert beschreiben und seine übernatürliche und Wunder wirkende Macht erleben. Sie bleiben aber Teil ihrer Gemeinden und Denominationen. So gibt es neben charismatischen Strömungen innerhalb der orthodoxen und protestantischen Kirchen heute große katholische charismatische Bewegungen, beispielsweise in Brasilien (mit 61 Mio. Anhängern) und in den Philippinen (26 Mio.); (3) unabhängige charismatische Kirchen, die in ihrer Gestalt den ersten beiden Ausprägungen ähneln, aber keine direkte historische oder organisatorische Anbindung an orthodoxe, katholische oder protestantische Denominationen haben. Sie werden von Zurlo u. a. in den USA mit 33 Mio., in China mit 30 Mio. und in Nigeria mit 27 Mio. Anhängern quantifiziert.

Etwa 86 % der pfingstlerischen und charismatischen Christen leben im Globalen Süden.[24] Besonders verbreitet hat sich diese Form des Christentums dort, wo animistische Traditionen vorherrschten. Offensichtlich war die Betonung von Zeichen und Wundern eine Brücke zu den bisherigen

---

involviert sind, die die Erneuerung durch den Heiligen Geist hervorheben; vgl. Zurlo u. a., World Christianity 2023 (Anm. 15), 18, FN 3.

21 Vgl. Zurlo, Global Christianity (Anm. 7), 29.

22 Errechnet aus den Zahlen von Zurlo u. a., World Christianity 2023 (Anm. 15).

23 Vgl. Zurlo, Gina A. u. a.: World Christianity and Mission 2021. Questions About the Future, in: International Bulletin of Mission Research 45/1 (2021), 15–25.

24 Vgl. a.a.O., 18.

Glaubensvorstellungen.[25] Damit einher geht ein Christentum, das ohne die Brille der Aufklärung die Bibel liest und versteht und dadurch in vielen Texten direkte Bezüge zur eigenen Lebenswelt sieht und sie in viel unmittelbarerer Weise auf die eigene Situation auslegt und anwendet. Diese Hermeneutik schlägt sich direkt auf das Verständnis und die Praxis von Krankheit und Heilung, Dämonenaustreibungen, die Deutung von Träumen, die Existenz und den Umgang mit dem Bösen oder der Erfahrung von Gottes Versorgen nieder.[26] Des Weiteren, so schreibt Allan Anderson zumindest für den Pentekostalismus Afrikas (und man wird dies auf viele andere Regionen ausdehnen dürfen), besteht keine – im Westen durch die Aufklärung hervorgebrachte – Trennung von geistlicher und säkularer Lebenswelt. Spiritualität ist gelebte und erfahrene Spiritualität, die das Leben in Gemeinschaft und die Gesellschaft mit umfasst.[27] Glaube ist nicht etwas, das sich auf die Privatsphäre oder aufs Jenseits begrenzen ließe; im Gegenteil, „man erwartet, dass der Glaube zu realen und beobachtbaren Ergebnissen in dieser Welt führt."[28] Es wundert daher nicht, dass der Anteil der Christen, die ihren christlichen Glauben als „besonders wichtig" für ihr Leben bezeichnen, im Globalen Süden besonders hoch ist (Ghana: 89 %, Nigeria: 82 %, Brasilien: 77 %). Die Zahlen für Mitteleuropa liegen weit darunter (Deutschland: 12 %).[29]

1.4 Ungleiche Verteilung von Ressourcen

Während sich der demographische Schwerpunkt der Christenheit in den letzten Jahren in den Globalen Süden verschoben hat, gilt dies nicht im gleichen Maß für die Ressourcen, die Christen in verschiedenen Gegenden zur

---

25 Vgl. Zurlo, Global Christianity (Anm. 7), 30. Dies darf nicht gleichgesetzt werden mit einer direkten Übernahme traditioneller Vorstellungen. Der Brite Allan Anderson, einer der profiliertesten Forscher im Bereich der pentekostalen Theologie Afrikas, betont gerade für pfingstlerisch und charismatisch geprägte Christen in Sub-Sahara Afrika sowohl die Kontinuität als auch die Diskontinuität von Tradition und christlichem Glauben; s.: Anderson, Allan H.: Spirit-Filled World. Religious Dis/Continuity in African Pentecostalism, Christianity and Renewal Interdisciplinary Studies, Cham 2018, 8.

26 Vgl. Jenkins, Philip: The New Faces of Christianity. Believing the Bible in the Global South, Oxford 2006.

27 Vgl. Anderson, Spirit-Filled World (Anm. 25), 15f.

28 Jenkins, Philip: The Next Christendom. The Coming of Global Christianity, New York (NY) [3]2011, 98. (Übersetzung SH. Direkte Übersetzungen aus englischen Werken werden im weiteren Verlauf nicht gesondert gekennzeichnet.)

29 Vgl. Pew Research Center: Among Christians, Religion Most Important in Sub-Saharan Africa, Latin America, and the United States. https://www.pewforum.org/pf-06-13-18_religiouscommitment-03-06/, 2018 (abgerufen am 21.03.2022).

Verfügung stehen: „Im Hinblick auf die Verteilung der Ressourcen zwischen Christen im globalen Norden und Süden gibt es enorme Unterschiede: Der Norden hat das meiste Geld, aber der Süden hat mehr Christen. Während viele Christen im globalen Süden am Rande der Existenz leben, leben die meisten im Norden in relativem Wohlstand und ziemlich sicher."[30]

Es wäre falsch, Christen und Gemeinden des Globalen Südens immer mit Armut in Verbindung zu bringen. Es gibt reiche, mitunter sehr reiche Christen und Gemeinden in Asien, Afrika und Lateinamerika. Nichtsdestotrotz stimmt die Aussage im Grundsatz. Darüber hinaus sehen sich die Gemeinden oftmals in einem Umfeld mit großen sozialen Nöten konfrontiert, die noch elementarer sind als die im Globalen Norden.

Philip Jenkins, der an der Baylor University in den USA Geschichte lehrt und mit drei herausragenden Werken[31] den Entwicklungen der Weltchristenheit zu größerer Wahrnehmung verhalf, schreibt dazu:

> „Das Christentum gedeiht prächtig unter den Armen und Verfolgten, während es unter den Reichen und Abgesicherten verkümmert. Wenn man die traditionelle marxistische Sichtweise der Religion als Opium der Massen zugrunde legt, wäre es verlockend, die Schlussfolgerung zu ziehen, dass die Religion tatsächlich mit Unterentwicklung und vormodernen Kulturformen zusammenhängt und mit dem Fortschritt der Gesellschaft verschwinden wird. Angesichts der anhaltenden Anziehungskraft des Christentums auf aufstrebende Gruppen in der ganzen Welt wäre diese Schlussfolgerung jedoch töricht. Die Verteilung der Christen in unserer Zeit könnte jedoch zeigen, dass die Religion am erfolgreichsten ist, wenn sie den tiefgreifenden Pessimismus gegenüber der säkularen Welt, der das Neue Testament kennzeichnet, sehr ernst nimmt. Auch wenn der christliche Glaube nicht immer auf der Erfahrung von Armut und Verfolgung beruht, dann betrachtet er diese Dinge zumindest als normale und erwartete Elemente des Lebens."[32]

Kirsteen Kim, Professorin für Theologie und Weltchristenheit am Fuller Theological Seminary in Kalifornien, hebt in Ergänzung zur materiellen Unwucht der Weltchristenheit die Ungleichheit in Bezug auf die theologische Ausbildung hervor. Der Globale Norden habe gut ausgebildete Pastoren (für oft

---

30 Zurlo, Gina A. and Todd M. Johnson: Is Christianity Shrinking or Shifting? Findings from the World Christian Encyclopedia, 3rd edition, in: Lausanne Global Analysis 10/2 (2021).

31 Diese sind, in Ergänzung zum unter Anm. 28 genannten Titel: The New Faces of Christianity. Believing the Bible in the Global South, Oxford 2006; The Lost History of Christianity. The Thousand-Year Golden Age of the Church in the Middle East, Africa, and Asia – and How It Died, New York (NY) 2008.

32 Jenkins, The Next Christendom (Anm. 28), 275f. Jenkins formuliert hier ungenau. Das Neue Testament kennt keine „säkulare Welt", aber durchaus eine Welt, die sich vom lebendigen Gott distanziert hat.

wenige Gemeindebesucher), theologische Ausbildungsstätten auf hohem akademischem Niveau, Ressourcen zu forschen und Bücher zu publizieren und dabei einen Überschuss an Lehrkräften bei gleichzeitig sinkenden Studierendenzahlen, während im Globalen Süden viele Pastoren mit sehr geringer theologischer Ausbildung große Gemeinden leiteten, es an qualitativ guter theologischer Ausbildung und Lehrpersonal mangele und die Ressourcen zu forschen und zu publizieren oft inadäquat seien, wenn man das Wachstum der Christenheit und die Nachfrage an theologischer Ausbildung in Betracht ziehe. Kim sieht Fortschritte, die auch nicht kleingeredet werden dürften. So gebe es durchaus Institutionen im Globalen Süden, die bis hin zum Doktorgrad Studienangebote machten. „Trotz dieses Wandels", so Kim, „befindet sich die absolute Mehrheit des Lehrpersonals, der Stipendienfonds, der theologischen Bibliotheken und der Publikationen nach wie vor im Norden."[33]

1.5 Diversifizierung des Christentums

Die Ausprägung des globalen Christentums hinsichtlich seiner Gestalt, Theologie und Praxis ist so divers, dass in der Literatur teilweise von verschiedenen „Christentümern" die Rede ist.[34] Das Christentum hat kein Zentrum, keine einheitliche Struktur, keine gemeinsame Glaubenskongregation. Es besteht als Ganzes in seinen jeweiligen Ausprägungen und diese Vielgestaltigkeit nimmt permanent zu.

Ein Indikator ist die Zahl der verschiedenen christlichen Denominationen, die ständig wächst, v. a. unter den protestantischen und unabhängigen Kirchen. Allein in den Jahren 2000 bis 2023 wuchs die Gesamtzahl der Denominationen um mehr als die Hälfte von 31.100 auf 47.300.[35] Neue Gemeinden und Denominationen entstehen sowohl durch Neugründungen als auch durch Abspaltungen.

Doch nicht nur an der Zahl der Denominationen zeigt sich, wie unterschiedlich die Ausprägung und Theologie der Christenheit im 21. Jahr-

---

33 Kim, Kirsteen: Unlocking Theological Resource Sharing between North and South, in: Lausanne Global Analysis 6/6 (2017).

34 S. die Diskussion bei Schlamelcher, Jens: ‚Globale Christentümer' – zur Einheit einer Differenz, in: Bernhard Grümme u. a. (Hg.): Globale Christentümer. Theologische und religionswissenschaftliche Perspektiven, Leiden 2022, 47–70.

35 In der Definition, die der World Christian Database zugrunde liegt und hier durchweg genutzt wird, gilt als Denomination jede Organisation, die aus einer Mehrzahl von Gemeinden oder Kirchen besteht, die sich ihr freiwillig angeschlossen haben. Als statistische Einheit bezieht sich eine „Denomination" hier immer auf ein einzelnes Land; so wird z. B. die römisch-katholische Kirche nicht einmal, sondern für jedes Land separat gezählt; vgl. Barrett, David B. u. a.: World Christian Encyclopedia. A Comparative Survey of Churches and Religions in the Modern World. Vol. 1, Oxford ^{2}2001, 27.

hundert ist. Selbst innerhalb derselben Glaubensrichtung entstehen Spannungen über die theologische Ausrichtung oder Fragen der Leiterschaft. Mit am eindrücklichsten ist hier das Beispiel der anglikanischen Kirche, die sich als globale Kirchenfamilie in Fragen der Segnung homosexueller Paare uneins ist. Zahlreiche Bischöfe aus dem Globalen Süden haben im Frühjahr 2023 dem Bischof von Canterbury, der bisher als *Primus inter pares* galt, über dieser Frage die Anerkennung entzogen.[36]

Das Christentum, so der Wuppertaler Missions- und Religionswissenschaftler Henning Wrogemann, ist gekennzeichnet durch einen universalen Geltungsanspruch einerseits und ganz unterschiedliche Ausprägungen andererseits. Christen nehmen sich als verbunden und dennoch verschieden wahr. Er weist auf die daraus resultierende Notwendigkeit hin, „normative Gehalte christlicher Lehre und Praxis in der Spannung zwischen Universalität und Partikularität immer neu auszuhandeln".[37] Andrew Walls, der die kulturelle Diversität als essenziell zur weltweiten Christenheit gehörend betrachtet, sieht die Chancen und Herausforderungen, die sich in der Zukunft daraus ergeben. Das dritte Jahrtausend, so Walls, wird eine Christenheit hervorbringen, die kulturell vielfältiger sein wird, als sie jemals zuvor war. Dies, so folgert er zu Recht, berge „mehr Potential für Segen und mehr Potential für Desaster als jede frühere Ära."[38]

Kultur beeinflusst auch die Theologie. So ist seit etwa den 1970er Jahren eine Vielzahl von Theologien in lokalen oder regionalen Kontexten oder aus der Perspektive bestimmter Personengruppen entstanden. Zu denken ist an die Theologien der African Independent Churches (AICs), die stark an afrikanische Traditionen und Vorstellungen anknüpfen, an die Befreiungstheologie in Lateinamerika oder die Dalit-Theologie in Indien. Einen nicht zu übersehenden Einfluss, v. a. im theologischen Gepräge des Globalen Südens, nimmt das Prosperity Gospel („Wohlstandsevangelium") ein, dessen Vertreter Wohlstand, Erfolg und Gesundheit als Gottes Wille und das Geben mindestens des Zehnten als Weg dahin proklamieren. Für das ökumenische Miteinander stellen sich immer wieder Fragen, was eine adäquate Ausprägung christlicher Theologie ist und wer dafür die Entscheidungs- und Definitionskompetenz besitzt oder beansprucht.

Dies gilt natürlich nicht nur im Blick auf die Theologien des Globalen Südens. Oftmals sind Christen von dort, wenn sie nach Europa kommen,

---

36 Vgl. Sandeman, John: Conservative Anglicans Reject Church of England and Archbishop of Canterbury. Christianity Today (21. April 2023), https://www.christianitytoday.com/news/2023/april/gafcon-rwanda-anglican-communion-global-south-gsfa.html, 2023 (abgerufen am 01.08.2023).

37 Wrogemann, Henning: Religionswissenschaft und Interkulturelle Theologie, Lehrwerk Evangelische Theologie (LETh) 10, Leipzig 2020, 399.

38 Walls, From Christendom to World Christianity (Anm. 10), 68.

geschockt von liberaler Theologie, Predigten, die eher einer akademischen Abhandlung gleichen als einer Offenbarung des Geistes Gottes oder von Pastoren, die nicht heilen, keine Dämonen austreiben können und denen offenbar die geistliche Vollmacht fehlt, Veränderungen im Leben ihrer Zuhörer zu bewirken.[39]

1.6 Die Herausforderung des Nominalismus und die Notwendigkeit der Anleitung zur Nachfolge

Auch wenn in den Gemeinden des Globalen Südens oft viel Lebendigkeit steckt, kam beim schnellen quantitativen Wachstum die Anleitung zur Jüngerschaft oder Nachfolge oft zu kurz. Mit Zahlen sind solche Aussagen schwer zu belegen, aber die Wahrnehmung ist aus verschiedenen Regionen des Globalen Südens zu vernehmen und verdient es, ernst genommen zu werden.

Aus Afrika sind Stimmen zu hören, die fragen, wie tiefgreifend die Hinwendung zum christlichen Glauben vieler Menschen wirklich ist. So schreibt Jesse Kipimo, Pastor im Kongo und Dozent am South African Theological Seminary, dass es immer mehr nominelle Christen zu geben scheine, die die zahlreichen Kirchengebäude in Afrika füllen, aber er hinterfragt gleichzeitig, ob sie wirklich echte Jünger Christi sind. Er berichtet von einer Frau, die auf ihn zukam, nachdem er eine Predigt über die Anforderungen an das Leben als Christ gehalten hatte. Sie ermahnte ihn: „Pastor, wenn Sie wollen, dass unsere Kirche mehr Mitglieder hat, ändern Sie bitte Ihre Predigten, sonst laufen die Leute weg."[40] Ein Pastor aus Nigeria verließ eine große Gemeinde, um eine neue zu gründen, die einen Schwerpunkt auf persönliches, tiefgreifendes christliches Wachstum legt und erklärte den Schritt so: „Wir hatten dreizehntausend wöchentliche Gottesdienstbesucher, aber ich hatte keine Ahnung, ob welche von ihnen zu Jüngern wurden."[41] In China ist davon die Rede, dass aufgrund des schnellen Kirchenwachstums, „die zweijährigen Christen die einjährigen unterweisen" [42] und in Brasilien schrieb ein Beobachter über die neu

---

39 Vgl. Währisch-Oblau, Claudia: The Missionary Self-Perception of Pentecostal/Charismatic Church Leaders from the Global South in Europe, Global Pentecostal and Charismatic Studies 2, Leiden 2009, 312.

40 Vgl. Kipimo, Jesse F.: The Need for Discipleship in the Church Today. Reflections from a Church Practitioner in the Global South. South African Theological Seminary, Blog 02. September 2022 (https://sats.ac.za/blog/2022/09/02/the-need-for-discipleship-in-the-church-today-reflections-from-a-church-practitioner-in-the-global-south-by-jesse-f-kipimo/; abgerufen am 01.08.2023).

41 Zitiert bei Borthwick, Paul: Western Christians in Global Mission. What's the Role of the North American Church? Downers Grove (IL) 2012, 98.

42 Sons of heaven: Inside China's Fastest-Growing Non-Governmental Organisation. The Economist (02. Okt. 2008), https://www.economist.com/asia/2008/10/02/sons-of-heaven, 2008 (abgerufen am 01.08.2023).

entstehenden Gemeinden, dass ihr Hauptanreiz sei, „dass sie einen Gott präsentieren, den man benutzen kann“[43] und der dafür da sei, Probleme wie Armut, Krankheit, Ausnutzung, Gewalt etc. zu beseitigen, was im Übrigen auch auf viele Gemeinden in Afrika und Asien zuträfe.

Auf dem Hintergrund der gesellschaftlichen Situation in vielen dieser Gegenden ist dies verständlich. Dennoch stellt sich die Frage, worin christlicher Glaube verwurzelt ist, wie er sich gesellschaftlich auswirkt, wie er Hoffnung über das Leben im Hier und Jetzt hinaus vermittelt und wie er sich in Verfolgungssituationen und in Krisen bewährt, in denen kein direktes Eingreifen Gottes zu erkennen ist.

Paul Borthwick, der über viele Jahre am Gordon-Conwell Theological Seminary über die Globale Christenheit gelehrt hat, kommentiert in seinem Überblick über die globale Lage des Christentums, dass es der weltweiten Kirche im letzten Jahrhundert gut gelungen sei, Menschen für den christlichen Glauben zu gewinnen und sie zu einer Entscheidung zu führen. Viele Menschen hätten einen ersten Schritt getan, sich Jesus und der Kirche anzuschließen. Was aber deutlich weniger gut gelungen sei – weder in Nordamerika noch im Globalen Süden – ist, Menschen zu *Jüngern* zu machen, wozu Gott seine Kirche eigentlich berufen habe.[44]

Natürlich betrifft die Thematik des nominellen Christentums und die Herausforderung zur Nachfolge nicht nur Christen des Globalen Südens. Während der Hintergrund dort in erster Linie die schnell wachsenden Kirchen sind, liegt die Herausforderung in Europa eher in dem, was der frühere Papst Johannes Paul II. in seiner 1990 verfassten Enzyklika Redemptoris Missio als „neue Evangelisierung“ oder „Wieder-Evangelisierung“ beschreibt. Sie sei dort nötig, wo „in Ländern mit alter christlicher Tradition, aber manchmal auch in jüngeren Kirchen ... ganze Gruppen von Getauften den lebendigen Sinn des Glaubens verloren haben oder sich gar nicht mehr als Mitglieder der Kirche erkennen, da sie sich in ihrem Leben von Christus und vom Evangelium entfernt haben.“[45]

Diese Charakterisierung trifft einen guten Teil der europäischen Christenheit gut, passt aber auch dort, wie Papst Johannes Paul II. richtig feststellt, wo in jüngeren Kirchen der persönliche Glaube eingeschlafen ist und begonnen hat, zur Tradition zu werden, was manchmal schon in der zweiten, spätestens

---

43 So berichtet bei: Jenkins, The Next Christendom (Anm. 28), 98.

44 Vgl. Borthwick, Western Christians in Global Mission (Anm. 41), 50f.

45 John Paul II.: Redemptoris Missio. On the Permanent Validity of the Church's Missionary Mandate, http://w2.vatican.va/content/john-paul-ii/en/encyclicals/documents/hf_jp-ii_enc_07121990_redemptoris-missio.html, 1990 (abgerufen am 24.03.2022).

aber in den nachfolgenden Generationen zu geschehen droht.[46] Paul Hiebert, langjähriger amerikanischer Missionsanthropologe, schreibt, dass die zweite Generation von Christen oft noch von der Vitalität des Glaubens ihrer Eltern geprägt sei, sich aber in der dritten und vierten Generation der Nominalismus in die Kirche einschleiche.[47] Vertreter der Lausanner Bewegung stellen zu Recht fest: „Die Mission an nominelle Christen fehlt zu oft auf der Tagesordnung der globalen Kirche und ihrer Leiter.“[48]

1.7 Multidirektionale Verbreitung des Evangeliums in vielfältiger Weise

Die Ausbreitung des Evangeliums geschieht heute von überall nach überall, entsprechend der polyzentrischen Gestalt des Christentums.[49] Dabei ist die Form der im Westen klassisch gewordenen Missionsarbeit (oftmals in Verbindung des „Einsatzes“ mit einer Missionsgesellschaft) nur *ein* Weg, das Evangelium zu verbreiten.

Im Jahr 2021 gab es insgesamt 430.000 Missionare,[50] von denen 53 % aus dem Globalen Norden kamen und 47 % aus dem Globalen Süden. Im Jahr 1970 lagen die Anteile noch bei 88 % bzw. 12 %. Die USA entsenden im globalen Vergleich die meisten Missionare, aber auch Länder wie Brasilien, Südkorea, die Philippinen und China entsenden viele Missionare in länder- und kulturübergreifende Aufgaben. In zahlreichen Ländern und Regionen des Globalen Südens sind Missionsinitiativen und -gesellschaften gegründet worden, die zum Teil innerhalb des eigenen Landes, von Süden nach Süden und auch in den Globalen Norden Mitarbeiter entsenden.

Nach einem großen Missionskongress mit über 3.000 Teilnehmern, der 1987 in São Paulo, Brasilien, stattfand, wurde COMIBAM (Cooperación Misionera Iberoamericana) gegründet, um sich für die Bildung einer Missionsbewegung aus Iberoamerika einzusetzen. Man wollte sich nicht mehr vom Bild des „Missionsgebiets“ bestimmen lassen, sondern selbst zur missionarischen

---

[46] Vgl. Neumann, Mikel: Nominal, Nominal Christian, in: A. Scott Moreau (Hg.): Evangelical Dictionary of World Missions, Grand Rapids (MI) 2000, 694.

[47] Vgl. Hiebert, Paul G.: Transforming Worldviews. An Anthropological Understanding of How People Change, Grand Rapids (MI) 2008, 332.

[48] The Lausanne Rome 2018 Statement on Nominal Christianity, https://lausanne.org/content/statement/missing-christians-global-call, 2018 (abgerufen am 03.08.2023).

[49] Vgl. Wrogemann, Religionswissenschaft und Interkulturelle Theologie (Anm. 37), 436.

[50] Definiert als entsandte Missionare aller Strömungen und Denominationen, die für mindestens zwei Jahre außerhalb ihrer Staatsgrenzen arbeiteten; s. Zurlo u. a., World Christianity and Mission 2021 (Anm. 23), 16f. Kurzzeitmissionare, die sehr schwer zu quantifizieren sind, bleiben bei der Betrachtung außen vor.

Kraft werden.[51] Bei dieser Gelegenheit erklärte Luis Bush, der zum ersten Leiter von COMIBAM berufen wurde, mit Nachdruck: „1916 wurde Lateinamerika zum Missionsgebiet erklärt. Mittlerweile wurden tausende von Missionaren entsendet. Eines der Ziele, zu dem COMIBAM sich verpflichtet hat, ist 25 % der 7.400 ethnischen Gruppen, die als bisher mit dem Evangelium unerreicht gelten, die Frohe Botschaft zu bringen – also zu 1850 bisher unerreichten Volksgruppen!“[52]

Auch in anderen Ländern des Globalen Südens breiten sich Missionsinitiativen aus. Die 1982 gegründete Nigeria Evangelical Missions Association, ein Zusammenschluss von gut 150 Organisationen im Land, hat sich mit der Vision 5015 zum Ziel gesetzt, innerhalb von 15 Jahren 50.000 Nigerianer zu mobilisieren, auszubilden und auszusenden, um in Nigeria, Nordafrika und der Arabischen Halbinsel das Evangelium zu verkündigen und es so nach Jerusalem zurückzubringen.[53] Dorthin wollen auch die Initiatoren des „Back to Jerusalem Movements“ aus China, um auf dem Weg in Richtung Westen die muslimischen Länder entlang der Seidenstraße zu missionieren. Die Idee kursierte schon seit mindestens 1946 und wurde immer wieder aufgenommen. Bei einem Treffen im Jahr 2002 in Beijing wurde der Entschluss gefasst, möglichst bis 2007 (zum 200. Jahrestag des Eintreffens des ersten protestantischen Missionars, Robert Morrison, in China) 100.000 Chinesen dafür zu mobilisieren.[54] Diese Zahlen scheinen alle sehr hoch gegriffen, aber sie zeigen, dass der Globale Süden globaler Player in Sachen Weltmission sein will und, was die tatsächlichen Zahlen durchaus belegen, auch ist.

Nun verbreiten sich die Christenheit und der christliche Glaube nicht nur durch in Missionsgesellschaften gebündelten Aktivitäten. Viele Kirchen haben heutzutage transnationale Netzwerke und gründen Gemeinden nicht nur im eigenen Land, sondern weit darüber hinaus. Zu denken ist z. B. an das Netzwerk der Hillsong-Gemeinden oder das der Redeemed Christian Church of God (RCCG) mit Stammsitz in Lagos, Nigeria. Der Gottesdienst dieser neopentekostalen Gemeinde wird wöchentlich von ca. 50.000 Menschen besucht, der monatlich stattfindende Holy Ghost Service von ca. 1 Mio.[55] Allerdings

---

51 Vgl. Nuestra Historia: Cooperación Misionera Iberoamericana, https://comibam.org/es/nuestra-historia/, 2023 (abgerufen am 03.08.2023).

52 COMIBAM: Report 2022, https://comibam.org/wp-content/uploads/2023/04/Annual-Report-COMIBAM-2022-compressed.pdf, 2022, 18 (abgerufen am 03.08.2023).

53 Nigeria Evangelical Missions Association (NEMA): Vision 5015 Explained, https://nemanigeriamissions.org/vision5015/, 2022 (abgerufen am 03.08.2023).

54 Aikman, David: Jesus in Beijing. How Christianity is Transforming China and Changing the Global Balance of Power, Washington, DC 2003, Kap. 10.

55 Diese Veranstaltung dauert oft mehr als sieben Stunden und kann bei YouTube geschaut werden.

gibt es tausende weitere RCCG-Gemeinden in Nigeria und weit darüber hinaus. Die Website des Pastors Enoch A. Adeboye, der das Netzwerk seit über 40 Jahren leitet, nennt ihn als „General Overseer" über 40.000 Ortsgemeinden in 186 Nationen.[56] Allein in den USA hat die Kirche 600 Gemeinden, im Vereinigten Königreich über 800. Neue Gemeinden werden dort entweder durch vermögende Gemeinden in Nigeria unterstützt, als Ableger von bestehenden Gemeinden gegründet oder von Menschen, die beruflich oder zum Studium dort sind, initiiert.[57] Die transnationalen Beziehungen werden durch Besuche, Kongresse, die von Pastoren aus Nigeria durchgeführte Ordination von Pastoren und durch Soziale Medien gestärkt.

In vielen Städten Europas und Nordamerikas spielen Gemeinden aus dem Globalen Süden heute eine große Rolle in der Kirchenlandschaft. Manche haben, wie gerade erwähnt, transnationale Verbindungen; andere wurden durch Migranten unabhängig von bestehenden Gemeinden im Herkunftsland gegründet. Es gibt gute Gründe für die Annahme, dass in London heute die 14 % der Bevölkerung, die afrikanische Wurzeln haben, 60 % aller Gottesdienstbesucher ausmachen.[58] Viele der in Europa entstandenen Gemeinden mit afrikanischer Prägung bieten Menschen afrikanischer Abstammung eine Heimat. Sie haben jedoch oftmals den Anspruch, Einfluss auf die weitere Gesellschaft zu nehmen und wünschen sich, auch andere Personengruppen zu erreichen. Manche gestalten ihre Gottesdienste mittlerweile so, dass Menschen verschiedener Kulturen sich eher angesprochen fühlen; außerdem versuchen Gemeinden durch ihr soziales Engagement einen positiven Beitrag zur Gesellschaft zu leisten und auf diesem Weg Menschen zu erreichen.[59]

Migranten tragen oftmals durch ihr öffentlich gelebtes Christsein zur Verbreitung des christlichen Glaubens bei. In Marokko, einem stark muslimisch geprägten Land, versammeln sich Migranten aus dem südlichen Afrika zu Gottesdiensten und feiern diese laut und wahrnehmbar, wodurch immer wieder Menschen der einheimischen Bevölkerung in Berührung mit dem christlichen Glauben kommen.[60] In den arabischen Staaten sind viele Migranten beschäftigt. So sind z. B. in Kuwait 70 % der Bevölkerung Ausländer; viele vom

---

56 About Enoch Adejare Adeboye, https://eaadeboye.com/about/, 2023 (abgerufen am 04.08.2023).

57 Vgl. Burgess, Richard: Megachurches and 'Reverse Mission', in: Stephen J. Hunt (Hg.): Handbook of Megachurches, Leiden 2020, 243–268:250.

58 Vgl. Kwiyani, Harvey C.: Multicultural Kingdom. Ethnic Diversity, Mission and the Church, London 2020, Kap. 2.

59 Vgl. Burgess, Megachurches and 'Reverse Mission' (Anm. 57), 257f.

60 Vgl. Sadaqi, Dunja: Religion der Migranten. Immer mehr Christen im muslimischen Marokko, Podcast Hintergrund, Deutschlandfunk (8. Februar 2022), https://www.deutschlandfunk.de/religion-der-migranten-immer-mehr-christen-im-muslimischen-marokko-dlf-eceeff6f-100.html (abgerufen am 16.05.2023).

indischen Subkontinent, aber auch zahlreiche aus anderen ost- und südostasiatischen Staaten und Afrika. Während es offiziell so gut wie keine einheimischen Christen gibt, gehören ca. 19 % der Bevölkerung dem christlichen Glauben an.[61] Auch wenn Mission nicht erlaubt ist, bleibt die Präsenz christlicher Gruppen und Gemeinden nicht verborgen. Darüber hinaus haben Christen oft direkten Kontakt mit der einheimischen Bevölkerung. Viele der Haushaltshilfen in kuwaitischen Familien sind gläubige Asiatinnen.[62] Emmanuel Tira berichtet in seiner Doktorarbeit über philippinische Gastarbeiter in der Golfregion, wie ein älterer muslimischer Araber in einer der Metropolen am Persischen Golf eine philippinische Gemeinde bei sich zu Hause Gottesdienste feiern lässt, die Gemeinde beschützt und gerne bei den Lobpreiszeiten dabei ist und den Predigten zuhört.[63] Viele der Christen, die als Migranten in der Welt leben, tragen einen frischen, aktiven Glauben in sich, treffen sich mit ihresgleichen und nutzen die Chancen, die sich ihnen bieten, andere Menschen mit Gott in Kontakt zu bringen.

Die Beschreibung der Weltchristenheit muss hier beendet werden. Ich hätte weitere Aspekte ausführen können. So wäre es lohnenswert, die Christenheit in der Dynamik einer zunehmenden Urbanisierung zu beschreiben, den Beitrag von Frauen für die Gestalt und Verbreitung des Christentums näher zu beleuchten oder die besonderen Bedingungen der Christenheit in Verfolgungssituationen in den Blick zu nehmen. All dies muss hier ausbleiben, um in einem zweiten Teil zu fragen, wie Mission – vom Standpunkt der westlichen Welt aus betrachtet – unter den beschriebenen Bedingungen sinnvoll gestaltet werden kann. Mission wie zur Zeit der Weltmissionskonferenz 1910 für die aktuelle Zeit zu konzeptualisieren, wäre schon allein deshalb grotesk, weil die Vorstellung einer christlichen Welt im Globalen Norden vis-à-vis einer nicht-christlichen Welt im Globalen Süden eindeutig der Geschichte angehört.

Im nächsten Teil soll nun also der bleibende Auftrag der Mission unter neuen Rahmenbedingungen skizziert werden. Die Anregungen verstehen sich nicht als komplette Liste all dessen, was Christen in dieser Welt im Auftrag Gottes tun sollten. So werden um einer Komplexitätsreduktion willen beispielsweise die sozialen Aspekte christlicher Mission hier nicht behandelt, wenngleich vorausgesetzt wird, dass dort, wo Mission geschieht, sie Menschen immer in ihrem gesamten Menschsein begegnen muss.

---

61 Vgl. Ibrahim, John (pseudonym): Diaspora Christians in the Islamic Gulf Region, in: Sam George (Hg.): Journeys of Asian Diaspora. Mapping Originations and Destinations, Minneapolis (MN) 2021, 171–189:180f.

62 Vgl. Ibrahim, Diaspora Christians (Anm. 61), 182.

63 Vgl. Tira, Sadiri Emmanuel Santiago: Filipino Kingdom Workers. An Ethnographic study in Diaspora Missiology, Western Seminary (DMiss Dissertation), Portland (OR) 2008, 123.

2. Der bleibende Auftrag

Fasst man die Erkenntnisse aus dem ersten Teil zusammen, so bleibt als Essenz festzustellen, dass sich die demographischen Schwerpunkte des Christentums verschoben haben, dass es divers und polyzentrisch wurde, dass viele Christen mitten unter Menschen anderen Glaubens leben, dass unabhängige, sowie pentekostale und charismatische Gemeinden am Wachsen sind, dass Wachstum mitunter mehr in die Breite als in die Tiefe ging und dass missionarische Bewegungen in vielfältiger Weise, von und in verschiedene/n Richtungen stattfinden.

Was bei der Betrachtung der Weltchristenheit mitunter übersehen wird, sind zwei Tatsachen: (1) das Christentum ist zwar zahlenmäßig enorm gewachsen, aber sein Anteil an der Weltbevölkerung stagniert; (2) die Frage, was denn eine adäquate Ausprägung des christlichen Glaubens ist – verbunden mit der Frage, was es heißt, ein christliches Leben zu führen – wird im Zusammenhang mit der Weltchristenheit so gut wie nie gestellt. Daraus ergibt sich, dass der Auftrag, Menschen in die Nachfolge Jesu einzuladen und darin anzuleiten, ununterbrochen bestehen bleibt. Die Frage ist, wie dieser Auftrag ausgeführt wird und wie Christen in den verschiedenen Gegenden dieser Welt daran teilhaben. Dass Mission in Zukunft nur in einem globalen Verständnis geschehen kann und die verschiedenen Akteure verknüpfen muss, wird weiter unten noch ausgeführt. Zunächst soll der bleibende Auftrag näher umrissen und spezifiziert werden.

2.1 Die Unerreichten nicht vergessen

Die Organisation Joshua Project verzeichnet knapp 5.000 Volksgruppen[64] mit gut 2 Mrd. Menschen, die sie als „Frontier People Groups" bezeichnet. Es gibt dort weniger als 0,1 % Christen und keine indigenen sog. „Jesus movements", durch die in relativ kurzer Zeit eine große Zahl von Menschen zu Nachfolgern Jesu werden könnten. Während Missionare unter anderen Volksgruppen oft mit einheimischen Christen zusammenarbeiten können, besteht in diesen Fällen die Möglichkeit dazu nicht; hier ist also Pionierarbeit notwendig.[65] Die meisten dieser Volksgruppen sind dominiert vom Islam oder Hinduismus und werden, so das Joshua Project, von vielen Christen ignoriert: „Die überwiegende Mehrheit der Gebete, Spenden und Mitarbeiter in der Missionsarbeit konzentriert sich auf die Stärkung der Christen dort, wo es bereits Christen

---

64 Die Zahlen hängen natürlich von den Definitionen ab; eine Liste der Begriffe, wie Joshua Project sie verwendet, findet sich unter: https://joshuaproject.net/help/definitions (abgerufen am 25.11.2023).

65 Joshua Project: Frontier Unrearched Peoples, https://joshuaproject.net/frontier, 2023 (abgerufen am 25.11.2023).

gibt."[66] Von vielen Kirchen und Missionsgesellschaften würden nicht einmal 1 % der Mitarbeiter in solche Gebiete entsandt werden.

Das Beispiel der Frontier People Groups macht besonders deutlich, dass es weiterhin notwendig ist, dass Menschen sich auf den Weg machen, um das Evangelium an anderen Orten zu verkündigen. Dass die Weltchristenheit polyzentrisch ist, bedeutet nicht, dass sie überall in gleicher Weise präsent ist. Neben den Regionen, in denen es kaum ein christliches Zeugnis gibt, gibt es viele Menschen, die die Möglichkeit hätten, mit dem christlichen Glauben in Kontakt zu kommen, die aber schlichtweg keine Kontakte zu Christen haben. Von allen Menschen, die keine Christen sind, kennen nur 18,3 % – also nicht einmal jeder Fünfte – einen Christen persönlich.[67]

Die Aufgabe der Weltmission ist für die Missionsbewegung aus dem Westen zu überwältigend und zu groß. Eine Vision wie die der Weltmissionskonferenz von 1910, vom Westen aus die Welt innerhalb einer Generation mit dem Evangelium zu erreichen, ist Geschichte.[68] Oft stehen Missionaren aus dem Westen die Türen auch gar nicht mehr offen. Will der Westen die mit dem Evangelium unerreichten Menschen nicht abschreiben, müssen die Methoden angepasst werden. Viele der Missionare aus dem Globalen Süden machen vor, dass Mission nicht nur durch hauptamtlich ausgesandte Vollzeitmissionare geschieht, sondern durch Menschen, die beispielsweise mit ihrem Beruf in ein anderes Land ziehen und in ihrem Alltag ein Zeugnis des christlichen Glaubens ablegen oder nebenher Gemeinde bauen. Diese Bewegungen, die es ja auch schon gibt, werden für die Zukunft verstärkt werden müssen. Neue Möglichkeiten, z. B. durch soziale Medien, Podcasts oder Radio- und Fernsehprogramme, erfordern keine kontinuierliche Präsenz vor Ort.

Missionare aus dem Globalen Süden sind bereit, in schwer zugängliche Gebiete zu gehen, aber sie gehen oft mit wenig Schulung und Begleitung. Hier können westliche Missionsgesellschaften einen indirekten Beitrag zur aktiven Missionsarbeit leisten. Als Beispiel kann hier die Arbeit der Missionsgesellschaft WEC (Weltweiter Einsatz für Christus) in Indonesien genannt werden. Dort sind 600 indonesische Christen unter den 120 unerreichten Volksgruppen des Landes unterwegs. Ein Einsatz für westliche Missionare wäre vielerorts schwierig oder gar kontraproduktiv, weil das Evangelium als etwas

---

66 Ebd.

67 Vgl. Zurlo u. a., World Christianity 2023 (Anm. 15), 19.

68 Auf die Frage der Motivation für die weltweite Missionsarbeit kann hier nicht näher eingegangen werden. Wenngleich manche Motive der Vergangenheit kritisch hinterfragt werden müssen, so wird doch in vielen Missionsberichten der Vergangenheit ein echtes Mühen für das umfassende Wohlergehen anderer – ihres Heils im umfassenden Sinn – erkennbar. Wo Eifer für die Mission abhandengekommen ist, muss sie entweder grundsätzlich infrage gestellt oder eben neu begründet werden.

Fremdes empfunden werden würde. Aber WEC-Mitarbeiter aus Europa sind in der Schulung einheimischer Evangelisten tätig und bieten Member Care für sie an – ein Arbeitsfeld, das in der Vergangenheit fehlte, was zu viel Frustration und Enttäuschung führte.[69]

Gründe für den Gedanken, dass sich der Globale Norden aus der Weltmission zurückziehen könnte oder gar sollte, gibt es viele: Die knapper werdenden personellen und vielleicht auch finanziellen Mittel, die Notwendigkeit, sich vor der eigenen Haustür zu engagieren, das koloniale Erbe, den beobachtbaren Enthusiasmus im Globalen Süden, missionarisch aktiv zu sein und damit einen Ausgleich zur ermüdeten Mission aus dem Westen zu schaffen – all dies wären Gründe, Mission aus dem Westen abzuhaken. Aber dieser Schritt wäre fatal. Die Missionsgeschichte hat gezeigt, dass es eine Initialzündung von außen braucht, damit die ersten Menschen einer Volksgruppe zu Christen werden. So lange Menschen keinen Zugang zum Evangelium haben, braucht es Christen, die sich dafür einsetzen.

2.2 Die Herausforderung, Menschen zu Jüngern zu machen wahrnehmen

Auch im Hinblick auf eine adäquate Ausprägung des Christentums hinsichtlich seiner Theologie und Glaubenspraxis braucht es die Gemeinschaft mit Christen von außen. Andrew Walls hat gezeigt, dass es neben der Indigenisierung oder Einheimischwerdung des Evangeliums in einer bestimmten Kultur auch immer eine Gegenbewegung braucht, in der die bestehende Kultur herausgefordert und Gedanken, Praktiken und Strukturen hinterfragt werden.[70] Dies geschieht – im besten Fall – in erster Linie durch das Wort Gottes, aber es geschieht auch im Kontakt mit anderen Christen, die anders denken und glauben und durch die die eigene Ausprägung des Glaubens hinterfragt wird. Paul Hiebert sprach davon, dass es zu einer „hermeneutischen Gemeinschaft" kommen muss, in der Menschen gemeinsam reflektieren, was es heißt, als Kinder Gottes in Gemeinschaft zu leben.[71]

Der Auftrag zur Mission ist nicht damit erfüllt, wenn Menschen ein christliches Bekenntnis ablegen. Menschen sollen lernen, das zu halten, was Jesus geboten hat (Mt 28,20); ihr Verstehen und Handeln soll also vom Evangelium geprägt werden. Während sich in den vergangenen 100 Jahren viele Menschen im Globalen Süden dem Christentum zugewandt haben, gilt das für den

---

69 https://www.wec-international.ch/dienst/projekte/member-care-schulung/ Vgl. Böker, Traugott und Hanni: Ermutigung für indonesische Missionare, in: WEC Weltweit (2021) 1/72, 8.

70 Vgl. Walls, Andrew F.: The Gospel as Prisoner and Liberator of Culture, in: ders.: The Missionary Movement in Christian History. Studies in the Transmission of Faith, Maryknoll (NY) 1996, 3–15.

71 Vgl. Hiebert, Paul G.: Critical Contextualization, in: International Bulletin of Missionary Research (1987) 11/3, 104–112.

Prozess des Zu-Jünger-werdens nicht in gleicher Weise. Borthwick weist richtig darauf hin, dass es mitunter schnell passieren kann, dass sich jemand für ein Leben mit Jesus entscheidet. Der Prozess als Nachfolger Jesu zu leben und andere dabei zu unterstützen ist aber ein langer und manchmal auch mühsamer Weg.[72]

Wer als Christ von außen in eine andere Kultur kommt, dem werden schnell Bereiche auffallen, in denen das Verhalten vieler Christen dem eigenen Verständnis nach nicht dem Willen Gottes entspricht. Dennoch ist Vorsicht geboten. So wie Christen aus dem Westen den Gang zum traditionellen Heiler, den Umgang mit Frauen oder die Günstlingswirtschaft in Teilen des Globalen Südens als nicht mit dem Evangelium vereinbar ansehen mögen, kann es umgekehrt sein, dass Christen aus dem Globalen Süden fragen, warum die Christen in Europa so wenig fasten, so leidensscheu und materialistisch sind, sich aufreizend kleiden und so individualistisch leben, dass sie der Meinung der Älteren nicht folgen. Ohne infrage stellen zu wollen, dass es kulturübergreifende Grundlehren und -werte christlichen Lebens gibt, bringt es nicht weiter, wenn Christen verschiedener Herkunft sich ständig im Gefühl der eigenen geistlich-moralischen Überlegenheit begegnen.

Christen unterschiedlicher Herkunft und Prägung brauchen sich gegenseitig, um ihre blinden Flecken in Bezug auf die Nachfolge Jesu zu erkennen. Auf diesem Hintergrund gibt es durchaus eine Berechtigung für den Einsatz von Missionaren aus dem Globalen Norden zur Förderung der Jüngerschaft im Globalen Süden, vor allem dort, wo einheimische Kirchenleiter diesen Bedarf konstatieren und die Unterstützung gerne annehmen. Missionare laufen dabei jedoch immer in Gefahr, anstatt „zu lehren alles zu halten, was Jesus befohlen hat“, das zu lehren, was sie verstanden haben oder was sie sich zurechtgelegt haben, dass Jesus es befohlen habe. Theologie, Ethik und geistliches Leben sind immer kulturell geprägt und immer in der Gefahr, sich vom eigenen kulturellen Umfeld in einer Weise verzerren zu lassen, dass die biblischen Wahrheiten nur noch verschwommen erkennbar sind. Daher wird auch die Frage, wie christliches Leben aussehen und gestaltet werden kann, in Gemeinschaft mit Christen vor Ort und über der aufgeschlagenen Bibel geschehen müssen; gepaart mit der Bereitschaft, sich auch von anderen Christen beeinflussen zu lassen. Andrew Walls bringt es, wie so oft, prägnant auf den Punkt: „Das gemeinsame Lesen der Heiligen Schrift und die gemeinsame theologische Reflexion werden für alle von Vorteil sein, aber das unter Sauerstoffmangel leidende Christentum des Westens wird am meisten davon profitieren.“[73]

Lesslie Newbigin, der nach jahrzehntelanger Arbeit als Missionar und Bischof in Indien Mitte der 1970er Jahre nach Großbritannien zurückkehrte und

---

72 Vgl. Borthwick, Western Christians in Global Mission (Anm. 41), 51.

73 Walls, Christianity in the Non-Western World (Anm. 8), 47.

zu reflektieren begann, wie Mission in einem nach-christlichen Umfeld seiner eigenen Heimat geschehen könne, schreibt über Christen der nicht-westlichen Welt:

> „Wir brauchen ihr Zeugnis, um unseres zu korrigieren, wie sie natürlich auch unseres brauchen, um ihres zu korrigieren. Zur Zeit aber brauchen wir es nötiger, denn sie sind sich der Gefahren des Synkretismus, einer illegitimen Allianz mit falschen Elementen ihrer Kultur, bewußter, als wir es waren. Aber ob wir oder sie, wir brauchen uns dringend gegenseitig, wenn wir treue Zeugen Christi in unseren vielen unterschiedlichen Kulturen sein wollen."[74]

Dies führt zu einem dritten Punkt: In einer post-christlichen Gesellschaft, wie sie in Mitteleuropa heute weitgehend vorzufinden ist, muss Mission wieder vor der eigenen Haustür geschehen und dabei Wege finden, diejenigen zu integrieren, die von außen dabei mithelfen wollen.

2.3 Mission im eigenen Umfeld fördern

Da das Christentum sich, wie oben beschrieben, seriell ausbreitet, entstehen oft in den ehemaligen Kernländern weite Bevölkerungsschichten, die entchristlicht sind und einer neuen Evangelisierung bedürfen. Dies trifft für weite Teile Europas ohne Frage zu. Hinzu kommen viele Migranten, von denen zwar ein guter Teil Christen sind, viele weitere aber nicht. Auf die Notwendigkeit einer Wieder-Evangelisierung wurde in Abschnitt 1.6 hingewiesen. Die Missionsbewegung aus dem Westen hat in der Vergangenheit davon gelebt, die Früchte vom Baum lebendigen Christseins zu ernten und sie in die Welt zu schicken. Mittlerweile muss der Baum allerdings gedüngt werden, um auch in der Zukunft Früchte tragen zu können.

Durch die mittlerweile in alle Richtungen stattfindenden Missionsbewegungen sind aus vielen Gegenden der Welt Menschen mit missionarischem Bewusstsein in der westlichen Welt unterwegs. Manche sind mit dem ausdrücklichen Ziel gekommen, hier zu missionieren, manche andere kamen aus anderen Beweggründen, tragen aber dennoch ein missionarisches Anliegen in sich. Sie möchten mithelfen, den Westen, der den christlichen Glauben einst in die Welt getragen, nun aber weitgehend beiseitegelegt hat, in christlicher Hinsicht zu revitalisieren. Europa ist zum Missionsfeld geworden und Christen aus aller Welt haben dies erkannt.

Christen im Westen sollten diese willkommen heißen und sich darüber freuen. Dennoch spielen verschiedene Faktoren mit, dass diese Initiativen oft wenig Wirkung zeigen. Viel von dem, was Missionare aus dem Ausland in Europa tun, ähnelt dem, was Missionare aus dem Westen in der Vergangenheit

---

74 Newbigin, Lesslie: Den Griechen eine Torheit. Das Evangelium und unsere westliche Kultur, Neukirchen-Vluyn 1989, 130.

taten (und vielleicht immer noch tun): Der Anspruch einer geistlichen Überlegenheit, die Geringschätzung dessen, was in der Kultur an Gutem vorhanden ist und der Mangel an Fähigkeiten oder Willen, sich im alltäglichen Verhalten ebenso wie bei der Verkündigung des Evangeliums auf den kulturellen Kontext einzustellen. Auf der anderen Seite fühlen sich viele der ausländischen missionarischen Mitarbeiter nicht willkommen geheißen, haben den Eindruck, dass auf sie herabgeschaut wird und ihnen nicht zugetraut wird, sich für die Christenheit gewinnbringend einzusetzen.[75]

Dyron Daughrity nutzt das Gleichnis vom guten Ackerfeld aus Matthäus 13, um die Christen im Westen zu ermutigen, solch ein gutes Ackerfeld zu sein, auf dem Samen, den andere streuen, gut wachsen kann.[76] Ein Aspekt der Teilhabe an der weltweiten Missionsarbeit wird daher darin bestehen, nicht nur selbst vor der Haustür Mission zu betreiben, sondern denen, die dies tun wollen, Möglichkeiten dafür zu schaffen, sie zu unterstützen, ihnen Türen zu öffnen, ihnen Freunde sein – eben all das zu tun, was von hier ausgesandte Missionare in anderen Kontexten auch brauchen, um fruchtbar ihren Dienst tun zu können.

Dies erfordert Demut und das Eingeständnis, für die Wiederevangelisierung Europas Hilfe zu brauchen. Allzu oft werden auch in christlichen Gemeinden Menschen mit Migrationshintergrund nur unter dem Gesichtspunkt der Hilfsbedürftigkeit gesehen und vielleicht noch als Menschen, mit denen man das Evangelium teilen möchte. Viel seltener ist der Blick, dass unter denen, die aus anderen Ländern zu uns kommen, viele Menschen mit lebendigem Glauben und missionarischem Eifer sind, die einen wertvollen Beitrag zur Mission in Europa leisten können. Auch das Potenzial der nicht wenigen Geflüchteten, die hier zum Glauben kommen, wird nur ungenügend wahrgenommen. Die Internationalisierung, die in vielen Betrieben längst gang und gäbe ist, kommt in vielen Gemeinden nur stockend voran. Christen, vor allem diejenigen mit missionarischem Herz, müssen sich noch mehr dem gemeinsamen Anliegen verpflichten, um die bestehenden Möglichkeiten zu nutzen. Der hier eingeforderten Offenheit von Seiten der europäischen Christen gegenüber denen, die von außen kommen und hier mitarbeiten möchten, geht die Notwendigkeit einher, dass Mitarbeiter mit ausländischen Wurzeln sich als Lernende verstehen, sich um eine kontextsensible Vorgehensweise und Verkündigung mühen und nicht in Isolation von hier lebenden Christen agieren.

---

[75] Vgl. zum Themenkomplex: Währisch-Oblau, The Missionary Self-Perception (Anm. 39), Kap. 5+6.

[76] Vgl. Daughrity, Dyron B.: Rising. The Amazing Story of Christianity's Resurrection in the Global South, Minneapolis (MN) 2018, 205.

3. Mission in polyzentrischer Gestalt

Wer an der weltweiten Mission im 21. Jahrhundert teilhaben möchte, muss sich zunächst der polyzentrischen Gestalt des Christentums vergegenwärtigen. Die Rede vom „Missionsfeld“, in das man reist, um dort Menschen zum christlichen Glauben einzuladen, ist nur noch sehr bedingt sinnvoll.[77] In vielen Gegenden der Welt gibt es bereits Christen, teilweise mehr als in Mitteleuropa. Wer von Sambia als Missionsfeld spricht, muss gleichzeitig auch Deutschland als Missionsfeld denken.

3.1 Global vernetzte Mission und geteilte Ressourcen

Todd Johnson, Professor für Mission und Weltchristenheit am Gordon-Conwell Theological Seminary und einer der profiliertesten Forscher auf dem Gebiet religiöser Demographie, unterscheidet in einem kürzlich veröffentlichten Buchbeitrag[78] zwischen internationalen Organisationen und globalen Organisationen und sieht den Weg der Zukunft für die globale Missionsarbeit in der zweiten Variante. Internationale Organisationen rekrutieren von einem Stammsitz aus Mitarbeiter, regeln von dort die Finanzen, lenken und verwalten die Aktivitäten der Organisation, entwickeln in der Zentrale Strategien und entwerfen Pläne, um diese dann an einem anderen Ort umzusetzen; dies geschieht durchaus mit Partnern vor Ort, aber zentral koordiniert. Globale Organisationen dagegen bauen die Elemente der Polyzentralität und Multidirektionalität bewusst in ihr Denken und Handeln ein, erarbeiten gemeinsam mit Partnern Ziele und entwickeln mit ihnen Strategien. Sie bringen Ressourcen verschiedener Art von verschiedenen Teilhabern zusammen und profitieren damit von den Stärken der verschiedenen Partner. Wer als westlicher Akteur diese globale Perspektive nicht einnimmt, übersieht lokales Potenzial, droht aufgrund unpassender Ziele und Strategien ins Leere zu laufen und unter Umständen sogar lokale Dynamiken zu hemmen. Außerdem bleibt dabei

---

77 Auf die Fragestellung, inwiefern der Begriff „Missionsfeld“ überhaupt (noch) nützlich ist, kann hier nur hingewiesen werden. Auf der einen Seite klingen biblische Motive an: das Ackerfeld, auf das Samen ausgestreut wird; die Ernte, die reif ist und für die es Arbeiter [auf dem Feld] braucht. Auf der anderen Seite steht der Begriff auch in Verbindung mit militärischer Sprache, wie z. B. in den Ausdrücken „einen Feldzug führen“ oder „ein Feld einnehmen/erobern“ deutlich wird. Es gibt zahlreiche weitere Bezüge, wie z. B. die „Feldforschung“ in Disziplinen wie der Soziologie oder der Ethnologie. Der Begriff „Missionsfeld“ ist im Missionsjargon weit verbreitet und scheint oft wenig reflektiert genutzt zu werden. Hier wäre eine gründliche Auseinandersetzung lohnenswert.

78 Vgl. Johnson, Todd M.: Evangelical Mission in an Age of Global Christianity, in: Kenneth Nehrbass u. a. (Hg.): Advancing Models of Mission. Evaluating the Past and Looking to the Future, Pasadena (CA) 2021, Kap. 12.

der Charakter von Mission als einer Einbahnstraße erhalten und das Potenzial, im eigenen Land von Christen anderer Herkunft zu profitieren wird übersehen. Wer, wenn nicht die Gemeinde Jesu Christi, hätte Grund, solch eine globale Perspektive einzunehmen und sich im Sinne einer globalen Organisation zu verstehen und zu agieren?

Lange galt in der Missionsarbeit das Paradigma von der Selbständigwerdung einheimischer Gemeinden hinsichtlich der Leitung, Finanzierung, Ausbreitung/Vervielfältigung und des Theologisierens.[79] Diese Ziele können durchaus als Gradmesser eines Reifeprozesses verstanden werden, tragen aber gleichzeitig die Gefahr in sich, Selbständigkeit und Unabhängigkeit stärker zu betonen als Interdependenz und partnerschaftliches Engagement. Einheimische Gemeinden und Kirchen brauchen Luft zum Atmen in ihrem Wachstums- und Reifeprozess und das enorme Wachstum in China nach der Verbannung von Missionaren und in Teilen Afrikas mit dem Rückzug vieler Missionare im Zusammenhang der Dekolonisierung zeigt, dass sich das Christentum dort ohne permanenten Einfluss von außen rasant entwickelt hat. Die Narben der Kolonialzeit sind vielerorts noch nicht verheilt und vielleicht braucht es teilweise ein Freischwimmen von Kirchen, die unter dem Einfluss von Missionaren und Missionsgesellschaften gegründet wurden.

Dennoch sollte dies nur ein Zwischenschritt sein hin zur gemeinsamen Weiterentwicklung, zur gegenseitigen Mitarbeit und zum partnerschaftlichen Handeln in der Weltmission. Wenn man Mission im Modus globaler Vernetzung verschiedener Partner im Dienst der Missio Dei denkt, müsste dann nicht z. B. der Umgang mit Finanzen in der Mission unter ganz anderen Vorzeichen gedacht werden? Wenn Gelder aus Europa in den Globalen Süden fließen, um dort einheimische Mitarbeiter und Projekte zu finanzieren, geschieht dies oft mit der Sorge, dass Abhängigkeiten verfestigt werden. Diese Gefahr ist real, aber im Zentrum der Überlegungen sollte stehen, welchen Beitrag verschiedene Partner zum gemeinsamen Handeln einbringen können. Das wird natürlich nur möglich sein, wenn Kirchen vor Ort mit über Finanzen entscheiden dürfen. In derselben Richtung ermutigt Bobby Bose, der in Kalkutta (Indien) groß geworden ist und heute in den USA lebt und lehrt, die Kirchen in Nordamerika wenn er sagt: „Aufgrund ihrer langjährigen Erfahrung sollte die nordamerikanische Kirche nicht davor zurückschrecken, in der globalen Kirche eine Führungsrolle zu übernehmen, wenn sie von anderen darum gebeten wird, aber sie sollte dies in einer Weise tun, die den anderen das Gefühl gibt, gleichberechtigte Partner zu sein, und nicht in einer aufdringlichen, paternalistischen Weise."[80] Umgekehrt: Sollten Gemeinden in Deutschland nicht gerne mit Christen aus dem globalen Süden zusammenarbeiten, die in ihrer

---

79 Vgl. Terry, John M.: Art. Indigenous Churches, in: A. Scott Moreau (Hg.): Evangelical Dictionary of World Missions, Grand Rapids (MI) 2000, 483–485.

80 Zitiert in: Borthwick, Western Christians in Global Mission (Anm. 41), 174.

Mitte leben und eine evangelistische Gabe haben? Müsste nicht viel mehr in die Richtung gedacht werden, wie unterschiedliche Begabungen, Möglichkeiten, Neigungen und Einsichten in gemeinsamen Missionsinitiativen zum Blühen gebracht werden können? Mission im Zeitalter der Weltchristenheit muss eine größere Vision und einen weiteren Horizont haben als in der Zeit, in der sie überwiegend „from the West to the rest" geschah.

3.2 Mission im veränderten Modus

Diese Neuformatierung geschieht nicht von alleine. Sie wird kein Selbstläufer sein. Mindestens drei Voraussetzungen sind daher von elementarer Bedeutung. (1) Lokale Akteure sehen sich als Träger der Mission und werden von anderen als solche ernst genommen; gleichzeitig wird Unterstützung von außen als willkommene Bereicherung betrachtet. Jay Matenga schreibt aus Sicht der Weltweiten Evangelischen Allianz:

> „Es wird immer deutlicher, dass wir die Rekrutierung, Ausbildung und Entsendung von Missionaren aus einheimischen bzw. kulturnahen Kirchen fördern, bestätigen und unterstützen müssen, die denjenigen Menschen dienen, die am wenigsten Zugang zum Evangelium haben und in ihrer Umgebung leben. Wenn dies nicht durch lokale Kirchen geschieht, sollten wir die Entwicklung autonomer lokaler interdenominationaler Missionsorganisationen unterstützen, die in der Lage sind, Missionare in ihre Regionen zu entsenden und ihnen zu dienen."[81]

Gründe dafür gibt es genug: So werden Christen vor Ort ihrer Aufgabe, das Evangelium weiterzugeben, gerecht; sie sind oft besser geeignet kontextrelevant zu arbeiten, werden nicht als kulturelle Eindringlinge betrachtet und haben keine Visa-Schwierigkeiten. Und dennoch braucht es unter missionarisch gesinnten Christen den weiten Blick, dass der Input von anderen Christen helfen kann, blinde Flecken aufzudecken, andere Perspektiven aufzuzeigen oder neue Ideen oder Methoden einzubringen. Mitunter bieten sich Menschen von außen durch ihre Andersartigkeit auch offene Türen, die vielen lokalen Christen verschlossen sind.

Neben dieser Haltung wird (2) interkulturelles Verständnis und interkulturelle Kompetenz eine Grundvoraussetzung für gelingende Mission sein. Für Mitarbeiter aus dem Globalen Norden, die sich für die Missionsarbeit vorbereiten, gehört die Entwicklung von interkultureller Kompetenz seit etwa den 1970er Jahren zum Standardprogramm.[82] Bei vielen anderen, die sich im

---

81 Matenga, Jay: Leader's Missions Forecast 2020, https://weamc.global/lb2020-2/, 2020 (abgerufen am 24.03.2022).

82 Hinzuweisen wäre hier auf das Werk von Eugene Nida: Customs and Cultures, das 1954 zum ersten Mal erschien und die Spur legte, Kulturforschung bewusst für

globalen Kontext missionarisch engagieren, besteht hier großer Nachholbedarf. Werner Kahl, der in Frankfurt lehrt und viel zum Thema Migration geforscht hat, schreibt beispielsweise über afrikanische Pastoren, die als Migranten nach Deutschland gekommen waren. Sie begannen zu evangelisieren, scheiterten letztlich aber darin, die einheimische Bevölkerung mit dem Evangelium zu erreichen. Nicht nur Sprache und Kultur, sondern auch Denkkategorien und die Art der Kommunikation bildeten Hürden, die von ihnen nicht überwunden werden konnten, um eine einheimische Zuhörerschaft zu erreichen.[83] Umgekehrt kommen viele Gemeinden in Deutschland mit Stil, Kultur und Glaubenspraxis von Christen mit ausländischen Wurzeln nicht zurecht und tun sich daher schwer, von ihren Gaben zu profitieren.[84] Der Ausbau interkultureller Kompetenz ist daher auf vielerlei Ebenen notwendig.

Neben verschiedene Kulturen tritt, wie oben dargelegt, eine Vielzahl von Ausprägungen des christlichen Glaubens. Als weitere Komponente für gelingende Mission im Zeitalter der Weltchristenheit kommt daher (3) der ökumenischen Verständigung eine wesentliche Rolle zu. Inwiefern wird es gelingen, über Unterschiede in der Theologie und Glaubenspraxis hinweg für ein größeres Ziel zusammenzuarbeiten? Es wird hier einen konstruktiven Dialog geben müssen; aus evangelikaler Sicht vor allem mit Vertretern pfingstlich und charismatisch geprägter Kirchen, Gemeinden und Missionsbewegungen, wenn das gemeinsame christliche Zeugnis gestärkt werden soll. Unterschiedliche Verständnisse von spiritueller Autorität, die Frage nach dem Einfluss unsichtbarer Mächte, die Gewissheit des direkten Eingreifen Gottes in das alltägliche Geschehen oder die Frage nach dem Verhältnis von irdischem und ewigen Heil sind nur einige Themen, die eine Zusammenarbeit behindern können.

Für Andrew Walls sind die großen Fragen der Christenheit im 21. Jahrhundert ökumenischer Natur. Allerdings sieht er die Herausforderungen durch unterschiedliche konfessionelle oder denominationelle Bindungen als Problem, das fast ausschließlich im Westen besteht. Die wahren Herausforderungen ökumenischer Art lägen eher darin, „wie afrikanische und indische und chinesische und koreanische und spanisch-sprachige und nordamerikanische und europäische Christen gemeinsam das Leben als Leib Christi verwirklichen können.“[85] Er sieht die Zukunft der Christenheit am Scheideweg:

Mission nutzbar zu machen. Es brauchte allerdings noch einige Zeit, bis sich seine Gedanken durchsetzten.

83 Kahl, Werner: Migrants as Instruments of Evangelization – In Early Christianity and in Contemporary Christianity, in: Chandler H. Im and Amos Yong (Hg.): Global Diasporas and Mission, Oxford 2014, 71–86.

84 S. z. B.: Währisch-Oblau, The Missionary Self-Perception (Anm. 39), 301–303.

85 Walls, From Christendom to World Christianity (Anm. 8), 69.

> „Der demografische Wandel der Kirche, den die Missionsbewegung bewirkt hat, eröffnet die Möglichkeit, unser christliches Zeugnis an dem der anderen zu prüfen, an ihren Gaben teilzuhaben und unsere gemeinsamen Ressourcen zu teilen. Ebenso möglich ist aber auch die Entstehung einer Vielzahl lokaler Christentümer, die unabhängig voneinander agieren, ohne sich füreinander zu interessieren oder füreinander da zu sein. Jeder dieser Prozesse ist möglich; nur einer von ihnen spiegelt die neutestamentliche Sicht der Kirche oder des Geistes Christi wider.“[86]

Will die Christenheit – und mit ihr die Missionsbewegung – ihrem Wesen entsprechen, dann muss sie ihren polyzentrischen Charakter als Ausgangsbasis ihrer Überlegungen und Strategien ernst nehmen und aufeinander bezogen, global vernetzt in die Zukunft gehen. Neben großen Kirchen mit ihren transnationalen Strukturen sind Missionsgesellschaften im Globalen Norden wie im Globalen Süden ideal positioniert, um als Netzwerk-Hubs zu dienen, in denen Strategien mit Partnern gemeinsam entworfen, Projekte geplant, Personalbewegungen in alle Richtungen koordiniert und entsandte wie empfangene Mitarbeiter geschult und begleitet werden. Vernetzt und multidirektional zu arbeiten, wird somit sowohl Herausforderung als auch Chance für die Missionsarbeit der Zukunft sein.

---

86 Ebd.

Perspektiven für eine zukunftsfähige Missionsarbeit

David Jarsetz

1. Einleitung: Die Tücke des Trends

„Prognosen sind schwierig, besonders wenn sie die Zukunft betreffen!" Dieses geflügelte Wort wird gleich mehreren Berühmtheiten zugeschrieben.[1] Wer Prognosen von sich gibt, geht auf dünnem Eis und bei der Bestimmung von Trends ist es nicht anders. Was aber ist ein Trend? Bob Houlihan, Dekan an der Southeastern University in Florida, definiert sie wie folgt: *„A trend is a direction of movement. It's the flow of a tendency which gives an idea where society or the Church is moving. Trends are like rivers that run where there is little resistance and after time, begin to shape the landscape. They run a course in a direction that is not a straight line."*[2]

Weil sich Trends und Tendenzen ebenso wie die Geschichte als solche ihren Weg wie Flüsse durch die Landschaft der Zukunft bahnen, lassen sie sich nicht linear vorhersagen. Es gibt keinen historischen Automatismus. Selbstverständlich gibt es Trends und langanhaltende Entwicklungen in eine bestimmte Richtung, aber es gibt auch Ausnahmen: überraschende Gegentrends, glückliche Fügungen, Christen würden vielleicht von Wundern sprechen. Der Fall der Berliner Mauer führt uns das eindrücklich vor Augen. Sie hätte 100 Jahre stehen sollen, wenn es nach der Prognose Erich Honeckers, des letzten Staatsratsvorsitzenden der DDR, gegangen wäre. Elf Monate später war diese Mauer Geschichte.

Das Unerwartete und Unvorstellbare passiert immer wieder. Alle unsere Überlegungen, Konzepte, Strategien, Methoden oder Situationen in einzelnen Ländern, Regionen oder Kontinenten können überraschenderweise auf den Kopf gestellt werden.

Die Bewusstmachung dieser Tatsache sorgt für die notwendige Grunddemut, die beim Betrachten der gegenwärtigen Herausforderungen und Trends nötig ist. So unvorhersehbar Trends auch sein mögen, so sollten sie doch

---

1 Als mögliche Urheber des Spruchs werden u. a. der Kabarettist Karl Valentin, der Schriftsteller Mark Twain, der Physiker Nils Bohr, der Journalist Kurt Tucholsky und der britische Premierminister Winston Churchill genannt.

2 Zitiert bei Morgan, Clint: Trends, Missions, and the Unchanging Gospel, in: One Magazine (October/November 2022), 14–17. (https://www.nafwb.org/onemag/unchanging_gospel.htm; abgerufen am 25.08.2023).

identifiziert und verfolgt werden. Nicht selten kommt es vor, dass wir auch als Christen unsere großen und kleinen Entscheidungen von ihnen abhängig machen. Ihr Lebenszyklus bedarf der sorgfältigen Überwachung, da ihre Halbwertszeiten unterschiedlich sind. Ein Trend ist noch keine Prophetie und sollte auch nicht so behandelt werden, aber er muss ernst genommen und beobachtet werden.

Wenn wir in diesem Artikel nach Perspektiven für eine zukunftsfähige Missionsarbeit fragen, dann geschieht dies vor dem Hintergrund des tiefgreifenden Wandels, der sich gegenwärtig weltweit und auf nahezu allen Ebenen ereignet, gleich ob es um Weltpolitik, Gesellschaft, Wirtschaft, Technologie oder Religion geht.[3] Dabei handelt es sich schon längst nicht mehr nur um Entwicklungen, sondern um historische Tatsachen.

Auch im Blick auf die Missionsgeschichte befinden wir uns in einer besonderen Phase. Die großen Veränderungen, die in einem atemberaubenden Tempo auf die etablierten westlichen Kirchen und Missionsgesellschaften zukommen, stellen uns vor immense Herausforderungen.

Es ist unausweichlich, die anstehenden Fragen offen und ehrlich anzusprechen: Welche Perspektiven hat die Arbeit einer deutschen oder europäischen Missionsgesellschaft im 21. Jahrhundert? Welches Bild von zukunftsfähiger Missionsarbeit entsteht, wenn wir uns die in diesem Buch beschriebenen Entwicklungen vor Augen führen? Welche Schlüsse ziehen wir daraus? Welche Bedeutungen haben diese für die künftige Rolle und Praxis einer sendenden und global tätigen Missionsorganisationen aus dem Westen?

Die Diskussion darüber ist bereits in vollem Gange und naturgemäß differieren die Perspektiven auch im Blick auf diese Fragen zwischen den üblichen Spannungspolen von Optimismus und Pessimismus, Realismus und Idealismus, Utopie und Dystopie[4], Transformation oder Disruption und manchmal auch einfach nur zwischen einer biblisch begründeten Zuversicht und angstbesetzter Schwarzmalerei.

Während Skeptiker von der zukünftigen Bedeutungslosigkeit und Irrelevanz westlicher Missionsgesellschaften ausgehen,[5] sprechen Optimisten an-

---

3 Aus diesem Grund wurde u. a. der Zukunftsprozess *Mission for Future* (M4F) innerhalb der Arbeitsgemeinschaft Evangelikaler Missionen (AEM) im Jahre 2018 ins Leben gerufen.

4 Eine Dystopie ist eine meist in der Zukunft spielende Erzählung, in der eine erschreckende oder nicht wünschenswerte Gesellschaftsordnung dargestellt wird (Quelle: Wikipedia).

5 Vgl. z. B. Smith, Daniel W.: Mission After Christendom, London 2003, 116: „Es ist inzwischen klar, dass sowohl das Konzept der Mission als einseitige Bewegung von der Christenheit zur nicht evangelisierten Welt als auch die Strukturen, die am Ende des 18. Jahrhunderts entwickelt wurden, um diese Bewegung zu erleichtern, von einer historischen Entwicklung überholt worden sind, die sie zunehmend irrelevant und überflüssig macht“ (Übersetzung DJ).

gesichts des enormen Veränderungsdrucks von gebotener Optimierung und Anpassung sowie notwendigen Reformen, Transformationen und disruptiven Innovationen.[6] Von wenigen Stimmen abgesehen, bei denen noch kein Problembewusstsein vorhanden zu sein scheint, ist der großen Mehrheit der Verantwortungsträger in der Weltmission allerdings klar, dass ein einfaches „Weiter so" nicht funktionieren wird.

Bevor ich im dritten Hauptteil einige Perspektiven für eine zukunftsfähigen Missionsarbeit skizzieren möchte, sollen in einem zweiten Punkt zunächst einige Megatrends beschrieben werden. Dabei kann es in diesem Rahmen nicht um eine umfassende Zeitanalyse, geschweige denn um Vollständigkeit gehen. Es sollen lediglich einige wenige Entwicklungen genannt werden, die auch für die zukünftige Missionsarbeit von elementarer Bedeutung sind.[7]

2. Leben in einer Welt im Wandel

2.1 Wachsende Unsicherheit

Die Geschwindigkeit der globalen (welt-) politischen, gesellschaftlichen, wirtschaftlichen, technologischen und nicht zuletzt religiösen Veränderungen und die Undurchsichtigkeit und Komplexität dieser Prozesse überfordern gegenwärtig nicht wenige Menschen.[8] Die Mächtigen dieser Welt erscheinen immer unnahbarer und Experten immer unverständlicher. Viele Akteure verfolgen ihre eigenen Interessen. Die Zweifel wachsen, ob die von Medien, Politik und Wissenschaft präsentierten und verbreiteten Fakten tatsächlich der Wahrheit entsprechen. Mit den Veränderungen geht deshalb ein tiefgreifender Zweifel gegenüber den bestimmenden Eliten und Mainstream-Medien

---

6 Vgl. z. B. die Artikel von Eddie Arthur: The Future of Mission Agencies, in: Mission Round Table 12/1 (January–April 2017), 4–12 und den Sonderbeitrag von Volker Gäckle: Die gute alte Zeit kommt nicht mehr zurück! Vom Leben in disruptiven Veränderungen, in: Mission weltweit (Mai/Juni 2021), 18–20.

7 A. Scott Moreau and Mike O'Rear vom Evangelism and Missions Information Service (EMIS) helfen mit ihrer sehr zu empfehlenden und umfassenden Übersicht (https://missionexus.org/mission-trends/; abgerufen am 12.08.2023), die aktuellen globalen Trends in der Mission besser zu verstehen. Die Ressourcen haben sie in zwei Kategorien eingeteilt: solche, die globale Trends aus säkularer und solche aus missionsorientierter Sicht darstellen.

8 Vgl. hierzu die Einschätzung der Lausanner Bewegung, in: Lausanne Movement, Global Trends, People Movements, and their Impact on Mission, (https://lausanne.org/content/lga/2013-06/global-trends-people-movements-and-their-impact-on-mission; abgerufen am 19.08.2023): „Our increasingly joined-up world will create more uncertainties as events in one place trigger other events. The days of having only one strategy are over. We need to plan flexibly, taking every opportunity for the Kingdom."

einher. Die Grenzen zwischen Verständlichkeit auf der einen und Populismus auf der anderen Seite bzw. zwischen Vertrauen und Naivität werden dünner. Es wächst das Gefühl der Hilfslosigkeit und der Eindruck, in einem Schlauchboot auf einem stürmischen Ozean unterwegs zu sein und keinen Einfluss mehr auf die bestimmenden Faktoren und die eigene Zukunft nehmen zu können. Viele Menschen haben Angst, zu Verlierern dieser Entwicklungen zu werden. Diese Gefühle der Hilfslosigkeit münden bei den einen in der Depression, bei den anderen in der Aggression und bei allen in der Sehnsucht nach Sicherheit.

2.2. Digitale Welten und technische Revolutionen

Zu den maßgeblichen Triebfedern der globalen Entwicklungen und Veränderungen zählen neue (digitale) Technologien. Die technischen Fortschritte in den Bereichen der *virtual reality*, *digital transformation* und *artificial intelligence* werden unser Verständnis von Arbeit, Bildung, Freizeit, Kommunikation und Beziehung stark beeinflussen. Sie werden maßgeblich die künftigen Diskussionen um unser Menschen- und Gottesbild und die Beziehung zwischen Mensch und Maschine beeinflussen.

Charakteristisch bei diesem Prozess ist die Ambivalenz zwischen den Chancen und Risiken dieser Technologien. Einerseits stellen sie eine Bedrohung dar, wenn sie in die Hände totalitärer Mächte geraten. Diktaturen und Terrororganisationen unternehmen bereits heute größte Anstrengungen, um diese Technologien für ihre eigenen Zwecke zu kontrollieren und zu instrumentalisieren. Anderseits bieten diese Technologien mehr Möglichkeiten als je zuvor, um Menschen auf neue Weise zu erreichen. Sie bieten Chancen und Möglichkeiten für die Verbreitung des Evangeliums, christliche Bildungsarbeit oder neue Gemeinschaftsformen. Mission von überall nach überall wird auf diese Weise eine reale Möglichkeit.

2.3 Migration und Urbanisierung

Die weltweite Migration wird weiter wachsen. Wir stehen möglicherweise erst am Anfang einer großen Völkerwanderung und dies vor dem Hintergrund, dass wir bereits in der nächsten Generation eine Verdoppelung der Bevölkerung Afrikas erwarten. Während in Afrika die Bevölkerung stark wächst, ist sie in den bevölkerungsreichsten Ländern Asiens in einer dramatischen Schieflage. Durch die kulturelle Diskriminierung von Frauen und Mädchen und eine verfehlte Geburtenpolitik gibt es in Indien und China bereits heute einen Überhang von insgesamt 100 Millionen Jungen.

In der Konsequenz wird der Umgang mit Migranten und Geflüchteten bzw. dem Fremden überhaupt zu einer globalen Herausforderung.[9] In den vergangenen Jahrzehnten ist die Bedeutung der Migration (und der Diaspora) für die Weltmission zu einem immer wichtigeren Forschungs- und Aufgabengebiet geworden.

Eine direkte Folge der Migration ist die zunehmende Urbanisierung. Die Bevölkerungsexplosion in der wachsenden Zahl der weltweiten Mega-Cities schreitet unaufhaltsam voran mitsamt den Problemen, die diese Entwicklung mit sich bringt.

In diesen Megastädten werden neue missionarische Initiativen und Gemeindegründungen benötigt, um die Millionen hochmobiler Menschen zu erreichen, von denen viele ihre kulturellen Wurzeln verloren haben. Vor allem Migrationskirchen und -gemeinden stellen eine Möglichkeit dar, in diesen sozialen Brennpunkten zu Ankerpunkten für ethnische und religiöse Minderheiten sowie für Geflüchtete und Vertriebene zu werden. Friedens- und Versöhnungsarbeit sowie Umgang mit Traumata werden dabei eine zentrale Rolle spielen. Gastfreundschaft wird wieder zu einem Erkennungsmerkmal christlicher Identität.

2.4 Polarisierungen auf allen Ebenen

Die großen Umbrüche unserer Zeit, zu denen auch der Klimawandel gehört, sorgen für eine größere Ungleichheit im Blick auf die Verteilung der wesentlichen Ressourcen dieser Welt. Dabei geht es nicht nur um Reichtum und Armut, sondern auch um den Zugang zu elementaren Grundbedürfnissen wie sauberem Wasser, Grundnahrungsmitteln und Bildung.

Für zunehmende Spannungen und Verwerfungen sorgen die ideologischen, politischen, wirtschaftlichen, ethischen und religiösen Differenzen. Längst findet abermals ein kalter Krieg zwischen den Weltmächten statt, der wieder in „kleineren" Stellvertreterkonflikten und -kriegen (Ukraine, Taiwan) ausgetragen wird.

Aber Spannungen existieren nicht nur zwischen Weltmächten, Kulturen und Religionen, sondern auch innerhalb der westlichen Gesellschaften. Während progressive Kräfte für eine gesellschaftliche Revolution im Blick auf die Themen Gender, Migration, Religion und Gleichstellung kämpfen und treten konservative Kräfte den damit einhergehenden Schwierigkeiten entgegen.

---

[9] Zu den Vertriebenen gehören aktuell etwa 30 Millionen bedürftige Kinder. Noch nie gab es so viele, die Gefahr liefen, von ihrer Heimat und ihren Großfamilien getrennt zu werden. Es gibt keine Anzeichen dafür, dass diese Zahl rückläufig sein wird.

Von dieser Polarisierung bleiben auch die Kirchen und Gemeinden nicht verschont. Längst nagen v. a. ethische Grundsatzdebatten an ihren Fundamenten.

Im Blick auf das Thema Weltmission stellt sich die Frage, wie Mission in einer polarisierten und im Blick auf religiöse Themen zunehmend skeptischen Öffentlichkeit gelingen kann.

2.5 Religion und Glaube

In religiöser Hinsicht ist die Welt im 21. Jahrhundert gespalten in einen religiösen globalen Süden auf der einen Seite, in dem die großen Religionen der Christenheit, des Islam und in Indien des Hinduismus und zum Teil auch des Buddhismus ein enormes Wachstum verzeichnen können. Gleichzeitig ist auf der anderen Seite der globale Westen bzw. Norden von einer beispiellosen Säkularisierung geprägt, die zusammen mit dem westlichen Individualismus und Pluralismus die christlichen Großkirchen Europas und zunehmend auch Nordamerikas erodieren lässt. Im Osten Europas lässt sich eine Entwicklung der orthodoxen Kirche hin zu einer politischen Kirche beobachten. Der religionssoziologische Mega-Trend der westlichen Welt ist der „Aufstieg individueller bzw. gewählter Religion" und der gleichzeitige „Niedergang institutioneller bzw. geerbter Religion."[10] In seiner Analyse der disruptiven Kirchentrends der Gegenwart prognostiziert Carey Nieuwhof, Gründungspastor der Connexus Church, für seine amerikanische Situation eine Reihe von Entwicklungen, die auch für die europäische und deutsche Situation von Bedeutung sind.[11] Dazu gehört der Untergang des alten Kirchenmodells auf der einen und die wachsende Bedeutung eines hybriden Kirchen- und Gemeindemodells auf der anderen Seite. Damit verbunden ist die wachsende Bedeutung ortsungebundener Gemeindeglieder und die schwindende Amtsautorität hauptamtlicher Pastoren. Auch die Finanzierung von Gemeinden verändert sich: Im neuen Gemeindemodell müssen Spender ungleich stärker involviert werden als früher, um ihre langfristige Unterstützung zu gewinnen.

---

10 Garth, Alexander: Zukunftsfähige Gemeinde, in: akzente für Theologie und Dienst 117/1 (2022), 26; vgl. hierzu auch Thomas, Günter: Im Weltabenteuer Gottes leben. Impulse zur Verantwortung für die Kirche, Leipzig ^{3}2021, 27f.105.107.

11 Nieuwhof, Carey: 12 Disruptive Church Trends That Will Rule 2022 (and the Post-Pandemic Era), Onlineblog (https://careynieuwhof.com/12-disruptive-church-trends-that-will-rule-2022-and-the-post-pandemic-era/; abgerufen am 16.08.23).

3. Mission in Bewegung

3.1 Missionsgesellschaften im Veränderungsstress

In den vergangenen 300 Jahren war die Organisationsform der „Missionsgesellschaft" das wesentliche Instrument der westlichen Missionsbewegung. Aus den Anfängen unter William Carey im späten 18. Jahrhundert entstanden in den westlichen und hier v. a. den protestantischen Ländern zahllose größere und kleinere Missionsgesellschaften, die Tausende von Missionaren in die vom Evangelium noch unerreichten Regionen Asiens und Afrikas sandten. In der sich wandelnden Welt des 21. Jahrhunderts zeichnet sich ab, dass sich ihre Rolle verändert und ihre Arbeit sich wandeln wird und muss.

In einer umfassenden Studie zur Situation mit dem Titel „Mission Agencies in Crisis" zeichnet der britische Missionswissenschaftler und frühere Wycliff-Bibelübersetzer Edwin D. Arthur die aktuellen Herausforderungen westlicher Missionsgesellschaften nach.[12] In dieser Studie wird deutlich, wie der weltweite Wandel auch an Missionsgesellschaften nicht vorübergeht.

Es wird zunehmend deutlicher, dass in vielen klassischen Missionsfeldern der Bedarf an westlichen Missionaren abnimmt, weil die einheimischen Kirchen selbst effektive und dynamische Strukturen entwickelt haben. Manches von dem, was sich in jahrhundertelanger Praxis bewährt hat, ist nicht mehr nötig, weil einheimische Kirchen und lokale Gesundheits- und Bildungsinstitutionen die Aufgaben wahrnehmen, die anfänglich von Missionsgesellschaften übernommen worden waren. Noch schwieriger ist, dass der Missionsdienst in einigen westlichen Kirchen selbst in Frage gestellt wird und in manchen Kirchen des globalen Südens nicht mehr gewünscht wird.[13]

Für die Zukunft kann das bedeuten, dass manche Arbeitsformen und -zweige klassischer Missionsgesellschaften aufgegeben werden sollten. Dankbar können liebgewonnene und bewährte Arbeiten losgelassen und in die Hände von lokalen Partnern gegeben und mit ihnen die Aufgaben angepackt werden, wo ein Miteinander weiterhin förderlich ist.

---

12 Arthur, Edwin D.: Mission Agencies in Crisis, Minneapolis (MN) 2020.

13 Zunehmend wird von etablierten Kirchen des globalen Südens gefragt, ob es in ihrem Land noch Missionare braucht. Das Bildungsniveau liegt bei Einheimischen manchmal auf gleichem Niveau. Missionare müssen Sprache und Kultur erst studieren. Wenn sie schwerpunktmäßig lernen, im Ausland zu überleben, aber nichts Entscheidendes im Land bewirken, wird ihre Präsenz überflüssig. Vgl. hierzu auch den sehr differenzierten Artikel von Peter Rowan: "Should White People Be Missionaries Overseas?" Absurd Questions or Pathway to Reimagining Missional Faithfulness in a Postcolonial World? 10 Answers for a Conversation Starter, 2023, (https://omf.org/mrt-should-white-people-be-missionaries-overseas/; abgerufen am 30.12.2023).

Traditionelle Missionsgesellschaften brauchen in solchen Zeiten des disruptiven Wandels Mut, den Weg der Transformation zu gehen, denn die Erhaltung überkommener Strukturen kann angesichts der tiefgreifenden Veränderungen nicht das Ziel sein. Gelingen kann dies nur mit dem entschlossenen und gemeinsamen Reformwillen einer Leitung und einer transparenten und offenen Kommunikation gegenüber den Mitarbeitern und Unterstützern einer Missionsorganisation. Dieser Weg der Transformation ist in der Regel mit einem Paradigmenwechsel (*paradigm shift*) von einem primär westlichen zu einem nunmehr globalen Missionsmodell verbunden, insbesondere für die Leitung traditioneller Missionsorganisationen. Dass dieser Wandel und Wechsel nicht schmerzfrei zu haben ist, sollte dabei allen Beteiligten klar sein.

Um aus traditionellen Missionsgesellschaften zukunftsfähige Organisationen zu machen, genügt es nicht, sich nur auf die Optimierung des bisherigen Systems und den *„operating within the model"*-Ansatz zu konzentrieren, sondern darüber hinaus Reformprozesse im Blick auf das System an sich anzustoßen. Die Zukunft traditioneller Missionsgesellschaften wird maßgeblich von ihrer Anpassungsflexibilität, Veränderungsbereitschaft und Experimentierfreude abhängen. Umgekehrt werden Missionsorganisationen, die sich diesen fundamentalen Veränderungen nicht stellen und sich nicht anpassen, an Relevanz sowie Einfluss verlieren.

Anpassungsfähigkeit, Unsicherheitskompetenz und Ambiguitätstoleranz[14] zählen vor diesem Hintergrund auch zu den Grundfähigkeiten für Mitarbeiter im kulturübergreifenden Dienst.

Für alle Beteiligten gilt: „Ohne mutige missionarische Innovation wird es keine Zukunft geben."[15] Im Folgenden will sollen deshalb in aller Kürze einige konkrete Brennpunkte dieser Transformation benannt werden.

3.1.1 Finanzen und Sendungsmodelle

Das klassische Sendungsmodell des Vollzeitmissionars aus dem Westen wird im 21. Jahrhundert v. a. aus finanziellen Gründen an seine Grenzen stoßen. Zum Ersten wachsen die Kosten für Ausbildung, Aussendung und Unterhalt westlicher Missionare mitsamt den Aufwendungen für die Schule und Ausbildung ihrer Kinder in einem Maße, dass die Frage nach dem Kosten-Nutzen-Verhältnis im Vergleich zu einheimischen Mitarbeitern immer kritischer wird. Zum Zweiten muss es das Ziel aller Missionswerke sein, die Abhängigkeit einheimischer Kirchen und ihrer Projekte von den finanziellen

---

14 „Ambiguitätstoleranz" bezeichnet in diesem Zusammenhang die Fähigkeit, Unsicherheit und Vieldeutigkeit auszuhalten.

15 Vgl. Wallner, Karl: Wir wollen, dass Mission Priorität Nummer eins wird, in: Bernhard Meuser u. a. (Hg.): Mission Manifest. Die Thesen für das Comeback der Kirche, Freiburg i.Br. 2018, 85.

Ressourcen aus dem westlichen Ausland zu reduzieren, um die Nachhaltigkeit der Arbeit zu stärken.

Zum Dritten sind schon heute die Kosten für einen großen, qualifizierten und kompetenten Mitarbeiterstab in einer Missionszentrale kaum noch tragbar. Angesichts der allgemeinen Lohnentwicklung und Kostensteigerung in westlichen Ländern wird die Rekrutierung der nötigen Fachkräfte immer schwieriger.

Vor diesem Hintergrund ist es gegenwärtig nicht ungewöhnlich, dass Organisationen die Leistungen für ihre Missionare kürzen, während sie den prozentualen Anteil, der für die Verwaltung des Unterstützungsnetzwerkes berechnet wird, beibehalten oder erhöhen müssen.

3.1.2 Agilität und Flexibilität

In einer globalen und sich rasch verändernden Welt werden Sendungsmodelle, individuelle Anstellungsmodalitäten und die Möglichkeiten der (ehrenamtlichen) Mitarbeit von größerer Diversität und Flexibilität geprägt sein. Zu den Einsatzteams werden Mitarbeiter mit Voll- und Teilzeitanstellungen (*professional missionaries*) ebenso wie Fachkräfte, die sich mit ihrem Beruf am missionarischen Auftrag vor Ort beteiligen (*missional professionals*), gehören. Diese Unterschiedlichkeit und Flexibilität werden von allen Beteiligten eine erhöhte Toleranz erfordern, die systemimmanenten Ungleichzeiten im Blick auf die Qualifizierung, Vergütung und die Arbeitsformen zu akzeptieren und auszuhalten.

Leitungsgremien benötigen für den angezeigten Wandel ebenfalls eine hohe Flexibilität und Offenheit, ein hohes Agilitätsvermögen und eine große Veränderungsbereitschaft.[16] Sie konzentrieren sich bewusst darauf, jegliche Form von Innovation und Erneuerung zu fördern. Künftige Führungskräfte, die sich den rasanten Veränderungsprozessen stellen wollen, müssen sich durch einen hohen Grad an Anpassungsfähigkeit (*adaptability*) auszeichnen und einen offenen Blick für die digitalen Möglichkeiten der Gegenwart und Zukunft haben. Dies gilt insbesondere auch im Blick auf die digitalen Möglichkeiten der (missions-)theologischen Aus- und Fortbildung auf allen Ebenen, durch die so etwas wie ein „globaler Gemeinschaftsunterricht" in *global community classes* entstehen kann.

---

16 Die Lausanner Bewegung hält diesbezüglich fest: „Our increasingly joined-up world will create more uncertainties as events in one place trigger other events. The days of having only one strategy are over. We need to plan flexibly, taking every opportunity for the Kingdom. Lausanne Movement, Global Trends, People Movements, and their Impact on Mission" (https://lausanne.org/content/lga/2013-06/global-trends-people-movements-and-their-impact-on-mission; abgerufen am 19.08.2023).

Vor dem Hintergrund der skizzierten Veränderungen wird sich unabhängig von der Wichtigkeit und dem Nutzen einer Langzeitorientierung im klassischen Missionsdienst die zeitlich begrenzte Projektorientierung und Kurzzeitmission an Bedeutung gewinnen.[17]

Zur Flexibilität und Agilität einer Missionsorganisation wird nicht mehr ausschließlich die Fähigkeit gehören, westliche Mitarbeiter in die Mehrheitswelt[18] auszusenden, sondern auch Missionare aus den unterschiedlichsten Regionen dieser Welt in ihren eigenen Arbeitsgebieten und -formen zu empfangen, zu befähigen und sie zu integrieren. Die Funktion der Heimatzentralen wird daher eine doppelte sein: Sie wird sowohl Mitarbeiter in andere Länder senden als auch Mitarbeiter aus anderen Ländern empfangen.[19]

3.1.3 Diversifizierte und polyzentrische Leitung

Die Leitungsteams werden zukünftig transkultureller (*transcultural*), generationsübergreifender (*transgenerational*) und femininer zusammengesetzt sein müssen. Die Führung moderner Missionsgesellschaften wird mehr denn je verschiedene Perspektiven für eine kulturüberschreitende Arbeit mit verschiedenen Zielgruppen brauchen. Dies bedingt interkulturelle Öffnungsprozesse auf allen Ebenen der Arbeit, der Organisation und der Leitung sowie die Integration von Fachwissen und Erfahrung in der Arbeit mit Menschen aus verschiedenen Sprachen, Kulturen und Geschlechtern. Die Integration von Frauen in die Leitungsteams ist auch für die Arbeit in den Zielländern der Mission von großer Bedeutung, denn auf fast allen Kontinenten zeigt sich das gleiche Bild: Der Prozentsatz an Frauen in den Kirchen übersteigt den Frauenanteil in der Gesellschaft. Trotzdem sorgen kulturelle und soziale Faktoren wie theologische Überzeugungen dafür, dass sie selten Schlüssel- bzw. Leitungspositionen innehaben.

---

17 Der Kurzzeitbereich steht dabei immer in der Spannung, auf der einen Seite zum Missionstourismus zu verkommen und auf der anderen Seite als *Gateway to long-term mission* unerlässlich zu werden, vgl. Arthur, Edwin D.: Trends in Mission Today, 2014, Online-Paper (https://www.academia.edu/9590587/Trends_in_Mission_ Today; abgerufen am 13.08.2023).

18 Der Begriff „Mehrheitswelt" wird hier anstelle von „Globaler Süden" benutzt, da es Länder wie Südkorea gibt, die im Norden liegen, aber eindeutig der nicht-westlichen Missionsbewegung zuzuordnen sind. Der Begriff bringt außerdem die Größe der Bewegung im Vergleich zum Westen zum Ausdruck, vgl. Porter, Eldon: Zusammenarbeit mit der Mehrheitswelt in einem globalen Paradigma, in: evangelische missiologie 33 (2017), 64.

19 Mit der Frage, wie dieses Empfangen in Deutschland aussehen kann, beschäftigt sich seit 2020 eine Taskforce des AEM Mission For Future-Prozesses, zu der Vertreterinnen und Vertreter aus verschiedenen Werken gehören.

Insbesondere im Blick auf das Führungsverständnis benötigen zukünftige Missionsleiter eine reflektierte Selbstwahrnehmung. Das kollegiale Agieren in nationalen und internationalen Teams bedingt einen sensiblen Umgang mit Macht, eine hohe Transparenz, kulturangepasstes Verhalten und partizipative Prozesse. Missionsleiter werden nur dann wirksame globale Führungspersönlichkeiten sein, wenn sie (1) demütig der globalen Kirche im Sinne Jesu dienen und von ihr lernen, sich (2) auf eine konsequente Zusammenarbeit einlassen, (3) eine Theologie des Glaubensmutes, des Leidens und des Opfers annehmen, sich (4) den feurigen Glauben derer zu eigen machen, die für das Evangelium gelitten haben und (5) eine nicht-westliche Missiologie, Theologie und Gelehrsamkeit fördern.[20]

Auch der Ort, an dem die Entscheidungen fallen, wird künftig nicht mehr automatisch die heimische Missionszentrale in der westlichen Welt sein. Waren die großen Missionsorganisationen traditionell immer von starken und mächtigen Leitungen und Gremien in den Zentralen der sendenden Länder bestimmt, wird die Zukunft stärker von einer polyzentrischen Leitung geprägt sein. Darunter versteht man eine Führung, die über mehrere Einflusssphären wie Geografie, Ethnizität, Alter, Region, Geschlecht und Nationalität funktioniert. Es handelt sich um eine diversifizierte Leitung, die von allem und jedem ausgeht.[21] Die Missionsarbeit geschieht hier von mehreren Zentren aus (*polyzentric mission*) und wird insgesamt gesehen dezentralisierter von den Rändern aus erfolgen.[22]

3.2 Zukunft durch Partnerschaft

Zukunftsfähigkeit und Wachstum können in der Weltchristenheit des 21. Jahrhunderts nicht mehr allein im Rahmen einer Kirche oder Organisation

---

[20] Ho, Mary: When Leaders Drink Tea Together. A Critique of Western Christian Leadership in Light of Global Trends, in: Lausanne Global Analysis 10/5 (2021) September. (https://lausanne.org/content/lga/2021-09/when-leaders-drink-tea-together; abgerufen am 20.08.2023). Für Christen aus dem globalen Süden gilt, dass die Bibel heute zu ihnen spricht, das Heil umfassend verstanden wird, Leiden nichts Neues ist, das Böse dem Sieg Jesu weichen muss, Mission sowie Bekehrung absolut wichtig sind, vgl. Etzelmüller, Gregor: Migrationskirchen als ökumenische Herausforderung für Theologie und Kirchen in Deutschland, in: ders. und Claudia Rammelt (Hg.): Migrationskirchen: Internationalisierung und Pluralisierung des Christentums vor Ort, Leipzig 2022, 697–715: 707–715.

[21] Handley, Joseph and Micaela Braithwaite: What Is Polycentric Mission Leadership? What the Trinity, Scripture, and orchestras can teach us about decision-making in the church, 20 Sep 2022, (https://lausanne.org/about/blog/what-is-polycentric-mission-leadership; abgerufen am 29.08.23).

[22] Vgl. Morgan, Clint: Trends, Missions, and the Unchanging Gospel, in: One Magazin, (https://www.nafwb.org/onemag/unchanging_gospel.htm): „In our ever-changing world, the decentralization of missionary efforts is imperative."

erreicht werden, wie dies noch im 20. Jahrhundert üblich war. In der Vergangenheit war das weltmissionarische Engagement in erheblichem Maße von in sich geschlossenen, westlichen Missionsorganisationen mit starker Autonomie und einlinigen Partnerschaften mit Kirchen oder Gemeinden in den Zielländern geprägt. Dieses Modell hat im 21. Jahrhundert kein Entwicklungspotential mehr.

Nur solche Kirchen und Missionsorganisationen, die partnerschaftlich in transnationalen Netzwerken arbeiten, behalten ihre Relevanz in Gottes Mission.[23]

Die Fähigkeit zum Aufbau solcher Partnerschaften und zur effektiven Zusammenarbeit mit verschiedenen Akteuren wie nationalen und lokalen Kirchen, Ortsgemeinden, Diasporabewegungen und -missionaren sowie traditionellen und noch jungen Missionsorganisationen, wird ein entscheidender Faktor für die zukünftige Arbeit sein. Missionsorganisationen kommt dabei die Rolle zu, als vertrauenswürdige Makler einen ehrlichen, offenen und unvoreingenommenen Dialog zwischen den verschiedenen Partnern sowohl in den Heimat- als auch in den Einsatzländern zu initiieren. Die Formen der Partnerschaft können dabei sehr unterschiedlich sein: Von strategischen Allianzen auf Zeit für bestimmte Projekte, über synergetische Partnerschaften in begrenzten Kontexten bis hin zu umfassenden, auf Dauer angelegten, internationalen Netzwerken ist hier alles möglich. Es kann sich um formelle Partnerschaftsmodelle zwischen Kirchen und Organisationen handeln oder um informelle Partnerschaften wie z. B. die Kooperation mit verfolgten Christen, die in andere Staaten fliehen bzw. geflohen sind, Migranten, die aus ökonomischen Gründen in andere (zum Teil verschlossene) Länder emigrieren, oder um Christen, die als Geschäftsleute oder Arbeitnehmer ihre Arbeit als *Business as Mission* verstehen und von denen viele keine formale Verbindung zu einer Missionsorganisation haben.

Eine besondere Rolle für Partnerschaft in der Weltchristenheit ist die Zusammenarbeit mit sog. Insider-Bewegungen (*insider movements*): Es handelt sich dabei z. B. um christusgläubige Muslime in der islamischen Welt oder um Buddhisten in der buddhistischen Welt, die Jesus als ihren Herrn und Retter erkannt haben, aber Jesus Christus innerhalb ihrer religiösen Herkunftsgemeinschaften nachfolgen und in ihren bisherigen Lebens- und Beziehungskontexten bleiben wollen. Diese Bewegungen sind häufig nicht durch missionarische Kontakte oder Migration entstanden, sondern wurden durch Träume oder Visionen ausgelöst, manchmal auch durch den Kontakt mit dem geschriebenen oder gesprochenen Evangelium. Das Phänomen ist seit Jahrzehnten so bekannt wie umstritten. Denn das Verbleiben in fremdreligiösen Kontexten hat einerseits eine hohe missionarische Dynamik, aber anderer-

23 Vgl. Taylor, William D.: Kingdom Partnerships for Synergy in Missions, Hattiesburg (MS) 1994.

seits führt es fast notwendigerweise zu synkretistischen Ausdrucksformen des christlichen Glaubens.

Eine Partnerschaft mit diesen Bewegungen ist deshalb ebenso so schwierig einerseits wie bedeutend andererseits – und zwar um beider Seiten willen. Für Missionsorganisationen sind solche Verbindungen wichtig, weil sich hier eine Inkulturation des Glaubens vollzieht, von der Missionare viel lernen können. Für die Insider-Bewegungen sind diese Kontakte wesentlich, weil sie dadurch an den weltweiten Leib Christi angebunden und vor häretischen Entwicklungen bewahrt werden können.

Alle genannten Partnerschaften bedürfen in sich einer intensiven Vorbereitung und Begleitung. Sie lassen sich nicht „nebenbei" schließen und aufrechterhalten. Zu den künftigen Metakompetenzen einer vernetzten und globalisierten Welt zählen Kooperations- und Netzwerkfähigkeit. Daher werden Missionsorganisationen Mitarbeiter benötigen, die mit der Rolle des *Chief Collaboration Officers* (sog. CCOs) in einem Unternehmen vergleichbar und für die Förderung von Kooperation und Zusammenarbeit verantwortlich sind. Für diese Aufgabe muss mittelfristig eine eigene Konsultations- und Beratungskompetenz entwickelt und ausgebildet werden, für die es bereits eigene Ausbildungsprogramme gibt.

Eine weitergehende Form der Partnerschaft besteht darin, Vertretern des Partners oder des Netzwerkes eine Mitgliedschaft bzw. einen „Platz am Tisch" in den eigenen Leitungsgremien zu geben und sie somit in die Leitung der eigenen Kirche oder Organisation zu integrieren. Mehr und mehr wird es auch Doppelmitgliedschaften von Mitarbeiter in zwei oder drei Organisationen geben, um eine gelingende Partnerschaft dauerhaft und nachhaltig auf die Beine zu stellen und zum Erfolg werden zu lassen. Wichtig ist, dass die einheimischen Mitarbeiter in den Zielländern, auf deren Gemeinden und Projekte der eigentliche Fokus der Partnerschaft gerichtet ist, als gleichberechtigte Partner beteiligt werden. Im besten Fall geht sogar die Initiative von den einheimischen Partnern aus.

Zukunftsfähige Missionsarbeit wird im 21. Jahrhundert immer im Kontext der Weltchristenheit geschehen. Sie vollzieht sich auf lokaler Ebene und mit einheimischen Kräften. Die strategischen Schwerpunkte werden bei dieser Partnerschaft stärker von den Einsatzteams von Ort in Zusammenarbeit mit ihren Partnern entwickelt (*field and ministry driven*) und weniger von der Zentrale bzw. der Missionsleitung im Westen (*mission headquarters driven*).[24] Missionsorganisationen der Zukunft ermutigen einheimische Kirchen und

---

24 Noch weitergehender ist eine Partnerschaft, in der Missionare als Mitarbeiter für einheimische Partner ausgesandt werden und dabei nicht mehr der Feld- oder Teamleitung (*field or area leader*) einer westlichen Missionsorganisation unterstellt werden.

Gemeinden, die Verantwortung zu übernehmen und nehmen selbst die Rolle von Beratern an, die die Kirchen bei ihrer Missionsarbeit unterstützen.

3.3 Der Missionar des 21. Jahrhunderts

Eine der wesentlichen Wandlungen der Weltmission vollzieht sich seit Jahrzehnten in der Rolle des klassischen Missionars. Vom Pioniermissionar des 19. Jahrhunderts, der auf abenteuerlichen Wegen in unerreichte Welten zu unerreichten Völkern vordrang, über den universalbegabten Gemeindegründer des 20. Jahrhunderts, hat sich seine Rolle mittlerweile zum fachlich spezialisierten und versierten Berater, Begleiter und *cultural broker* weiterentwickelt.

Dabei hat auch die generalisierende und unspezifische Berufungsbezeichnung „Missionar", der als Vollzeitkraft von einer Organisation entsandt wurde, um das Evangelium in nicht-christlichen Kontexten weiterzugeben, eine Spezialisierung erfahren. Missionare sind und bleiben einerseits „Gesandte", die aber andererseits im globalen Kontext heute sehr spezifische Aufgaben als Gemeindegründer, Lehrer, Pädagogen, Bibelübersetzer, Evangelisten, Jugend- und Kinderreferenten, gemeindenahe Sozialarbeiter, Entwicklungshelfer, Projektberater, Consultants, Administratoren usw. wahrnehmen.

Ein Nebeneffekt dieser Ausdifferenzierung und Präzisierung der alten Berufsbezeichnung ist es, dass sie in einer Gesellschaft, die starke Vorbehalte gegenüber dem Missionsbegriff hat, für mehr Klarheit und hoffentlich auch mehr Verständnis sorgt.

Missionare der Zukunft werden vermehrt Experten für bestimmte Aufgaben sein und diese spezialisierte Expertise übernehmen sie im Kontext einer temporären (Lebens- und Lern-) Gemeinschaft (Konvivenz) zur lokalen Kirche und/oder der kirchlichen bzw. sozialen Partnerorganisation. Ihre Rolle wird die von fachlich qualifizierten Beratern, Begleitern, Vermittlern[25], Bildungsbeauftragten oder Dozenten sein.[26] Sie sitzen dabei in aller Regel nicht mehr selbst am Lenkrad. In vielen Teilen der Mehrheitswelt brauchen sie den

25 Missionare der Zukunft benötigen eine theologische und kulturelle Vermittlerkompetenz, die sie in die Lage versetzt mit einem weiten Horizont die Perspektiven unterschiedlicher Menschen, Welten und Erfahrungen zu integrieren.

26 Sunquist beschreibt den Missionar der Zukunft als „specialized servant", der sich als hochqualifizierter Teamplayer in die Kontexte, in denen er dient, einfügt (Sunquist, Scott: A Historian's Hunches: Eight Future Trends in Mission, in: Charles E. Van Engen: The State of Missiology Today. Global Innovations in Christian Witness, Westmong (IL) 2016, 285–297:290).

Willen, die Demut und die Bereitschaft, in der zweite Reihe zu bleiben und ohne Lehrerkomplex mit einem „Ersatzreifen-Bewusstsein“[27] zu arbeiten.

Eine wesentliche Funktion des Missionars der Zukunft besteht in seiner Rolle als *cultural broker*, der Grenzüberschreitungen von einer Kultur zu einer anderen ermöglicht und erleichtert. Dazu gehört nicht nur, dass er Veränderungsprozesse begleitet, Expertise einbringt und Knowhow vermittelt, sondern auch eine konstruktive Auseinandersetzung zwischen Evangelium und Kirche einerseits und soziokulturellen Kontexten andererseits fördert. Dadurch eröffnet er Menschen die Möglichkeit, die transformative Kraft des Evangeliums selbst zu erfahren und ihr Christuszeugnis kontextuell relevant weiterzugeben. Dabei ist es notwendig, das Kontextualisieren als eine operative Handlungs- und Reflexionskompetenz zu verstehen und zu erlernen.[28] Es geht darum, zur Nachfolge Jesu in unterschiedlichen, sich wandelnden Kontexten dieser Welt anzuleiten und Menschen, Kirchen und Projekte auf diesem Weg zu begleiten. Die dabei leitende Frage lautet: Wie könnte eine soziokulturelle Gestalt von Kirche und Mission aussehen, die vom Evangelium her entworfen ist, in ihm gründet und gleichzeitig für Menschen von heute anschlussfähig ist?

3.4 Theologie und Ausbildung

Die missionswissenschaftliche Theologie und Ausbildung lassen sich mit der Ruderanlage eines großen Öltankers vergleichen: Man sieht sie in der Regel nicht oberhalb der Wasseroberfläche, sie scheinen im missionarischen Tagesgeschäft keine große Rolle zu spielen, aber faktisch steuern sie bewusst oder unbewusst den großen Tanker der Weltmission. Ohne eine biblisch basierte, theologisch reflektierte und kulturrelevante Missionstheorie wird die praktische Missionsarbeit entweder verdorren oder sich verirren.

Ein konstruktiver Dialog und (missions-)theologischer Diskurs zwischen Missionswissenschaftlern von Ausbildungsstätten, Verantwortlichen von Missionsorganisationen, aber auch Leitern von Partnerkirchen/-organisationen ist deshalb unabdingbar. Sie müssen aufeinander hören, miteinander lernen und voneinander profitieren. Dafür müssen allerdings alle Beteiligten in gewisser Weise ihre Komfortzone verlassen: Die akademischen Missionswissenschaftler müssen aus ihrem manchmal elitären Silo heraus, die Missionspraktiker sollten über den Rand ihrer gelegentlich starren Organisationsperspektive blicken und die Vertreter von Kirchen und Gemeinden eine bisweilen verengte konfessionelle Prägung hinter sich lassen.

---

27 Vgl. Joinet, Bernard: I Am a Stranger in My Father's House, in: AFER 14/3 (1972), 244–254. Siehe auch den Artikel von Jürgen Schuster zum Thema „Kontextualisieren als Schlüsselkompetenz“ in diesem Band.

28 Vgl. Schuster, ebd.

Eine Theologie und Ausbildung für die Mission der Zukunft muss dabei v. a. zwei Ziele in den Blick nehmen: Zu einen muss sie einheimische Kirchen und Gemeinden befähigen die Heilige Schrift innerhalb ihrer lokalen Kultur zu lesen und auszulegen. Der Missionstheologe Paul Hiebert sprach in diesem Zusammenhang vom „Selbst-Theologisieren" (*self-theologizing*) einer Kirche und Gemeinde als einem wesentlichen Ziel der Missionsarbeit.[29] Dieses Selbst-Theologisieren wird auf allen Ebenen als gemeinschaftliches Geschehen vollzogen: von der Gemeindebasis bis hin zur Kirchenleitung und theologischen Hochschulen oder Ausbildungsstätten.

Zum anderen ist es für ein zukunftsfähiges Missionsparadigma essenziell, das Thema Jüngerschaft wiederzuentdecken. Multiplikatorische Jüngerschaftszellen führen zu neuen Gemeindemodellen jenseits der Vereinsstruktur. Christliche Existenz meint dabei, dass der Einzelne berufen ist, Botschafter des Christusheils zu sein. „Wie mich der Vater gesandt hat, so sende ich euch", sagt Jesus (Joh 20,21). Damit wird automatisch eine stärkere „Demokratisierung" von Mission mit einhergehen. Das ist die große, oft vergessene Aufgabe aller Jesusnachfolger.[30]

4. Missionarische Mentalität im 21. Jahrhundert

In Anbetracht der enormen Veränderungen und Innovationen, auf die jede Missionsarbeit im 21. Jahrhundert zugeht und zugehen muss, könnte sich der Gedanke nahelegen, dass der Missionar der Zukunft in erster Linie ein Change-Manager ist, der den (steten) Wandel zu organisieren hat. Auch wenn tatsächlich in dieser Vermutung eine Prise Wahrheit steckt, so wird sich Missionsarbeit auch im 21. Jahrhundert durch Werte auszeichnen, die sie auch bereits in den vergangenen 300 Jahren geprägt haben. Mission wird auch in Zukunft maßgeblich durch hoch motivierte, fleißige, dienende und leidensbereite Menschen geschehen. Lothar Krauss, Pastor der VIVA-Kirche in Mannheim, bringt es treffend auf den Punkt: „Gottes Methode sind Leute, die sich selbst verleugnen und hingeben."[31] Der Faktor der persönlichen, intrinsi-

---

29 Die Drei-Selbst-Formel oder das Drei-Selbst-Prinzip ist eine missiologische Strategie zum Aufbau einheimischer Kirchen. Ihre Grundsätze sind: Selbstverwaltung, Selbstunterstützung (d. h. finanzielle Unabhängigkeit von Ausländern) und Selbstverbreitung (d. h. einheimische Missionsarbeit). Vgl. dazu Beyerhaus, Peter: The Three Selves: Is it Built on Biblical Foundations? International Review of Mission, 53/2 (1964), 393–407.

30 Fassler, Katharina: Wir brauchen eine „Demokratisierung" von Mission, in: Bernhard Meuser u. a. (Hg.): Mission Manifest. Die Thesen für das Comeback der Kirche, Freiburg i.Br. 2018, 207.

31 Krauss, Lothar: Aufbruch! Nur ein Traum?, in: Michael Diener und Ulrich Eggers (Hg.): Mission Zukunft: Zeigen, was wir lieben. Impulse für eine Kirche mit Vision, Holzgerlingen 2019, 321.

schen Motivation darf nicht unterschätzt und muss überall und immer gefördert werden. Bei fast allen Neuanfängen in der Missionsgeschichte spielte die Motivation der handelnden Personen eine größere Rolle als alles, was mit Organisation, Management, Struktur und Strategie verbunden war. Auch in Zukunft wird es ohne solches Gottvertrauen und einen mutigen Glauben, der das Risiko und die Schwierigkeiten nicht scheut, nicht gehen.

Schließlich braucht der Missionsdienst der Zukunft wie zu allen Zeiten das Gebet. Das Gebet ist der Geburtsort für die Mission, ihr Motor und ihr Ziel. Nach wie vor gilt, was Blaise Pascal bereits vor 400 Jahren formuliert hat: „Gott hat die Fürbitte angeordnet, um seinen Geschöpfen die Würde der Ursächlichkeit zu verleihen."[32]

5. Fazit

Mission steht im 21. Jahrhundert vor großen Veränderungen inmitten einer sich dramatisch verändernden Welt. Die Unübersichtlichkeit der gegenwärtigen Situation sowie die vielen, in diesem Beitrag genannten Herausforderungen erschweren es westlichen Christen, ihren zukünftigen Platz in der Mission Gottes zu finden. Diese Schwierigkeiten und Herausforderungen können wir nicht ohne Weiteres ändern. Wir können nicht vorhersagen, wie der Wind des Geistes wehen und wohin er das Missionsschiff auf dem Weltenmeer navigieren wird. Wir werden immer wieder an Grenzen stoßen. Nebel wird uns zugemutet. Überraschungen werden nicht ausbleiben. Veränderungen werden nicht enden. Anfechtungen gehören dazu.

Aber bei Licht betrachtet, war dies zu allen Zeiten die Begleitmusik der Missionsarbeit. Deshalb gibt es keinen Grund zur Resignation. Wir sehen in die Zukunft durch die Brille der Verheißungen Gottes und wissen deshalb, dass Gottes Mission nicht untergehen wird.

Bei allem Veränderungsdruck sind und werden die wesentlichen Dinge unverändert gleichbleiben. Im Jahr 2010 sandte der hochbetagte Evangelist Billy Graham (1918–2018) eine Grußadresse an die Teilnehmer des dritten Lausanner Kongresses für Weltevangelisation nach Kapstadt. In dieser Grußadresse schrieb er folgende Zeilen, mit denen ich hier enden möchte:

> „Doch bei all Ihren Beratungen bete ich, dass Sie niemals vergessen, dass sich einige Dinge in den letzten 36 Jahren nicht verändert haben – und sich auch nicht verändern werden, bis unser Herr wiederkommt. Zum einen haben sich die tiefsten Bedürfnisse in den Herzen der Menschen nicht verändert: Die Notwendigkeit, versöhnt zu werden mit Gott und Seine Liebe und Vergebung und verändernde Kraft zu erfahren. Auch das Evangelium hat sich nicht verändert – die Gute Nachricht, dass Gott uns liebt und Seinen einzigen Sohn, Jesus

---

32 https://www.aphorismen.de/zitat/116161 (abgerufen am 29.08.2023).

Christus, in die Welt gesandt hat, um uns zu vergeben und uns durch Seinen Tod und Seine Auferstehung zu erretten. Ebenfalls hat sich Jesu Auftrag an Seine Jünger nicht verändert: Das Mandat, in alle Welt zu gehen und das Evangelium zu verkünden, Männer und Frauen auf der ganzen Welt zu ermahnen, ihren Glauben in und ihr Vertrauen auf Jesus Christus als Herrn und Erlöser zu setzen."[33]

---

33 https://lausanne.org/wp-content/uploads/2010/12/German_comm.pdf (abgerufen am 05.01.2024)

Teil 2: Grundfragen: Worauf wir Antworten brauchen

Missio Dei: Gott kommt – Skizze eines Metanarrativs[1]

Jürgen Schuster

Auf den folgenden Seiten ist von der „Mission Gottes" die Rede. Mit wenigen Strichen wird die Geschichte von Gottes Handeln nachgezeichnet, die sich für uns als Individuen ebenso wie für die Gemeinschaft der Kirche, als auch für die Menschheit in ihrer Gesamtheit und darüber hinaus für die ganze Schöpfung als sinnstiftende Erzählung (Metanarrativ) erweist. Dabei braucht der Begriff Metanarrativ in der heutigen Zeit eine kurze Vorbemerkung.

1. Vorbemerkung „Metanarrativ"

Eine sinnstiftende Erzählung mit universalem Horizont führt in der heutigen Zeit unweigerlich zu Widerspruch. Sind nicht universale Deutungsansprüche gerade das Problem in einer Welt, die ohne die Vielfalt von Interpretationen und individuellen Lebensdeutungen nicht mehr denkbar ist? Dieser Widerspruch ist ernst zu nehmen. Es handelt sich nicht einfach um eine Abkehr von einem modernen oder traditionsorientierten Geschichtsentwurf. Das sicherlich auch. Aber der Widerspruch entzündet sich ja daran, dass Deutung durch andere als ein Beherrschtwerden erlebt werden kann, das in Abhängigkeiten zwingt. Gerade dieser Aspekt muss uns als Christen sensibilisieren für die Art und Weise des Handelns Gottes, das im Evangelium erzählt wird. In der Mitte dieser Geschichte steht die Selbstentleerung Christi (Phil 2,5ff) und die freiwillige Hingabe seines Lebens, Ereignisse, die in eine neue Schöpfung einmünden und den Schlüssel bilden für die Befreiung zu wahrem Menschsein.

Die Metaerzählung der Mission Gottes wirkt gerade nicht gewaltsam und totalitär. Sie vergewaltigt nicht und homogenisiert nicht. Sie tritt vielmehr als Einladung in unser Leben, an dem „Weltabenteuer Gottes" teilzuhaben und mitzuwirken.[2] Sie wirkt befreiend, erneuernd und sinnstiftend. Nur aus einer solchen Perspektive können wir angemessen von dem Metanarrativ der Mission Gottes sprechen.

---

1 Dieser Aufsatz ist mit ausführlichen Verweisen in den Fußnoten erschienen in: Schuster, Jürgen: Gemeinsam unterwegs. Mission verändert – Mission verändert sich, Berlin 2023, 13–33.

2 Vgl. Thomas, Günter: Im Weltabenteuer Gottes leben. Impulse zur Verantwortung für die Kirche, Leipzig [3]2021.

Eine weitere Überlegung: Ein Narrativ kann sinnvollerweise nur erzählt werden. Dabei spielt wie bei jeder Geschichtsinterpretation auch die Auswahl des Materials und seine Interpretation eine Rolle (Was wird als wichtig hervorgehoben? Wie werden die Ereignisse gedeutet?). Es geht deshalb auch im vorliegenden Versuch nicht darum, eine Erzählung aus der Gottesperspektive heraus vorzunehmen. Das ist schlichtweg unmöglich. Um nicht missverstanden zu werden: Es ist und bleibt Gottes Geschichte. Aber sie kann nur von Menschen erzählt werden, von Menschen, die selbst – gewissermaßen als „Co-Autoren" – in diese Geschichte existentiell hinein verwoben sind. Ich präsentiere hier also mein Verständnis der Geschichte Gottes, so wie ich sie von vertrauenswürdigen Menschen gehört, gelesen und verstanden habe. In diesem Sinn ist diese Skizze auch eine Einladung, über diese Interpretation ins Gespräch zu kommen.

2. Missio Dei: Mission – das Herzensanliegen Gottes

Wer christliche Missionsarbeit nur als einen Akt des Gehorsams der Kirche gegenüber einem Gebot Jesu versteht, sieht nur die Spitze des Eisbergs. Er ahnt nichts von dem Grundwasser, aus dem christliche Mission sich speist. Letztlich gehen sowohl das Schöpfungshandeln Gottes als auch seine Mission auf das Herzensanliegen Gottes zurück, sich mitzuteilen und uns Menschen als seine Geschöpfe mit hineinzunehmen in den Kreis der göttlichen Gemeinschaft von Vater, Sohn und Heiligem Geist. Gott will uns teilhaben lassen an seinen Gedanken, an seinem Gespräch der Liebe, an der Gemeinschaft, die Vater, Sohn und Geist miteinander pflegen. Diese Gemeinschaftsabsicht Gottes wird auch durch die Schuld des Menschen nicht ausgelöscht. Der orthodoxe Theologe Ciril Sorč beschreibt die Selbstoffenbarung Gottes treffend als den „in die menschliche Geschichte verlängerte[n] Dialog der göttlichen Personen, der für den Menschen von heilbringender Bedeutung ist".[3] So macht sich nach dem Sündenfall Gott selbst auf den Weg, um seine Menschen wieder zu suchen: „Adam – Mensch –, wo bist du?" Die Völkergeschichte in Gen 4–11 ist beredter Ausdruck dieses Bemühens Gottes um seine Menschheit. Immer wieder neu stellt er sich in Gericht und Gnadenzeichen dem wachsenden Gefälle der Sünde in der Menschheit entgegen.

Aber dann verengt sich in Gen 12 der Fokus jäh auf einen einzelnen Menschen. Gott wendet sich Abraham zu und verspricht ihm, dem kinderlosen alten Mann, einen Sohn, aus dem ein großes Volk werden soll. Das ist aber nicht einfach Gottes Antwort auf ein sehr persönliches Problem Abrahams. Gott stellt Abraham und seine Nachkommen von Anfang an in einen universalen Horizont hinein. Durch ihn und seine Nachkommen sollen alle Geschlechter

3 Sorč, Ciril: Die perichoretischen Beziehungen im Leben der Trinität und in der Gemeinschaft der Menschen, in: Evangelische Theologie 58/2 (1998), 100–119:103.

der Menschheit Segen empfangen, Anteil bekommen am Heil Gottes. Die abrupte Blickverengung in Gen 12 bedeutet nicht, dass Gott die Völker aufgegeben hat. Die Erwählung Abrahams – und damit des Volkes Gottes und seiner Kirche – ist nur zu verstehen im Horizont dieser Frage: Was hat Gott mit den Völkern vor? Wie will er die Menschheit an seinem Heil teilhaben lassen? Von Rad spricht von einer „partikularen Erwählungsgeschichte mit universalem Ziel".[4] Gott verwirft die Völker nicht. Im Gegenteil, die Erwählung der Wenigen soll den Vielen zum Heil dienen. Aus dieser Verklammerung von Völkergeschichte und Heilsgeschichte leitet sich nicht nur die Bedeutung Israels ab, sondern auch die Rolle der Kirche Jesu Christi in der Welt.

Während Gott sich persönlich um sein erwähltes Volk kümmert, scheint er die Verantwortung für die Völkerwelt für eine bestimmte Zeit an Wesen in der unsichtbaren Welt zu delegieren.[5] So wird zwar einerseits der Götzendienst für Israel mit schärfsten Worten verboten. Andererseits spricht Mose ganz selbstverständlich davon, dass die Völker von Gott selbst an die Gestirne und Götter verwiesen sind (z. B. Dtn 4,19). Das bedeutet nicht, dass wir es hier mit einer Vorstellung vieler Götter zu tun hätten, die nebeneinander oder in Konkurrenz zueinander existieren. Nur einer ist Schöpfer und Herr (Dtn 6,4). Das hier am Rand der biblischen Texte angedeutete Handeln Gottes unterstreicht aber sowohl die Souveränität Gottes über die Völker und ihre Götter als auch seine Fürsorge, die sich nicht auf Israel beschränkt. Daran ändert sich auch dann nichts, als der Aufruhr gegen Gott vor der unsichtbaren Welt nicht Halt macht und Gott dieser Rebellion entgegentritt und Gericht hält über die Götter (Ps 82).[6] Er ist nicht bereit, seine Ehre anderen Göttern zu überlassen (Jes 42,8). Dieses Urteil Gottes über die Götterwelt lässt Gott durch seinen Knecht den Völkern bekannt machen (Jes 42,1.3.4). Dabei ist die Verkündigung des Urteils über die Götter gleichzeitig die Einladung an die Völker, sich jetzt – gemeinsam mit Israel – unmittelbar dem einen Schöpfergott anzuschließen (Jes 45,22ff).[7] Nachdem die Götter der Völker entmachtet sind, kündigt Gott die Einsetzung eines einzigen Regenten für Israel und die Völkerwelt an: Der Menschensohn empfängt die Vollmacht vom „Hochbetagten" und wird die Herrschaft Gottes in der Welt etablieren – auf seine ganz eigene Art und Weise, wie das NT dann deutlich macht (Dan 7,13–14).[8]

---

4 Rad, Gerhard von: Theologie des Alten Testaments. Bd. 1, München [7]1978, 178.

5 Vgl. Scheurer, Erich: Altes Testament und Mission. Zur Begründung des Missionsauftrages, Giessen/Basel [2]1999, 376.

6 Vgl. Kraus, Hans-Joachim: Psalm 82; in: Psalmen. Bd. 2, Neukirchener [5]1978, 739.

7 Vgl. Westermann, Claus: Das Buch Jesaja, Kap. 40–66, ATD 19, Vandenhoeck [3]1976, 79–80. Siehe auch Jes 66,18–21.)

8 Vgl. Scheurer, Erich: Missionstheologische Aspekte im Alten Testament, in: Hans Kasdorf und Klaus W. Müller (Hg.): Bilanz und Plan. Mission an der Schwelle zum Dritten Jahrtausend, Bad Liebenzell 1988, 158–176:175–176.

Vor diesem Hintergrund wird die Bedeutung der Person und des Werkes Christi deutlich. In Jesus Christus wird die Zeitenwende Realität. Die Herrschaft Gottes („Reich Gottes") wird sichtbar und erscheint in dieser Welt. Die Zeitform des Perfekt in Mk 1,15 „Die Herrschaft Gottes ist nahe herbei gekommen" bedeutet: „Die Zeit der Vorbereitung ist zu Ende. Jetzt beginnt die Zeit der Erfüllung."[9] Dabei macht Jesus seinen Jüngern gegenüber deutlich, dass die Durchsetzung der Gottesherrschaft auf andere Weise geschieht, als die atl. Verheißungen nahelegen. In seinen Gleichnissen über das „Himmelreich" bzw. das „Reich Gottes" (Mt 13; Mk 4) ergänzt und korrigiert er die Erwartungen seiner jüdischen Zeitgenossen. Er weiht die Jünger ein in die „Geheimnisse des Reiches Gottes". Die Herrschaft Gottes setzt sich nicht mit Gewalt und Machtdemonstration durch. Gottes Herrschaft kommt auf unscheinbare Art und Weise. Sie erduldet Ablehnung. Sie lässt auch das Böse in der Welt ausreifen bis zum Ende. Und doch breitet sie sich aus und ist schon heute den ganzen Einsatz wert. In diesen Gleichnissen malt Jesus seinen Jüngern das Wesen der vom Charakter des Kreuzes geprägten Gottesherrschaft vor Augen. Christus ist Sieger und Herr, der Menschensohn aus Dan 7, aber eben als der leidende Gottesknecht, als der Gekreuzigte. Der „Löwe aus Juda" ist identisch mit dem „geschlachteten Lamm" (Offb 5). So wird gerade das Kreuz Jesu das größte Paradox der biblischen Deutung der Menschheitsgeschichte. Während wir aus menschlicher Perspektive darin nur ein Scheitern des Menschen Jesus von Nazareth sehen können, offenbart Gott gerade am Kreuz seinen Sieg über den Bösen und alles Widergöttliche (Kol 2,15). Die Mächte sind entmachtet, nicht in einem Wettbewerb der Stärke. Sie sind entmachtet, weil der legitime Herr der Welt in seinem Gehorsam gegenüber dem Vater den lügenhaften, eigenmächtigen Machtanspruch des Bösen auf die Welt entlarvt hat. Der Usurpator ist bloßgestellt in seinem wahren Wesen. Das Aufdecken der Wahrheit hat ihn entmachtet. Christus lenkt am Kreuz den Todesstoß des Bösen auf sich selbst und „erstickt" damit die Macht des Bösen endgültig.

> „Der einzige Weg, das Böse zu besiegen, besteht darin, es in einem willigen, lebendigen Menschen ersticken zu lassen. Wenn es dort aufgesaugt wird, wie das Blut in einem Schwamm oder ein Speer, der ins Herz gestoßen wird, verliert es seine Macht und kommt zum Stillstand."[10]

---

9 Link, Hans-Georg, Art. Ziel, ἔσχατος, ThBLNT 2 (^{4}1977), 1487: „Das Perfekt [...] drückt dabei das Ende der Vorbereitungszeit aus. Die Gottesherrschaft *ist* genaht, d. h. sie ist in der Verkündigung und im Wirken *Jesu* bereits Gegenwart." So übersetzt auch die Basisbibel: „Die von Gott bestimmte Zeit ist da. Sein Reich wird sichtbar in der Welt (Mk 1,15)."

10 Peck, M. Scott: People of the Lie. The Hope for Healing Human Evil, London 1990, 309 (Übersetzung JS). Scott zitiert an dieser Stelle Gale D. Webbe (Webbe, Gale D.: The Night and Nothing, New York 1964, 109).

Der US-amerikanische Psychiater und Schriftsteller M. Scott Peck schließt sein Buch über die Hoffnung auf die Heilung des menschlichen Bösen mit obigem Zitat. Der Text erinnert zugleich an eine Pinselzeichnung von Picasso, in der dieser Christus am Kreuz hängend als Torero in einem Stierkampf darstellt. Der Gekreuzigte nimmt seine rechte Hand vom Kreuzesbalken, schwenkt sein Lendentuch vor dem gesenkten Kopf des rasenden Stiers und lenkt so den Todesstoß auf sich selbst, um ein verletztes, stürzendes Pferd vor dem sicheren Tod zu retten.[11]

So ist also der Kreuzestod Jesu nicht eine „Beinahe-Niederlage", die am Ostermorgen gerade noch durch ein Comeback abgewendet werden kann. Die Bloßstellung und Entmachtung des Bösen durch den Tod Christi am Kreuz *ist* der Sieg über alles Böse. Karfreitag wird so zum Wendepunkt der Menschheitsgeschichte. Hier versöhnt Gott die Welt mit sich selbst. Was nach Karfreitag folgt, ist Entfaltung des Sieges Christi. Die Überwindung des Todes am Ostermorgen ist der Beginn der neuen Schöpfung. Der Auferstandene nimmt sich noch einmal 40 Tage Zeit, um mit seinen Jüngern über die Herrschaft Gottes (!) zu sprechen (Apg 1,3), die in seiner Person in der Welt sichtbar geworden ist. Sie setzt sich im Wirken des Geistes fort, nachdem Christus von der sichtbaren Bühne abtritt, um in der unsichtbaren Welt den Thron zu besteigen und die Geschichte Gottes mit seiner Menschheit und Welt zum Ziel zu führen (Offb 5). Dieses Szenario bildet den Rahmen für den später so genannten „Missionsbefehl" in Mt 28,18–20. Dem Gekreuzigten und Auferstandenen überträgt der Vater die Herrschaft (V.18). Die Jünger werden ausgesandt mit dem Auftrag, diese Thronbesteigung des Christus, seine Herrschaft, in aller Welt bekannt zu machen (V.19). Die Priorität des Regierungshandelns Christi ist dabei, seine Auserwählten in diesem Auftrag zu begleiten (V.20). Er tut das durch den Geist Gottes, der die Mission Gottes („Missio Dei") leitet und die Kirche in ihrer Teilhabe an Gottes Mission zu einem tieferen Verstehen der göttlichen Geschichte und der Person und des Werkes Jesu Christi führt (Joh 16,13). Otto Michel definiert vor diesem Hintergrund Mission prägnant als „Proklamation der Christusherrschaft".[12]

3. Das Zeugnis der Kirche: Ihre Teilhabe an Gottes Mission

Mit dem Begriff „Missio Dei" greift die Missionswissenschaft in der Mitte des 20. Jahrhunderts zurück auf das theologische Verständnis des lateinischen Wortes „missio" in der frühen Kirche. Es beschreibt zunächst nicht eine Sendung der Kirche, sondern die Sendung des Sohnes und die Sendung des

---

11 Die Grafik ist abgedruckt in: Kettling, Siegfried: Wer bist du, Adam? Gottes Geschichte mit den Menschen, Wuppertal ²1993, 101ff., und auch in Schuster, Gemeinsam unterwegs (Anm. 1), 243.

12 Michel, Otto: Menschensohn und Völkerwelt, in: EMZ 2/1 (1941), 257–267:262.

Geistes, also ein Geschehen innerhalb der Trinität. Der lutherische Missionswissenschaftler Georg Vicedom entfaltet seine Missionstheologie rund um diesen Begriff.

> „Die Mission ist nicht nur Gehorsam gegen ein Wort des Herrn, sie ist nicht nur Verpflichtung zur Sammlung der Gemeinde, sie ist Anteilnahme an der Sendung des Sohnes, der Missio Dei, mit dem umfassenden Ziel der Aufrichtung der Christusherrschaft über die ganze erlöste Schöpfung. [...] Mission und mit ihr die Kirche sind Gottes eigenes Werk. Wir können also nicht von der ‚Mission der Kirche' reden, noch weniger dürfen wir von ‚unserer Mission' sprechen. Da sowohl die Kirche als auch die Mission in dem Liebeswillen Gottes ihren Ursprung haben, können wir immer nur so weit von Kirche und Mission reden, als diese nicht als selbständige Größen verstanden werden."[13]

Im NT verweist insbesondere Johannes auf die enge Verbindung zwischen der Sendung Jesu und der Sendung der Jünger. Gleich zweimal überliefert er die Aussage Jesu: „Gleichwie mich der Vater gesandt hat, so sende ich euch" (Joh 17,18; 20,21). Exegeten legen das Wörtchen „gleichwie" unterschiedlich aus. Der britische Theologe John Stott verweist auf die Inkarnation Jesu als Vorbild für die Mission der Jünger. Er betont den ganzheitlichen Dienst Jesu an den Menschen und sein Hineingesandtsein in diese Welt in großer Verletzlichkeit. So ist auch die Kirche in die Welt gesandt, ohne jedoch „von dieser Welt" zu sein (Joh 17,16–18).[14]

Der britische Theologe, Missionar und Bischof Lesslie Newbigin deutet das Wort „gleichwie" im Zusammenhang dieses Sendungsworts in Joh 21 auf die Zeichen des Leidens Jesu. Sie sind das Erkennungszeichen. So wie die Jünger den Auferstandenen an seinen Nägelmalen erkannt haben, so wird die Welt die Kirche als „wirkliche[n] Leib Christi, Trägerin seiner Mission, Gegenwart seines Reiches" an ihren Wunden erkennen.[15] Nachfolge Christi geschieht immer im Zeichen des Kreuzes (Lk 14,25ff). Auch für Paulus sind die Narben, die sein Dienst für Christus ihm eingebracht hat, eine Auszeichnung und Erweis seines Apostolats (Gal 6,17). Papst Franziskus formuliert in seinem apostolischen Schreiben *Evangelii gaudium*: „Mir ist eine ‚verbeulte' Kirche, die verletzt und beschmutzt ist, weil sie auf die Straßen hinausgegangen ist, lieber,

---

13 Vicedom, Georg F.: Missio Dei. Einführung in eine Theologie der Mission. Actio Dei. Mission und Reich Gottes, Nürnberg 2002, 32–33.

14 Stott, John R. W.: Christian Mission in the Modern World, Downers Grove (IL) 1975, 23–25.

15 Newbigin, Lesslie: Mission in der Nachfolge Christi, Hamburg 1988, 23.

als eine Kirche, die aufgrund ihrer Verschlossenheit und ihrer Bequemlichkeit, sich an die eigenen Sicherheiten zu klammern, krank ist."[16]

Newbigin strukturiert seine Missionstheologie trinitarisch mit gleichzeitigem Bezug auf die paulinische Trias von Glaube, Liebe und Hoffnung. Er formuliert: (1) Das Reich des Vaters ansagen: Mission als Glaube in Aktion. (2) Das Leben des Sohnes teilen: Mission als Liebe in Aktion. (3) Das Zeugnis des Geistes weitertragen: Mission als Hoffnung in Aktion.

> „Seit ‚dem Beginn des Evangeliums' (Mk 1,1), als Jesus nach Galiläa kam und das Reich Gottes verkündete, geht es bei Mission um nichts Geringeres als um das Reich Gottes, die souveräne Herrschaft des Vaters Jesu Christi über die gesamte Menschheit und die gesamte Schöpfung. Ich habe auf drei Arten von Mission gesprochen. Mission ist die Proklamation des Reiches, die Gegenwart des Reiches und die Erwartung des Reiches. Durch das Proklamieren der Herrschaft Gottes über alle Dinge lebt die Kirche ihren Glauben aus, dass der Vater Jesu Christi in der Tat der Herrscher über alles ist. Durch die Einladung an die ganze Menschheit, an dem Geheimnis der Gegenwart des Reiches teilzuhaben, die im Leben der Kirche durch ihre Gemeinschaft mit dem gekreuzigten und auferstandenen Leben Jesu verborgen ist, lebt die Kirche die Liebe Jesu aus, die ihn an das Kreuz führte. Dadurch, dass die Kirche dem Leiten des Geistes gehorsam Folge leistet, ein Leiten, das oft weder geplant noch bekannt ist oder verstanden wird, lebt die Kirche die Hoffnung aus, die ihr gegeben ist durch die Gegenwart des Geistes, der der lebendige Vorgeschmack auf das Reich Gottes ist.
>
> Diese dreifache Weise, die Mission der Kirche zu verstehen, ist verwurzelt in der trinitarischen Natur Gottes. Wird eine dieser drei Weisen für sich alleine genommen als Schlüssel zum Verständnis von Mission, so folgt daraus eine Verzerrung des Missionsverständnisses."[17]

Die enge Verbindung von Kreuz und Auferstehung, vom Sieg über das Böse und dem Beginn der neuen Schöpfung sind grundlegend, sowohl für das Selbstverständnis der an Christus Glaubenden (2Kor 5,17), als auch für das Selbstverständnis der Kirche in ihrer Teilhabe an der Mission Gottes. So betont der britische Neutestamentler N. T. Wright „eine enge Verbindung zwischen Auferstehung und Weltmission, denn in den Ostererzählungen 'we find a sense of open-ended commission *within* the present world: »Jesus is risen, therefore you have work ahead of you.«'"[18]

---

16 Papst Franziskus: Die frohe Botschaft Jesu. Aufbruch zu einer neuen Kirche. Das apostolische Schreiben „Evangelii Gaudium – Freude am Evangelium", Leipzig 2014, 34.

17 Newbigin, Lesslie: The Open Secret. An Introduction to the Theology of Mission, Grand Rapids (MI) 1995, 64–65 (Übersetzung JS).

18 Kramer, David E. J.: Mission in der Endzeit. N. T. Wrights Eschatologie und missionarische Ekklesiologie, in: Theologische Beiträge 21/4 (2021), 250–266:253.

Im Zentrum der paulinischen Mission steht das Geheimnis, dass Gott in Christus aus Juden und Heiden eine neue Menschheit erschafft (Eph 2,14–15; 3,3–6). Was die Mitglieder dieser Gemeinschaft verbindet, ist der Glaube an Christus, ihr Commitment, d. h. ihre Hingabe und Loyalität ihm gegenüber. Der universale Horizont der partikularen Erwählungsgeschichte, die mit Abraham begann, kommt in den Fokus. Der Geist führt zusammen, jedoch ohne Menschen gleichzuschalten, ohne zu standardisieren. Die Kirche erkennt unter schwierigen Auseinandersetzungen, dass die Vielfalt von Sprachen und Kulturen nicht einfach erhalten bleibt. Sie erscheint vielmehr als bewusster Teil von Gottes Handeln. Der „vollkommene Mensch", der „Christus in seiner vollendeten Gestalt darstellt" (Eph 4,13), muss vielfältig sein, weil sich in ihm die Vielfalt der Völker spiegelt.

> „Die Kirche muss vielfältig sein, weil die Menschheit vielfältig ist. Kirche muss eins sein, weil Christus einer ist. Christus ist Mensch und offen für die Menschheit in all ihrer Verschiedenheit; die Fülle seines Menschseins umfasst die ganze Fülle der kulturellen Unterschiede der Menschheit."[19]

So setzt sich die Linie des irdischen Wirkens Christi fort und führt in einen weiten Horizont hinein. Die Grenzen überwindende Gemeinschaft der Kirche aus allen Völkern ist Teil der Wirklichkeit der Gottesherrschaft.

Genau hier greift jedoch die Vorbemerkung zum Thema Metanarrativ. Die aus der Sicht der Glaubenden Geschichte gewordenen Akte göttlichen Handelns könnten eine Geschichte der Dominanz der Kirche nahelegen. Hier gilt es umso mehr, auf das konkrete Handeln des „heruntergekommenen Gottes"[20] zu achten. Johannes weist ausdrücklich darauf hin, dass Jesus sich bewusst war darüber, dass ihm vom Vater alles übergeben worden war, bevor er seinen Jüngern die Füße wusch (Joh 13,3f). Souveränität führt bei Jesus nicht zum Einsatz von Macht, sondern zum Dienst der Liebe.

Der ausdrückliche Hinweis an seine Jünger ihn nachzuahmen (Joh 13,13–17) ist wegweisend für die Kirche. Die Rede von der gegenwärtigen Gottesherrschaft wird zur Karikatur, wo Kirche sich mit dem „Reich Gottes" identifiziert und daraus eine Machtposition ableitet. Sie wird dort missverstanden,

---

Quelle des englischen Zitats: Wright, N. T.: The Resurrection of the Son of God, Minneapolis (MN) 2003, 603.

19 Walls, Andrew F.: The Ephesian Moment. At a Crossroads in Christian History, in: ders.: The Cross-Cultural Process in Christian History. Studies in the Transmission and Appropriation of Faith, Maryknoll (NY) 2002, 72–81:77 (Übersetzung JS).

20 Vgl. Hempelmann, Heinzpeter: Der Spur des heruntergekommenen Gottes folgen. Warum wir die Milieuperspektive als Augenöffner brauchen und wie unsere Milieubefangenheit unser missionarisches Wollen behindern kann, in: ders.: Gott im Milieu. Wie Sinusstudien der Kirche helfen können, Menschen zu erreichen, Gießen/Basel 2012, 13–22.

wo Kirche das eschatologische Ziel aus den Augen verliert und sich in der Folge überschätzt, indem sie aus eigener Kraft das zu Ende führen will, was Christus begonnen hat.

Kirche muss in dem Spannungsfeld zwischen heilwirkender Gegenwart der Herrschaft Christi heute und ihrer zukünftigen Sichtbarmachung aushalten und in dieser Spannung ihre konkreten Aufgaben finden, indem sie sich gleichzeitig am Kreuz und Dienst Jesu orientiert und an dem „Zielfoto" von Gottes Handeln mit der Menschheit. Dabei gewinnt das, was im Dienst der Kirche und der Christen in dieser Welt geschieht, eine Bedeutung weit über den jeweiligen partikularen geschichtlichen Horizont hinaus.

Der neue Himmel und die neue Erde als Ziel der Wege Gottes sind nicht losgelöst von dem ersten Schöpfungswerk Gottes zu verstehen. Vielmehr werden dort die Linien zusammenführen, die bereits im Geschichtswirken Gottes deutlich geworden sind. Gott wird bei seinen Menschen wohnen (Offb 21,3). Dieses Ziel zieht sich durch die Geschichte Gottes mit seinen Menschen hindurch: die Begegnungen zwischen Gott und dem Menschen im Paradies, die Gegenwart Gottes inmitten seines Volkes im Zelt der Begegnung und im jüdischen Tempel, die Menschwerdung Gottes in Jesus Christus und die Gegenwart Christi in der Gemeinschaft der Kirche. „Gott wird bei seinen Menschen wohnen" wird die Mitte der neuen Schöpfung sein. Allerdings nicht in einer himmlischen Welt, die die geschaffene Welt endgültig hinter sich lässt. Das wäre ein platonisches Modell, ohne Raum für die Schöpfung. Gott wird vielmehr den neuen Himmel und die neue Erde zusammenführen. Das Ziel der Wege Gottes mit seinen Menschen ist also nicht, dass sie in den Himmel kommen, sondern dass der neue Himmel auf die neue Erde kommt. Das ist gewissermaßen das Zielfoto, das der Kirche die Richtung weist für ihr Handeln in der Welt. Dabei baut die Kirche nicht das Reich Gottes. Das kann nur Gott selbst tun. Dennoch wirkt die Kirche *für* das Reich Gottes. Diese feine Differenzierung arbeitet N. T. Wright schön heraus. Er sei an dieser Stelle etwas ausführlicher zitiert:

> „Gott allein wird alle Dinge in Christus zusammenfassen, alles im Himmel und auf Erden. Er allein wird ‚den neuen Himmel und die neue Erde' erschaffen. Es wäre der Höhepunkt der Dummheit zu denken, wir könnten bei diesem großartigen Werk assistieren.
>
> Aber was wir in der Gegenwart tun können [...] Wir können *auf* das Reich Gottes *hinarbeiten*. Wir kommen hier wieder auf 1. Korinther 15,58 zurück: Was du im Herrn tust, *ist nicht vergeblich*. Du ölst nicht die Räder eines Wagens, der in Kürze an einer Steilküste abstürzen wird. Du restaurierst kein großartiges Gemälde, das in Kürze ins Feuer geworfen wird. Du pflanzt keine Rosen in einem Garten, der in Kürze in einen Bauplatz verwandelt wird. Du bist dabei – so seltsam das auch zu sein scheint, fast so schwer zu glauben wie die Auferstehung –, etwas zu bewerkstelligen, das zu gegebener Zeit Teil der neuen Welt Gottes werden wird. Jede Tat der Liebe, der Dankbarkeit, der

Freundlichkeit; jedes Werk der Musik, inspiriert von der Liebe Gottes und von der Freude an der Schönheit seiner Schöpfung; jede Minute, die damit verbracht wurde, einem behinderten Kind Lesen oder Laufen beizubringen; jede Tat der Pflege und des Aufziehens, des Trostes und der Unterstützung von Mitmenschen und anderen Mitgeschöpfen und natürlich jedes Gebet, alle geistgeleitete Lehre, jede Tat, die das Evangelium verbreitet und die Kirche aufbaut, beinhaltet und verkörpert Heiligkeit statt Korrumpierung und hilft, dass der Name Jesu in der Welt geehrt wird – alle diese Dinge werden durch die Auferstehungskraft Gottes ihren Weg in die neue Schöpfung finden, die Gott eines Tages aufrichten wird. [...]

Die Arbeit, die wir in der Gegenwart tun, gewinnt also ihre volle Bedeutung vom letztendlichen Bauplan her, in den hineinzupassen sie gedacht war. Wenn man das auf die Mission der Kirche anwendet, dann bedeutet das, dass wir in der Gegenwart für die Zeichen auf jenen endgültigen Zustand arbeiten müssen, wenn Gott ‚alles in allem' ist, wenn sein Reich gekommen ist und sein Wille geschehen wird ‚wie im Himmel, so auf Erden'. Das wird sich natürlich radikal von der Art von Arbeit unterscheiden, mit der wir uns befassen würden, wenn unsere einzige Aufgabe darin bestünde, Seelen für einen unkörperlichen Himmel zu retten oder einfach Menschen dabei zu helfen, sich an einer erfüllenden Beziehung zu Gott zu erfreuen, als ob das der Sinn und Zweck aller Dinge wäre. Es wird sich auch deutlich von der Art von Arbeit unterscheiden, die wir vermutlich unternehmen würden, wenn unsere einzige Aufgabe darin bestünde, jegliche Gottesdimension völlig zu vergessen und einfach zu versuchen, das Leben innerhalb einer Welt zu verbessern, die angeblich weitergeht, wie sie ist."[21]

Damit ist die Teilhabe der Kirche an der Mission Gottes in einen weiten eschatologischen Horizont hineingestellt. Im Rückblick auf Kreuz und Auferstehung erkennt die Kirche den Weg und die Handlungsweise Gottes in seiner Mission.

„Während Gott seine eigene narrative Identität sozusagen unwiderruflich im Kreuz Christi festgeschrieben hat, bleibt die narrative Identität der Kirche in ihrer Mission unbeständig, weil ihre Verbundenheit mit dem Kreuz an jedem neuen Punkt ihrer Geschichte in Frage gestellt wird und ihre Treue zum gekreuzigten Gott angesichts immer neuer Versuchungen der Selbstverherrlichung gesucht und empfangen werden muss." [22]

---

21 Wright, N. T.: Von Hoffnung überrascht. Was die Bibel zu Auferstehung und ewigem Leben sagt, Neukirchen-Vluyn 2011, 221–225.

22 Bauckham, Richard: Mission as Hermeneutic for Scriptural Interpretation, in: Michael W. Goheen (Hg.): Reading the Bible Missionally, Grand Rapids (MI) 2016, 28–44:39 (Übersetzung JS).

Im Blick auf das Ziel werden die Aufgaben der Kirche in ihrer Mission klar. Die doppelte Orientierung an Kreuz und Auferstehung einerseits, und am Zielfoto der neuen Schöpfung andererseits, wird der Kirche helfen, der Versuchung zur Macht zu widerstehen, sich selbst nicht mit einer utopischen Zielvorgabe zu überfordern, und sich doch gleichzeitig im Namen Jesu Christi hoffnungsvoll und ganzheitlich der Welt zuzuwenden.

> „Wright vergleicht die urchristliche Hoffnung treffend mit einem Fahrrad, dessen Vorderrad die Richtung angebende Parusie und dessen Hinterrad die gewichttragende und Antrieb bereitende Auferstehung repräsentiert. Er bemerkt zu dem Bild lakonisch, 'To ride on the back wheel alone is difficult. To ride on the front wheel alone is downright impossible.'"[23]

In diesem Horizont geschieht die Mission der Kirche als Teilhabe an der Mission Gottes, angetrieben durch Kreuz und Auferstehung Christi und in Erwartung des Offenbarwerdens der Gottesherrschaft. Die Kirche ist – in ihrer Schwachheit – berufen, Anbruch einer neuen Menschheit und Hinweiszeichen auf die eschatologische Vollendung zu sein. Ihre Erwählung steht ganz im Zeichen einer universalen Heilsabsicht Gottes (1Tim 2,4). So ist die Proklamation der Christusherrschaft immer auch Einladung zum Glauben. Kirche spiegelt das Licht Gottes in dieser Welt wider, gewissermaßen als die Morgendämmerung des eschatologischen Tages,[24] in dem die ganze erlöste Schöpfung im Lob Gottes vereint sein wird.[25]

4. Konkretionen

Was bedeutet nun diese Metaerzählung für die Kirche in ihrer Teilhabe an Gottes Mission? Einige Schlussfolgerungen für das Verständnis und die Praxis christlicher Mission sollen kurz aufgezeigt werden.

---

23 Kramer, Mission (Anm. 18), 255. Quelle des englischen Zitats: Wright, N. T.: Hope Deferred? Against the Dogma of Delay, in: Early Christianity 9/1 (2018), 37–82:68.

24 Lesslie Newbigin verwendet diese Illustration in einer seiner Bibelarbeiten. Siehe Newbigin, Nachfolge (Anm. 15), 21.

25 Zur „Doxologische[n] Mission und eine[r] Theologie der Gelassenheit" vgl. Wrogemann, Henning: Den Glanz widerspiegeln. Vom Sinn der christlichen Mission, ihren Kraftquellen und Ausdrucksgestalten. Interkulturelle Impulse für deutsche Kontexte, Münster 2012.

4.1 Christliches Zeugnis in „kühner Demut"

Christliches Zeugnis kann nur in einer Kombination aus Kühnheit und Demut erfolgen.[26] Die Kühnheit ergibt sich daraus, dass sowohl die Berufung zum Glauben als auch die Sendung in die Welt in Gott wurzeln, nicht in der Kirche selbst. Mission ist kein Programm der Kirche. Die Demut ergibt sich aus der Orientierung an dem Weg Christi (Phil 2,5ff). Sie ist Ausdruck der einladenden Haltung christlichen Zeugnisses.

4.2 Vielfältige Ausdrucksformen christlichen Zeugnisses

Wenn wir mit Otto Michel Mission als „Proklamation der Christusherrschaft" definieren, bleibt die Frage, welche Gestalt diese Proklamation in unterschiedlichen Kontexten annehmen kann und soll. Wir können versuchen, die Definition auf einzelne Begriffe zu fokussieren, im Sinne von „Mission ist Evangelisation", oder: „Mission ist Gemeindegründung", „Mission ist Einsatz für Gerechtigkeit, Friede und Bewahrung der Schöpfung" usw. Mit jeder dieser Definitionen wählen wir eine spezifische Tätigkeit aus als Zentrum christlicher Mission und schließen dabei immer auch andere Inhalte aus oder werten sie ab. Der südafrikanische Missionstheologe David Bosch arbeitet stattdessen mit der Formulierung „Mission *als* ...". Er verwendet Formulierungen wie „Mission als Vermittlung des Heils", „Mission als Frage nach Gerechtigkeit", „Mission als Evangelisation", „Mission als Bekehrung", „Mission als Kontextualisierung", „Mission als Befreiung" usw.[27] Auf diese Weise wird es möglich, unterschiedliche Schwerpunkte christlicher Mission zusammen zu schauen. Nur so kann die Bandbreite kontextuell relevanter Aktivitäten in der Praxis christlicher Mission im Blick bleiben. Dabei ist die Kritik „Wenn alles Mission ist, dann ist nichts Mission"[28] durchaus ernst zu nehmen. Denn so wenig Mission auf der einen Seite reduzierbar ist auf Verkündigung und Gemeindegründung, so wenig ist andererseits jedes humanitäre oder soziale Engagement gleichzusetzen mit Mission. Wie lässt sich entscheiden, was im konkreten Fall als Mission zu verstehen ist? Entscheidende Fragen zur Klärung können dabei sein:

- Inwiefern ist (eine spezifische Tätigkeit der) Kirche ein Hinweiszeichen auf Christus und seine Herrschaft? Inwiefern setzt diese Tätigkeit Menschen in Bewegung hin zu Christus?

---

26 Bosch, David J.: Mission im Wandel. Paradigmenwechsel in der Missionstheologie, Giessen/Basel 2012, 577: „eine mutige Demut und ein demütiger Mut".

27 Bosch, Mission im Wandel (Anm. 26), 432–613.

28 Neill, Stephen: Creative Tension, London 1959, 81: „If everything is mission, then nothing is mission."

- Wie berücksichtigt die Kirche die Spannung, dass sie unter dem Vorzeichen der Christusherrschaft auf die neue Schöpfung zwar hinarbeiten, diese jedoch nicht verwirklichen kann?
- Inwiefern vermittelt die Verkündigung und das Handeln der Kirche Menschen ein Bewusstsein dafür, dass sie als Ebenbild Gottes berufen sind, mit ihrem Leben Teil des „Weltabenteuers Gottes", Mitgestalter der Schöpfung und ihrer sozialen Gemeinschaft zu sein?

Das Zeugnis der Kirche wird vielfältig sein, weil die soziokulturellen und politischen Kontexte, in die sie hinein gesandt ist, vielfältig sind. Es wird christuszentriert sein, weil es sich an Christus und seiner Herrschaft ausrichtet.

4.3 „Missionales Orchester"

In der Geschichte christlicher Mission hat sich eine gewisse Kluft gebildet zwischen Kirche einerseits und Mission andererseits. Kirchen und Denominationen bildeten ihre eigenen Traditionen aus (in Theologie, Liturgie, Strukturen usw.). Die über einen langen Zeitraum so genannte „Missionsarbeit" wurde von Spezialisten übernommen. Diese geschichtliche Entwicklung verstellt den Blick dafür, dass Teilhabe an der Mission Gottes umfassender ist als etwa ein eigener Einsatz in Übersee oder die Entsendung und Unterstützung von Mitarbeitern christlicher Missionswerke.

Der seit den 1990er Jahren zirkulierende Begriff „missional" will genau auf diese Problematik aufmerksam machen. Er wird verwendet, um einen Unterschied zu „missionarisch" hervorzuheben.

- „Missionarisch" bezeichnet konkrete Aktionen und Aufgaben der Kirche in Gottes Mission. Der Begriff nimmt das Handeln der Kirche in Mission in den Blick.
- „Missional" hingegen betont den Charakter des Gesandt-Seins, der allen Aktivitäten von Kirche vorausgeht und zugrunde liegt. Missional bezeichnet die Partizipation an der Mission Gottes. Der Begriff weckt das Bewusstsein dafür, dass wir als Christen und Kirchen grundsätzlich eingebunden sind in Gottes große Metaerzählung, dass wir in unserem Sein hinweisen auf Gott und das Ziel seines geschichtlichen Handelns.

Beide Begriffe haben ihre Berechtigung, so wie Tun und Sein zusammengehören. Dabei ist ein Bewusstsein für den missionalen Aspekt wichtig, damit wir als Christen einüben, uns selbst, unsere alltäglichen Lebensaufgaben und unsere Begabungen im Kontext der Missio Dei zu sehen.

Michael W. Goheen und Jim Mullins illustrieren die Folgen eines missionalen Verständnisses mit dem Bild eines Orchesters.[29] Musiker spielen mit ihren unterschiedlichen Instrumenten ihre jeweilige Stimme. Aus den vielen einzelnen Tönen und Melodien entsteht dabei ein großartiges Gesamtwerk, eine Symphonie. Ohne Bild gesprochen: In seiner Mission braucht Gott Menschen mit unterschiedlichsten Begabungen, die an ihrem Platz in dieser Welt ihren jeweils eigenen Beitrag leisten, und so zu dem polyphonen Klang einer „Symphonie der Missio Dei" beitragen. Goheen und Mullins entfalten das Spektrum der Beiträge zu dieser Symphonie mit den drei Aspekten:

- Weltverwaltung: Die Herrlichkeit des Vaters zeigen durch die Arbeit unserer Hände.
- Dienst: Die Liebe Christi zeigen dadurch, dass wir der Welt die Füße waschen.
- Das gesprochene Wort: Die Kraft des Heiligen Geistes zeigen, indem wir ihm unseren Mund zur Verfügung stellen.

Diese kurze Gliederung kann nur andeuten, wie breit das Spektrum des Mitwirkens an Gottes Mission in den alltäglichen Lebensumständen tatsächlich sein kann. Wir Christen sind herausgefordert für uns zu entdecken: Was ist mein Beitrag zu dieser Symphonie der Mission Gottes? Mit dem Wirken meiner Hände? Oder durch meinen Dienst der Liebe? Oder durch meine Worte? In meinem sozialen Umfeld und meinem Beruf? Unterschiedliche Begabungen führen zu unterschiedlichen Beiträgen. Das ist gewollt, weil nur in dieser Vielfalt das Wesen Gottes deutlich werden kann.

4.4 Polyzentrische Weltchristenheit

Die christliche Kirche ist auf ihrem Weg durch die Geschichte immer wieder in Übergängen von Zentrum und Peripherie unterwegs. Der christliche Glaube breitet sich von einem Zentrum aus, hin an die Peripherie. Im Lauf dieses Prozesses verliert das (bisherige) Zentrum zunehmend seine Vorrangstellung und Bedeutung. An der Peripherie entstehen neue Zentren. Von ihnen aus setzt sich der Weg dann weiter fort, wieder hin zur Peripherie.[30] In diesem geographischen Wechsel sind wir seit dem Ende des 20. Jahrhunderts in einer Phase angekommen, in der der geographische Schwerpunkt der christlichen Kirche sich in die südliche Hemisphäre verlagert hat und dort neue Zentren der Christenheit entstanden sind und entstehen. Die Christenheit

---

[29] Goheen, Michael W. and Jim Mullins: The Symphony of Mission. Playing Your Part in God's Work in the World, Grand Rapids (MI) 2019.

[30] Vgl. Walls, Andrew F.: The Cross-Cultural Process in Christian History. Studies in the Transmission and Appropriation of Faith, Maryknoll (NY) 2002, Kap. 1–2.

heute ist ethnologisch, kulturell und sprachlich gesehen so vielfältig, wie noch nie in ihrer Geschichte. Wir leben im Zeitalter der Weltchristenheit. Diese epochale Veränderung ist geradezu ein Paradigmenwechsel für die Kirchen der westlichen Welt. Die Kirchen des Westens müssen sich als Teil der Weltchristenheit neu verstehen lernen und vor diesem Hintergrund auch ihren Beitrag zur weltweiten christlichen Kirche neu bedenken.[31]

4.5 Theologie im Kontext der weltweiten hermeneutischen Gemeinschaft

Aus diesem Paradigmenwechsel folgt, dass wir als weltweite hermeneutische Gemeinschaft auch einüben müssen, miteinander zu theologisieren. Die Verbform ist absichtlich gewählt. Denn hier ist nicht das Weitergeben theologischer Lehre gemeint. Es geht vielmehr um das Fördern und Einüben theologischer Reflexion in den konkreten Kontexten, in denen Menschen sich vorfinden. Dabei müssen auch die Fragen aus der Lebenswelt der Menschen in die theologische Reflexion mit aufgenommen werden. Es gehört zur Mündigkeit von Christen und Kirchen, ihre Existenz und ihre Umwelt, ihre Kultur und Gesellschaft selbst theologisch zu reflektieren.[32]

Als Merkmale einer selbständigen Kirche werden häufig die so genannten „Drei Selbst" angeführt. Eine Kirche gilt als selbständig, wenn sie sich selbst verwaltet (*self-governing*), sich selbst finanziert (*self-supporting*) und selbst die Verkündigung und Lehre übernimmt (*self-propagating*). [33] Seit den 1970er- Jahren ist deutlich geworden, dass ein viertes Kriterium hinzu kommen muss. Der US-amerikanische Ethnologe und Missionswissenschaftler Paul G. Hiebert spricht von der Notwendigkeit des *self-theologizing*, des eigenen Theologisierens.[34] Menschen sollen die Geschichte der Inkarnation Gottes hinein in ihre Lebenswelt selbst entdecken und so die Relevanz dieser Geschichte für sich und ihre Familien, sowie für ihre soziale Gemeinschaft selbst reflektieren lernen.

---

31 Vgl. hierzu den Beitrag „Christliche Mission im Zeitalter der Weltchristenheit" in diesem Band.

32 Meylahn, Johann-Albrecht: Transforming Mission, Twenty Years Later: Paradigm Shift or Cosmetic Facelift?, in: Missionalia 39/1–2 (2011), 130–151:133: „Kirche muss Welt interpretieren können, um ihre Rolle als alternative Gemeinschaft in der Welt immer wieder neu justieren zu können" (Übersetzung JS).

33 Das so genannte „Drei-Selbst-Prinzip", auch „Drei-Selbst-Formel" genannt, geht zurück auf die beiden Missionare und Missionsdirektoren Henry Venn (1796–1873) und Rufus Anderson (1796–1880).

34 Hiebert, Paul G.: Anthropological Insights for Missionaries, Grand Rapids (MI) 2006 (ursprünglich 1985).

4.6 Dialogisches Zeugnis

Christliches Zeugnis wird immer dialogisch orientiert sein. Denn „der Gott, an den wir Christen glauben, hat sich in seiner geschichtlichen Selbstoffenbarung als *dreieiniger* Gott und damit als ein in seinem Wesen und in seinem Verhältnis zur Menschheit *dialogischer* Gott erwiesen.“[35] Ein dialogischer Umgang mit anderen Menschen liegt im dialogischen Wesen Gottes begründet. Das gilt gerade auch im Umgang mit Menschen aus anderen soziokulturellen Kontexten und Menschen anderen Glaubens. Ein Dialog zielt auf das Verstehen von Menschen und ihrer kulturellen, sozialen und religiösen Lebenswelt. Gott will Menschen begegnen in den Kontexten ihres Lebens. Dialog ist gleichzeitig Ausdruck des Respekts gegenüber Menschen, die in anderen soziokulturellen und religiösen Kontexten leben. Dialog und Glaubenszeugnis bilden dabei keinen Gegensatz. In ihren unterschiedlichen Zielen ergänzen sie sich. Es geht um ein Gespräch in Freiheit und Aufrichtigkeit, das Raum bietet für Fragen und Verstehen, für gegenseitiges Glaubenszeugnis und für eine freie Reaktion aller Gesprächspartner. Bekehrung hat hier ebenso Raum wie etwa der Einsatz für echte Pluralität und Religionsfreiheit.[36]

4.7 Zeugnis und Leidensbereitschaft

Christen sind berufen, Zeugen der Geschichte des Heilshandelns Gottes zu sein. Sie sind Herolde, die Christus bezeugen und nicht in ihrem eigenen Namen sprechen. Dieses Reden im Namen eines Anderen führt dort zu Konflikten, wo Menschen das Reden Gottes und Christi ablehnen. Diese Ablehnung kann die Boten auch existentiell treffen.[37] Noch nie war die Zahl der Christen, die aufgrund ihres Glaubens Diskriminierung, Ausschluss aus ihrer Familie, Todesdrohungen, Haft, Folter oder Tod erleiden, so hoch wie heute.[38]

---

[35] Neuer, Werner: Interreligiöser Dialog als Notwendigkeit, Chance und Gefahr, in: Thomas Schirrmacher (Hg.): Kein anderer Name. Die Einzigartigkeit Jesu Christi und das Gespräch mit nichtchristlichen Religionen. Festschrift zum 70.Geburtstag von Peter Beyerhaus., Nürnberg 1999, 188-214:200 (Hervorhebung im Original).

[36] Wrogemann unterscheidet zwischen fünf verschiedenen Dialogverständnissen (vgl. ders.: Theologie interreligiöser Beziehungen. Thesen zu einem Neuansatz theologischer Wertschätzung des religiös Anderen, in: Interkulturelle Theologie – Zeitschrift für Missionswissenschaft 46/1 (2020), 177–193). Siehe auch ders.: Theologie interreligiöser Beziehungen. Religionstheologische Denkwege, kulturwissenschaftliche Anfragen und ein methodischer Neuansatz, Gütersloh 2015.

[37] „Siehe, ich sende euch wie Schafe mitten unter die Wölfe.“ (Mt 10,16; Lk 10,3)

[38] Schirrmacher, Thomas u. a. (Hg.): Jahrbuch Verfolgung und Diskriminierung von Christen 2021. Studien zur Religionsfreiheit, Bd. 37, Bonn, 2021; (https://iirf.global/wp-content/uploads/Jahrbuch/cv_2021_web.pdf; abgerufen am 27.09.2023)

Konflikte entstehen jedoch nicht nur in persönlichen Begegnungen. Die Berufung zum Zeugen und Herold stellt Christen hinein in eine Auseinandersetzung mit dem Bösen in dieser Welt – in einer dreifachen Gestalt, nämlich auf einer individuellen Ebene mit der sündigen Natur des Menschen, auf einer geistlichen Ebene mit dämonischer Verführung und auf einer systemischen Ebene mit der Manifestation des Bösen in der Gestalt und im Missbrauch gesellschaftlicher Strukturen.[39] Diese Auseinandersetzung mit dem Bösen führt dazu, dass das Leiden und Sterben Christi sich im Leben der Kirche und im Leben von Christen widerspiegelt. Zum Leiden der Kirche gehört dabei, dass sie sich selbst verwundbar macht, indem sie Böses benennt, aufdeckt und auf strukturelle Probleme, Missbrauch, Unterdrückung und Ungerechtigkeit hinweist. Gemeint ist hier nicht ein opportunistisches Einstimmen in einen Chor von Gesellschaftskritikern oder eine besserwisserische Kritik, sondern ein „Erinnern an Gottes Reich",[40] ein Benennen und Aufdecken, das sich das Entlarven selbst etwas kosten lässt und mit der Identifikation von Betroffenen einhergeht. Auch in Situationen politischer und religiöser Freiheit kann die Entschlossenheit, in der Auseinandersetzung mit dem Bösen Menschen im Namen Christi zu dienen, Benachteiligung und Verzicht mit sich bringen.

Zum Leiden der Kirche mag auch gehören, dass ehemals bewährte kirchliche Strukturen einen gesellschaftlichen Wandel nicht überstehen. Das ist ja nichts anderes als die Kehrseite der Entwicklung, die unter 4.4 skizziert wurde. Kirche sollte sich in solchen Krisen nicht selbst im Weg stehen.[41] Neues kann entstehen, wenn Kirche bereit ist, vertraute Strukturen loszulassen, vor allem dann, wenn die Bemühungen, bestehende Strukturen zu erhalten, sie zu beleben oder sie zu reformieren, die Kräfte kirchlicher Mitarbeiter erschöpfen und sie in ihrem Engagement lähmen.

> Gerade immer dann, wenn – meist durch äußere Einflüsse – Sterben und Auflösung gesellschaftlicher und kirchlicher Sicherheiten radikale Zusammenbrüche hervorriefen, entstanden neue ungewohnte kirchliche Wirklichkeiten, die der jeweiligen Zeit entsprachen und zugleich die Kraft des Evangeliums in neuartiger Weise bezeugten.[42]

---

39 Goheen, Michael W.: A Missional Reading of Scripture and Preaching, in: ders. (Hg.): Reading the Bible Missionally, Grand Rapids (MI) 2016, 241–262:251.

40 Barth, Karl: Christengemeinde und Bürgergemeinde, Gladbeck 1947, 62.

41 Hennecke, Christian: „Warum es so sein ‚muss'" (https://www.futur2.org/article/warum-es-so-sein-muss/; abgerufen am 27.09.2023); vgl. auch Hempelmann, Heinzpeter: Die Kirche ist tot – es lebe die Kirche: Denkanstöße, wie die Kirche neue Zukunft gewinnen kann, Basel/Giessen 2023.

42 Hennecke, ebd.

5. Fragmente und Werkstatt – Zeugnis und Gelassenheit

Manches in der Narration dieser Skizze mag sich sehr glatt und abgeschlossen anhören. Aber wir befinden uns noch mitten im Verlauf der Geschichte. Vieles im Engagement und Zeugnis von Christen bleibt fragmentarisch. Der Vollklang der „Symphonie" will noch nicht erklingen. Es hört sich oft eher nach einer Probe an. Einheit der Kirche ist alles andere als ein Selbstläufer. Auch wenn sie in Christus begründet ist, bleibt es eine Aufgabe der Kirche, sich um sie zu bemühen. Wir sind noch nicht im „Wohnzimmer Gottes", sondern in der Welt, in der wir herausgefordert sind, offen und mit aufrichtigem Interesse auf Menschen zuzugehen, ohne sie in kulturelle, religiöse oder theologische Schubladen zu stecken. Es geht darum, gemeinsam mit Menschen unterwegs zu sein. Wir wirken in einer Werkstatt, in der gearbeitet werden muss, nicht zuletzt an hermeneutischen Fragen zu Kultur und Theologie, zu Kirche und Welt, zu Fragen des Kulturwandels und Fragen des gemeinsamen Unterwegsseins.[43] Manche Fragen werden offen bleiben. Etwa die Frage danach, wie Gott die Lebensgeschichten von Menschen anderen Glaubens in seine Geschichte einfügen wird.[44] Wir laden nicht ein zu einer vermeintlich „richtigen" Religion,[45] sondern an den Fuß des Kreuzes Christi, an dem wir alle gleichermaßen Heil nur mit leeren Händen empfangen können.[46] Wir Christen überzeugen nicht durch Stärke oder Brillanz. Umkehr, Glaube und Glaubensgewissheit können nur durch den Geist gewirkt werden. Als Zeugen können wir nur im Bewusstsein unserer eigenen Schwachheit und Unzulänglichkeit auf Christus hinweisen. Bauckham erinnert uns daran, dass „die narrative Identität der Kirche in ihrer Mission unbeständig [bleibt], weil ihre Verbundenheit mit dem Kreuz an jedem neuen Punkt ihrer Geschichte in Frage gestellt wird und ihre Treue zum gekreuzigten Gott angesichts immer neuer Versuchungen der Selbstverherrlichung gesucht und empfangen werden muss."[47]

Gott hat sich im Kreuz Christi für den Weg seines Handelns durch die Geschichte festgelegt.

> „‚Jesus interpretiert', d. h.: Er eröffnet Leben; er schenkt Leben; er erschließt Lebensmöglichkeiten. ‚Jesus interpretiert', das heißt: Er gibt dem Leben Sinn. ‚Jesus interpretiert', das heißt eben nicht: Er legt fest, sondern es heißt: Er lädt ein, sich auf seine Interpretation meines Lebens einzulassen. [...] Jesus interpretiert Gott, ohne sich selbst zu behaupten; Jesus interpretiert Welt, Anderes,

---

43 Vgl. Schuster, Gemeinsam unterwegs (Anm. 1), 48–89.

44 A.a.O., 239–255.

45 A.a.O.: 219–238.

46 A.a.O.: 124–150.

47 Bauckham, Mission (Anm. 22), 39 (Übersetzung JS).

ohne dieses zu verneinen; Jesus interpretiert den Menschen, indem er ihm Sinn eröffnet und dessen Sinn ent-deckt."[48]

In seiner Souveränität rekurriert Jesus nicht auf Macht. Das macht neugierig auf die zukünftige Ent-deckung der neuen Schöpfung.[49]

Wir sind noch unterwegs. Noch mal anders: Gott ist unterwegs. Das ist seine Mission: Gott kommt selbst zu seinen Menschen. Und auf diesem Weg will er die Partizipation der Zeugen, denen er selbst in Christus begegnet ist. Auf diesem Weg mit Gott begleitet uns die Freude an Gott und die Gelassenheit im Blick auf sein Handeln; ein „Gewährenlassen anderer Menschen" ebenso wie das „Laufenlassen des Wortes Gottes".[50] Der Geist Gottes selbst inspiriert die Kirche immer neu zum Christuszeugnis. Er regt sie an, ihre Teilhabe an Gottes Mission zu reflektieren, immer neu zu konkretisieren, ja auch zu erklären und – nicht zuletzt – „die eigene Freude des Glaubens zu teilen".[51]

---

48 Aus: Hempelmann, Heinzpeter: „Wir haben den Horizont weggewischt". Die Herausforderung: Postmoderner Wahrheitsverlust und christliches Wahrheitszeugnis, Wuppertal 2008, 253f.

49 Vgl. Hempelmann, Heinzpeter: „Was sind denn diese Kirchen *noch* ...?" Christlicher Wahrheitsanspruch vor den Provokationen der Postmoderne, Wuppertal [2]2008, 297–300: Die christologische Transformation der Macht.

50 Wrogemann, Henning: Theologie interreligiöser Beziehungen. Religionstheologische Denkwege, kulturwissenschaftliche Anfragen und ein methodischer Neuansatz, Gütersloh 2015, 407.

51 Wrogemann in einem Interview mit dem epd vom 1.6.2021, (https://app.evangelisch.de/inhalte/186827/01-06-2021/wissenschaftler-begriff-mission-zu-unrecht-lange-verleugnet (abgerufen am 27.09.2023).

Mission in postkolonialer Zeit – Die Postkolonialismusdebatte und die Legitimität christlicher Mission

Tobias Schuckert

Während der Kolonialzeit sind von Seiten der europäischen Kolonialmächte unfassbare Grausamkeiten verübt worden und viel zu oft waren auch die europäischen Kirchen mit in diese Verbrechen involviert. Ein Beispiel für die schuldbeladene Vergangenheit im missionarischen Wirken europäischer Kirchen sind die sogenannten Residential Schools in Kanada. In diesen Schulen sollten indigene Völker den europäischen und christlichen „way of life" lernen. Dabei wurde den Kindern bei Strafe verboten, ihre Stammessprachen zu sprechen oder ihre kulturellen Eigenarten auszuleben.[1] Noch heute leiden Menschen unter den traumatischen Folgen dieser Indoktrination und Misshandlung unter der Flagge von Kirche und Mission.[2]

Was bedeutet das für die Arbeit von Missionsgesellschaften, die unter dem Verdacht stehen, in ihrer Missionsarbeit kolonialistische Muster zu verhärten, Kulturen zu zerstören und Menschen durch paternalistisches Verhalten in Abhängigkeiten zu halten?[3] Dieser Beitrag beschäftigt sich mit der Frage,

---

1 Vgl. http://indigenousfoundations.arts.ubc.ca/the_residential_school_system/ (abgerufen am 23.08.2023). Papst Franziskus bezeichnete die Gewalt gegen Indigene an den kirchlich geführten Internaten in Kanada als Völkermord und bat bei einem Besuch im Juli 2022 um Vergebung. Vgl. https://www.zeit.de/gesellschaft/zeitgeschehen/2022-07/papst-franziskus-kanada-voelkermord-ureinwohner (abgerufen am 30.11.2023).

2 In einem privaten E-Mail-Wechsel schreibt Cheryl Bear, ein Mitglied des Clans der Bear aus Kanada, deren Mutter Schülerin einer Residential School war: „And every IRSS (Indian Residential School Survivor) has said that their worst nightmare came true when they perpetuated the same abuse on their children because that was all they knew. That is our story. That is our pain and shame. And it continues to this day. I wonder when we will see the end of the legacy of abuse that was engrained by the Residential Schools. I long for healing. I long for justice. But I'm also giving up hope. I'm lost in compound/complex trauma. I'm clawing my way back but not sure I will ever be back. So there you have it. I am a living example of the effects of colonialism" (E-Mail vom 28. März 2022).

3 So kritisieren die beiden Erziehungs- und Politikwissenschaftlerinnen María do Mar Castro Varela und Nikita Dhawan, Postkoloniale Theorie – Eine kritische

wie berechtigt die postkoloniale Kritik im Blick gegenwärtiger Missionsarbeit ist und inwiefern die Arbeit von Missionsgesellschaften begründet und legitimiert werden kann. Nach einführenden Begriffsdefinitionen folgt eine Auseinandersetzung ausgewählter Positionen postkolonialer Kritik. Abschließend werden Thesen aufgestellt, wie Missionsarbeit sich in Zukunft gestalten kann.

1. Begriffsdefinitionen

1. 1 Missionsarbeit

Was ist unter „gegenwärtiger Missionsarbeit" zu verstehen? Die Lausanner Verpflichtung von 1974, eines der maßgeblichen Grundlagendokumente der weltweiten evangelikalen Bewegung, betont die „Dringlichkeit der evangelistischen Aufgabe"[4] und erinnert gleichzeitig an die die soziale Verantwortung, die der christlichen Gemeinde zukommt. Durch die verbale Verkündigung der Frohen Botschaft von Jesus Christus wird Menschen ewiges Heil vermittelt. Das entlässt die christliche Kirche weltweit nicht aus der Verantwortung für das zeitliche Wohlergehen der Menschen, macht aber die evangelistische Verkündigung zum Kennzeichen christlicher Mission. Es gibt keine christliche Missionsarbeit ohne die Verkündigung des Evangeliums von Jesus Christus.[5] Es mag sein, dass aufgrund äußerer Umstände diese Verkündigung gehindert und zeitlich verschoben wird. In bestimmten Situationen wird es Geduld benötigen, um diese Einladung auszusprechen. Aber sie wird nicht aufgegeben. Ohne das evangelistische Zeugnis von der Liebe Gottes in Jesus Christus gibt es keine christliche Mission im neutestamentlichen Sinne. Der nordirische Missionstheologe Christopher J. H. Wright, der maßgeblich an dem Cape Town Commitment von 2010 mitwirkte, einem Nachfolgedokument der Lausanner Verpflichtung, definiert christliche Missionsarbeit anhand dreier ultimativer Ziele. Nach Wright geht es in den verschiedenen Handlungsfeldern der Missionsarbeit bei allen Arbeiten darum, durch die

Einführung, Bielefeld 2020, 71, dass Missionare die „neuen Helden" in Großbritannien wurden, da sie die Heilsbotschaft des Evangeliums anders als die spanische Reconquista friedfertig vermittelten: „Solch ein Verständnis von männlichem Heldentum war direkt mit dem imperialistischen Projekt verbunden, welches sich als Befriedigungs- und Zivilisierungsprojekt verstand, das die barbarischen und heidnischen Bevölkerungen durch die Verbreitung christlicher Werte zu retten suchte."

4 Die Lausanner Verpflichtung; www.lausanne.org/de/lausanner-verpflichtung/lausanner-verpflichtung (abgerufen am 25.10.2023).

5 Vgl. ebd.

(1.) Verkündigung des Evangeliums zum Glauben einzuladen, (2.) Menschen zur Bekehrung zu führen und (3.) in Glaubensgemeinschaften zu sammeln.[6]

Auch die Frage der Verflechtung christlicher Missionsarbeit mit der Kolonialgeschichte der europäischen Kolonialmächte wurde in Lausanne reflektiert. Im Blick auf dieses Thema heißt es in der Lausanner Verpflichtung weiter:

> „Missionen haben allzu oft mit dem Evangelium eine fremde Kultur exportiert, und Gemeinden waren mitunter mehr an eine Kultur als an die Schrift gebunden. Evangelisten Christi müssen demütig danach trachten, sich selbst zu verleugnen, ohne ihre Persönlichkeit preiszugeben, um Diener anderer werden zu können. Die Gemeinden sollen Kultur umgestalten und bereichern, damit Gott verherrlicht wird."[7]

Missionsarbeit geschah und geschieht nie in einem kulturfreien Raum. Mitarbeiter bringen ihren persönlichen Hintergrund mit. Dieser beeinflusst die Art und Weise, wie sie Menschen aus anderen kulturellen Hintergründen und Religionen begegnen. Das lässt sich nicht vermeiden und begleitet die Missionsarbeit bereits von Anfang an. Mitarbeiter in der kultur-übergreifenden Missionsarbeit sind darum aufgefordert, sowohl sich selbst als auch ihre Methoden und Ziele immer wieder zu reflektieren und kritisch zu hinterfragen. Die Legitimation christlicher Mission wird indes nicht durch das richtige Verhalten ihrer Akteure begründet, sondern aus den Schriften des Alten und Neuen Testaments und im Wesen und Handeln des dreieinigen Gottes mit dieser Welt. Wenn in der Vergangenheit und/oder in der Gegenwart die Akteure der Missionsarbeit Fehler machten und machen, so ist das schmerzlich und ein steter Grund zur Buße. Die Mission Gottes in dieser Welt hängt aber nicht von der richtigen Umsetzung derer ab, die sich weltmissionarisch engagieren. Der amerikanische Missionshistoriker Scott Sunquist schreibt, Mission legitimiert sich in …

> „God's sending of his will, his Word, his prophets, his own Son, and his apostles to humanity for the sake of redeeming his creation. Fundamentally, it is the story of God sending out from his own self to create, redeem, and glorify."[8]

Gleichzeitig war Mission unvermeidlich und unweigerlich mit der Kolonialgeschichte verbunden und allzu oft auch mit ihr verwoben. Wie können wir das Verhältnis von Mission und dem europäischen Kolonialismus angemessen bestimmen?

---

6 Vgl. Wright, Christopher: The Mission of God. Unlocking the Bible' s Grand Narrative, Downers Grove (IL) 2006, 285.

7 Die Lausanner Verpflichtung (Anm. 4).

8 Sunquist, Scott W.: Understanding Christian Mission. Participation in Suffering and Glory, Grand Rapids (MI) 2013, 178.

1.2 Kolonialismus

Unter Kolonialismus versteht man die „Ausdehnung der Herrschaftsmacht europäischer Länder auf außereuropäische Gebiete mit dem vorrangigen Ziel der wirtschaftlichen Ausbeutung."[9] In aller Regel wird mit diesem Begriff der Zeitraum vom Anfang des 16. Jahrhunderts bis zum Ende des Zweiten Weltkrieges bezeichnet. Die nicht selten gewaltsame Ausbreitung der europäischen Mächte in Asien, Lateinamerika und Afrika geschah hauptsächlich in dieser Epoche. Rassismus, Sklaverei und der hegemoniale Export europäischer Kultur sind eng mit den kolonialen Aktivitäten verbunden. In den zwei Jahrzehnten nach dem Ende des Zweiten Weltkrieges erfolgte eine weitgehende Dekolonialisierung. Mit ihrer Unabhängigkeit strebten viele der ehemaligen Kolonien nicht nur eine wirtschaftliche, sondern auch eine kulturelle Eigenständigkeit an. Doch blieben aufgrund der während der Kolonialzeit geschaffenen Strukturen Abhängigkeiten kultureller und ökonomischer Art bestehen. So wird zum Beispiel in vielen Ländern Afrikas statt der einheimischen Stammessprachen die Sprache der Kolonialmächte als offizielle Handelssprache gesprochen

Das Thema Kolonialismus in der Gegenwart ist durch viele Gründe erneut ins Bewusstsein geraten. Der Überfallkrieg Russlands auf die Ukraine hat die Tatsache ins Bewusstsein gerückt, dass es auch heute noch Staaten gibt, die andere Staaten unterdrücken und dafür Narrative kultureller Überlegenheit verwenden. Der Wettlauf des Westens gegen China um die Rohstoffe Afrikas kann als Wiederaufnahme neokolonialen Machtstrebens interpretiert werden. Diese Beispiele zeigen jedoch, Kolonialismus ist ein politischer Begriff. Mission hingegen ist ein theologischer Begriff. Kolonialismus und Mission können darum nicht einfach synonym benutzt werden. Wer seine religiöse Überzeugung weitergeben möchte, ist damit noch nicht automatisch kolonialistisch gesinnt, wie es auch das oben beschriebene Missionsverständnis zeigt. Das gilt für die Gegenwart, wie auch für die eigentliche Zeit des Kolonialismus, in der Missionsarbeit und koloniale Politik nicht nur miteinander, sondern auch gegeneinander gearbeitet haben.[10]

---

9 Schubert, Klaus und Martina Klein: Art. Kolonialismus, in: Das Politiklexikon, Bonn (^{7}2020), Bundeszentrale für politische Bildung (www.bpb.de/kurz-knapp/lexika/politiklexikon/17718/kolonialismus; abgerufen am 29.08.2023).

10 Es gab in der Missionsgeschichte Akteure wie Bartolomé de Las Casas, der sich 1537 nicht ohne Erfolg für die Indigenen Südamerikas einsetzte, damit diese als Menschen und nicht als Halbtiere gesehen wurden (vgl. Maier, Bernhard: Die Bekehrung der Welt: Eine Geschichte der christlichen Mission in der Neuzeit. München, 2021, 51). Las Casas wird gleichzeitig dafür kritisiert, dass er trotz seiner Ablehnung von Gewalt an den Indigenen, rassistische Ordnungen aufbaute (vgl. Do Mar Castro Varela und Dhawan, Postkoloniale Theorie (Anm. 3), 64).

1.3 Postkoloniale Kritik

Jegliche Form der Missionsarbeit, die von Menschen aus dem sogenannten Westen[11] in Ländern des Globalen Südens betrieben wird, ist vor dem Hintergrund der skizzierten Kolonialgeschichte herausgefordert, sich mit postkolonialer Kritik auseinanderzusetzen. Postkoloniale Kritik versucht die Einflüsse und Folgen der europäischen Kolonialgeschichte in all ihren Dimensionen und Ebenen zu beleuchten und aufzuarbeiten. Als Begründer der postkolonialen Kritik gilt der palästinensisch stämmige Edward Said (1935–2003). In seinem Buch *Orientalism* von 1978 kritisiert er die Haltung westlicher Gesellschaften, den „Orient insgesamt, wenn nicht als zutiefst minderwertig, so doch als korrekturbedürftig aufzufassen".[12] Orient und Okzident, so Said, sind vom Westen konstruierte Entitäten und das Verhältnis zwischen den beiden ist ein Verhältnis der Macht, „of domination, of varying degrees of a complex hegemony".[13]

Postkoloniale Kritik verweist im Zuge der Unabhängigkeit der afrikanischen, lateinamerikanischen und asiatischen Staaten auf die Tatsache, dass ehemals kolonialisierte Länder und Gesellschaften weiterhin in Abhängigkeitsverhältnissen zu den ehemaligen Kolonialmächten stehen. Abhängigkeiten, so die Kritik, bestehen nicht nur ökonomisch, sondern auch anhand der Aufrechterhaltung kultureller Deutungsmuster.[14] Europäische und nordamerikanische Nationen werden kritisiert, dass sie in ihren Beziehungen zu den ehemals kolonialisierten Ländern immer noch ökonomisch wie kulturell die Oberhand behalten und weiter die ehemals kolonialisierten Länder bevormunden.[15] Der aus dem Senegal stammende Soziologe Felwine Sarr fasst die postkoloniale Kritik zusammen: „Europa hat jahrhundertelang viel gesprochen, nun muss es das Zuhören lernen."[16] Mit anderen Worten: Postkolonialismus kritisiert eine Vormachtstellung europäischer Gesellschaften, die sich in allen Lebensbereichen ausdrückt. Die Kritik hierbei ist, dass Kolonialismus immer wieder neue Methoden und Strategien entwirft, um sich die

---

11 Der Begriff „Westen" oder „westlich" kennzeichnet die Länder West- und Mitteleuropas und Nordamerika sowie Australien. von denen auch die moderne Missionsbewegung ab Ende des 18. Jahrhunderts ausgegangen ist.

12 Said, Edward: Orientalismus, Frankfurt a. M. ^{5}2009, 54.

13 Said, Edward: Orientalism, in Bill Ashcroft u. a. (Hg.): The Post-colonial Studies Reader, London/New York 1995, 87–91:89.

14 Vgl. Wrogemann, Henning: Religionswissenschaft und Interkulturelle Theologie, Lehrbuch Evangelische Theologie, Leipzig 2020, 149.

15 Vgl. Said, Orientalism (Anm. 13), 90.

16 Wiesgickl, Simon: Postkoloniale Theologien – Positionen und Potenziale, in: ThLZ 147 (2022), 903–916:903. Vgl. ebenso Suarsana, Yan: Der Nächste als der Andere? Zur postkolonialen Kritik an der Entwicklungszusammenarbeit, in: ÖR 70 (2021), 452–462.

kulturellen und materiellen Ressourcen der ehemals kolonialisierten Gebiete anzueignen und die Hegemonialstellung europäisch-nordamerikanischer Gesellschaftsformen gegenüber dem Globalen Süden zu untermauern.[17] Christliche Mission, so die Kritik, ist in dieser Strategie ein Instrument, koloniale Strukturen zu verhärten. Viele Maßnahmen, welche die Lebensumstände der Menschen verbesserten, wie z. B. Gesundheitsfürsorge sowie Schul- und Bildungswese, waren, so die Kritik, kolonialistischen Bestrebungen unterworfen.[18] Das Christentum sei darum in vielen Ländern eine Fremdreligion, die von kolonialen Mächte aufgezwungen oder von der einheimischen Bevölkerung aus einer opportunistischen Haltung heraus aufgenommen wurde.[19] Zudem gibt es zahlreiche Hinweise, dass sich der Kolonialismus immer noch im Leben der Menschen auswirkt. Kolonialismus wird darum nicht als ein Thema der Vergangenheit begriffen, sondern als ein Problem, unter dem Menschen heute noch leiden. Postkoloniale Theorien und Kritik beschäftigen sich deshalb nicht nur mit den historischen Auswirkungen der Kolonialisierung. Vielmehr betrachten sie aktuell bestehende asymmetrische Machtverhältnisse, die aufgrund von Kolonialisierung entstanden sind.[20] Postkoloniale Kritik richtet sich dabei nicht in erster Linie gegen die christliche Missionsarbeit per se, sondern gegen das wirtschaftliche und kulturelle Machtstreben der ehemaligen Kolonialmächte. Die Mission wird hier meist dann einer Kritik unterzogen, wenn sie sich weiterhin kolonialer Strukturen bedient(e).[21]

---

17 Vgl. Do Mar Castro Varela und Dhawan, Postkoloniale Theorie (Anm. 3), 24–25.

18 Vgl. a.a.O.: 62–63. Ein Beispiel neuerer postkolonialer Kritik lässt sich in der vierteiligen Dokumentation „Rottet die Bestien aus" von Raoul Peck finden, die im Februar 2022 auf dem deutsch-französischen Sender ARTE ausgestrahlt wurde. Darin rollt Peck die Kolonialgeschichte Amerikas neu auf und kritisiert dabei eine „verankerte Ideologie der weißen Vorherrschaft." (www.arte.tv/sites/presse/meldungen-dossiers/rottet-die-bestien-aus-arte-zeigt-vierteilige-saga-von-raoul-peck/?lang=de; abgerufen am 23.08.2023). Das Problem dieser Dokumentation liegt jedoch in einer starken Verallgemeinerung. Die Gleichsetzung des Kolonialismus mit dem Holocaust ist aus historischen Gründen unangebracht, illegitim und verharmlost den letzteren.

19 Vgl. Knuth, Anton: War christliche Mission eine andere Form des Kolonialismus?, in: Deutsches Pfarrerblatt, 2/2022, 1–6:1.

20 Vgl. Do Mar Castro Varela und Dhawan, Postkoloniale Theorie (Anm. 3), 26. Für eine weitere Diskussion hinsichtlich postkolonialer Entwürfe, siehe Wiesgickl, Postkoloniale Theologien (Anm. 16) sowie den Beitrag von E. J. David Kramer in diesem Band.

21 Vgl. Reinhard, Wolfgang: Eine machtgesättigte Symbiose. Die Geschichte von Kolonialismus und Mission, in: Olaf Zimmermann und Theo Geißler (Hg.): Kolonialismus Debatte: Bestandsaufnahme und Konsequenzen, Berlin 2019, 86–88:88.

2. Postkoloniale Kritik und Mission

Im Folgenden werden einige wiederkehrende Kritikpunkte der postkolonialen Theorie kurz skizziert und dabei im Blick auf ihre Bedeutung für die christliche Mission erörtert. Ausgehend vom oben skizzierten Missionsverständnis wird dabei gefragt, wie berechtigt oder unberechtigt die unterschiedlichen Kritikpunkte postkolonialer Theorien hinsichtlich gegenwärtiger Gestaltung der Missionsarbeit sind.

2.1 Asymmetrische Machtverhältnisse

Westliche Missionsorganisationen agieren gegenüber den Menschen im Globalen Süden aus einer privilegierten Stellung heraus. Diese gilt es zu reflektieren. Im Wesentlichen spiegeln sich diese auf drei Ebenen wider, wobei sich diese nicht präzise voneinander unterscheiden lassen, sondern eng miteinander verwoben sind.

2.1.1 Ungleiche finanzielle Ressourcen

Dieser Kritikpunkt nimmt seinen Ausgangspunkt bei der Beobachtung, dass ungesunde Machtstrukturen durch ein Ungleichgewicht finanzieller Ressourcen aufrechterhalten bleiben. Tatsächlich haben westliche Kirchen und Missionsgesellschaften trotz knapper werdender Ressourcen immer noch deutlich mehr Mittel zur Verfügung als die meisten einheimischen Kirchen und Gemeinden. Das versetzt sie in eine Machtposition, die trotz aller partnerschaftlichen Bemühungen stets präsent ist. Westliche Mitarbeiter haben Geld und damit Möglichkeiten und Positionen, die Partnern in ärmeren Ländern verwehrt sind. Sie können Projekte gestalten und finanzieren, unabhängig von den Ressourcen und den Wünschen einheimischer Kirchen. Die Kritik bezieht sich dabei auf die Gefahr, dass Menschen zu reinen Empfängern gemacht werden. Diese würden dann in ihrem Subjektsein nicht mehr ernst genommen, sondern zu empfangenden Objekten degradiert. Abhängigkeitsstrukturen blieben dadurch erhalten und Menschen würden marginalisiert. Der indische Präsident der Hilfsorganisation World Vision, Jayakuma Christian, beschreibt, wie in einem globalen System reiche Länder, die Menschen im Globalen Süden in ökonomischer, kultureller und religiöser Abhängigkeit halten.[22] Analog dazu weist der finnische systematische Theologe Veli-Matti Kärkkäinen darauf hin, dass in einer globalisierten Welt die Fähigkeit zu finanzieren auch eine Fähigkeit zu diktieren umfasst. So gesehen ist Armut

---

[22] Vgl. Christian, Jayakumar: An Alternate Reading of Poverty, in: Bryant L. Myers (Hg.): Working with the Poor – Learnings from Development Practitioners, Colorado Springs (CO) 2008, 5–14:5.

nicht nur durch einen Mangel an Gütern zu definieren, sondern auch durch Machtlosigkeit, Marginalisierung und Entmenschlichung.[23]

2.1.2 Ungleiche Kommunikationsmöglichkeiten

Ein Ungleichgewicht an Macht drückt sich auch auf sozialen Ebenen aus. Menschen aus westlichen Gesellschaften besitzen aufgrund ihrer wirtschaftlichen Privilegien eine hohe Mobilität, was zwangsläufig dazu führt, dass sie über ein größeres Netzwerk verfügen, innerhalb dessen sie über Reisen informieren und Situationen deuten können.[24] Vertreter westlicher Kirchen und Missionsorganisation besitzen ungleich mehr Chancen in den Globalen Süden zu reisen als umgekehrt. Darum können sie z. B. Bild- und Filmaufnahmen aus diesen Ländern zeigen, ein Privileg, das Christen aus dem Globalen Süden verwehrt bleibt. Eine postkoloniale These lautet wie folgt: Wer Bilder macht und diese in die Öffentlichkeit transportiert, übernimmt die Deutungshoheit über die dargestellte Situation. Das verweist auf ein soziales Machtgefälle. Durch die bildliche oder filmische Darstellung eines Menschen in einer bestimmten Situation besteht die Gefahr, dass die Zeigenden, die in der Regel in einer sozial mächtigeren Position sind als die Gezeigten, dieses Machtgefälle für den eigenen Nutzen und die eigenen Ziele gebrauchen. In dieser Gefahr stehen Missions- oder Hilfsorganisationen, wenn sie vorwiegend Bildern repräsentieren, die Menschen in ihrer körperlichen und materiellen Not darstellen, um Spenden zu generieren. Der Bremer Theologe Yan Suarsana spricht in diesem Zusammenhang von einer Zweiteilung der Welt. Er kritisiert, dass „persons of colour" mit Mangel verbunden werden, mit dem, was nicht da ist, oder mit einer Fokussierung auf die Natur, was eine Wildheit impliziert. Afrikaner werden, so Suarsana, somit als hilfsbedürftig und passiv dargestellt.[25] Bilder haben Macht und vermitteln eine Botschaft. Darum ist es heute eine weitreichende Entscheidung, wie missionarische Arbeit in der Akquise von Spendern dargestellt wird? Welche Bilder, Clips und Filme werden gezeigt, damit reiche Menschen spenden? Werden die Menschen in den Ländern, für die Fundraising betrieben wird, als defizitär dargestellt? Werden die Menschen auf ihre Nöte reduziert und damit zu Objekten der Fürsorge und des „Sich-Kümmern-Müssen" gemacht?

---

23 Vgl. Kärkkäinen, Veli-Matti: A Theological-missiological Reflection on Money and Mobility in the Globalizing World, in: Mari-Anna Auvinen-Pöntinen and Jonas Adelin Jørgensen (Hg.): Mission and Money: Christian Mission in the Context of Global Inequalities, Leiden 2016, 11–20:14.

24 Vgl. Hölzl, Richard: Mission und Kommunikation – Verflechtungsgeschichtliche Perspektiven auf Missionsgeschichte im kolonialen Zeitalter, in: Interkulturelle Theologie. Zeitschrift für Missionswissenschaft, 2–3 (2019), 166–188:177.

25 Vgl. Suarsana, Der Nächste als der Andere (Anm. 16), 460.

Die norwegische Forschungsorganisation „Radi Aid", deren Ziel es ist, Stereotype in der Präsentation von Menschen bei Fundraising-Aktivitäten aus dem Globalen Süden aufzudecken, schreibt hierzu auf ihrer Website:

> „Through the media and the aid sector, audiences are often presented with a one sided and oversimplified depiction of countries and people in the global South. The narrative is often centered around unfortunate individuals in need of monetary assistance. This perpetuates the Western stereotypical perception of developing countries and reinforces the so called 'white savior' mind set."[26]

2.1.3 Ungleiche akademische Rahmenbedingungen

Ein dritter Aspekt, bei dem sich asymmetrische Machtverhältnisse widerspiegeln, bezieht sich auf die akademischen Möglichkeiten von Menschen im Globalen Süden. Ein wesentlicher Grund liegt in dem Umstand, dass sich während der Kolonialzeit im Bereich des Schul- und Bildungswesens ein enges Zusammenspiel zwischen Missionsgesellschaften und Kolonialstaat entwickelte.[27] Die Curricula an den Schulen orientierten sich an westlichen Bildungsplänen, was sich weitestgehend bis heute fortsetzt. Der aus Sierra Leone stammende Missionshistoriker Jehu Hanciles kritisiert die Vormachtstellung dieser westlich geprägten Curricula.[28] Der Schwerpunkt, so Hanciles, liege zum Beispiel im Fach Kirchengeschichte immer noch auf der europäischen Geschichte. Selbst Ausbildungsstätten im Globalen Süden würden dem westlichen Curriculum folgen, die Geschichte der Mission und Kirche ihrer eigenen Länder ignorieren, was Auswirkungen auf theologisches Denken und Selbstbewusstsein hat.[29] Das lasse sich sogar beim Begriff „World Christianity" ausmachen. World Christianity drückt aus, dass das Christentum unzählige Formen annehmen kann. Weltweit greifen Menschen das Evangelium aus ihren kulturellen Hintergründen auf und rezipieren es aus ihrer eigenen einheimischen Perspektive. Sie machen dabei eine „indigene Entdeckung des Christentums", so der aus Ghana stammende Missionstheologe Lamin Sanneh.[30] Sie entdecken das Christentum für sich und gestalten es für ihre Umwelt. Der Begriff „World Christianity" beschreibt die Tatsache, dass es unzählig viele kulturelle Verwirklichungsformen des christlichen Glaubens gibt. Die amerikanische Missionshistorikerin Dana Roberts schreibt hierzu: „Was im Gesamten als Weltreligion bezeichnet wird, ist bei genauerer Betrachtung ein

---

26 Radi Aid, www.radiaid.com (abgerufen am 20.10.2023).

27 Vgl. Do Mar Castro Varela und Dhawan, Postkoloniale Theorie (Anm. 3), 66.

28 Vgl. Hanciles, Jehu J.: New Wine in Old Wineskins: Critical Reflections on Writing and Teaching a Global Christian History, in: Missiology 34 (2006), 361–382:363.

29 A.a.O., 364.

30 Sanneh, Lamin: Whose Religion is Christianity, Grand Rapids (MI) 2003, 10.

Mosaik lokaler Glaubenserscheinungen an den Gott der Bibel, wie es von Jesus und seinen Nachfolgern weitergegeben wurde."[31]

Das Problem dabei ist jedoch, so die koreanisch-amerikanische Theologin Namsoon Kang, dass der Begriff „World Christianity" meist Bezug nimmt auf die nicht-westliche Welt. Man müsse nun fragen, so Kang, wer Subjekt und wer Objekt der World Christianity sei. Begriffe wie „einheimisch" oder „indigen", so Kang, verweisen auf eine westlich zentrierte Rhetorik. Niemand würde die an einer deutschen Universität gelehrte systematische Theologie als indigen bezeichnen, theologische Entwürfe aus Afrika oder Lateinamerika werden jedoch mit diesen Begriffen charakterisiert.[32] Ein missionstheologischer Entwurf, der eine Wirklichkeit des 21. Jahrhunderts umschreiben will, legt durch die Ausdrucksweise erneut eurozentristische Tendenzen offen.

Erschwerend kommt hinzu, dass Theologen aus dem Globalen Süden aufgrund fehlender finanzieller Mittel geringere Ausbildungschancen haben. Das hat zur Folge, dass es Theologen aus dem Globalen Süden schwerer haben, ihre theologischen Entwürfe in einen breiteren akademischen Diskurs zu stellen. Das wiederum führt zu einer Verhärtung der gegenwärtigen Situation, konkret einer Vormachtstellung nordamerikanischer und europäischer Theologie.

Wie berechtigt sind solche Anfragen und was wäre eine angemessene Antwort auf diese Kritik? Hierbei ist ein Blick auf die gegenwärtige Situation der weltweiten Missionsarbeit von großer Bedeutung.

2.2 Gegenwärtige Situation der Mission im 21. Jahrhundert

Dass in der weltmissionarischen Arbeit in Vergangenheit und Gegenwart große Fehler gemacht wurden und werden, ist nicht zu bestreiten. Die Fehlbarkeit menschlichen Handelns ist eine Grundkonstante der historischen Entwicklung. Dabei ist manches auch unterschiedlichen Perspektiven auf das Leben und die Welt von westlichen Missionaren und den einheimischen Adressaten der Missionsarbeit zuzuschreiben. So war zum Beispiel Land und Grund westlichen Missionaren nicht heilig und konnte wie Ware gekauft und verkauft werden. In animistischen Gesellschaften hingegen sind das Land und die Ahnen eng miteinander verbunden. Das Land gilt vor diesem Hintergrund als

---

31 Robert, Dana: Christian Mission. How Christianity became a World Religion, Malden 2009, 9: „What in total is called a world religion is, on closer observation, a mosaic of local beliefs in the God of the Bible, as handed down through Jesus and his followers" (Übersetzung TS).

32 Vgl. Kang, Namsoon: Whose/Which World in World Christianity? Toward World Christianity as Christianity of Worldly-Responsibility, in: Lamin Sanneh and Akintunde E. Akinade (Hg.): A New Day. Essays on World Christianity in Honor of Lamin Sanneh, New York 2010, 31–48:35.

gemeinschaftlich und heilig. Das führte zwangsläufig zu Konflikten.[33] Westliche Kirchen und Missionsgesellschaften stehen vor der Herausforderung, selbstkritisch ihre Arbeiten zu reflektieren und, wo nötig, sich einer Korrektur zu unterziehen und sich bei den Menschen entschuldigen.[34] Durch Selbstkritik, Korrektur und die Bitte um Vergebung wird jedoch nicht die missionarische Arbeit an sich sinnlos, im Gegenteil. Christliches Handeln gewinnt immer durch diese Prozesse ihre eigentliche Glaubwürdigkeit. Fehlerhafte Methoden, kulturelle Missverständnisse und die Verletzung einheimischer Menschen sind zu beklagen. Damit verlieren aber die Begegnungen und die missionarischen Intention an sich nicht ihre Legitimation, sonst würde jede Begegnung zwischen Kulturen, die immer ein beiderseitiger Lernprozess ist, unmöglich.

Trotz der postkolonialen Kritik der asymmetrischen Machtverhältnisse beobachten wir in Vergangenheit und Gegenwart, dass Menschen aus ehemals kolonialisierten Ländern die Kirche und den christlichen Glauben nicht als koloniales Anhängsel betrachten. Der christliche Glaube wurde in vielen Ländern Afrikas zu einem wesentlichen Bestandteil der ethnischen Identität. Niemand zwingt Menschen in Indonesien, Tansania oder dem Südpazifik, den Tag der Ankunft des Evangeliums in ihren Ländern jährlich zu feiern.[35] Die Kritik an christlicher Mission, wonach sie Menschen den Glauben überzustülpen, läuft hier ins Leere. Die Menschen konnten nicht gezwungen werden[36]. Dem widerspricht nicht nur das Wesen des Evangeliums, sondern auch jede Religionspsychologie. Nur der Glaube, der freiwillig angenommen wird, wird

---

33 Vgl. Do Mar Castro Varela und Dhawan, Postkoloniale Theorie (Anm. 3), 79.

34 Zum Beispiel fragt der britische Verantwortliche der Missionsorganisation OMF, Peter Rowan, wie sich Rassismus und postkoloniale Haltungen auf die Praxis auswirken. Ohne grundsätzliche die Missionsarbeit infrage zu stellen, setzt er sich kritisch mit der eigenen Missionsmethodik auseinander. (Rowan, Peter: Should White People be Missionaries Overseas?, in: Mission Round Table. The OMF Journal for Reflective Practitioners, 18 (2023), 16–27:17.)

35 Vgl. Knuth, War christliche Mission eine andere Form des Kolonialismus? (Anm. 19), 1.

36 Bemerkenswert ist, dass selbst in Lateinamerika, wo die spanische Conquista vielen Menschen viel Leid zufügte, Menschen den Glauben der Eroberer annahmen und diesen sich kulturell aneigneten (vgl. Koschorke, Klaus: Grundzüge der Außereuropäischen Christentumsgeschichte: Asien, Afrika und Lateinamerika 1450–2000, Tübingen, 2022, 53). In diesem Werk zeigt der Münchner Missionshistoriker auf, wie das Christentum sich in den vergangenen 500 Jahren außerhalb Europas ausbreitete. Bemerkenswert ist dabei, dass sich schon früh Formen des Christentums entwickelten, die sich nicht an denen europäischer Kirchen orientierten. Menschen nahmen den christlichen Glauben an und gaben diesem eine einheimische Gestalt. Sie nahmen den Glauben der Eroberer an, auch wenn sie Lebensstil und Haltung derselben ablehnten (vgl. a.a.O., 51).

auch nachhaltig in Gesellschaften Wurzeln schlagen. Es war das Zeugnis der Missionare, das für die Menschen glaubwürdig war. Fidon Mwombeki, Generalsekretär des Gesamtafrikanischen Kirchenrates, legt die Unterschiede zwischen Missionaren und Kolonialherren offen:

> „Die Missionare blieben nicht in den Städten in der Nähe staatlicher Stellen, sondern bauten verschiedene Missionsstationen in ländlichen Gebieten auf, wo sie begannen, den Menschen Bildung und medizinische Versorgung anzubieten. Kolonialisten machten das nicht. Die Missionare liebten die Menschen, lernten unsere unterschiedlichen Sprachen und stellten Bücher in unseren Sprachen her. Die Missionare luden sogar Einheimische zu sich ein, denn sie aßen auch unser Essen in unseren Häusern. Das ist der Grund, warum die Ankunft der Kolonisten nie gefeiert wurde, während die Ankunft der ersten Missionare noch bis heute gefeiert wird. Hingegen feiern wir den Tag, an dem der letzte Kolonist wegging, aber in keiner Gemeinschaft wird der Umstand gefeiert, dass uns die Missionare wieder verlassen haben."[37]

Die Menschen wussten sehr wohl, wem sie vertrauen konnten und wer sie ausbeuten wollte. Missionare und Missionsgesellschaften konnten die Menschen ja nie zwingen, den christlichen Glauben anzunehmen. Doch sind viele der Einladung gefolgt und haben sich den Glauben angeeignet und ihn selbst weiterentwickelt.

2.2.1 Mission als Aneignung (Selbstchristianisierung)

Es ist ein Trugschluss zu denken, es wären allein die Missionare gewesen, die die Menschen bekehrt hätten. Anton Knuth, Studienleiter der Missionsakademie Hamburg, zeigt auf, wie die Missionsarbeit von Anfang nie ohne lokale Akteure möglich gewesen wäre. Dessen sind sich die Christen in den ehemaligen Kolonien bewusst. Mwombeki formuliert hierzu:

> „Hauptakteure der Mission sind immer die eingeborenen Menschen gewesen. Sie brachten den Missionaren die Sprache bei, sie zeigten ihnen, was zu tun war, sie begleiteten sie, sie gaben ihnen Essen und Grundstücke, um Kirchen zu bauen, und bauten Kirchen mit ihren eigenen Händen."[38]

Wenn also heute im 21. Jahrhundert von Mission oder Ausbreitung des christlichen Glaubens gesprochen wird, dann liegt es nahe, dass das nicht allein vom Westen aus geleistet wurde oder gar noch wird. Einheimische Christen kannten und kennen die Sprache und das Leben vor Ort besser und konnten und

---

37 Mwombeki, Fidon: „Das Afrika, das wir wollen." Das missionarische Erbe in Tansania, in: Olaf Zimmermann und Theo Geißler (Hg.): Kolonialismus Debatte: Bestandsaufnahme und Konsequenzen, Berlin 2019, 117–118:117.

38 Knuth, War christliche Mission eine andere Form des Kolonialismus? (Anm. 19), 2.

können so die christliche Botschaft effektiver weitergeben. Es waren die einheimischen Christen, die durch ihr Engagement neue Strukturen schaffen konnten, westliche Kirchen und Organisationen haben bestenfalls positiv reagiert. Wieder ist es der aus Ghana stammende, vom Islam zum Christentum konvertierte Lamin Sanneh, der darauf hingewiesen hat, dass sich in Afrika seit dem Ende der Kolonialzeit mehr Menschen zum christlichen Glauben bekehrten als während der gesamten Zeit der Kolonialisierung.[39] Das geschah nicht aus einem kolonialistischen Zwang heraus, sondern, so Sanneh, weil der christliche Glaube den Menschen in ihrer lokalen Sprache das gegeben hat, wonach sie suchten.

Das gewaltige Wachstum der Kirchen, das heute in Afrika, Lateinamerika oder auch in China beobachtet werden kann, ist darum nur bedingt den Missionsgesellschaften zuzuschreiben. Diese konnten und können nur Impulse geben, die von lokalen Akteuren aufgegriffen und umgesetzt wurden und werden. Es waren lokale Akteure, die die ersten Impulse der Missionare und Missionarinnen aufnahmen und weiterführten. In diesem Zusammenhang sprechen die Historiker Jürgen Osterhammel und Jan Jansen von „Selbst-Christianisierung“[40]. Der Freiburger Ethnologe Lothar Käser weist darauf hin, dass das den Standardfall unter den protestantischen wie den katholischen Initiativen der Missionen bis weit über die Kolonialzeit hinaus bildete: „In der Regel wurde darauf hingearbeitet, so schnell wie möglich einheimische Mitarbeiter zur Entwicklung indigener Strukturen in die Fläche hinein zu befähigen.“[41]

Gleichwohl stehen Missionsgesellschaften hinsichtlich dieses Phänomens vor der Frage, wie sie damit umgehen, dass sie letztlich überflüssig gemacht wurden und werden und ihre Existenzberechtigung heute vielmehr in einer partnerschaftlichen Zusammenarbeit besteht. Scott Sunquist schreibt im Blick auf die gegenwärtige Situation, dass es im 21. Jahrhundert keine Pioniermissionare im engeren Sinn mehr gibt, die als Ausländer in ein Gebiet hineingehen, das von allen evangelistischen Bemühungen unberührt ist.

---

39 Vgl. Sanneh, Whose Religion is Christianity (Anm. 30), 41.

40 Vgl. Osterhammel, Jürgen und Jan C. Jansen: Kolonialismus. Geschichte, Formen, Folgen, München 2021, 103; Koschorke: Außereuropäische Christentumsgeschichte (Anm. 36), 101.

41 Käser, Lothar: Ethnologische Beobachtungen zur Selbstchristianisierung indigener Gesellschaften – Kulturelle Bedingungen eines merkwürdigen Konversionsprozesses, in: Anton Knuth (Hg.): Theologische Impulse der Missionsakademie: Mission, Kolonialismus, Partnerschaft – Beiträge zu einer postkolonialen Relektüre, Hamburg 2022, 82–102:82. Ferner verweist Käser auf den 1. Brief des Paulus an die Thessalonicher, in dem Paulus die Thessalonicher dafür lobt, dass sie seine Arbeit „als Indigene“ weitergeführt haben. Mit anderen Worten, „Selbst-Christianisierung“ war kein Zufall, sondern Programm derer, die die Impulse dazu setzten, was sich bis auf den Apostel Paulus zurückführen lässt.

Sunquist macht deutlich, dass im 21. Jahrhundert „every place of mission is a place of partnership".[42] Die Frage ist nun, wie sich diese Partnerschaften gestalten. Dass das kein neues Thema ist, zeigte sich bereits 1910 bei der ersten Missionskonferenz in Edinburgh. Damals forderte der aus Indien stammende Vedanayagam Samuel Azariah die Abgeordneten der Konferenz auf, ihre paternalistische Haltung aufzugeben: „Schickt uns Freunde!"[43], war seine Bitte.[44]

Missionare aus dem Westen konnten und können Impulse von außen bringen oder einen Funken entzünden, der von einheimischen Kirchen als großes Feuer weitergetragen wird. Hier begegnet uns freilich wieder ein asymmetrisches Machtverhältnis, dieses Mal allerdings mit verkehrten Vorzeichen. Missionare machen sich abhängig von den Menschen vor Ort. Genau dazu fordert Jesus seine Jünger auf, als er sie zwei zu zwei aussandte. Ohne Ressourcen sollten sie losziehen, gesandt wie „Lämmer unter die Wölfe", abhängig vom Wohlwollen der Menschen und deren Aufnahme (Lk 10,1–8). Gleichzeitig sind die Jünger aufgefordert, zu geben, was sie haben. Sie sollten Kranke heilen und das Reich Gottes verkündigen (Lk 10,9). In Abhängigkeit von den Kirchen vor Ort das weitergeben, was Gott einem anvertraut hat. Das bricht negative ungleiche Machtstrukturen auf.

Missionare haben immer auch Bildung weitergegeben. Das hat in der Vergangenheit kolonialisierte Menschen befähigt, selbst Verantwortung zu übernehmen und sich gegen ungleiche Machtstrukturen zu wehren.

2.2.2 Mission als Empowerment

Lamin Sanneh spricht davon, dass Mission nicht anhand der Motive der Mitarbeiter bewertet werden sollte, sondern anhand der Ergebnisse, die sichtbar wurden. Für Sanneh ist eine der wichtigsten Errungenschaften die Übersetzungsarbeit protestantischer Missionen. Mit der Bibel in der eigenen Sprache in der Hand konnten die einheimischen Christen alles infrage stellen, was von den fremden Kolonialherren kam. Die Bibel in der eigenen Sprache förderte, so Sanneh, eine persönliche kulturelle Identität und Stolz im positiven

---

42 Vgl. Sunquist, Understanding Christian Mission (Anm. 8), 370.

43 „Through all the ages to come the Indian church will rise up in gratitude to attest the heroism and self-denying labors of the missionary body. You have given your goods to feed the poor. You have given your bodies to be burned. We also ask for love. Give us FRIENDS", zitiert in Sunquist, Understanding Christian Mission (Anm. 8), 119. Hervorhebungen im Original.

44 Bei einem Studientag der Universität Tübingen am 14. Juni 2022 wurde der chilenische Missionar Andres Vergara gefragt, was denn die beste Methode gegen erneut aufkommende kolonialistische Tendenzen westlicher Missionare sei. Seine Antwort war bestechend einfach: „Lasst uns doch einfach Freunde sein" (Persönliche Notizen, Studientag der Universität Tübingen, 14. Juni 2022).

Sinne.[45] Mit anderen Worten, die Missionen haben die Einheimischen durch die Missionsschulen und die Bildung befähigt, sich gegen die Kolonialherrschaft zu wehren. Ferner konnten sie durch die Bibel in ihren eigenen Sprachen beginnen, selbst Theologie zu betreiben, ihre eigenen theologischen Entdeckungen zu machen und Konzepte zu entwerfen. Mission als Übersetzung, wie es Lamin Sanneh nennt, befähigte die jungen Kirchen, zu einem selbstständigen Gegenüber zu werden. Auch wenn es noch asymmetrische Machtverhältnisse im Blick auf akademische Theologie aufgrund der unterschiedlichen Rahmenbedingungen geben mag, es war die christliche Mission, die in den jungen Christen den Prozess starteten, dass diese westlichen Theologen ebenbürtig begegnen können.[46]

Durch die Aneignung des Evangeliums in ihrer eigenen Sprache und Weltsicht lernten Männer und Frauen, wie zum Beispiel Nelson Mandela, was es bedeutete, auch Recht, Gerechtigkeit und Menschenwürde einzufordern.[47] Das Evangelium in der einheimischen Sprache wurde so zu einem „Booster" für die Unabhängigkeitsbestrebungen in den einzelnen Ländern. Durch die von den Missionen gelieferte Bildung hatten sie die Kompetenzen und das vom Evangelium bewirkte Selbstbewusstsein gab ihnen die innere Kraft hierzu. Im Blick auf die oben erwähnte fotographische oder filmische Abbildung eines Menschen, kann das so gesehen auch zu dessen Empowerment dienen. Indem eine Person sich als darstellens- und abbildenswert erfährt, wird diese auch aufgewertet. In diesem Zusammenhang beschreibt der Göttinger Historiker Richard Hölzl, wie durch die Kommunikation von Missionaren um 1900, neben dem „heroisch-opferbereiten Missionar", eine weitere Figur in den Blick der europäischen Christen kam – „die des indigenen Christen", mit denen europäische Christen sich identifizieren konnten.[48] Es wäre auch zu fragen, warum z. B. Fotos aus reicheren Ländern, wie Taiwan oder Japan nicht derselben Kritik unterzogen werden. Das Kriterium kann hier nicht der Reichtum oder die Armut der Dargestellten sein, sondern die Motivation der Darstellenden und die Wahrung der Würde des gezeigten und beschriebenen Menschen.[49] Die grundlegende Motivation, Bilder zu zeigen, ist,

45 Vgl. Sanneh, Lamin: Christian Missions and the Western Guilt Complex, in: Christian Century 1987, 330–334:331.

46 Vgl. ebd.

47 Vgl. Dinkelaker, Bernhard: Wegbereiter, Handlanger oder Entwicklungsalternative? Die Rolle christlicher Missionsgesellschaften im Zeitalter des Kolonialismus, in: Deutsches Pfarrerblatt 2 (2022), 1–8:7.

48 Vgl. Hölzl, Mission und Kommunikation (Anm. 24), 173.

49 Missionsgesellschaften sind hinsichtlich der Darstellung von Menschen aus anderen kulturellen Kontexten in ihren Publikationen sensibler geworden. Hier sei auf die Internetseite der Überseeischen Missionsgemeinschaft als positives Beispiel hingewiesen. Mitarbeiter werden mit einheimischen Christen als Freunde

den Menschen in ihrer Not zur Seite zu stehen. Was wäre, wenn nicht auf die Not der Menschen hingewiesen werden würde? Der oben erwähnten Kritik am „white savior mind set", von dem Radi Aid spricht, kann darin begegnet werden, dass dieses Verhalten als christliche Verantwortung verstanden wird. Wenn Menschen in dieser Welt Hilfe benötigen, dann sind Christen, die die Ressourcen zur Hilfe besitzen, aufgefordert zu helfen. Die mediale Darstellung von Bedürftigkeit stellt eine essentielle Grundlage aller Hilfs- und Non-Profit-Organisationen dar, unabhängig davon, in welchem Setting und auf welchem Kontinent sie arbeiten. Deshalb müssen auch Missions- und Hilfsorganisationen, die um Spenden werben, ihre Arbeit gegenüber den Spendern plausibilisieren und legitimieren. Wer Profiteur von Spenden sein will, muss erklären, warum er Spenden nötig hat. Wenn in der Vergangenheit in der Darstellung von Menschen und Situationen Fehler gemacht wurden, so ging es Missionsgesellschaften und Missionaren dabei meist nicht um die eigene Bereicherung oder Sensationsgier, sondern um den Menschen in ihrer Not zur Seite zu stehen. Das konnten sie, weil sie aus einer materiell privilegierten Situation heraus handelten.

Asymmetrische Machtstrukturen bestanden und bestehen. Diese sind jedoch gemäß dem Evangelium in Christus aufgehoben. Paulus weiß um gesellschaftlich unterschiedliche Stellungen derer, die jedoch „allesamt einer in Christus Jesus" (Gal 3,28) sind. Menschen, die das Evangelium für sich entdecken, lassen sich deshalb nicht von bestehenden Machtstrukturen bestimmen, sondern begreifen sich „in Christus" und lassen sich deshalb nicht von diesen Strukturen domestizieren. Das zeigt sich am Beispiel der „African Initiated Churches".[50] Dort, wo Missionsgesellschaften einheimische Pastoren als Verantwortliche ablehnten und asymmetrische Machtverhältnisse versuchten aufrechtzuhalten, wandten sich diese ab und gründeten eigene Kirchen. Diese sind heute in Afrika unter dem Begriff „African Initiated Churches" zusammengefasst. Das zeigt, Menschen mögen sich von den Mitarbeitenden der Missionsgesellschaften abgewandt haben, aber nicht vom christlichen Glauben und der damit einhergehenden Mission. Sie wurden durch die Impulse von Missionaren und vor allem vom Evangelium in ihrer eigenen Sprache und Kultur befähigt, selbst aktiv in der Mission zu sein – und das nicht nur innerhalb ihrer eigenen Landesgrenzen.[51]

---

dargestellt, die gemeinsam auf dem Weg sind. Einheimische werden als aktiv und lebensfroh portraitiert. (Vgl. www.omf.org/de; abgerufen am 20.10.2023).

50 An manchen Stellen wird der Begriff „African Independent Churches" verwendet Dieser Begriff setzt diese Kirchen jedoch erneut in eine Beziehung zu europäischen Kirchen. „Initiated" hingegen betont den afrikanischen Ursprung dieser Gemeindebewegungen.

51 Vgl. Koschorke, Außereuropäische Christentumsgeschichte (Anm. 36), 51.

2.2.3 Mission „from everywhere to everywhere"

Die postkoloniale Kritik, der Westen habe den Menschen im Globalen Süden den christlichen Glauben übergestülpt, läuft ins Leere, wenn man bedenkt, dass nun genau diese Akteure der weltweiten Missionsarbeit geworden sind. In der eingangs erwähnten Lausanner Verpflichtung heißt es:

> „Wir freuen uns, dass ein neues Zeitalter der Mission angebrochen ist. Die beherrschende Stellung westlicher Missionen schwindet zusehends. Gott hat in den jungen Kirchen eine große Quelle der Weltevangelisation entstehen lassen und zeigt damit, dass die Verantwortung für die Evangelisation dem ganzen Leib Christi zukommt."[52]

Nachkommen ehemals Kolonialisierter sind heute starke Wirkungsträger der weltweiten Ausbreitung des christlichen Glaubens. Der christliche Glaube wird heute nicht mehr vornehmlich von westlichen Kirchen in die vorgeblich armen oder weniger entwickelten Regionen der nicht christlichen Welt gebracht, sondern er entfaltet seine Dynamik aus sehr unterschiedlichen Richtungen. Mission ist nicht länger ein vom Westen ausgehendes Unterfangen. Das gilt auch für Deutschland. Auch das Christentum in Deutschland divergiert in seiner Form und in seinen Wirkungsträgern. Mit anderen Worten, Menschen aus anderen kulturellen Hintergründen tragen ihre Gestaltungsformen des christlichen Glaubens weiter, was sich in den europäischen Metropolen beobachten lässt. Im Rahmen einer Studie des Liebenzell Institute for Missiological, Religious, Intercultural, and Social Studies (LIMRIS), die 2022 als „Stuttgarter Gottesdienst- und Gemeindestudie" erschien, wurde der Versuch unternommen, alle christlichen Gemeinden und Gemeinschaften der Inneren Metropol Region Stuttgart zu identifizieren. Die größte außereuropäische Gruppe bildeten dabei 14 Gemeinden, die ihren Ursprung in afrikanischen Ländern haben.[53] Es ist davon auszugehen, dass dies längst nicht alle sind; viele dieser Gemeinden haben ein internationales, transkontinentales Netzwerk. Daran wird erkennbar, mit welchem Blick afrikanische Gemeinden ihre Arbeit in Deutschland und Europa gestalten. Christen kommen mit einer bewusst missionarischen Identität nach Europa und gründen Kirchen. Viele dieser Pastoren mit Netzwerken in Afrika gehen neben ihrem Amt als Gemeindeleiter einem Beruf nach, um finanziell unabhängig zu sein. Für den Dienst in Gemeinde und Seelsorge bleibt ihnen nur ihre Freizeit. Die Frage nach der Legitimation ihrer Arbeiten beantworten diese Christen mit der

---

52 Die Lausanner Verpflichtung (Anm. 4).

53 Burkhardt, Friedemann u. a.: Gemeinden in der Region Stuttgart, in: Friedemann Burkhardt u. a. (Hg.): Stuttgarter Gottesdienst- und Gemeindestudie: Religionssoziologische Momentaufnahme Christlicher Gemeinden einer europäischen Metropolregion in ökumenischer Perspektive, Leipzig 2022, 91–188:159.

Bibel und ihrem Wunsch, Gott gehorsam zu sein: „Diese Gemeinden mögen ein Segen sein für ganz Europa, damit das Evangelium in der geistlichen Wüste, die es dort gibt, aufs Neue Ströme der Liebe Gottes herniederregen lässt und viele Menschen durch unseren Dienst das ewige Leben finden mögen“, zitieren Joyce Dara und Friedemann Burkhardt einen Pastor dieser Bewegung.[54]

Manche dieser Kirchen mit einem transnationalen Netzwerk legen dabei den Fokus auf ihre eigenen Landsleute. Die Sprache ist dabei ein exklusivistischer Kulturmarker.[55] Nicht selten treffen sich diese Gruppen in Gebäuden bestehender Gemeinden, sind jedoch unabhängig von ihnen. Andere wiederum lernen bewusst Sprache und Kultur und versuchen, interkulturelle Gemeinden zu gründen. So gibt es zum Beispiel in Chile eine Organisation mit Namen ProVision, die junge chilenische Christen und Christinnen vorbereitet, als interkulturelle Mitarbeiter in Europa, aber auch in afrikanischen Ländern zu arbeiten. ProVision hat 2022 bereits 14 Familien in neun Länder entsandt.[56] Diese Christen verstehen interkulturelle missionarische Arbeit als Ausdruck ihres lebendigen Glaubens. Sie haben den christlichen Glauben als Befreiung erlebt und wollen diese Freude teilen. Oft haben sie nicht die materiellen Ressourcen wie Kirchen und Missionsgesellschaften in Deutschland. Das hält diese Bewegungen jedoch nicht davon ab, aktiv zu werden.

Die Kirchen der ehemals kolonialisierten Gebiete in Afrika und Südamerika haben einen Wandel vollzogen von den Empfangenden hin zu den Gebenden. So drückt es der aus Sierra Leone stammende Missionswissenschaftler Jehu Hanciles aus.[57] Das Christentum ist lebendig und selbstbewusste Menschen kommen nach Europa, um hier Gemeinden zu gründen. Die Frage an westliche Kirchen und Missionsgesellschaften ist, wie sie diese internationalen Mitarbeiter aufnehmen. Werden diese als zweitklassig eingestuft oder werden sie aufgenommen und als Chance für die Kirche in Deutschland wahrgenommen? Oft dürfen internationale Gemeinden für Folklore und für Essen sorgen, werden aber kaum als theologische Gesprächspartner ernst genom-

---

54 Dara, Joyce und Friedemann Burkhardt: FEPACO-Nzambe Malamu, in: Burkhardt, Friedemann u. a. (Hg.): Stuttgarter Gottesdienst- und Gemeindestudie (Anm. 53), 469–482:474.

55 Ein Beispiel wäre hier die Japanische Evangelische Gemeinde Stuttgart, die Teil verschiedener Diasporagemeinden in der Inneren Metropolregion Stuttgart ist. Vgl. Schuckert, Tobias: Diaspora als theoretischer Rahmen zum Verständnis ausländischer Gemeinden am Beispiel der Japanischen Evangelischen Gemeinde Stuttgart, in: Friedemann Burkhardt u. a. (Hg.): Stuttgarter Gottesdienst- und Gemeindestudie (Anm. 53), 449–468:449.

56 Vgl. www.provision.cl (abgerufen am 12.10. 2022). Die Zahlen entsprechen dem Stand Oktober 2022.

57 Vgl. Hanciles, Jehu: Beyond Christendom. Globalization, African Migration, and the Transformation of the West, Maryknoll (NY) 2008, 218.

men. Wie auch immer die Reaktion der europäischen „alten" Kirchen auf diese internationalen Mitarbeiter ausfallen mag, sie wird diese Christen nicht stören, weiter Gemeinden zu gründen und auch die kirchliche Landschaft in Europa zu prägen.

3. Wie Mission sich in der Zukunft gestalten kann

Die Auseinandersetzung mit einigen Kritikpunkten der postkolonialen Theorie macht sichtbar, dass die Form, Methode, Haltung und Ergebnisse sowie „Verflechtungen"[58] zwischen christlicher Mission und politischem Hegemonialstreben kritisiert wird. Kritisiert wird die Aufrechterhaltung der asymmetrischen Machtverhältnisse zugunsten der europäisch-nordamerikanischen Denk- und Lebensweise. Christliche Mission im Sinne der Lausanner Verpflichtung ist einerseits selbstkritisch und weiß andererseits gleichzeitig, dass ihre Legitimation nicht in ihr selbst, sondern in Gottes Handeln mit dieser Welt begründet ist. Wie geht es weiter von hier aus? Wie können westliche Kirchen und Missionsgesellschaften Teilhaber an Gottes Wirken in dieser Welt sein, ohne in kolonialistische Muster zu verfallen? Wie können westliche Missionare und Missionsgesellschaften den Realitäten im 21. Jahrhundert begegnen, Fehler vermeiden und kultursensibel bessere Partner in der aktuellen Missionsarbeit werden? Das soll anhand von drei Thesen entfaltet werden. Die ersten beiden betreffen Ziel und Methode interkulturellen kirchlichen Handelns. Die letzte bezieht sich auf die Haltung aller Akteure der praktischen Missionsarbeit.

These 1: Jede Kirche hat das Recht zum Selbst-Theologisieren

In Apostelgeschichte 20,28-30 ermahnt Paulus die Ältesten der Gemeinde in Ephesus:

> „So habt nun acht auf euch selbst und auf die ganze Herde, in der euch der Heilige Geist eingesetzt hat zu weiden die Gemeinde Gottes, die er durch sein eigenes Blut erworben hat. Denn das weiß ich, dass nach meinem Abschied reißende Wölfe kommen, die die Herde nicht verschonen werden. Auch aus eurer Mitte werden Männer aufstehen, die Verkehrtes reden, um die Jünger an sich zu ziehen."

Mit der starken Metapher von der Herde und den reißenden Wölfen macht Paulus deutlich, wie er Irrlehrer, die „Verkehrtes reden", sieht: Als Menschen, die gierig sich nur um sich selbst drehen, die Gemeinde für ihre eigenen Leidenschaften missbrauchen. Gleichzeitig lässt Paulus das bedingungslos zu. Er droht den Ephesern nicht mit der Kündigung der Freundschaft oder

---

58 Nehring, Postkolonialismus – und was dann? (Anm. 24), 172.

Unterstützung. Er traut ihnen zu, dass sie selbst theologisch denken können. Im 19. Jahrhundert sprach der englische Direktor der Church Mission Society, Henry Venn, von den drei Selbst als Ziel der Mission. Diese sind Selbst-Propagieren, Selbst-Finanzieren und Selbst-Verkündigen. Darauf aufbauend spricht der amerikanische Missionsanthropologe Paul Hiebert von einem vierten Selbst: dem Selbst-Theologisieren.[59] Hiebert fordert damit westliche Kirchen auf, einheimischen, durch Mission entstandenen Kirchen dasselbe zuzugestehen, was sie für sich einfordern, nämlich dass sie in theologischen Fragen unabhängig und frei Antworten finden können – selbst auf die Gefahr hin, dass dadurch „reißende Wölfe kommen, die Verkehrtes reden", wie Paulus es in Apostelgeschichte 20 nannte.

Einheimische Kirchen benötigen eine theologische Unabhängigkeit, in der sie selbst ihre theologischen Konzepte entwickeln können, ohne dass westliche Kirchen ihnen vorschreiben, was richtig und was falsch ist. Offensichtlich war Paulus die Selbstständigkeit der Kirche in Ephesus so wichtig, dass er sogar die Gefahr einging, dass falsche Lehre verbreitet wird. Das konnte er, weil er mit dem korrektiven Wirken des Heiligen Geistes rechnete.

These 2: Mission in Partnerschaft ist Mission als Konvivenz

Der Begriff der Konvivenz stammt vom emeritierten Heidelberger Missionswissenschaftler Theo Sundermeier, der ihn 1986 als „Grundstruktur ökumenischer Existenz heute" einführte. Sundermeier baut dieses „Mitleben" mit dem Fremden auf drei Säulen auf: voneinander Lernen, untereinander Teilen, miteinander Feiern.[60] Mit diesem missionstheoretischen Ansatz können westliche Kirchen mit Kirchen des Globalen Südens gemeinsam die globalen Herausforderungen angehen. Diese drei Säulen der Konvivenz lassen sich auf drei Stellen aus der Heiligen Schrift gründen:

Miteinander Lernen: Paulus schreibt in 1. Korinther 13,9, dass menschliches Wissen immer nur Stückwerk sein kann. Christen sind gemeinsam auf dem Weg. Keiner hat schon alles, jeder Hintergrund gibt neue Einblicke in das Evangelium, die andere nicht haben. Darum benötigen Christen und Christinnen die Einsichten der jeweils anderen aus unterschiedlichen Hintergründen.

Miteinander Teilen: Im Blick auf die Geldsammlung für die Gemeinde in Jerusalem schreibt Paulus an die Korinther: „Jetzt helfe euer Überfluss ihrem Mangel ab, damit auch ihr Überfluss eurem Mangel abhelfe und so ein

---

59 Vgl. Hiebert, Paul: Anthropological Insights for Missionaries. Grand Rapids (MI) 1985, 193–224.

60 Vgl. Sundermeier, Theo: Konvivenz als Grundstruktur ökumenischer Existenz heute, in: Wolfgang Huber u. a. (Hg.): Oekumenische Existenz heute, München 1986, 49–100; Simon, Benjamin: Theo Sundermeier. Ein konvivaler Theologe, 4, (www.uni-heidelberg.de/fakultaeten/theologie/forschung/predigtforschung/universitaetsprediger/sundermeier.html; abgerufen am 24.08.2023).

Ausgleich geschehe" (2. Kor 8,14). Hier wird erkennbar, dass Paulus keine Kirche als dauerhaft bedürftig sieht. Asymmetrische Strukturen im Blick auf Finanzen ändern sich. Einmal ist es diese, einmal jene, die den Überfluss besitzt, um dem Mangel anderer abzuhelfen. Letztlich profitiert jede Kirche von der anderen.

Miteinander Feiern: Hier ist neben allen fröhlichen Festen auf die Feier des Abendmahls zu verweisen. Darin erfahren Christen die göttliche Vergebung und Versöhnung. Darum können sie einander vergeben und sich versöhnen. In diesem Feiern der Gnade Gottes geschieht ein Bewusstsein, dass wir als gleichberechtigte Glieder des Leibes Christi an den Tisch des Herrn gerufen sind. Bei der Feier des Abendmahls werden Christinnen und Christen sich bewusst, dass sie abhängig sind von der Gnade Gottes. Gleichzeitig drückt das Abendmahl die Großzügigkeit Gottes aus, der bereit ist, sich selbst zu geben. Versteht man Sundermeier so, lässt sich sagen, dass gegenseitiges Verständnis der Bedürftigkeit vor Gott vor asymmetrischen Machtverhältnissen schützen kann.

These 3: Alle Akteure der Mission sind aufgerufen zur Selbstkritik

Gott treibt seine Mission in dieser Welt immer durch Menschen nach vorne. Akteure, deren Denken und Handeln immer noch Teil dieser gefallenen Schöpfung ist. Der Schatz der Herrlichkeit Gottes durch das Evangelium befindet sich in „irdenen Gefäßen" (2Kor 4,7). Das gilt für Mitarbeiter aus dem Globalen Norden in gleicher Weise wie für Mitarbeiter aus dem Globalen Süden. Die Kirche breitet sich in einem eschatologischen Spannungsfeld aus. Zum einen ist sie bereits Teil von Gottes neuer Schöpfung, zum anderen ist sie immer noch Teil der alten gefallenen Schöpfung und damit fehlerhaft und sündig. Das Problem kolonialistischen oder paternalistischen Denkens wird sich darum nicht einfach in Luft auflösen, es wird weiterhin präsent sein. Bei allen Bemühungen, negative Auswirkungen asymmetrischer Beziehungen zu verringern, wird es eine dauerhafte Gefahr aller interkulturellen Arbeit darstellen. Diese Gefahr besteht nicht nur für Menschen aus dem Westen. Menschen aus dem Globalen Süden kennen ebenfalls Rassismus und Ethnozentrismus. Das Herabschauen auf Menschen einer anderen Ethnie und Festhalten an rassistischen Strukturen ist nicht ein Problem, das sich allein auf Europa und Nordamerika begrenzen würde. Menschen in Afrika, Asien und Lateinamerika kennen ebenfalls Gruppen und Ethnien auf die sie herabsehen und als minderwertig betrachten. Solange, bis die Vision von Offenbarung 7 Wirklichkeit wird und alle Völker, Nationen, Stämme und Sprachen vor Christus stehen, wird die Mission Gottes, ausgeführt von Menschen, in dieser Spannung stehen. Darum ist es klug, sich selbst, das eigene theologische Denken, Handeln und Reden stets kritisch zu hinterfragen.

4. Nicht das Ob, sondern das Wie zählt

Gesellschaften befinden sich in stetem Wandel. Sie werden von innen wie von außen verändert. Die Vorstellung, alles solle immer bleiben, wie es ist und war, trifft nicht die Lebenswirklichkeit der Menschen. Entsprechend befindet sich die Missionsarbeit in einem ständigen Wandel. Wie auf die entsprechenden Veränderungen reagiert und die Arbeiten gestaltet werden, muss immer wieder reflektiert und korrigiert werden. Das gilt für Akteure aus dem Westen wie aus dem Globalen Süden. Zu Beginn dieses Beitrags wurde es schon beschrieben, die Legitimation der Missionsarbeit kann die globale Kirche gar nicht verlieren. Diese ist in ihrem Kirche-Sein verankert. Der Geist Gottes wird immer wieder Menschen ansprechen und diese in die Welt senden. Christen weltweit sind darum aufgerufen, diese Sendung anzunehmen. Die Aufgabe der Missionswissenschaft ist die Art und Weise, wie diese Sendung ausgelebt wird, zu reflektieren und zu korrigieren. Es ist darum richtig, nicht das Ob, sondern das Wie der missionarischen Arbeit immer wieder neu zu überprüfen.

Über allem aber steht die Freude, dass Gottes Geist trotz aller menschlichen Fehler und Schwächen, ja sogar Sünde, in der Vergangenheit Menschen gerufen hat, sie sich bekehrten und neue Kirchen weltweit entstanden. Das wird sich auch in Zukunft nicht ändern. Die Mission Gottes in dieser Welt geht weiter, ob mit oder ohne uns. Menschen werden die Freude erleben, die alle erfahren, wenn sie ein Leben mit Jesus Christus beginnen. Eine Freude, die hinaustreibt zu den Menschen – die Freude an der Teilhabe an Gottes Mission in dieser Welt. Anton Knuth hat das treffend zusammengefasst:

> „Das Bemühen um die Überwindung von Kolonialismus und Rassismus steht nicht im Widerspruch zur Freude über die Ausstrahlungskraft eines weltweiten Christentums, das aus der Missionsgeschichte hervorgegangen ist.“[61]

61 Knuth, War christliche Mission eine andere Form des Kolonialismus? (Anm. 19), 4.

Postkolonialismus und Mission – Einsichten aus dem Gespräch mit Edward Said

E. J. David Kramer

1. Einleitung

Es war im Sommer 2006, als meine Frau und ich uns auf einen Missionseinsatz in Sambia vorbereiteten, als ich einen guten Freund in Toronto besuchte. Er war an der mir bevorstehenden Reise interessiert, aber, so spürte ich, auch etwas beunruhigt und er machte sich Sorgen, wie solch ein Missionseinsatz aussehen würde. Als er, zu dieser Zeit kein Christ, mir *The Poisonwood Bible* (1998) in die Hand drückte und mich eindringlich bat, es zu lesen, nahm ich sein Anliegen zu Herzen und war auf die Lektüre gespannt.[1] Sie ging mir unter die Haut und führte mich in ein Feld, das – wie ich später lernte – als Postkolonialismus bezeichnet wird.

In ihrem für den Pulitzer Preis nominierten Roman (zu Deutsch *Die Giftholzbibel*) erzählt Barbara Kingsolver von einer amerikanischen Familie, die im Jahr 1960 zu einem Missionseinsatz in den Kongo aufbricht, eingebettet in die zeitgeschichtlichen Ereignisse rund um die kongolesische Unabhängigkeit, die Ermordung Patrice Lumumbas durch die CIA und den Putsch Mobutu Sese Sekos. Der Familienvater Nathan Price, ein baptistischer Pastor, ist ein unbelehrbarer Draufgänger, der an der Richtigkeit seiner Überzeugungen, seien sie religiöser oder landwirtschaftlicher Art, keinen Zweifel aufkommen lässt und auf diese Weise seine Familie stracks in die Katastrophe führt.

Durch die Perspektiven der Mutter und der vier Töchter, erzählt Kingsolver meisterhaft vom Versuch des Vaters, die Seelen eines kongolesischen Dorfes zu retten, ohne sich mit ihrer Lebenswirklichkeit ernsthaft zu beschäftigen. Sein selbstsicheres Überlegenheitsgefühl macht Nathan Price taub für die leisen Signale seiner Umgebung. Er verurteilt bei der Ankunft die spärliche Kleidung der Frauen als die Sittenlosigkeit Sodoms; er reißt einer Warnung trotzend mit bloßen Händen ein Bäumchen aus der Erde, das sich als Giftholz erweist und seine Hände und Arme mit einem schmerzlichen Ausschlag übersät; er möchte am großen Fluss Taufen abhalten und missversteht die Zurückhaltung der Dorfbewohnen, die die Krokodile fürchten. In der Absicht einen Vorzeigegarten fürs Dorf zu errichten, ignoriert er die Anweisungen seiner Hausangestellten Mama Tataba und legt ihn so an, dass er in den tropischen

[1] Kingsolver, Barbara: The Poisonwood Bible, New York 1998.

Regengüssen überflutet und davongeschwemmt wird. Die Ironie gipfelt in dem einen Brocken der einheimischen Sprache, den Nathan Price zwar gelernt hat aber falsch ausspricht und deshalb seine Predigten schließt mit „Jesus ist Giftholz!" Eines Tages belehrt ihn der Dorfhäuptling Tata Ndu „Á, Tata Price... du glaubst wir sind *mwana*, deine Kinder, die nichts wussten, bis du hierherkamst. Tata Price, ich bin ein alter Mann, der von anderen alten Männern lernte. Ich könnte dir den Namen des großen Häuptlings sagen, der meinen Vater unterrichtete, und alle die vor ihm waren, aber du müsstest lernen, dich hinzusetzen und zuzuhören."[2]

Eines Tages wird die Jüngste, Ruth May, tödlich von einer Green Mamba gebissen und ihre Mutter, Orleanna, beschließt kurzerhand ohne Mann ihre restlichen Kinder aus dem Dschungel zu führen. Die Überlebenden suchen jede auf ihre Weise mit der Familientragödie umzugehen. Im Rückblick urteilt Leah über ihren Vater: „Wenn ich nur zurückgehen könnte, um Vater eine einzige Gabe zu geben. Ich würde ihm die einfache menschliche Erleichterung schenken, sich einen Fehler einzugestehen und ihn durchzustehen. Armer Vater, er war nur einer unter einer Million Männern, die es nie kapiert haben."[3] Nathan Price ist kein Einzelfall, so die Botschaft, sondern symptomatisch für den westlichen Umgang mit der nichtwestlichen Welt.

Die Giftholzbibel handelt von dem Zusammenprall verschiedener Kulturen und Glaubensüberzeugungen. Dabei steht die Hauptfigur des Missionars Nathan Price für alles, was postmodernen Menschen abscheulich ist: Arroganz, Rechthaberei, Rassismus und koloniales Gebärden. Der Roman kann als Generalkritik an christlicher Missionsarbeit gelesen werden, aber m.E. ist er genauer betrachtet eine Kritik an einer bestimmten Art von christlicher Mission und daran, wie die Vereinigten Staaten von Amerika ihre machtpolitische Überlegenheit nutzen, um sich zerstörerisch in die Angelegenheiten afrikanischer Länder einzumischen. Damit führt diese Geschichte ins Herz der Problematik, die durch die postkoloniale Kritik benannt wird.

Die Buchempfehlung meines Freundes wirft Fragen auf, die für Christen im Westen an Bedeutung gewinnen. Wie steht es um die Richtigkeit und Aufrichtigkeit christlicher Missionsarbeit in der ehemals kolonisierten Welt? Darf man nach wie vor aus dem Westen Missionare entsenden und falls ja, unter welchem Vorzeichen und mit welcher Haltung? Was will die postkoloniale Kritik und wie können Christen im Westen mit ihr umgehen?

Ich glaube, dass für im Westen angesiedelte, international arbeitende Missionsbewegungen es in Zukunft wesentlich sein wird, ein Grundverständnis vom sogenannten Postkolonialismus (oder postkolonialer Kritik) zu haben. Dies hilft bei der Gestaltung gesunder partnerschaftlicher Beziehungen mit

2 Kingsolver, Poisonwood Bible, 333. (Übersetzung DK. Direkte Übersetzungen aus englischen Werken werden im weiteren Verlauf nicht gesondert gekennzeichnet.)

3 A.a.O., 525.

Christen im Globalen Süden und für die angemessene Kommunikation über Missionsarbeit im westlichen Kontext. Dabei arbeite ich mit der Voraussetzung, dass es diese gesunde Zusammenarbeit in der Vergangenheit immer schon gegeben hat und auch heute noch gibt und sich deshalb das Bemühen um ebendiese auch im Hören auf kritische Stimmen lohnt.[4]

In diesem Sinne, widme ich mich in einem *ersten* Schritt dem Ansatz der postkolonialen Bewegung, indem ich sie anhand eines ihrer Vordenker vorstelle. Im *zweiten* Schritt arbeite ich einige postkoloniale Kernanliegen heraus und bringe sie mit christlichen Glaubensüberzeugungen ins Gespräch. In einem *dritten* Schritt versuche ich von diesen Erkenntnissen her einige alltägliche Beobachtungen für Missionare, Missionsunterstützer und Missionsinteressierte zu formulieren. Diese sollen zur angemessenen Fortführung von Mission im Kontext postkolonialer Kritik einen kleinen Beitrag leisten.

1. Einführung in den Postkolonialismus

1.1 Hinführung

Für die meisten Menschen in Deutschland ist das Thema der Kolonialzeit heute weit weg. Nicht nur war Deutschland ein Spätzünder unter den europäischen Nationen beim weltweiten Griff nach Kolonien, sondern die begehrte Beute musste auch früh – nach der Niederlage im 1. Weltkrieg – wieder abgetreten werden. Deshalb mag es seltsam anmuten, dass jetzt – über 100 Jahre nach dem deutschen Ausstieg aus dem kolonialen Unterfangen – das Thema des ‚Postkolonialismus' sich zunehmend Verhör verschafft, sowohl in den populären Medien als auch in der akademischen Landschaft.[5] Das aktuelle Interesse ist nicht nur auf Einzelereignisse wie der Eröffnung des Humboldt-Forums oder der Aufarbeitung des Völkermords an den Herero in Namibia (ehemals Deutsch-Südwestafrika) zurückzuführen, sondern erwächst aus dem Unterbau der *kritischen Theorie*, einer mit der postmodernen Philosophie verwobenen Denkrichtung, die insbesondere die Ausübung westlicher Macht prüfend ins Visier nimmt.[6]

Damit liegt auch die Anfrage an christliche Mission auf der Hand, denn die Ausbreitung des christlichen Glaubens von Europa in den Rest der Welt hat

---

4 María do Mar Castro Varela und Nikita Dhawan sagen von ihrer kritischen Abhandlung über die postkoloniale Theorie, dass die ernsthafte Kritik etwas Nützliches kritisiert, vgl. dies.: Postkoloniale Theorie. Eine kritische Einführung, Bielefeld [3]2020, 21. In diesem Sinne setzt die „ernsthafte Kritik," insofern sie in diesem Artikel anklingt, die „Nützlichkeit" und Gebotenheit christlicher Mission voraus.

5 Vgl. Zimmermann, Olaf und Theo Geißler (Hg.): Kolonialismus-Debatte. Bestandsaufnahme und Konsequenzen, Aus Politik & Kultur 17, Berlin 2019.

6 Vgl. Eagleton, Terry: After Theory, New York 2003, 10–15.

in engem Wechselspiel mit westlichen Kolonialbestrebungen stattgefunden. In vielen Fällen haben Missionare und Kolonialherren Hand in Hand gearbeitet, um der Welt die drei ‚Cs' zu bringen: *Christianity, Commerce, Civilization.*[7] Auf diesem Hintergrund fragen viele: Ist die christliche Missionsbewegung nicht die religiöse Abteilung eines großangelegten Projekts, westliche Dominanz weltweit durchzusetzen? Wer die Fragen verneinen oder differenziert betrachten will, braucht heute Gründe und wer nach wie vor christliche Mission für legitim hält, tut gut daran, sich mit dem postkolonialen Denkansatz zu befassen. Der katholische Missionstheologe Sebastian Pittl hält die Auseinandersetzung für wichtig, weil sie der Theologie hilft angesichts globaler Herausforderungen wie Migration, Flucht und Neoimperialismus sprachfähig zu bleiben und neue Perspektiven anbietet, um Probleme zu erfassen. Des Weiteren hilft sie der Verständigung mit Christen in den ehemaligen Kolonialgebieten, die den postkolonialen Denkansatz einleuchtend finden.[8]

1.2 Das Anliegen des Postkolonialismus

Betrug der Anteil der Erdoberfläche, der unter kolonialer Herrschaft stand, im Jahr 1815 etwa 35 %, so ist dieser bis 1914 auf etwa 85 % des Globus angestiegen.[9] Damit hat der Großteil der Welt, sowohl an Fläche als auch an Bevölkerung gemessen, eine koloniale Vergangenheit. Während die spanischen Kolonien Südamerikas schon im frühen 19. Jahrhundert um ihre Unabhängigkeit von der spanischen Krone rangen, fand die große Welle der Dekolonisierung insbesondere britischer und französischer Kolonien in den 1950er und 1960er Jahren statt. Als Nachzügler erlangten Mosambik und Angola erst 1975 die Unabhängigkeit von Portugal. Es bleibt unterdessen umstritten, ob z. B. die großen Nationen Nordamerikas, Australiens oder Russlands nach wie vor im Blick auf ihre Ureinwohner als Kolonialmächte zu betrachten sind.

Der Postkolonialismus ist eine Betrachtungsweise, die die Geschichtserzählung, Normen und Herrschaftsausübung der Kolonialmächte hinterfragt. Diese Hinterfragung geschieht in politischer, sozialer und ethischer Hinsicht und bedient sich der Erkenntnisse verschiedener Fachrichtungen, wie z. B. der Geschichts- und Politikwissenschaft, der Soziologie und der Philosophie. Jedoch ist es die Literatur, die durch Romane und Gedichte Emotionen und

---

7 Vgl. Bosch, David J.: Transforming Mission. Paradigm Shifts in Theology of Mission, Maryknoll (NY) 1991, 305. Zu Deutsch: das Christentum, den Handel und die Zivilisation.

8 Pittl, Sebastian: Für eine „Globalisierung der Hoffnung", in: ders. (Hg.): Theologie und Postkolonialismus. Ansätze – Herausforderungen – Perspektiven, Weltkirche und Mission 10, Regensburg 2018, 13.

9 Said, Edward W.: Orientalism, London u. a. Penguin 2003 [1978], 41.

Lebenserfahrungen Ausdruck verleiht, die wie ein Katalysator für postkoloniales Denken gewirkt haben.[10]

Während viele Europäer den Nachwirkungen der Kolonialgeschichte wenig Beachtung schenkten, ist dies für die Nachkommen kolonisierter Menschen meist anders. Die Gründe liegen auf der Hand. Zum einen passte sich die wirtschaftliche Verflechtung mit den ehemaligen Kolonien bei der Dekolonisierung nahtlos an das neue politische System an – oft als Fortsetzung des gleichen Machtgefälles – so dass das neue Verhältnis häufig als *Neokolonialismus*, d. h. als Neuauflage kolonialähnlicher Beziehungen, bezeichnet wird. Zum anderen war die Beherrschung der kolonisierten Völker mit der Ansicht verbunden, dass die Kolonisatoren auf sämtlichen Bewertungskalas *besser* waren als die kolonisierten Menschen. Dieses Bewusstsein prägte nicht nur die Europäer und ihr Auftreten in der Kolonialzeit, sondern wurde Teil des *Selbst*verständnisses vieler kolonisierter Menschen und sorgte für die Neigung, sich an europäischen Standards zu messen in Bezug auf Fertigkeiten, Kompetenzen, Umgangsformen, Sprache und Hautfarbe.

Diese Kolonialgeschichte war deshalb möglich, weil ein Machtgefälle zwischen Kolonisatoren und Kolonisierten bestand. Dieses Gefälle bestand nicht nur aus militärischer oder technischer Macht (die einen hatten Gewehre und Kanonen, die anderen nicht), sondern aus politischer, wissenschaftlicher und kultureller Macht (die einen haben das Know-how, Wissen *und Bestreben*, um die anderen zu erforschen, sie gefügig zu machen und sie in ihr System einzubinden). Es ist deshalb nicht verwunderlich, wenn die Analyse von *Macht* zum Dreh- und Angelpunkt der theoretischen Aufarbeitung der Kolonialgeschichte geworden ist.

Unter den theoretischen Impulsen, die zur Etablierung des Postkolonialismus als akademische Disziplin führten, stechen diejenigen von Edward W. Said, Gayatri Chakravorty Spivak und Homi K. Bhabha hervor.[11] Ich werde hier Edward Said und sein einschlägiges Buch, *Orientalismus*, vorstellen, denn es gilt als Meilenstein in der postkolonialen Analyse und seiner Kritik lässt sich auch für christliche Missionsarbeit einiges abgewinnen.

1.3 Edward W. Said und der „Orientalismus“

Der vielleicht bedeutendste Theoretiker des Postkolonialismus ist der palästinensisch-amerikanische Literaturkritiker Edward Wadie Said (1935–2003).

---

[10] Wichtige Verfasser der verschiedensten Arten von Schriften sind Aimé Césaire, Frantz Fanon, Toni Morrison, Chinua Achebe. Edward W. Said und Homi K. Bhabha sind als Literaturwissenschaftler zu einflussreichen postkolonialen Denkern aufgestiegen.

[11] Vgl. Spivak, Gayatri Chakravorty: Can the Subaltern Speak?, in: dies:, Toward a History of the Vanishing Point, Harvard (MT) 1999; Bhabha, Homi K.: The Location of Culture, London u. a. 1994.

Said wurde in Jerusalem als Kind protestantischer Palästinenser geboren, besuchte britische Schulen in Jerusalem und Kairo und studierte in Princeton und Harvard (USA) Literaturwissenschaften. Sein Vater erlangte durch seinen Dienst im amerikanischen Militär im ersten Weltkrieg die amerikanische Staatsbürgerschaft, wovon sein Sohn für seinen Bildungsweg profitierte. Nach seinem Studium unterrichtete Said von 1963 bis 2003 an der renommierten Columbia University in New York, wo er 2003 an Leukämie verstarb.

In seinem 1978 erschienenen Buch *Orientalism* kritisiert Said die Forschungsdisziplin des Orientalismus, welche über Jahrhunderte von England, Frankreich, Deutschland, Russland und den USA aus den ‚Osten' mit seinen alten und modernen Sprachen, seinen Religionen und Kulturen studierte sowie seine archäologischen und historischen Zeugnisse sammelte und archivierte. Dieses großangelegte Unternehmen der abendländischen Wissenschaft sieht Said nicht als die Anhäufung neutraler Informationen, sondern als die Herstellung eines Wissensgebäudes, in dem die Überlegenheit des Westens über den Osten der Grundstein ist. Denn schließlich, so analysiert Said die Haltung dieser Disziplinen, sind es westliche Wissenschaftler, die den Osten erforschen und nicht umgekehrt, und diese entdecken so manches, z. B. in der Archäologie, was der Osten über sich selbst nicht wusste. Erst als der westliche Forschergeist auf diese ungehobenen Reichtümer stieß, wurde dieses Wissen über den Orient für die Welt zugänglich. Said glaubt, dass dieses Wissen nicht neutral ist, sondern durch eine wertende westliche Brille verarbeitet und zum Instrument der Beherrschung des Ostens durch den Westen gemacht wurde. Er schreibt: „Ideen, Kulturen und Historien können nicht ernsthaft untersucht werden ohne ihre Kraft, oder genauer ihre Machtkonfigurationen, auch zu untersuchen."[12] Das bedeutet, westliche Forscher können östliche Kulturen nicht erforschen, ohne dass sich das vorhandene Machtgefälle in der Untersuchung niederschlägt. Er fährt fort, „der Orientalismus hängt für seine Strategie von dieser flexiblen *örtlichen* [oder: positionellen] Überlegenheit ab, welche den Westler in eine ganze Reihe möglicher Beziehungen zum Orient versetzt, ohne dass er jemals die Oberhand verliert. Und warum hätte es auch anders sein sollen, besonders während des Zeitalters des außergewöhnlichen europäischen Aufstiegs von der späten Renaissance bis zur Gegenwart? Der Wissenschaftler, der Forscher, der Missionar, der Händler oder der Soldat war im Orient, weil er *dort sein konnte,* oder dachte über ihn nach, mit sehr wenig Widerstand seitens des Orients."[13]

Es ist also die Tatsache, dass der westliche Administrator, Missionar oder Händler im Osten überhaupt sein kann und von dieser Stelle aus die Menschen dort betrachten, ihnen begegnen und sie analysieren kann, dic schon

---

12 Said, Orientalism (Anm. 9), 5.

13 A.a.O., 7. Ich bleibe in dieser Besprechung Saids bei seiner, heute weniger zeitgemäßen Ausdrucksweise vom ‚Orient' und ‚Orientalen'.

eine Machtposition darstellt. Dies gilt auch für den Wissenschaftler, der Berlin, Paris oder London nie verlässt und doch Zugriff auf die Sprachen, Schriften, Kunstwerke und Artefakte dieser Länder hat.[14]

Durch diese Erforschung entstehen *Repräsentationen* oder *Darstellungen* des Forschungsgegenstandes, z. B. in Form von Büchern, Artikeln, Museumsausstellungen oder davon inspirierte Kunst. Wer in der Position ist, den anderen darstellen zu können, ist im Vorteil, argumentiert Said. Dies betrifft nicht nur künstlerische Texte, in denen die ästhetische Repräsentation im Vordergrund steht, sondern auch sachliche Texte, die den Orient zum Gegenstand haben. Es geht Said an dieser Stelle nicht darum, die Richtigkeit der Darstellung mit dem tatsächlichen Orient zu überprüfen und für mangelhaft zu erklären, sondern auf die Machtposition dessen hinzuweisen, der darstellt.[15] Dies ist ein kritischer Punkt, denn Said hinterfragt damit die Möglichkeit von objektivem Wissen und die Neutralität von wissenschaftlicher Wissensanhäufung.[16] Darüber hinaus beobachtet Said die fehlende Selbstdarstellung des Orientalen in diesem Diskurs und fürchtet, dass der Orientale die westliche Darstellung über sich und seine Kultur übernimmt und sie seiner Identität zu Grunde legt, d. h. er glaubt dem Bild, das der medial verstärkte westliche Wissenschaftler von ihm zeichnet.

Eng verwoben mit dieser Sorge ist die Kritik am ‚Essentialisieren'. Damit ist eine Zuschreibung gemeint, bei der eine Person oder ganze Kultur auf gewisse Wesensmerkmale festgelegt wird, die jedoch zu undifferenziert (oder sogar ganz falsch) sind. In der Analyse einer Rede des Briten Arthur James Balfour vor dem britischen Parlament 1910 und Artikeln aus dem Umfeld des amerikanischen State Department (entspricht dem deutschen Auswärtigen Amt) der 1970er Jahre stellt Said frappierende Ähnlichkeiten fest, die er auf

---

14 Andreas Nehring, Orientalismus und Mission. Die Repräsentation der tamilischen Gesellschaft und Religion durch Leipziger Missionare 1840–1940, Studien zur Außereuropäischen Christentumsgeschichte 7, Wiesbaden 2003, 34, bewertet die Relevanz der Perspektive Edward Saids wie folgt: „Die Bedeutung von Saids Ansatz ist, dass er Orientalismus als einen Meta-Diskurs präsentiert, der über Regionalstudien hinausgeht und das Verhältnis von Europa zu sich selbst und zu seinem ‚anderen' zum zentralen Thema hat."

15 Diese Erkenntnis ist vermutlich nicht besonders kontrovers, aber sie leuchtet heute auf dem Hintergrund allgegenwärtiger Smartphones mit eingebauten Kameras mehr ein denn je. Wer den anderen filmt, ist im Vorteil. Salopp ausgedrückt könnte man Saids Punkt so zusammenfassen: In der Begegnung zwischen Westen und Osten hatte nur der Westen das Smartphone und konnten über die ‚Orientalen' posten, was er wollte.

16 Widerspruch erfährt er vom einflussreichen britisch-amerikanischen Historiker des Nahen und Mittleren Ostens Bernard Lewis, der Saids Kritik für überzogen und unpräzise hält, vgl. Lewis, Bernhard: The Question of Orientalism, The New York Review of Books, 24. Juni 1982.

das Deutungsmuster des Orientalismus zurückführt, das gewisse kulturelle Merkmale als ‚typisch' für den Orientalen tradiert. In der üblichen Gegenüberstellung sind Westler „rational, friedliebend, liberal, logisch, fähig echte Werte zu besitzen, ohne natürlichen Argwohn," während all diese Eigenschaften für arabische Orientale gerade nicht charakteristisch sind.[17] Mit diesem Argument hat Said wesentlich dazu beigetragen, dass es heute gemeinhin als verwerflich gilt, den anderen zu ‚essentialisieren'. Aussagen darüber, was typisch für Schwarze, Weiße, Afrikaner, Asiaten, Frauen oder Männer ist, werden heute im Diskurs reflexartig als problematisch gewertet.[18] Es bleibt dann aber die unbeantwortete Frage, wie die kulturellen Unterschiede, die Menschen nach wie vor aneinander wahrnehmen, angemessen benannt werden können.

1.4 Exkurs: Essentialisierung der Deutschen?

Saids Anliegen lässt sich vielleicht am ehesten durch ein Beispiel nachempfinden, welches das Gefühl vermitteln kann, zu „den Dargestellten" zu gehören. Das hoch anerkannte Universitätslehrbuch für angelsächsische Germanisten *The Germans*, von Gordon A. Craig (1913–2005) aus dem Jahr 1982, der vom Wall Street Journal immerhin „der begabteste Historiker Deutschlands" genannt wird, enthält einen Überblick über deutsche Geschichte und Lebensbereiche wie Religion, Geld, Deutsche und Juden, und Soldaten. Die historischen Ausführungen beginnen mit einem Goethe-Zitat, das besagt „Die Deutschen machen alles schwierig, sowohl für sich selbst als auch für andere."[19] Craig fährt fort: „Vielleicht gab es deshalb schon immer ein deutsches Problem und Ausländer haben regelmäßig ihre Unfähigkeit bekannt, das deutsche Verhalten zu verstehen."[20] Er erklärt, dass es die zwei Jahrhunderte vor der deutschen Vereinigung durch Bismarck waren, in denen Deutschland von den großen Bewegungen der europäischen Geschichte relativ unberührt war, die für die Entstehung der Eigenschaften verantwortlich waren, die wir als „typisch deutsch" verstehen.[21] Als das Buch eines auch in Deutschland anerkannten Historikers, ist es eine Fundgrube der Gelehrsamkeit, gespickt mit faszinierenden Anekdoten, nicht zuletzt aus der Deutschlandreise des Autors im Jahr

---

17 Said, Orientalism (Anm. 9), 49, vgl. 31–49.

18 Das zeigt sich z. B. in den Debatten über die sexuellen Übergriffe in der Kölner Silvesternacht 2015, bei denen diskutiert wurde, ob in den Delikten in irgendeiner Weise eine kulturelle Tendenz festzustellen ist oder ob damit eine ganze Kultur durch das Fehlverhalten einiger diffamiert wird.

19 Craig, Gordon A.: The Germans, New York 1982, 15.

20 Ebd.

21 Vgl. a.a.O., 16.

1935.[22] Und trotzdem lässt sich fragen, ob sich Goethes *Faust II* treffend als ein „Elektrokardiogramm des deutschen Charakters" beschreiben lässt oder ob das Konzept eines „deutschen Charakters" nicht ebenso viel verhüllt, als es offenbart?[23]

Werden diese Zuschreibungen nun nicht allein im Vorlesungssaal oder Geschichtsbuch, sondern z. B. in der politischen Administration für Nachkriegsdeutschland tradiert, dann werden Aussagen über den ‚deutschen Charakter' handlungsleitend für die politische Diagnose und Therapie eines zu rehabilitierenden Staates. Das Wissen über ‚die Deutschen' wird mit der politischen Macht verwoben, um Deutschland in eine für die westliche Welt dienliche Richtung zu steuern. Die Darstellung ‚der Deutschen' verbindet sich mit der Macht, das Selbstbild der Deutschen zu prägen und sie politisch zu erziehen.

Dieser Versuch eines Vergleichs hinkt auf vielen Seiten. Zum einen sind die meisten Deutschen dankbar für die politische Umerziehung der Denazifizierung. Zum anderen war die deutsche intellektuelle Produktion stark genug, das Selbstbild nicht ganz aus der Hand zu geben und die Forschungsergebnisse stets mitzubestimmen. Des Weiteren war der politische Machtverlust punktuell und nicht eine langanhaltende Unterwerfung. Und doch mag der Exkurs für die Ohnmacht sensibilisieren, die andere noch viel stärker spüren, wenn sie merken, dass sie zu den Dargestellten gehören.

1.5 Saids Geschichte und Ziele

Saids Kritik am historischen und aktuellen Orientalismus seiner Zeit entstand nicht am grünen Tisch, sondern durch seine Biografie. Diese Dimension legt er selbst am Anfang seines Werks offen: „Ein Großteil des persönlichen Einsatzes in dieser Studie kommt aus meinem Bewusstsein, ein ‚Orientale' zu sein, als ein Kind, das in zwei britischen Kolonien aufgewachsen ist … In vielerlei Hinsicht ist meine Studie des Orientalismus ein Versuch gewesen, diese Spuren auf mir, dem orientalischen Untertanen, zu registrieren von der Kultur, deren Dominanz ein so machtvoller Faktor im Leben aller Orientalen ist."[24]

Um Said und seine Kritik zu verstehen, ist es hilfreich seinen tiefen Schmerz über die Entwicklungen im Nahen Osten im Blick zu behalten. Während die Staatsgründung Israels für viele Menschen im Westen, insbesondere Christen, ein Grund zum Feiern war, erlebte sie der dreizehnjährige Said, als Kind einer arabisch-christlichen Familie in Palästina eher als die Legitimierung der unrechtmäßigen Enteignung vieler Palästinenser. Seiner Erfahrung

---

[22] Vgl. den Nachruf in The Guardian, https://www.theguardian.com/news /2005/nov/30/guardianobituaries.highereducation (abgerufen am 27.07.2023).

[23] Craig, The Germans (Anm. 18), 104, Hans Mayer zitierend.

[24] Said, Orientalism (Anm. 9), 25.

nach ließ die mediale Darstellung dieser komplexen Ereignisse oft wenig vom menschlichen Schicksal der betroffenen Familien spüren.

Diese Beobachtung verstärkte sich für den später in den USA lebenden Said nach den Angriffen der arabischen Nachbarländer auf den jungen Staat Israel in den Jahren 1967 und 1973. Es war das Erforschen dieser Zusammenhänge, die ihn zur These führte, dass die Sicht auf die arabische Welt in einer direkten Kontinuität zur wissenschaftlichen und politischen Vorherrschaft des Westens steht, die er ‚Orientalismus' nennt. Saids Betroffenheit lässt sich in einer Szene seiner Reise in die alte Heimat Palästina fassen, die von der BBC im Jahr 1998 verfilmt wurde.[25] Said steht zusammen mit seinem Sohn vor einem Lager, in dem Palästinenser eingezäunt leben und darauf warten, wieder zu ihren Grundstücken und Häusern zurückkehren zu dürfen. Er begreift, dass sie ihre Schlüssel vergeblich aufbewahren, denn ihre Häuser sind nicht mehr da, und er erkennt, dass keine politische Lösung in Sicht ist. Seine hier sichtbar werdende Verzweiflung ist wohl als der Sitz im Leben seiner akademischen Argumente zu betrachten.

Die Darstellungen der Araber in den amerikanischen Medien während der Nahostkonflikte der 1960er und 1970er Jahre hinterließen bei Said tiefe Spuren. So schreibt er 1978: „Meine eigene Erfahrung dieser Dinge ist ein Teil des Grundes, dieses Buch zu schreiben. Das Leben eines arabischen Palästinensers im Westen, insbesondere in Amerika, ist entmutigend. Es gibt hier einen fast einstimmigen Konsens, dass er [sc. der arabische Palästinenser] politisch nicht existiert und wenn er doch existieren darf, dann entweder als Ärgernis oder als Orientale. Das Gewebe aus Rassismus, kulturellen Stereotypen, politischem Imperialismus, entmenschlichender Ideologie, das den Araber oder den Muslim festhält, ist tatsächlich sehr stark und es ist dieses Gewebe, welches jeder Palästinenser als seine einzigartig peinigende Bestimmung verspürt."[26] Saids intellektueller Vorstoß erwächst m. E. aus diesem Gefühl der Ohnmacht und er versucht sich der allmächtig anmutenden Beschreibungshoheit des Westens über sein Volk und seine Kultur zur Wehr zu setzen. Wie auch immer einzelne Aspekte seiner Argumentation zu bewerten sind, seine Erfahrung, durch das (vermeintliche) Wissen anderer karikiert worden zu sein, muss – an der Resonanz gemessen – eine gewesen sein, mit der sich viele Menschen in ehemaligen Kolonialgebieten identifizieren konnten.

Welche *Ziele* oder Ideale verfolgt Said mit seiner Kritik am Orientalismus? Ein Ziel ist es, andere Menschen und Kulturen von einer „freiheitlichen, nicht-repressiven und nicht-manipulativen Perspektive" zu studieren.[27] Es geht ihm um eine geistige Begegnung, in welcher der andere nicht ins eigene

---

25 Vgl. BBC, In Search of Palestine – Edward Said's Return Home, 1998. https://vimeo.com/184213685 (abgerufen am 28.07.2023).

26 Said, Orientalism (Anm. 9), 27.

27 A.a.O., 24.

Schema gedrängt und dadurch verzeichnet wird, sondern als das erkannt wird, was er ist. Mit anderen Worten sucht Said schlicht die Wahrheit. Ihm ist bewusst, dass das schwer zu erreichen ist, denn „dann müsste man das ganze komplexe Problem von Wissen und Macht neu denken."[28] Und doch liegt dieses Ideal im Hintergrund seiner Kritik und macht sie sinnvoll. Bei der Suche nach einer wahrheitsgetreuen Darstellung des anderen erkennt Said ein weiteres Problem: Der andere wird *durch die Darstellung geformt*. Das geschieht, wenn z. B. orientale Menschen ihr Selbstverständnis durch die westlich geprägte Fachdisziplin des Orientalismus und die daraus schöpfenden Medien bilden. Dann lauert für Said die Gefahr eines Zirkelschlusses, bei dem das Wissen über den anderen die Macht einer sich selbst erfüllenden Prophetie erlangt. Er sucht folglich die Freiheit zur Selbstentfaltung, frei von der geistigen Fremdherrschaft über die eigene kulturelle Identität.

Was kann nach Said dabei helfen, den anderen zu erkennen? Er sieht als Normen für die Wissensgewinnung und politische *Wissensverwertung* die menschliche Freiheit und die Bemühung um wahrheitsgetreues Wissen, möglichst frei von Vorurteil, in der genuinen Auseinandersetzung mit dem Erkenntnisgegenstand.[29] Er ist sich unterdessen bewusst, dass auch „öffentlich polemische und richtig gesinnte ‚progressive' Wissenschaft leicht in einen dogmatischen Schlaf verfallen kann,"[30] d. h. dass auch die sich ideologisch rechtschaffen wähnende Wissenschaft, die sich gegen die Fehler des Orientalismus wehrt, in das unüberlegte Wiederholen von Parolen verfallen kann, ohne eine echte Auseinandersetzung mit dem anderen.

Saids Ziel ist es, im Orientalen *einen Menschen* zu sehen. Das kritisiert er, wenn er behauptet, „der Orientalismus hat sich nicht mit der menschlichen Erfahrung identifiziert, er versäumte auch, diese als *menschliche* Erfahrung zu sehen."[31] Während die Wissenschaft des Orientalismus sich an den Unterschieden zwischen dem Westen und dem Osten aufhielt, diese hervorhob und festschrieb, sucht Said eine wissenschaftliche Darstellung, die das Gemeinsame, Menschliche im anderen sucht und sich damit solidarisiert.

Diese Darstellung des postkolonialen Anliegens anhand von Edward Saids *Orientalismus* hat einige der wesentlichen Themen, Stichwörter und Ziele, aber auch seine persönlichen Verletzungen zur Sprache gebracht und erläutert. Im Folgenden gilt es nun, diese Gedanken mit einer christlichen Perspektive ins Gespräch zu bringen.

---

28 Ebd. Die Anklänge an Michel Foucault (insbesondere seiner Archäologie des Wissens) sind hier hörbar, der für Said prägend war.

29 Vgl. a.a.O., 327.

30 Ebd.

31 A.a.O., 328 (Hervorhebung DK).

2. Postkolonialismus und christlicher Glaube im Gespräch

Wie kann eine christliche Auseinandersetzung mit Saids Postkolonialismus aussehen? Gibt es Überschneidungspunkte, gemeinsame Anliegen oder ähnliche Schwerpunktthemen zwischen beiden? Ich sehe in der Tat einige solcher Punkte. Dabei muss im Blick behalten werden, dass die Gesprächspartner nicht nur von unterschiedlichen Erfahrungen herkommen, sondern dass jeder Gesprächspartner mit einem anderen Wirklichkeitsverständnis in das Gespräch eintritt. Das beeinflusst Dinge grundsätzlicher Art, wie z. B. was der Mensch ist und sein soll, was Gerechtigkeit bedeutet und wie sie hergestellt wird, oder ob die Menschheitsgeschichte letztlich von Menschen oder von Gott gesteuert wird.

Wer von einem christlichen Wirklichkeitsverständnis geleitet ist, sieht christliche Mission durch den Auftrag des auferstandenen Jesus Christus autorisiert. Sie wird weder durch ihre Erfolge legitimiert noch durch ihre Versäumnisse und Fehler außer Kraft gesetzt. Kurz gesagt: Ist der christliche Glaube wahr, dann ist christliche Mission nicht nur berechtigt sondern geboten; Ist er es nicht, dann ist sie durch nichts in der Welt zu rechtfertigen. Die hier gestellte Weiche führt zu einer unterschiedlichen Einordnung sämtlicher Themen wie z. B. das Verständnis von Wahrheit, der Bewertung des Einflusses des Evangeliums auf eine Gesellschaft oder der Beurteilung der Ausbreitung des Christentums in der Weltgeschichte. Trotz dieses unterschiedlichen Verstehenshorizonts gibt es Schnittmengen in den Vorstellungen, Anliegen und Zielen, weshalb ein Gespräch sinnvoll und erhellend sein kann. Nach einigen Bemerkungen zu Postkolonialismus und Mission werde ich kurz auf das Streben nach *Gerechtigkeit*, die Kritik an der *Macht* und das Ziel, *mündige Menschen* hervorzubringen, eingehen.

Das zentrale Anliegen des Postkolonialismus ist es, das Unrecht der Kolonialzeit zu erkennen und zu benennen. Dieses Anliegen können Christen grundsätzlich teilen. Eine wesentliche Grundüberzeugung des christlichen Glaubens ist es, dass Menschen ein zutiefst sündiges Wesen haben, was sich nicht nur auf individueller Ebene äußert, sondern auch im Dichten und Trachten menschlicher Gesellschaften, Nationalstaaten und Imperien. Dass Herrscher ihre Völker niederwerfen und ausbeuten, wurde schon von Jesus beobachtet (Mk 10,42), und die postkoloniale Theorie zeigt detailliert wie Herrschaftsausübung zur Quelle der Ungerechtigkeit, des Machtmissbrauchs und der Entmenschlichung werden kann.[32] Die Geschichte der christlichen Mission, die phasenweise intensiv mit der kolonialen Ausbreitung Europas

---

32 Dies kann gesagt werden, ohne dass jedem postkolonialen Analyseversuch zugestimmt werden muss. Dass postkoloniale Theoretiker sich untereinander in reger Diskussion befinden, zeigen Castro Varela und Dhawan, Postkoloniale Theorie (Anm. 4).

verwoben war, ist von diesem Phänomen nicht ausgenommen und bleibt in aller Regel hinter dem Anspruch Jesu zurück, der seiner Beobachtung hinzufügte: „Aber so ist es unter euch nicht" (Mk 10,43).[33] Wo Christen in ihrer Teilnahme am Missionsauftrag an diesem Anspruch Jesu gescheitert sind, gilt es dies als Schuld einzugestehen und zu bekennen, was Jesus – sicher nicht ohne Grund – zum festen Bestandteil seiner Gebetslehre machte (Mt 6,12).

Aus christlicher Perspektive muss festgehalten werden, dass Kolonialismus und christliche Mission zwei unterscheidbare Größen sind: Es gibt Kolonialismus ohne Mission so wie es Mission ohne Kolonialismus gibt. Dies gilt für die frühe Ausbreitung des Christentums im römischen Reich und für die nach Osten gerichtete Ausbreitung bis nach Indien und China, welche mehrheitlich aus einer Position der Schwäche heraus geschahen.[34] Die Missionsgeschichte der europäischen Neuzeit ist dagegen stärker mit dem militärischen, technologischen und politischen Machtstreben des ‚christlichen' Abendlands verwoben, weshalb die postkoloniale Kritik vor allem in dieser Epoche und ihren gegenwärtigen Nachwirkungen ansetzt.[35] Doch auch hier findet sich eine komplexe Geschichte, die nicht durch ideologische Vorentscheidungen eingeebnet werden sollte. Die prinzipielle Unterscheidbarkeit von christlicher Mission und Kolonialismus bleibt bestehen, auch dort wo diese auf unheilsame Weise vermengt wurden, und zeigt sich in Bezug auf die letzte Autorität (Jesus Christus) und das letzte Ziel (das umfassende Heil von Menschen). Waren Kolonialismus und Mission in einer geschichtlichen Epoche eng verflochten, so ist es für die gegenwärtige Missionsarbeit aus dem Westen (aber auch von anderswoher) umso wichtiger, die hier enthaltene Dynamik zu erkennen und zu unterbinden. Ich kenne sowohl negative als auch positive Beispiele, und zwar häufig an ein und derselben Person oder innerhalb eines Projekts. Auch wenn westliche Missionsgesellschaften vielfach bemüht sind, kolonialähnliche Muster abzulegen, gilt es m. E. diese Umgestaltung als unabgeschlossen zu betrachten und mit Partnern vor Ort und geistigen Strömungen wie der postkolonialen Theorie im Gespräch zu bleiben. Diesem Anliegen sind folgende Bemerkungen gewidmet.

---

33 Zum Versuch John Mackenzies sowohl den christlichen Glauben als auch die Herrschaft des britischen Imperiums im südlichen Afrika aufzurichten, vgl. Dube, Musa W.: Rhodes Must Fall. Postcolonial Perspectives on Christian Mission, in: Pittl (Hg.), Theologie und Postkolonialismus (Anm. 8), 83–86. Dube urteilt, dass dieser Interessenskonflikt Mackenzie zum Verhängnis wurde und seine christliche Mission untergrub, was wiederum an das Diktum Jesu erinnert (Mt 6,24).

34 Vgl. Jenkins, Philipp: The Lost History of Christianity. The Thousand-Year Golden Age of the Church in the Middle East, Africa, and Asia – and How It Died, New York 2008.

35 Vgl. Bosch, Transforming Mission (Anm. 7), 226–230.302–313.

2.1 Gerechtigkeit

Die postkoloniale Kritik ist von einem Streben nach *Gerechtigkeit* durchzogen, auch wenn dies selten ausdrücklich benannt wird. Britta Konz und Bernhard Ortmann sehen in der postkolonialen Theorie eine Herausforderung für die Theologie und meinen, „[p]ostkoloniale Kritik kann hierbei vor Augen führen, wie stark auch das theologische Denken und die kirchliche Praxis von sozialen, politischen und kulturellen Interessens- und Machtstrukturen geprägt sind – beleuchtet sie doch ‚diskursive Machtkonstellationen, Stereotypenbildungen und Identitätskonstruktionen' kritisch und dekonstruiert sie ‚mit Blick auf die Verwirklichung einer freien, gerechten und humanen Gesellschaft.'"[36] Sie fügen hinzu: „Es ist besonders diese Sensibilität für Fragen von Macht und Gerechtigkeit, die den postkolonialen Ansatz aus der Fülle der Möglichkeiten, interkulturelle Fragen zu erörtern, herausragen lässt."[37] Diese Beobachtung bestätigen auch María do Mar Castro Varela und Nikita Dhawan, die als Ziel oder zumindest regulatives Ideal der postkolonialen Kritik „nicht-dominante Zukünfte" nennen, also eine Welt ohne Ungerechtigkeit und Unterdrückung.[38]

Wer vom christlichen Glauben her die postkoloniale Theorie betrachtet, kann das Ziel einer gerechten Welt und den kostspieligen Einsatz für Gerechtigkeit, der sich in ihr zeigt, würdigen. Natürlich fällt der christliche Verstehenshorizont dieses Ziels ins Auge: Der christliche Gerechtigkeitsbegriff kann nicht ohne Gottesbezug definiert und das Ziel einer gerechten Welt nur unter Einbeziehung von Sünde, Heil und Gottes Vollendung in der neuen Schöpfung verstanden werden (2Petr 3,13). Diese Welt wird nicht – auch nicht durch die beste Kritik – aus sich selbst heraus gerecht: Sie muss gerettet werden. Damit soll aber nicht in Abrede gestellt werden, dass bei den Kritikern der europäischen Kolonialgeschichte (und des christlichen Anteils an ihr) wichtige Lektionen über die subtilen Wirkungsweisen des Bösen zu entdecken sind und dass auch diesseits der Vollendung Besserung möglich ist.

Christen können von dieser Kritik profitieren, ohne sich ihren vielfältigen ideologisch-philosophischen Einflüssen zu verschreiben, weil sie davon ausgehen, dass Menschen einen Gerechtigkeitssinn besitzen, der gegen erfahrenes Unrecht aufbegehrt.

---

36 Konz, Britta und Bernhard Ortmann: Postkolonialismus und Interkulturelle Theologie in Deutschland. Einleitende Verortungen, in: Britta Konz u. a. (Hg.): Postkolonialismus, Theologie und die Konstruktion des Anderen. Erkundungen in einem Grenzgebiet, Leiden u. a. Brill, 2020, 14. Die inneren Zitate stammen von Gmainer-Pranzl, Franz: Der „Logos christlicher Hoffnung" in globaler Verantwortung. Interkulturelle Theologie: historische und hermeneutische Grundlagen, in: IKTh 40 (2014), 143.

37 Ebd.

38 Castro Varela und Dhawan, Postkoloniale Theorie (Anm. 4), 11.

2.2 Macht

Ein zweiter für Christen zu beachtender Schwerpunkt der postkolonialen Theorie ist die Kritik an der *Macht*. Die Machtkritik liegt in der Natur der Sache, denn die postkoloniale Theorie reflektiert die Mechanismen der Unterdrückung und die verschiedenen Prozesse, durch welche kolonialer Macht Widerstand geleistet wurde. Diese Prozesse sind vielschichtig und können sowohl Waffengewalt oder zivilen Ungehorsam als auch das Schreiben subversiver Gedichte und Romane umfassen. Ziel des Widerstands gegen die koloniale Macht ist die „Selbstbestimmung" unterdrückter Gruppen, denen zu neuer Handlungsfreiheit (agency) verholfen werden soll.[39]

Die postkoloniale Machtkritik findet im Gewaltverbot in der christlichen Mission ihr Echo. Diese Handlungsmaxime drängt sich aus der Bergpredigt und Jesu Vorbild auf und aus der Überzeugung, dass das Evangelium nur durch Gottes Wirken, nicht aber durch Zwang wirklich empfangen werden kann. Christliche Mission muss deshalb um ungezwungene Begegnungsräume bemüht sein, in denen Gottes Geist unverfügbar an Menschen wirkt. Das Erkennen subtiler Machtkonfigurationen ist deshalb von Interesse, weil damit ihrer manipulativen Wirkung besser entgegengetreten werden kann.

In der postkolonialen Theorie wird vielfach, und hier folgt Said der postmodernen Philosophie, der Erkenntnisakt (in dem Wissen über andere Menschen und die Welt gewonnen wird) als Machtausübung oder sogar als Herrschaftsakt gesehen. Dieses Urteil halte ich für unausgewogen. Auf der einen Seite lässt sich das mit dem christlichen Verständnis der tiefgreifenden Verderbtheit des Menschen, wie es in der Sündenlehre zum Ausdruck kommt, nachvollziehen (manche Theologen sprechen von den ‚noetischen Folgen der Sünde').[40] Der menschliche Wille zur Macht durchdringt alle menschlichen Vorhaben, auch die oft als ‚neutral' angesehene Wissensaneignung. Aber es fehlt das positive Moment, dass Menschen erschaffen wurden, um sich gegenseitig in Liebe und Respekt zu verstehen, und um ein positiv gestaltender Teil der Schöpfung zu sein. Christen müssen Erkenntnis und Macht von der guten Schöpfungsintention Gottes und seiner Erlösung her verstehen. Macht und Erkenntnisvermögen sind grundsätzlich gute Eigenschaften, deren rechter Gebrauch durch den Missbrauch nicht aufgehoben wird.

Auf die Interaktion zwischen Menschen bezogen, in einer Welt, welche die Narben der Kolonialzeit trägt und unter immer neuen Auflagen des Neokolonialismus leidet, bedeutet das den langen Schatten dieser Ereignisse nicht zu

---

39 Ashcroft, Bill u. a.: General Introduction, in: Bill Ashcroft u. a. (Hg.), The Post-Colonial Studies Reader, London u. a. ^{2}2006, 1; vgl. Said, Orientalism (Anm. 9), 24.

40 Vgl. Westphal, Merold: Taking St. Paul Seriously. Sin as an Epistemological Category, in: Thomas Flint (Hg.): Christian Philosophy, Notre Dame (IN) 1990, 200–226.

unterschätzen – auch dann nicht, wenn Christen anderen im Auftrag Jesu, sei es in Lusaka oder in Berlin, begegnen. Gleichzeitig dürfen Christen nicht so zynisch sein, dass sie meinen, wegen dieser Geschichte seien keine durch Achtung und Fürsorge geprägten Beziehungen mehr möglich. Auch diese waren schon immer Teil christlicher Mission – auch während der Kolonialzeit. Für Partnerschaften und Zusammenarbeit bietet indes das biblische Zeugnis Inspiration, insbesondere das Bild, dass Jesu Nachfolger durch das Haupt, welches Christus selbst ist, zusammengefügte Glieder sind, die sich in gegenseitiger Liebe und Ehrerbietung dienen. Hier kann Macht wieder die ihr von Gott zugedachte Funktion einnehmen, lebensfördernde Ordnungen hervorzubringen, die Menschen ermächtigen und zum Gedeihen verhelfen.

2.3 Mündigkeit

Ein wesentliches Ziel christlicher Missionsarbeit ist es, Menschen zur *Mündigkeit* in ihrem Glauben und Leben zu verhelfen. Paulus ruft die Christen in Rom dazu auf, ihr Leben dahingehend umzugestalten, dass es Gottes gutem, vollkommenen Willen entspricht (Röm 12,2). Damit ist ihnen die Aufgabe gestellt, diesen zu prüfen und zu tun. Den Korinthern schreibt er: „Seid nicht Kinder, wenn es ums Verstehen geht; sondern seid Kinder, wenn es um Böses geht; im Verstehen aber seid vollkommen" (1Kor 14,20). Das Missionsziel, selbständige, sich selbsterhaltende und -verbreitende Kirchen zu gründen, setzt den Wert des Erwachsenwerdens nicht nur für Einzelne, sondern für Gemeinden und Kirchen voraus. Auch hier lässt sich eine Schnittmenge mit dem postkolonialen Anliegen feststellen, welches die Bevormundung und Bindung kolonisierter Völker zu durchbrechen und sie in die Selbständigkeit zu entlassen sucht.

Die nigerianische Ordensfrau Christiana Idika weist darauf hin, „dass im Geheimnis Christi als des höchsten Punkts der *Missio Dei* wesentliche Anliegen des Postkolonialismus vorweggenommen sind."[41] Ist die koloniale Beziehung von „Ausbeutung, Eroberung und (Miss-)Repräsentation geprägt", versuchen postkoloniale Studien, die „Würde", das „Selbstwertgefühl" und die „Identität" kolonisierter Nationen durchzusetzen.[42] Nach christlichem Verständnis ist die Entwürdigung, die Menschen durch gewaltsame politische Entmündigung, Missrepräsentation ihrer Kultur oder Verachtung ihrer physischen Merkmale erleben, ein Verbrechen an der ihnen von Gott zugeschriebenen Gottebenbildlichkeit. Für Idika stellt die ihnen in Christus geschenkte Versöhnung ihre Würde wieder her: „Die Erlösung wird somit zur

41 Idika, Christiana: Ist Mission postcolonial?, in: Pittl, Theologie und Postkolonialismus (Anm. 8), 219.

42 A.a.O., 221.

Rehumanisierung, zur Wiederherstellung des Menschseins."[43] Der Wert der ihnen in Christus entgegengebrachten Anerkennung lässt sich gegenüber der Erfahrung Edward Saids erahnen, der behauptet, dass durch den Orientalismus, Menschen als Menschen „ausgelöscht" (obliterated) werden.[44] Dagegen zielt Gottes Mission und die an ihr teilhabende christliche Mission auf die vollständige Wiederherstellung der im Menschen angelegten Gottebenbildlichkeit.

3. Praktische Überlegungen zur Missionsarbeit im Spiegel postkolonialer Kritik

Angenommen wir liegen richtig, wenn wir der Kritik Edward Saids Gehör schenken und in den Themen Gerechtigkeit, Macht und Mündigkeit gewisse Schnittmengen mit dem postkolonialen Anliegen entdecken: Welche praktischen Schlüsse für die vom Westen ausgehende Missionsarbeit lassen sich ziehen? Ich möchte auf drei Gefahrenzonen hinweisen, bei denen besonders vorsichtig vorgegangen werden sollte: bei *Machtgefälle, Abhängigkeiten* und *Darstellungen* des anderen. Schließen möchte ich mit der Bedeutung der durch internationale Missionsarbeit entstandenen Partnerschaften *für Christen im Westen.*

3.1 Achtung Machtgefälle

Missionsarbeit muss besonders vorsichtig vorgehen, wo ein Machtgefälle zwischen Menschen, Organisationen oder Herkunftsländern besteht. Diese Macht kann in Form von Geld, Ressourcen oder – wie Said betont hat – Wissen bestehen. Das Gefälle wird tendenziell *vom stärkeren Ende unterschätzt und vom schwächeren Ende umso deutlicher verspürt.*

Für Menschen aus dem Westen können die anhaltenden Nachwirkungen des kolonialen Erbes überraschend wirken, denn sie fühlen sich selbst nicht ‚stark' oder ‚reich', gemessen an den eigenen gesellschaftlichen Normen. Ihr privilegierter Status tritt erst in der Begegnung mit weniger privilegierten Menschen zutage. Deshalb hat diese Erkenntnis auch etwas Beunruhigendes. Dass sich kolonialähnliche Strukturen in neokolonialen Wirtschaftsbeziehungen und sogar in der Entwicklungszusammenarbeit fortsetzen können, ist für viele kein neuer Gedanke. Aber dieses Gefälle aus der Nähe zu beobachten, kann herausfordern. Wie geht man angemessen mit dieser Situation um? Ohne auf diese Frage angemessen antworten zu können, möchte ich einen Punkt nennen: gut zuhören. Christen im Westen haben guten Grund

---

43 A.a.O., 228. Ich würde im Kontrast zu Idika eher davon sprechen, dass die Menschen*würde* (und nicht das Mensch*sein*) wiederherstellt wird.

44 Said, Orientalism (Anm. 9), 27.

hinzuhören, wenn andere sie auf dieses Machtgefälle aufmerksam machen, ohne dies vorschnell abzuweisen oder in die Defensive zu geraten, und sie müssen besonders darauf achten, Meinungsäußerungen und Vorschlägen die gleiche prüfende Aufmerksamkeit zu schenken, wie sie sie auch anderen schenken würden. Als Teil eines Leibes, in dem schwächeren Gliedern die gleiche Ehre wie stärkeren zukommt, ist das das Mindeste, um mit einem Machtgefälle umzugehen.

3.2 Achtung Abhängigkeiten

Missionsarbeit muss besonders vorsichtig vorgehen, wo Abhängigkeiten bestehen. Diese gibt es nicht nur zwischen dem Westen und ehemaligen Kolonialgebieten, sondern sie können überall entstehen, wo es ein Machtgefälle gibt. Abhängigkeiten können phasenweise gesund und nützlich sein, aber sie sollten im Blick auf das Ziel der Mündigkeit, auf Selbständigkeit oder partnerschaftliche Zusammenarbeit ausgerichtet sein.

Die koloniale Vergangenheit eines Landes ist m. E. kein hinreichender Grund, dorthin keine Missionare zu entsenden. Aber sie bedeutet, dass dieses komplexe Erbe im Blick behalten und das Risiko, ungesunde Abhängigkeiten zu schaffen, noch genauer überwacht werden muss. Ronnie Hahné und Wouter Rijneveld weisen auf das Problem der Abhängigkeit von Missionskirchen hin: „Es ist schwer zu leugnen, dass der Kolonialismus die Strukturen der Mission beeinflusst hat und diese wiederum auf das Macht-Gleichgewicht zwischen Gebern und Empfängern Einfluss haben."[45] Dies kann sich in der Versuchung der empfangenden Kirche äußern, „ihren Bedarf immer größer darzustellen als er ist, sich selbst also als schwächer, ärmer und unfähiger, als sie wirklich ist, um die Unterstützung beizubehalten oder zu erhöhen."[46] Um dieser Gefahr zu begegnen, halten die Autoren auch ein Moratorium in der Sendung von Geld und Personal für denkbar, wobei damit nicht die *Beziehung* abgebrochen werden soll, sondern lediglich die *Interaktionsweise* verändert. Hahné und Rijneveld rufen westliche Kirchen dazu auf „ihre paternalistische Haltung [zu] ändern und [zu] lernen, dass manchmal mehr Segen darauf liegt, zu nehmen als zu geben."[47] Eine der unerwarteten Segnungen einer schwächer werdenden europäischen Missionsbewegung, die auch die Spendeneingänge christlicher Werke erreicht, könnte das Bewusstsein dafür werden, wie sehr Christen im Westen die Unterstützung ihrer internationalen Partner brauchen. Und die Erfahrung gebraucht zu werden, könnte den Partnern

45 Hahné, Ronnie und Wouter Rijneveld: Das Problem der Abhängigkeit von Missionskirchen, in: evangelische missiologie 32 (2016), 7.

46 A.a.O., 9.

47 A.a.O., 15.

wiederum zu größerer geistlicher Kraft und Reife verhelfen, als es westliche Gelder und Projekte jemals vermochten.

3.3 Achtung Schublade

Missionsarbeit muss besonders vorsichtig vorgehen, wo sie andere darstellt und so in die Versuchung gerät, ein Bild von ihnen zu fixieren. Was gemeinhin mit dem Ausdruck verbunden wird, ‚jemanden in eine Schublade zu stecken' kann auch leicht eintreten, wo man in der Lage ist, für andere zu reden und sie darzustellen.

Saids Werk macht besonders auf diese Gefahr aufmerksam, wenn auch er implizit anerkennt, dass die Darstellungen anderer ein unumgänglicher Teil des Lebens sind. Obwohl sich Said durch postmoderne Philosophen wie Michel Foucault inspirieren lässt, die den Wahrheitsbegriff stark kritisieren, hält Said an der Möglichkeit fest, dass Menschen unterschiedlicher Kulturen sich angemessen beschreiben können. Er ist in seiner Kritik – trotz leidenschaftlicher Momente – relativ unideologisch, was sich z. B. darin zeigt, dass er „Domestizierungen des Exotischen", also vereinfachte Darstellungen des Fremden, für nicht besonders kontrovers oder verwerflich, sondern für normal in der Begegnung zwischen Menschen und Kulturen hält.[48] Damit meint er m. E., dass diese Beschränkung des anderen auf ein gewisses Bild oder Klischee eine unvollkommene aber notwendige Annäherung sein kann, dass sie aber dann gefährlich wird, wenn sie mit Macht verbunden zur *autoritativen Darstellung* des anderen erhoben wird.

Das stellt eine Herausforderung für diejenigen dar, die einen intensiven Umgang mit einer anderen Kultur pflegen und sich regelmäßig in der Rolle wiederfinden, über diese Kultur zu erzählen. Lianne Roembke behauptet, „einer der größten Fehler, die Missionare machen können, ist zu denken, sie kennen die Kultur und Sprache gut genug, um nicht weiter zu lernen."[49] Es ist das abgeschlossene Bild des anderen, das in die Irre führt. Das fordert sowohl von Missionaren als kulturellen Grenzgängern als auch von interessierten Missionsfreunden eine anhaltende Aufmerksamkeit. Was bedeutet das für die Darstellung des anderen, z. B. in Form von Missionsvorträgen oder Gesprächen? Ist die ‚Essentialisierung', also die Engführung anderer auf einige ausgewählte Merkmale, auch hier eine Gefahr? Folgende Überlegungen zum Missionsvortrag lassen sich – *mutatis mutandis* – auf verschiedene Formen der Kommunikation anwenden.

Für Missionare ist der Missionsvortrag kein leichtes Unterfangen. Sie sollen ein volles Dienstleben in einer anderen Kultur mit seinen Höhen und Tiefen, Chancen und Grenzen, Erfolgen und Niederlagen, in einen kurzen Vortrag

---

48 Said, Orientalism (Anm. 9), 60.

49 Roembke, Lianne: Building Credible Multicultural Teams, Pasadena (CA) 2000, 80.

bringen, der nicht nur präzise, sachlich richtig und angemessen ist, sondern auch den menschlichen und finanziellen Einsatz plausibilisiert, die Hörer unterhält und sie schließlich motiviert. Es ist fast unumgänglich, dass eine andere komplexe und schattierungsreiche Kultur in einigen Begriffen oder Anekdoten zusammengefasst wird, um sie überhaupt erzählbar zu machen, und dabei eher das Exotische zu bevorzugen. Manche Missionare wappnen sich gegen allzu große Vereinfachungen oder Zerrbilder in ihrer Darstellung, indem sie sich stets eine Person aus ihrem Einsatzland als Hörer des Vortrags vorstellen.

Für Missionsfreunde verlangt der Missionsbericht die Bereitschaft, die mitgebrachten inneren Bilder ‚des Spaniers', ‚des Sambiers' oder ‚des Japaners' anhand neuer Information zu aktualisieren, die Vorstellung (speziell der Bedürftigkeit) des anderen zu überdenken und sich in die Herausforderungen von Christen in anderen Ländern hineinzuversetzen. Manches mag nicht intuitiv sein: Menschen mit Handys können an Hungersnot leiden; uralte Vorurteile gegenüber evangelischen Gemeinden als ‚Sekten' können auch in modernen europäischen Ländern dominieren; Christen können sich in Regionen, in denen sich der christliche Glaube im Aufbruch befindet, schwertun, den Glauben an die nächste Generation zu vermitteln.

Missionare und Missionsfreunde müssen daran interessiert sein, ein möglichst *realistisches* Bild der betreffenden Kultur, der dort lebenden Christen und der missionarischen Arbeit zu zeichnen. Wird dies aufmerksam und sorgfältig getan, kann der Missionsvortrag die Zugehörigkeit von Christen in Deutschland zu einem weltumspannenden Leib Christi aktualisieren, ihr Verständnis für und Liebe zu Menschen anderer Kulturen stärken und ihren Horizont weiten. Er schärft zudem den kritischen Blick für die eigene kulturelle Angepasstheit und entfacht neue Motivation für Gottes Missionsauftrag weltweit und vor der Haustür. Diese Chancen wiegen die Risiken auf.

3.4 Vom Geben und Nehmen: Partnerschaft als Grundmodell

Mission aus dem Westen in die restliche Welt wurde häufig nach dem Modell der säuberlich getrennten Rollen der Gebenden und Empfangenden verstanden. Dieses Bild hält sich hartnäckig, obwohl es charakteristisch für die internationale Missionserfahrung ist, dass Missionare wie Kleinkinder auf die Geduld, Nachsicht, Sprachförderung und Bereitschaft der Menschen ihres Einsatzlandes, Dinge zu erklären, angewiesen sind. Zur Grunderfahrung von Missionaren gehört es, zunächst ein sprachunfähiges Kuriosum zu sein, das die grundlegendsten Dinge (die jedes Kind weiß) nicht versteht. Von hier aus müssen sie sich mühsam die Achtung und das Gehör der Menschen vor Ort erarbeiten. All das gehört zum Demutsweg, woran Missionare entweder lernen oder scheitern. (Der anfangs angeführte, fiktive Nathan Price aus dem Roman *The Poisonwood Bible* ist dafür ein anschauliches Bild.) Das deutet darauf hin, dass die Rollen der Gebenden und Empfangenden in der Missionsarbeit viel stärker vermischt sind, als dies gemeinhin verstanden wird. Es legt wiederum nahe, dass Missionsarbeit dann gelingt, wenn Menschen im Geben und Nehmen, oder mit anderen Worten *partnerschaftlich* zusammenarbeiten.

Für Missionsunterstützer stand dieser partnerschaftliche Grundtenor vieler Missionseinsätze nicht im Vordergrund. Dies lag mitunter an ihrer Rolle als (im Hintergrund) gebende und betende Gemeinde, die von ihren zeitlichen und finanziellen Ressourcen für andere abtraten, und deren Kontakt zu einheimischen Christen durch Missionare vermittelt wurde. Westliche Missionsgesellschaften waren die Verwalter dieser Ressourcen, indem sie Geld und Personal für Projekte zuordneten und Informationen in Form von Gebetsanliegen und Missionsberichten bereitstellten. Vielleicht liegt es in der Natur der Sache (oder der Natur des Menschen?), dass hierbei die Not und Bedürftigkeit der Missionsempfänger und nicht ihre Fähigkeiten und Ressourcen in den Vordergrund gestellt werden. Dabei schließt das eine das andere nicht aus. Hier kommt ein von Edward Said beobachtetes Risiko zum Tragen, nämlich dass Menschen durch die Deutung anderer in ihren Eigenschaften oder ihrer Rolle festgelegt und auf diese reduziert werden können. Diejenigen, die in einem gewissen Moment etwas empfangen, werden wesensmäßig zu Empfangenden; diejenigen, die unter bestimmten Umständen etwas geben, werden wesensmäßig zu Gebenden. Um den Reichtum einer echten Partnerschaft zu entdecken, müssen diese Fixierungen (in Saids Begriffen: Essentialisierungen) aufgebrochen werden, sodass Menschen sich als zugleich bedürftig und fähig, arm und reich, stark und schwach wahrnehmen und gegenseitig helfen können.

Das eben Gesagte spielt sich tagtäglich im kulturübergreifenden Missionsdienst ab (wenn es auch nicht immer ausreichend wahrgenommen wird). Aber wie kann dieses Geben und Nehmen für Missionsfreunde in Deutschland aussehen? Kommt etwas von dieser partnerschaftlichen Gegenseitigkeit auch hier an? Diese Fragen sind nicht leicht zu beantworten, weil die Erfahrungen von Missionsfreunden und die Formen des Gebens und Nehmens sich stark unterscheiden. Geben und Nehmen ist in echten Beziehungen selten genau symmetrisch: Ehepartner, Freunde, Eltern und Kinder, Mitarbeiter im Team beschenken sich gegenseitig auf unterschiedliche Weise. An dieser Stelle möchte ich drei Wege aufzählen, bei denen ich beobachte, wie Christen in Deutschland im Kontakt mit Christen in anderen Ländern und Kulturen etwas empfangen und wie das noch wachsen könnte.

Christen in Deutschland erfahren durch Christen in anderen Ländern *Ermutigung*. Während Christen in Deutschland manchmal durch die Beobachtung schrumpfender Gemeinden und gesellschaftlicher Ablehnung des Evangeliums gelähmt werden, helfen Christen aus Regionen, wo die Gemeinde Jesu wächst, den Glauben an die Lebendigkeit und Wirksamkeit Gottes zu bewahren. Diese Ermutigung erreicht sie durch Medienkanäle, gegenseitige Besuche (wie Kurzeinsätze) und das Entsenden von Mitarbeitern aus den Partnerkirchen nach Deutschland. Christen in Deutschland werden daran erinnert: Der jetzige Zustand der Gemeinde in Deutschland ist nicht der grundsätzliche Zustand der Gemeinde Jesu, sondern lediglich eine Momentaufnahme an einem bestimmten Ort. Mit dieser Beobachtung wird ein säkulares Narrativ durchbrochen, welches das Christentum als eine zu Grunde gehende westliche Ideologie zeichnet, die dem stetigen Wachstum von Vernunft, Wissenschaft und Atheismus weichen muss. Indem Christen aus anderen Ländern über Gottes Handeln in ihrem Leben und ihrem Land berichten, ermutigen sie Christen in Deutschland.

Christen in Deutschland erfahren durch Christen in anderen Ländern eine *Horizonterweiterung*. Wenn man in einer einzigen Kultur aufwächst, dann ist die Vorstellung, wie die Dinge zu sein haben, stark von diesem Erfahrungshorizont geprägt. Das kann gar nicht anders sein. Die Begegnung mit Christen aus anderen Ländern hilft Christen in Deutschland zu verstehen, dass es auch anders geht. Das betrifft die Ausübung des christlichen Glaubens (Gottesdienstformen, Liedgut, Vorstellungen von angemessener Kleidung oder respektvoller Rede Gott oder Älteren gegenüber) und dem Alltagsleben (z. B. welcher Standard an Gebäuden, Fahrzeugen oder Abrechnungen zu erwarten ist; wie weit im Voraus geplant werden sollte; wann man im Gespräch auf christliche Themen zu sprechen kommen kann). Oft erreicht diese Horizonterweiterung Gemeinden in Deutschland durch (oft junge) Menschen, die einige Zeit in einem anderen Land verbringen und diese Impulse zurück nach Hause tragen. Während viele das Geben bei diesen Einsätzen sehen, glaube ich, dass durch die Horizonterweiterung das Empfangen für Christen in Deutschland den wesentlicheren Teil der Begegnung ausmacht.

Christen in Deutschland erfahren durch Christen in anderen Ländern *ethische Orientierung*. Manche geistlichen Mängel sind in einer christlichen Subkultur so verbreitet, dass sie gar nicht mehr auffallen, sondern als normal erfahren werden. Christen aus anderen Ländern können Christen in Deutschland helfen, indem sie unsere Schwächen sehen und benennen. So könnte es sein, dass Christen aus Lateinamerika oder Afrika in Deutschland am Mangel an geistlicher Gemeinschaft und Gastfreundschaft leiden und dadurch ein für uns unsichtbares Problem erst sichtbar machen. Vielleicht hinterfragen sie, ob die Vorliebe für eine optimale Ausstattung nicht schon die Grenze zum Materialismus überschritten hat, oder ob unser Umgang mit alten Menschen einen tiefen Egoismus offenbart. Christen in anderen Ländern, die noch weniger durch eine säkularisierte Gesellschaft in die Enge getrieben sind, können manche biblische Wahrheiten unbefangener ausdrücken, als dies für Christen in Deutschland möglich ist. So scheint dies derzeit bei Fragen der sexuellen Orientierung und gleichgeschlechtlicher Ehen zu sein. Indem Christen in Deutschland internationale Partnerschaften pflegen, werden sie angehalten,

Christen in anderen Ländern über ihre theologischen Entscheidungen Rechenschaft abzulegen und öffnen sich für ihre Einsichten und Kritik.

4. Schluss

Diese Abhandlung wird von einer doppelten Überzeugung getragen. Zum einen steht es Christen, die sich missionarisch engagieren, gut an, denen zuzuhören, die sie (direkt oder indirekt) kritisieren. Edward Saids postkoloniale Kritik ist zunächst gegen den Orientalismus und Kolonialismus gerichtet, aber seine Relevanz für die westliche Missionsgeschichte liegt auf der Hand. Wenn die Lektionen der postkolonialen Kritik gehört werden, ist das Risiko geringer, eine Haltung wie Nathan Price an den Tag zu legen: unkorrigierbar; kulturell unsensibel; neokolonial. Ich habe versucht, Saids Arbeit einige Erkenntnisse abzugewinnen, die helfen können, westliche Missionsarbeit achtsam – und damit hoffentlich segensreich – zu gestalten. Zum anderen bin ich überzeugt, dass christliche Mission nicht durch postkoloniale (noch irgendeine andere) Kritik ausgehebelt werden kann. Ihre Autorisierung geschieht durch den Auferstandenen, Jesus Christus, und vor ihm muss sie sich letztlich verantworten. Vielmehr muss das Ziel sein, eine sowohl demütige als auch mutige „postkolonial informierte Missionstheologie" zu entwickeln.[50]

---

50 Pittl, Globalisierung (Anm. 8), 21.

„Missionar": Überlegungen zu Bedeutung und Gebrauch eines umstrittenen Begriffs

Simon Herrmann

Wer die Qualifikations- und Aufgabenprofile der Mitarbeiterinnen und Mitarbeiter von Missionsgesellschaften durchschaut, findet unter den Missionaren Gemeindegründer, Lehrer, Piloten, Evangelisten, Krankenschwestern, Landwirte, Buchhalter und Pastoren – und die Liste ließe sich noch lange fortsetzen. Wer oder was ein Missionar ist, das ist bei Weitem nicht so klar, wie die häufige Verwendung des Begriffs vermuten lassen könnte. Der Begriff wird landläufig in der Regel mit christlichen Mitarbeitern in Verbindung gebracht, die im Ausland und hier in der Regel im Globalen Süden ihren Dienst tun – aber gibt es nicht auch Missionare, die innerhalb desselben Landes arbeiten? Und was muss ein Missionar tun, um als Missionar zu gelten? Muss er notwendigerweise evangelisieren und Gemeinden gründen oder „zählen" auch andere Tätigkeiten? Was macht eine deutsche christliche Krankenschwester in Nigeria zur Missionarin, aber eine polnische christliche Altenpflegerin in Deutschland zur Arbeitsmigrantin?

Mitunter wurden Begriffe kreiert, um „Missionar" näher zu qualifizieren, im Sinne von „technischer Missionar" oder „Kurzzeitmissionar", wohl um zu zeigen, dass es darüber hinaus noch einen „eigentlichen" Missionar gibt, der dieser qualifizierenden Erläuterung nicht bedarf.

Dieser Artikel hat ein zweifaches Anliegen: Zunächst geht es um eine Begriffsklärung: Wer wird als Missionar bezeichnet und warum? Es wird schnell klar werden, dass diese Klärung nur unter Berücksichtigung der Verschiebung des Missionsbegriffs geschehen kann, wie er sich seit etwa der Mitte des 20. Jahrhunderts vollzogen hat. Diese Veränderungen nachzuzeichnen, wird ein Schwerpunkt im ersten Teil des Artikels sein. In einem zweiten Teil wird dann aus verschiedenen Blickwinkeln der Gebrauch und das Verständnis des Begriffs in verschiedenen Kontexten näher betrachtet. Es wird aufgezeigt, welche Erwartungen und Ansprüche bei der Verwendung des Begriffs mit kommuniziert werden können, ohne dass dies den Beteiligten bewusst sein muss. Diese Aspekte zu benennen und zu einem sensiblen Umgang mit der Bezeichnung anzuregen, ist das Anliegen dieses zweiten Teils. Zum Schluss werden die Ergebnisse kurz zusammengefasst.

1. Wer ist Missionar? Eine Begriffsklärung

Das unterschiedliche Verständnis des Begriffs Missionar wird bei einem Blick ins Lexikon theologischer Grundbegriffe deutlich, wo „Missionar" als einer von nur sehr wenigen Einträgen gleich zweimal erklärt wird: einmal aus protestantischer Perspektive (Peter Beyerhaus)[1] und dann noch einmal aus katholischer Perspektive (Karl Müller).[2] Auch wenn heute, mehr als drei Jahrzehnte nach Erscheinen des Werks, v. a. von protestantischer Seite anders akzentuiert werden würde, lohnt sich der Vergleich der zwei Positionen, weil hier Grundlinien des Problems deutlich werden.

1.1 Unterschiedliche Herleitungen

Peter Beyerhaus (1929–2020) war von 1957–1965 Missionar in Südafrika und anschließend von 1965–1997 Ordinarius für Missionswissenschaft und Ökumenische Theologie an der Universität Tübingen. Er führt das Wort Missionar auf das Lateinische *missionarius* zurück, das ab der Zeit der iberischen Überseemission (also etwa ab Beginn des 16. Jahrhunderts) als Übersetzung des griechischen *apostolos* genutzt wurde und damit für die Bezeichnung, die Jesus für die vorösterliche Aussendung seiner 12 Jünger gebraucht hat (Lk 6,13). Im weiteren Verlauf der Ausbreitung des Evangeliums sei dann für den missionarischen Dienst die Bezeichnung Evangelist genutzt worden. Auch wenn die Bezeichnungen zu verschiedenen Zeiten unterschiedlich waren, habe es – der Sache nach – Missionare „zu allen Zeiten der Kirchengeschichte gegeben." Indem Beyerhaus „konstitutive Wesensmerkmale" des Begriffs Missionar benennt, kann er im Rückblick auch diejenigen als Missionare bezeichnen, die der Charakterisierung entsprechen, die aber zu ihrer Zeit nie so genannt wurden, wie z. B. die Nestorianer-Missionare in Ostasien oder Ansgar in Skandinavien.

Die vier Wesensmerkmale, die für ihn einen Missionar ausmachen, sind (1) die geistliche Berufung, charismatische Begabung und die kirchliche Beauftragung und Sendung zum Dienst; (2) die geographische und kulturelle Überschreitung von Grenzen; (3) die Einbindung in die Kirche des Landes, in das der Missionar entsandt wurde; und (4) die evangelistische Hinwendung zu denen, die von der Frohen Botschaft noch nicht erreicht wurden, wenngleich dies auch indirekt durch die Befähigung einheimischer Mitarbeiter geschehen könne.

---

[1] Beyerhaus, Peter: Art. Missionar I. (ev.), in: Lexikon missionstheologischer Grundbegriffe, Berlin (1987), 277–281.

[2] Müller, Karl: Missionar II. (kath.), in: Lexikon missionstheologischer Grundbegriffe, Berlin (1987), 282–283.

Beyerhaus schließt sich der von der Kommission für Weltmission und Evangelisation des Weltkirchenrates bei der Weltmissionskonferenz 1963 gewählten Definition an: „Der Missionar ist Diener einer Kirche, der sein Land oder seine Kultur verlässt, um das Evangelium zu verkündigen in Partnerschaft mit der Kirche, wo sie schon am Wirken ist, oder in der Absicht, die Kirche dort zu pflanzen, wo sie noch nicht gepflanzt ist."[3] Beyerhaus stellt nicht in Abrede, dass das Evangelium sich auch anders ausbreitet, beispielsweise durch das spontane Zeugnis reisender Christen oder die von Kirchen und Gemeinden geplanten und organisierten Initiativen, aber er reserviert den Begriff des Missionars für die o. g. Personengruppe.

Karl Müller (1918–2001) gehörte dem Missionsorden „Gesellschaft des Göttlichen Wortes (SVD)" an und wirkte als Missionswissenschaftler zunächst in St. Augustin und München (1952–1962), bevor er anschließend bis 1984 verschiedene Leitungsämter seines Ordens in Rom ausübte. Er setzt bei seiner Definition von Missionar anders an und definiert viel weiter: „Missionar ist nicht, wer sein Land und seine Kultur verlässt, sondern an der Sendung der Kirche zu den Völkern teilnimmt." Einige Zeilen weiter ergänzt er: „Missionar ist, wer ‚Missionsarbeit' tut, d. h., wer an der Ausbreitung des Reiches Jesu Christi arbeitet, sei er Priester oder Laie, Weltpriester oder Angehöriger eines Ordens, Ausländer oder Einheimischer, Künder des Wortes oder im Dienst der Liebe stehend. Wie das Heil Jesu Christi universales und umfassendes Heil ist, geht es dem Missionar um die ganze Welt und um umfassendes Heil."[4]

Auch Müller kennt die Grenzüberschreitung als Wesensmerkmal des Missionars, versteht sie aber in erster Linie „qualitativ", konkret im Überwinden der Ghettomentalität der Kirche und im Unterwegssein mit Christus zu den Menschen in der Welt.

Während Müller den Begriff des Missionars also grundsätzlich an der Beteiligung an der Sendung der Gemeinde Jesu in die Welt festmacht und somit für viele Menschen in ganz verschiedenen Aufgaben öffnet, schlägt er gegen Ende des Artikels einen definitorischen Haken, wenn er schreibt: „Wer sich auf Lebenszeit oder wenigstens auf längere Zeit der Aufgabe weiht, den ‚Namen, die Lehre, das Leben, die Verheißungen, das Reich, das Geheimnis von Jesus von Nazareth, des Sohnes Gottes' als Herold zu verkündigen (Evangelii nuntiandi 22), heißt *Missionar im eigentlichen Sinn*."[5] Er differenziert hier also, wenngleich er damit die Frage provoziert, was dies für diejenigen bedeutet, die nicht *Missionare im eigentlichen Sinn* sind. Für die Klärung des Begriffs bleiben also auch hier Fragen offen.

---

3 Zitiert bei Beyerhaus, Missionar (Anm. 1), 278.

4 Müller, Missionar (Anm. 2), 282.

5 A.a.O., 283, Hervorhebung SH.

Die Definition dessen, wer oder was ein Missionar ist, wird dadurch erschwert, dass Mission kein biblischer Begriff ist und von dorther definiert werden könnte. Mission als begriffliche Bezeichnung für die christliche Expansion ist ein modernes Phänomen.[6] Es waren die Jesuiten, die im 16. Jahrhundert als erste den Begriff für die Ausbreitung des christlichen Glaubens unter Menschen nutzten, die nicht der Kirche angehörten.[7] Mission in diesem Sinne wurde also in der Zeit der europäischen Expansion als Begriff etabliert und von dieser Zeit auch mit geprägt. David Bosch (1929–1992), von 1971 bis zu seinem Tod Professor für Missionswissenschaft an der Universität von Südafrika, schreibt in seinem Standardwerk „Transforming Mission“:

> „Das neue Wort ‚Mission‘ ist historisch untrennbar mit der Kolonialzeit und der Idee einer behördlichen Beauftragung verbunden. Der Begriff setzt eine in Europa etablierte Kirche voraus, die Abgesandte aussendete, um die Menschen in Übersee zu bekehren und er war daher eine Begleiterscheinung der europäischen Expansion. Die Kirche wurde als eine rechtliche Institution verstanden, die das Recht besaß, ihre ‚Mission‘ weltlichen Mächten und einer Truppe von ‚Spezialisten‘ – Priester oder andere Geistliche – anzuvertrauen. Mit ‚Mission‘ waren die Aktivitäten gemeint, mit denen das kirchliche System des Westens in den Rest der Welt gebracht wurde. Der ‚Missionar‘ war unwiderruflich an eine Institution in Europa gebunden, von der er oder sie das Mandat empfangen hatte, jenen Erlösung zu gewähren, die bestimmte Glaubenslehren akzeptierten.“[8]

Beyerhaus erkennt zwar an, dass der Begriff „Missionar“ erst in Verbindung mit der europäischen Expansion genutzt wurde, schenkt aber – anders als Bosch im obigen Zitat – den Zusammenhängen keine Bedeutung. Wenn er direkte Linien vom biblischen Apostel über die iro-schottischen Mönche in die Neuzeit bis hin zur Gegenwart zieht und diese Boten des Evangeliums alle als Missionare bezeichnet, wäre zu fragen, ob hier nicht in anachronistischer Weise aus früherer Zeit Elemente in das Bild des Missionars eingeschleust werden, das bei der Einführung des Begriffs im 16. Jahrhundert mit territorialer Expansion, einer Position der Stärke und Macht, dem Gefühl der Überlegenheit und der Unterstützung staatlicher Strukturen verbunden war. Anders ausgedrückt: Wird hier nicht zu schnell das in der Moderne geprägte Konzept der Missionarstätigkeit mit biblischen Vorbildern vermengt, um die Legitimation der Tätigkeit von Missionaren zu stärken? Die Wesensmerkmale des

---

6 Bis ins 16. Jahrhundert wurde mit Mission die innertrinitarische Sendung bezeichnet; vgl. Bosch, David J.: Transforming Mission. Paradigm Shifts in Theology of Mission, Maryknoll (NY) 1991, 1.

7 Im katholischen Verständnis war sie damit nicht nur auf „Heiden“, sondern auch auf Protestanten ausgerichtet.

8 Bosch, Transforming Mission (Anm. 6), 268–269.

Missionarsbegriffs, die Beyerhaus so klar benennt, stehen auf einem schwachen Fundament. Wenn er beispielsweise als drittes konstitutives Merkmal eines Missionars die Einbindung in die Kirche des Einsatzlandes nennt, dann entspricht dies weder dem biblischen Vorbild der Apostel noch der Praxis der Zeit, in der der Missionarsbegriff eingeführt wurde. Die Definition des Missionars über die Ableitung vom biblischen Amt des Apostels, ist also nicht ohne weiteres möglich, da sie einem logischen Zirkel unterliegt: Beyerhaus findet die Kriterien dessen, was „der Sache nach" ein Missionar ist im Apostelamt, muss diese Merkmale dann aber wieder anpassen, um sie dem gängigen Verständnis der Definition anzugleichen. Damit verliert die Ableitung ihren autoritativen Charakter.

Eine weitere Frage drängt sich bei der engen Bestimmung des Missionarsbegriffs auf: Wenn der christliche Glaube auf vielfältige Weise verbreitet wird und nicht nur durch Missionare (wie allgemein anerkannt, aber oft zu wenig reflektiert wird), wie sollen dann diese anderen Akteure genannt werden und was unterscheidet sie qualitativ von denen, die Missionare genannt werden?

Müller bezeichnet, wie oben beschrieben, diejenigen als Missionare, die an der Sendung der Gemeinde Jesu in die Welt beteiligt sind, oder kurz: die Missionsarbeit tun. Auch wenn der Missionsbegriff zur Zeit der europäischen Expansion inhaltlich geprägt wurde, hat sich das Verständnis dessen, was unter Mission zu verstehen ist, seither deutlich gewandelt. Dem soll nun weiter nachgegangen werden.

1.2 Verschiebungen im Missionsverständnis seit Mitte des 20. Jahrhunderts

Begriffe können neu gefüllt werden und so hat sich auch im Verständnis des Begriffs „Mission" seit etwa Mitte des 20. Jahrhunderts eine Wandlung ergeben. Von europäischem Boden aus waren zwei Weltkriege angefacht worden und die Zweifel wurden größer, ob die „Segnungen des Westens" wirklich überall verbreitet werden müssen. Die Zeit der Kolonisierung ging zu Ende; gleichzeitig wuchsen vielerorts einheimische Gemeinden, die mehr und mehr eine Eigenständigkeit und Befreiung von westlicher Bevormundung beanspruchten. Diese Rahmenbedingungen veränderten das Verständnis von Mission. Da für Karl Müller Missionare diejenigen sind, die an der Mission beteiligt sind, hat die Definition von Mission direkte Auswirkungen auf das Verständnis dessen, wer oder was Missionare sind. Welche wesentlichen Änderungen des Missionsverständnisses, die im Hintergrund von Müllers Definition stehen, sind nun zu beobachten?

Der Begriff Mission leitet sich vom lat. *missio* ab, also der Sendung oder dem Absenden. Notwendigerweise beinhaltet Mission (1) einen Sendenden, (2) einen Auftrag, (3) den/die Gesandten, (4) einen Modus, der die Rahmenbedingungen für die Sendung umschreibt und (5) die Frage, wohin denn jemand gesandt wird.[9] In all diesen Definitionsmerkmalen haben sich seit der Mitte des 20. Jahrhunderts Verschiebungen ergeben, die einen direkten Einfluss auf das Verständnis christlicher Mission mit sich brachten und die maßgeblich dazu beitrugen, Definitionen zu erschweren, weil der Missionsbegriff breiter wurde. Die Entwicklungen können hier nur sehr holzschnittartig skizziert werden.

1.2.1 Sender

Bis zur Mitte des 18. Jahrhunderts war es vornehmlich die katholische Kirche, die, in der Regel durch ihre Orden, Missionare in die Welt sandte. Die Verbindung zur Kolonialisierung war dabei unterschiedlich stark. Seit Mitte des 18. Jahrhunderts bildeten sich evangelische Organisationen heraus, die Missionare aussandten (sehr früh z. B. aus Herrnhut); teilweise im Auftrag der eigenen Kirche (Church Mission Society), teilweise über Grenzen der Denominationen hinaus (Basler Mission, London Mission Society, China Inland Mission). Oft verstanden sich die Missionsgesellschaften als verlängerter Arm der Gemeinden der Entsandten, sodass Gemeinden und Missionsgesellschaften gemeinsam als Sender angesehen wurden.

In den 1950er Jahren wurde das in früherer Zeit schon für die innertrinitarische Sendung genutzte Konzept der *Missio Dei* auf das Verständnis der Mission in der Gegenwart ausgeweitet.[10] Gott sei der Hauptakteur, der eigentlich Handelnde und Sendende; er nehme Menschen und Kirche in seine Sendung mit auf. „Die Kirche wird von der, die aussendet, zu der, die gesendet wird."[11] „Aus ‚Gottes Mission' leitet sich ‚unsere' her. Die Mission ist also nicht Sache menschlicher Aktivität oder Organisation, sondern primär Gottes ureigenstes Werk. Die Kirche ist deshalb nicht Herr der Mission, sie hat sich einzuordnen in die Wirksamkeit Gottes. Gott selbst ist der Missionar. Die Kirche hat an dieser Sendung nur teil."[12]

Viele würden auch heute noch die Sendung durch eine Kirche und/oder eine Organisation als wichtiges Element des Missionarsseins betrachten. Dennoch ist auf dem gerade beschriebenen Hintergrund Gott als der eigentlich Sendende immer mehr ins Bewusstsein gerückt und so ist es möglich, sich

---

9 In Anlehnung an Bosch, Transforming Mission (Anm. 6), 1.

10 Hier ist insbesondere auf die Weltmissionskonferenz 1952 in Willingen zu verweisen, wo diese Deutung starkes Gewicht bekam.

11 Bosch, Transforming Mission (Anm. 6), 434.

12 Günther, Wolfgang: Von Edinburgh nach Mexico City. Die ekklesiologischen Bemühungen der Weltmissionskonferenzen (1910–1963), Die Kirche in Ostafrika, Stuttgart 1970, 112. Dass der Missio Dei-Begriff im Laufe der Jahre mit einer Vielzahl von – teilweise auch widersprüchlichen – Gedanken gefüllt wurde, kann hier nicht weiter ausgeführt werden. Die zentrale Aussage, dass Mission von Gott ausgeht, hat sich aber über Konfessionsgrenzen hinweg durchgesetzt.

auch ohne die konkrete Sendung durch eine Kirche oder Missionsorganisation als Teil der Mission, eben als Teil von Gottes Sendung in die Welt, zu verstehen.

1.2.2 Auftrag

Zu Beginn der neuzeitlichen – katholischen – Missionsbewegung war der Auftrag der Gesandten, Menschen in den neu entdeckten Gebieten unter die Herrschaft des Papstes zu bringen und so der katholischen Kirche einzugliedern. Protestantische Missionsgesellschaften orientierten sich vor allem am Missionsbefehl Jesu[13] und gründeten Gemeinden, in denen sie Menschen sammelten, die Christen geworden waren. Gerade in der Blüte des Kolonialismus war Mission oft damit verbunden, die Errungenschaften westlicher Zivilisation auch in anderen Erdteilen zu verbreiten. Auch im 20. Jahrhundert stand die Frage des Auftrags und Inhalts der Mission immer wieder zur Debatte. Bosch kategorisiert grob zwischen Evangelikalen und Ökumenikern und schreibt ersteren die Sorge um das ewige Heil der Menschen zu und letzteren die Umgestaltung der Welt. In den 1960er und 1970er Jahren waren die Differenzen am größten. Evangelikale suchten ihren Auftrag in der Welt von der Bibel abzuleiten, während viele Ökumeniker der These folgten: „Wir erheben Gottes Willen *aus* einer spezifischen Situation, nicht *in* ihr."[14] Gott verfolge, so die vertretene Position, seine Interessen in den historischen Prozessen der Welt und sei für deren Verwirklichung nicht auf das Zutun der Kirche angewiesen. Es ist kein Zufall, dass die Lausanner Bewegung gerade 1974 ihren ersten internationalen Kongress für Weltevangelisation abhielt und damit einen Kontrast zur Vollversammlung des Weltkirchenrats 1968 in Uppsala und der Weltmissionskonferenz 1972 in Bangkok setzte, wo die vertikale Dimension der Mission deutlich in den Hintergrund geraten war.

Doch auch im evangelikalen Lager wurde die Notwendigkeit gesehen, die Sendung in die Welt weiter zu fassen. Auch wenn die Verkündigung des Evangeliums eine hervorgehobene Rolle behalten sollte, so konnte sich Mission nicht darauf beschränken. Mission wurde zunehmend holistischer verstanden, sie sollte den gesamten Menschen und sein Umfeld mit in den Blick

---

[13] Er war z. B. Ausgangspunkt der Anfrage von William Carey, der oft als Vater der protestantischen Missionsbewegung angesehen wird, ob es denn nicht nötig sei, auch heute noch den Heiden die Frohe Botschaft zu verkündigen. Hintergrund dieser Frage war die bis in 17. Jahrhundert hinein währende Überzeugung, dass der Missionsbefehl aus Mt 28 bereits durch die Apostel Jesu im 1. Jahrhundert erfüllt worden sei.

[14] Bosch, David J.: Ganzheitliche Mission. Theologische Perspektiven, Marburg an der Lahn 2011, 61.

nehmen.[15] Der zentrale Begriff „Heil" darf weder mit der Veränderung der irdischen Verhältnisse ineinsgesetzt werden noch ist er nur rein eschatologisch zu verstehen; das Heil, das Gott schafft, wirkt sich aus auf die Beziehungen der Menschen untereinander, die Gesellschaft und die Umwelt.[16] Auch der Reich Gottes-Begriff wurde überdacht. Diskussionen, ob das Reich Gottes schon eine *präsentische* Größe sei und wenn ja, wie es sich auswirkt, oder ob – anders konzeptionalisiert – etwas von dem *zukünftigen* Reich Gottes heute schon erkennbar werden soll, blieben bestehen. Aber Konsens wurde, dass das Reich Gottes von Bedeutung für das Hier und Jetzt ist und dass im Leben und im Dienst der Kirche wenigstens ansatzweise deutlich werden soll, wie Leben aussieht, wo die Königsherrschaft Christi anerkannt wird. Lesslie Newbigin, ein Brückenbauer zwischen der ökumenischen und der evangelikalen Bewegung, sah die Kirche und ihr Handeln als „Zeichen, Instrument und Vorgeschmack des Reiches Gottes."[17]

In welchem Verhältnis konkret die Verkündigung des Evangeliums zum sozialen, gesellschaftlichen und politischen Engagement im Rahmen der Mission zu sehen ist, wurde verschieden beantwortet und bleibt in der Diskussion. Während Themen wie das soziale Engagement für Menschen in Not, der Einsatz für die Bewahrung der Schöpfung und die Transformation der Gesellschaft – je unterschiedlich akzentuiert – heute im großen Diskurs ihren Platz als Teil des Auftrags der Mission haben,[18] bleibt festzuhalten, dass sowohl die

---

15 Der Versuch, den Auftrag weiter zu verstehen und gleichzeitig der Evangelisation einen besonderen Stellenwert einzuräumen, wird in der Lausanner Verpflichtung von 1974 deutlich. Art. 5 betont, „dass Evangelisation und soziale wie politische Betätigung gleichermaßen zu unserer Pflicht als Christen gehören". Art. 6 hebt dann hervor: „Bei der Sendung der Gemeinde zum hingebungsvollen Dienst steht Evangelisation an erster Stelle". Lausanne Movement: Die Lausanner Verpflichtung, https://lausanne.org/de/lausanner-verpflichtung, 1974 (abgerufen am 05.10.2023).

16 Vgl. a.a.O., Art. 5.

17 Newbigin, Lesslie: Mission in Christ's way. Bible studies, Geneva 1987, 12.

18 Als Beispiel dafür, in welcher Bandbreite auch unter Evangelikalen der Auftrag in der Welt und für die Welt verstanden wird, lohnt sich ein Blick in die Kapstadt-Verpflichtung der Lausanner Bewegung; v. a. Abschnitt I.7 und II.B. Lausanne Movement: Die Kapstadt-Verpflichtung, https://lausanne.org/de/kapstadt-verpflichtung, 2010 (abgerufen am 05.10.2023).

katholische Kirche[19], wie auch der Weltkirchenrat[20] und die evangelikale Missionsbewegung[21] die Verkündigung der rettenden Botschaft von Jesus Christus als fundamentalen Teil des Missionsauftrags verstehen.

Der britische Alttestamentler und Missionstheologe Chris Wright, der federführend die Entstehung des Cape Town-Commitment des dritten Lausanner Kongresses für Weltevangelisation in Kapstadt verantwortete, vertritt ein ganzheitliches Missionsverständnis. Er zeigt auf, dass Mission an verschiedenen Punkten ansetzen kann. Um eine Arbeit, eine Tätigkeit oder ein Projekt allerdings als Mission zu qualifizieren, müssen sie notwendigerweise den Impuls in sich tragen, Menschen letztendlich in eine rettende Beziehung mit dem dreieinigen Gott zu führen.[22]

Mission ist damit mehr und vielfältiger als „nur“ die Verkündigung des Evangeliums, ohne diese zu vernachlässigen. Bestehen bleibt auch, dass Mission auf eine Veränderung abzielt. Auch wenn sie nicht zwingen oder drängen will und darf und Veränderung im Gegenüber immer ein Angebot ist, das auf Annahme hofft, so wird eine reine Beschreibung von Tatsachen oder ein reiner Austausch über Glaubenssätze allein dem Missionsgedanken nicht gerecht. Wenigstens der Wunsch und das irgendwie zum Ausdruck gebrachte Interesse, dass Menschen sich auf den lebendigen Gott einlassen, gehören zur Mission auch heute dazu. Wenn nun also diejenigen als Missionare bezeichnet werden können, die sich an der so beschriebenen Mission beteiligen, dann wird auch hier ein weites Feld geöffnet.

1.2.3 Die Gesandten

Sie waren und sind in der katholischen Kirche meist Geistliche mit guter theologischer Ausbildung. In den evangelischen Missionen wurden in der Geschichte teilweise auch Laien in den Missionsdienst entsandt. Die Sendung hatte einen offiziellen Charakter, es waren ausgewählte Personen, die als

---

19 Vgl. Papst Johannes Paul II: Redemptoris missio. Über die fortdauernde Gültigkeit des missionarischen Auftrages, https://www.vatican.va/content/john-paul-ii/de/encyclicals/documents/hf_jp-ii_enc_07121990_redemptoris-missio.html, 1990, Art. 44 (abgerufen am 07.10.2023); Papst Franziskus: Evangelii Gaudium, https://www.vatican.va/content/francesco/de/apost_exhortations/documents/papa-francesco_esortazione-ap_20131124_evangelii-gaudium.html, 2013, Art. 15, 18 u. ö. (abgerufen am 07.10.2023).

20 Vgl. Ökumenischer Rat der Kirchen: Gemeinsam für das Leben. Mission und Evangelisation in sich wandelnden Kontexten, https://www.oikoumene.org/de/resources/documents/together-towards-life-mission-and-evangelism-in-changing-landscapes, 2012, Art. 80–85 (abgerufen am 07.10.2023).

21 Vgl. Lausanne Movement, Die Kapstadt-Verpflichtung (Anm. 18), Abschnitt II.D.1.

22 Vgl. Wright, Christopher J. H.: The Mission of God. Unlocking the Bible's Grand Narrative, Downers Grove (IL) 2006, 319.

Missionare entsandt wurden und sich entsenden ließen. In manchen christlichen Gemeinschaften war eine persönliche Berufung zum Missionsdienst Voraussetzung für eine Sendung. Auch wenn viele dieser Gesandten spezielle Aufgabenbeschreibungen als ihren Beruf hätten nennen können, so konnten sie unter der Bezeichnung oder dem Berufsbild des Missionars zusammengefasst werden.

Mit Jesus als dem Sendenden und mit einem weiten Verständnis dessen, was der Auftrag der Christen in dieser Welt ist, wurde auch der Kreis derer, die gesandt sind, größer. Fragen an alte Konzeptionen wurden gestellt: Warum sollten nur die paar wenigen als Missionare gelten, die Mission als ihren Vollzeitberuf ausübten? Schließlich seien ja alle Christen gerufen, Teil von Gottes Mission zu sein; dies beträfe nicht nur eine Elite. In diesem Sinn sprach dann auch Papst Franziskus mit Jugendlichen darüber, wie sie Missionare sein können und stellte klar: „Die Mission geht uns alle an als Volk Gottes." Er sagte diesen Jugendlichen: „Wir müssen missionarisch leben, was voraussetzt, dass ich auf den höre, der mich sendet – das ist immer Jesus –, und dass ich zu den Leuten, zu den anderen gehe, um von meinem Leben zu sprechen, von Jesus und von vielen Dingen, aber mit einer Verwandlung meiner Persönlichkeit, die mich auf andere Weise blicken lässt. […] Wir sind Gesandte und Missionare." [23]

Yaw Perbi und Sam Ngugi, zwei aus Ghana bzw. Kenia stammende Gründer verschiedener Missionsinitiativen, schreiben über die Missionare, die aus Afrika in die Welt gehen: „Eine faszinierende Möglichkeit ist, dass die meisten afrikanischen Missionare in dieser Epoche keine hauptberuflichen oder traditionellen Missionare sein werden. Sie werden eher denen in der Apostelgeschichte gleichen, die mit ihren Lippen, ihrem Leben, ihrer Liebe und ihrer Literatur predigen, während sie unterwegs sind: ‚Diejenigen, die zerstreut waren, predigten das Wort, wo immer sie hingingen.'"[24]

Es ist also in den vergangenen Jahren und Jahrzehnten ein Verständnis dafür gewachsen, dass Missionarsein sich nicht auf Menschen beschränken muss, die fernab ihrer Heimat für lange Zeit im Auftrag ihrer Gemeinde und/oder einer Missionsgesellschaft als vollzeitlich Beschäftigte ihren Dienst tun.

---

23 Papst Franziskus: Pastoralbesuch von Papst Franziskus in Genua. Begegnung mit den Jugendlichen der Diözesanmission. Ansprache von Papst Franziskus, https://www.vatican.va/content/francesco/de/speeches/2017/may/documents/papa-francesco_20170527_giovani-genova.html, 2017 (abgerufen am 07.10.2023).

24 Perbi, Yaw und Sam Ngugi: Africa to the Rest. From Mission Field to Mission Force (Again), Maitland (FL) 2022, 150 (Übersetzung SH).

1.2.4 Modus

In der Vergangenheit und in vielen etablierten Missionsgesellschaften ist die Missionsarbeit eingebunden in ein System von gegenseitiger Verantwortung, Berufung und Sendung, Absicherung durch Gehalt, Krankenversicherung, Schuldbildung für Kinder etc.

Wird Mission weiter definiert, kann sie auch in ganz anderen Modi geschehen: Geschäftsleute betreiben „Business as Mission" und versuchen auf Grundlage ihrer Geschäftstätigkeit Menschen mit dem Evangelium in Kontakt zu bringen. Studenten nutzen die Möglichkeit, Studentenvisa zu bekommen, um in sonst für das Evangelium verschlossenen Ländern leben und Zeugnis geben zu können. Migranten tragen das Evangelium mit sich an andere Orte und gründen Hauskreise oder Gemeinden oder tragen im Sinne einer Wieder-Evangelisierung[25] zu einer Revitalisierung des christlichen Glaubens in Gegenden bei, die in der Vergangenheit vom christlichen Glauben durchdrungen waren, in der Gegenwart aber davon wenig zu erkennen ist. Andere machen sich aus christlicher Überzeugung auf den Weg, um – ohne in irgendwelche größeren Netzwerke und Strukturen eingegliedert zu sein – das Evangelium in einer anderen Gegend zu verkündigen. Vielleicht werden sie von einigen Einzelpersonen unterstützt; oftmals müssen sie ihren Lebensunterhalt durch andere Arbeiten sicherstellen. Manche der Genannten würden sich als Missionare bezeichnen, andere eher nicht.

1.2.5 Lokale Ausrichtung

Die Hauptrichtung der Mission seit der Neuzeit ging von Europa und später von Nordamerika in die Länder Afrikas, Südamerikas, Asiens und Ozeaniens. Damit geschah zweierlei: Zum einen war Mission mit der Überschreitung kultureller Grenzen verbunden. Zum anderen geschah Mission in der Regel aus einer Position der relativen Stärke und Macht: aus wirtschaftlich weit entwickelten Ländern mit hohem Bildungsniveau, militärischer Macht, politischer Führungsstärke und reich an finanziellen Möglichkeiten in Länder, die auf den genannten Gebieten dem Westen unterlegen waren. Durch diese Unterschiede gewannen manche Themengebiete an Relevanz, wie z. B. die Frage nach dem Verhältnis von Kolonialismus und Mission, den entstehenden Abhängigkeitsverhältnissen zwischen Mission und einheimischer Kirche und Fragen der Leitungsverantwortung und Entscheidungsbefugnis. Die Beteiligung Einheimischer an der Verbreitung des christlichen Glaubens wurde dabei als Teil der Missionsarbeit zumeist viel zu wenig berücksichtigt und vielleicht auch nur indirekt als Teil der Missionsarbeit angesehen.

---

25 Vgl. Papst Johannes Paul II, Redemptoris missio (Anm. 19), Art. 33.

Auch hier haben sich grundlegende Verschiebungen im Missionsverständnis ergeben. Missionsbewegungen geschehen heute von überall nach überall. Menschen aus dem Globalen Süden engagieren sich missionarisch in anderen Ländern des Globalen Südens. Kirchen aus Gebieten, in die Missionare aus dem Westen entsandt wurden, schicken nun selbst Mitarbeiter nach Europa oder Nordamerika oder sehen Christen, die sich zum Studium, als Flüchtlinge oder auf der Suche nach Arbeit dorthin auf den Weg machen, als Missionare an, wie oben beschrieben wurde.

Insgesamt scheint Mission aber auch den Länder- oder Volksgrenzen überschreitenden Charakter als wesentliches Kriterium verloren zu haben. Heute senden deutsche Missionsgesellschaften Mitarbeiter in andere Teile Deutschlands und beschreiben dies als Mission. Evtl. könnte man hier noch von einem Einsatz sprechen, der *kulturelle* Grenzen überschreitet. Für den amerikanischen Missionstheologen Charles van Engen ist die Grenzüberschreitung Wesensmerkmal der Mission, aber er definiert, passend zu einer Zeit, in der von Missionsbewegungen von christlichen in nichtchristliche Länder nur noch sehr bedingt die Rede sein kann, die Grenzen anders: „Mission ist das absichtliche Überschreiten von Grenzen durch das Volk Gottes – von Kirche zu Nicht-Kirche, vom Glauben zum Nicht-Glauben, um durch Wort und Tat das Kommen des Reiches Gottes in Jesus Christus zu verkünden.“[26] Es kommt darauf an, so van Engen, Menschen, die nicht an Jesus Christus glauben, das Reich Gottes zu verkündigen und dessen Werte durch das Leben zu demonstrieren.

Noch deutlicher wird der Wegfall des grenzüberschreitenden Definitionsmerkmals für Mission bei Vertretern des ekklesiologischen Modells einer missionalen Kirche.. Nicht einzelne missionarische Aktionen oder Aktivitäten sollen von der Kirche ausgehen, sondern das gesamte Sein und Handeln der Gemeinde wird als Teilnahme an Gottes Handeln in der Welt und damit als von Mission durchdrungen angesehen. Das gesamte Leben der Gemeinde ist Zeugnis des Evangeliums; dies gilt für eine evangelistische Veranstaltung genauso wie für das gemeinsame Leben, in dem Gottes Werte für Gemeinschaft gelebt werden oder für den Einsatz für Benachteiligte, der Gottes Zuwendung zur Welt zeigt.[27]

1.3 Reflexion: „Missionare“ als die an der Mission Beteiligten?

Wo stehen wir nach den Verschiebungen in der Bedeutung des Missionsbegriffs? Was wir festhalten können, ist Folgendes: Mission ist die aktive

---

26 Van Engen, Charles E.: Mission on the Way. Issues in Mission Theology, Grand Rapids (MI) 1996, 26–27 (Übersetzung SH).

27 Vgl. Barrett, Lois Y.: Defining Missional Church, in: James R. Krabill u. a. (Hg.): Evangelical, Ecumenical, and Anabaptist Missiologies in Conversation. Essays in Honor of Wilbert R. Shenk, Maryknoll (NY) 2006, 180.

Teilnahme an der Mission Gottes. Sie geschieht mit dem Wunsch und im Einsatz dafür, dass Menschen in der Begegnung mit dem lebendigen Gott Heil im umfassenden Sinn erfahren. Auch wenn sich Mission nicht auf die Einladung zum Glauben an den dreieinigen Gott begrenzen lässt, verliert sie ihr Wesensmerkmal, wo sie auf diese Einladung verzichtet.

In vielerlei Hinsicht zeigt sich dieser Missionsbegriff sehr flexibel. Hier kann Mission im eigenen Land genauso ihren Platz finden wie Mission in einem fernen Land; die Sendung im Rahmen von gefestigten Strukturen hat ebenso ihren Platz wie die sich im alltäglichen Leben vollziehende Mission; die lokale Ausrichtung der Mission ist unerheblich.

Aus dieser Innensicht der Missionswissenschaft ergibt die Beibehaltung des Missionsbegriffes durchaus Sinn. Im Englischen ist die Unterscheidung zwischen *mission* im Singular (als die große Mission Gottes) und *missions* im Plural (für die gezielten Missionsbestrebungen, -projekte und -organisationen) gebräuchlich geworden.[28] Auch wenn diese Unterscheidung im Deutschen nicht genau passt, so ist sie doch konzeptionell hilfreich, indem sie in Letzteren Ableitungen und konkrete Umsetzungen des Ersteren ausmacht. Hier hat z. B. die Bezeichnung einer Missionsgesellschaft als ebensolche ihre Berechtigung, wenn sie sich der aktiven Teilnahme an der *Missio Dei* verpflichtet hat und durch ihre Mitarbeiter und Projekte dazu beitragen möchte, dass Menschen in der Begegnung mit dem lebendigen Gott Heil im umfassenden Sinn erfahren, um die obige Definition noch einmal aufzunehmen. Auch Adjektive wie missionarisch und missional können verdeutlichen, dass jemand sein Handeln auf dem Hintergrund der Teilnahme an Gottes Mission verstanden wissen will.

Aber wie steht es um die Bezeichnung „Missionar"? Ist es wirklich passend, einfach alle Christen mit missionarischem Anliegen als „Missionare" zu bezeichnen? Wie gehen wir damit um, dass de facto damit oft ein engerer Personenkreis bezeichnet und damit durchaus abgegrenzt wird von anderen? Und: Muss man bei solchen Bezeichnungen nicht auch die Außenwirkung mit beachten? Wer sich heute als Missionar vorstellt, erntet je nach Kontext eine Reaktion zwischen Respekt und Anfeindung. Letztlich: Auch wenn der ursprünglich zu Beginn der europäischen Expansion geprägte Missionsbegriff sich im Lauf der Zeit gewandelt hat, stellt sich die Frage, ob die damals damit verbundenen hegemonialen Aspekte nicht so tief mit dem Begriff der Mission und des Missionars verwoben sind, dass sie in verschiedener Stärke nicht doch immer irgendwie mitschwingen, wenn die Begriffe genutzt werden?

---

28 Vgl. Ott, Craig and Stephen J. Strauss: Encountering Theology of Mission. Biblical Foundations, Historical Developments, and Contemporary Issues, Encountering Mission, Grand Rapids (MI) 2010, xv.

2. Überlegungen zum Gebrauch des Begriffs

Die im ersten Teil aufgeworfenen Fragen zeigen, dass neben der Bedeutung der Begriffe auch ihr Gebrauch einer Reflexion bedarf, die, so ist zu hoffen, zu einem bewussteren und sensibleren Umgang damit führt. Diesem Anliegen soll der zweite Abschnitt dieses Beitrags dienen.

2.1 Zur Bandbreite eines Begriffs und seiner Differenzierungen

Begriffe werden oft in einem weiten Bedeutungsspektrum gebraucht. Eine messerscharfe Grenzziehung ist nicht immer möglich. Beim Begriff „Missionar" ist das genauso. Vielleicht kann ein Bild helfen: Wer das Wort „Koch" hört, denkt wahrscheinlich als erstes an jemanden, der in einer Großküche oder in einem Restaurant arbeitet und Speisen zubereitet. Genauso kann aber Gemeindeglied XY als Koch für das Gemeindemittagessen bezeichnet werden oder eine Frau von ihrem Mann schwärmen, dass er ein „super Koch" sei. Bei keiner der Verwendungen wird man Einwände haben können, auch wenn die erste Verwendung des Wortes „Koch" vielleicht die idealtypische ist.

Das Bild zeigt auch, dass Menschen durchaus in der Lage sind, ein Wort – je nach Kontext – unterschiedlich zu füllen und dabei dennoch nicht übersehen, dass es verbindende Elemente gibt – im genannten Beispiel die Zubereitung von Essen – auch wenn andere Elemente wie Professionalität, Ausbildung, Regelmäßigkeit etc. verschieden sind.

Wenn es ein besseres Wort gäbe, das den Begriff Missionar im engeren Sinn ersetzt, wäre dies aus theologischer Sicht unproblematisch. Manche Missionsorganisationen nennen ihre Mitarbeiter „internationale Mitarbeiter". Im Englischen gibt es den Versuch, Missionare als „Message Bearers" (Träger der Botschaft) zu bezeichnen, aber auch solche Begriffe haben ihre Schwierigkeiten, weil sie unpräzise sind, nicht gleich erkennen lassen, worum es geht oder an bisherige Bezeichnungen wenig anschlussfähig sind. Momentan scheint sich, weder im Englischen noch im Deutschen, ein alternativer Begriff etabliert zu haben.

Radikaler ist der Ansatz des amerikanischen Missionswissenschaftlers Michael Stroope, der Mission als Konzept, inklusive der damit verbundenen Organisationen und Strukturen, zu überwinden sucht und Christen als „pilgrim witness to the kingdom" versteht, also pilgernde Zeugen für das Reich Gottes.[29]

Die Rubrik derer, die traditionell als Missionare bezeichnet werden, abzuschaffen, scheint schwierig. Sprache kreiert nicht nur unser Verständnis der Wirklichkeit, sondern bildet sie auch ab und ohne eine durch Worte

29 Vgl. Stroope, Michael W.: Transcending Mission. The Eclipse of a Modern Tradition, London 2017, 355–385; hier v. a. 370.

hergestellte Kategorisierungen kommt keine Gesellschaft und keine Organisation aus. Wir brauchen also Sammelbegriffe, auch wenn sie mitunter keine scharfen Ränder haben. Wenn eine Gemeinde oder eine Missionsgesellschaft diejenigen als Missionare bezeichnet, die für längere Zeit für einen grenzüberschreitenden Dienst entsandt werden und die durch ihr Reden und Handeln Zeugen des Reiches Gottes sind und Menschen einladen, Teil davon zu werden, dann ist dies durchaus begründet. Und wenn sie durch Begriffe wie „Kurzzeitmissionare“ oder „Missionspraktikanten“ Abgrenzungen vornimmt, ist dies gerade auch in der Außenwirkung und insbesondere gegenüber Partnern nur gerechtfertigt. Es können für die Definition dessen, was ein Missionar ist, also Kriterien angelegt werden. Diese leiten sich allerdings nicht direkt vom Vorbild der Aposteltätigkeit ab, wie Peter Beyerhaus es vorgeschlagen hatte. Stattdessen gründet sich die Definition auf die Teilnahme an der Mission Gottes in der Welt, verbunden mit einem in der Geschichte gewachsenen Verständnis von Missionar, das aber für Veränderungen offen ist.

Gleichzeitig gilt, dass niemand den Begriff Missionar gepachtet hat und in einem weiteren Sinn alle Christen, die sich der Welt und ihren Menschen in Gottes Auftrag zuwenden, missionarisch handelnde Christen sind, die in diesem Sinn als Missionare bezeichnet werden können. Wenn Karl Müller von Missionaren im allgemeinen und im eigentlichen Sinn spricht, dann ist diese Unterscheidung im Grundsatz nachvollziehbar und sinnvoll.

2.2 Hilfreiche Präzisierungen für einen belasteten Begriff

Die Überlegungen zur Nutzung des Begriffs Missionar sollten hier nicht enden. Auch wenn seine Verwendung in Theologie und Geschichte begründet ist und wenn er von einem veränderten Missionsverständnis her gefüllt wird, so klingen bei vielen Menschen die Alarmglocken oder stellen sich die Nackenhaare, wenn sie den Begriff hören. Zu stark sind die Assoziationen mit der Kolonialzeit oder der Gedanke, dass anderen der christliche Glaube übergestülpt werden könnte. Selbst manche Missionare nutzen den Begriff Missionar als Selbstbezeichnung spärlich und nur dort, wo die Wahrscheinlichkeit gering ist, dass er Kritik hervorruft. Wer heute von Mission und Missionaren spricht, muss erklären, was damit gemeint ist. Wer im Gespräch außerhalb des Kreises der Missionsinteressierten die Bezeichnung Missionar gebraucht, hat ziemlich sicher das Interesse der Gesprächspartner gewonnen und die Möglichkeit – wenn vielleicht auch aus der Defensive heraus – zu erklären, was damit heute gemeint ist.

Dennoch ist es angebracht, über alternative Bezeichnungen und auch Präzisierungen nachzudenken. Es ergibt keinen Sinn, Blockaden wegen einer Begrifflichkeit aufzubauen, die zwar in der Sache, aber nicht in der Terminologie biblischen Ursprungs ist. Manche Missionare sind Gemeindegründer oder theologische Lehrer oder Ärzte. Was würden sie sich auf die Visitenkarte schreiben, wenn es nicht „Missionar" wäre? Man könnte z. B. in Anlehnung an das bekannte Gesellschaftsspiel Tabu Begriffe suchen, die einen bestimmten Missionar beschreiben und nicht den Wortstamm „missio-" enthalten. Gleiches könnte man für das Wort „Missionar" in verschiedenen Gruppen durchführen und sehen, wo die Überschneidungen liegen. Vielleicht ließen sich daraus neue Bezeichnungen finden, die wenigstens einen Teil derer abbilden, die bisher als Missionare im engeren Sinn bezeichnet werden.

Doch nicht nur in Deutschland, sondern auch in vielen Einsatzländern eckt der Begriff Missionar an oder löst bei Menschen etwas aus, was eigentlich nicht intendiert ist. In islamisch geprägten Ländern ist der Begriff grundsätzlich unbrauchbar. Er ruft bei vielen Muslimen Assoziationen mit den Kreuzzügen hervor; außerdem verhindert das Konversionsverbot im Islam die Möglichkeit, Missionsterminologie irgendwie positiv zu füllen.

Doch nicht nur Muslime tun sich mit dem Begriff „Missionar" schwer. Auch in christlich geprägten Ländern, in denen Missionare schon lange arbeiten, regt sich Unbehagen – entweder hinsichtlich des Begriffs, der Tätigkeit oder beidem. So schreibt Mekdes Haddis, eine in den USA lebende äthiopische Christin:

> „Ich habe immer Schwierigkeiten mit dem Begriff *Missionar* gehabt. Erstens habe ich noch nie Menschen gesehen, die aussehen wie ich und diese Bezeichnung als Zeichen ihrer Hingabe zu Christus tragen. Zweitens lässt sich der Begriff in meiner Sprache nicht ohne die Assoziation eines fremden Konzepts des Christentums übersetzen, das sich nicht in meine Kultur einfügt. Das Wort hat sich für mich immer wie ein Begriff angefühlt, der bestenfalls guten weißen Menschen zugeschrieben wird und schlimmstenfalls kolonialistisch ist, aber nicht biblisch."[30]

Es wird deutlich, dass bei der Verwendung von Begriffen mit den Ohren der anderen gehört werden sollte. Wer sich auf Augenhöhe begegnen will, muss die Haltung von Christen, in deren Umgebung er oder sie arbeitet nicht nur ernst nehmen, sondern aktiv mit ihnen über die eigene Präsenz im Gespräch sein. Vielleicht hilft manchmal eine Änderung der Terminologie; vielleicht ist sie aber auch nur der Startpunkt für eine Neuausrichtung der Arbeit oder der Partnerschaft; vielleicht auch manchmal der Anlass für einen temporären oder dauerhaften Rückzug, dort, wo einheimische Christen in ihrer Entwicklung durch die Präsenz von Missionaren gehindert werden.

---

30 Haddis, Mekdes Abebe: A Just Mission. Laying down Power and Embracing Mutuality, Downers Grove (IL) 2022, 27 (Übersetzung SH).

2.3 Motive für die Verwendung der Bezeichnung Missionar

Mit Worten lässt sich nicht nur etwas beschreiben; Worte deuten, sie können einen Anspruch ausdrücken oder sogar die Wirklichkeit zu ordnen anstreben. Sie sind nicht neutral. Eric Morier-Genoud, der an der Universität von Belfast lehrt, hat untersucht, was durch die Nutzung des Begriffs „Reverse Mission“ ausgedrückt und empfunden wird. Auf der Grundlage des diskursanalytischen Ansatzes zeigt er, dass Menschen, die aus dem Globalen Süden nach Europa kommen, ihren Status aufwerten, indem sie sich als Teil der Missionsbewegung sehen, die dem degenerierten Westen das Heil (zurück) bringt.[31] Sich als Missionar zu betrachten und als solcher darzustellen, vermittelt ein ganz anderes Bild als sich als Asylsuchenden oder Wirtschaftsmigrant zu beschreiben oder beschreiben zu lassen. Es ist dabei durchaus möglich, dass diese Entscheidungen nicht immer bewusst und reflektiert fallen, sondern sich im Vollzug als sinnvoll erweisen.

Es ist immer leichter, solche Zusammenhänge von Sprache und dem damit verbundenen Anspruch bei anderen wahrzunehmen als bei sich selbst. Und dennoch kann, bei genügender Selbstreflexion, diese Wahrnehmung auch dazu leiten, den eigenen Sprachgebrauch zu hinterfragen. Was wird unterschwellig an Anspruch und Haltung transportiert, wenn sich jemand als Missionar bezeichnet bzw. so bezeichnet wird? Nicht überall ist die Bezeichnung hinderlich. Teilweise ist sie mit Respekt besetzt oder mit Vorzügen. Oft genug aber auch mit dem Aspekt der Macht oder mit dem implizit über den Titel kommunizierten Anspruch der Überlegenheit.

Missiologen mit afrikanischen Wurzeln stellen teilweise radikale Anfragen an die Mitarbeit von Missionaren. So fragt der in der Elfenbeinküste geborene und an der Trinity Evangelical Divinity School in Chicago lehrende Tite Tiénou in einem Aufsatz, ob Afrika nur dazu da sei, Menschen von außen Heldenstatus zu verleihen.[32] In der neueren Diskussion wird mit dem Begriff „white saviorism“ darauf aufmerksam gemacht, dass der Einsatz für andere oftmals stark davon geprägt ist, sich selbst gut und gebraucht fühlen zu wollen. Der aus Nigeria stammende katholische Missionstheologe Francis Oborji

---

31 Vgl. Morier-Genoud, Eric: ‘Reverse Mission’. A Critical Approach for a Problematic Subject, in: Véronique Altglas and Matthew Wood (Hg.): Bringing back the Social into the Sociology of Religion. Critical Approaches, Chicago (IL) 2019, 169–188; zum Themenkomplex s.a.: Währisch-Oblau, Claudia: The Missionary Self-Perception of Pentecostal/Charismatic Church Leaders from the Global South in Europe. Bringing back the Gospel, Global Pentecostal and Charismatic Studies 2, Leiden 2009, 259–262.

32 Tiénou, Tite: The Training of Missiologists for an African Context, in: J. Dudley Woodberry u. a. (Hg.): Missiological Education for the Twenty-First Century. The Book, the Circle, and the Sandals. Essays in Honor of Paul E. Pierson, Maryknoll (NY) 1996, 93–100:94.

berichtet davon, dass Afrika und die Menschen des afrikanischen Kontinents immer so dargestellt würden, als seien sie „auf dem Weg“. Er schreibt: „Wird ein Schüler jemals ein Meister? Afrikaner sind für 500 Jahre Schüler gewesen. [...] Afrika! Wann wirst du graduieren?“[33]

Mit der Selbst- oder auch der Fremdbezeichnung als Missionar ist in vielen Gegenden ein bestimmter Status verbunden, der das Bild, anderen überlegen zu sein, verfestigt. Eine gute Übung wäre, zu fragen, was verloren gehen würde, wenn jemand nicht mehr als Missionar bezeichnet werden würde, sondern beispielsweise schlicht als Jüngerschaftskoordinator der einheimischen Kirche. Würden Privilegien wegfallen? Würde es den Status schwächen? Unterschiede reduzieren? Mögliche Spender und Unterstützer abschrecken? Wären diese Konsequenzen von beiden Seiten gewollt? Was offenbaren diese Überlegungen über das Selbstbild des Missionars?

Die Ergebnisse einer solchen Überprüfung müssen nicht *notwendigerweise* darauf hinauslaufen, dass die Bezeichnung nicht mehr verwendet wird oder sich Missionare gar zurückziehen. Dies wäre eine Überreaktion. Die Frage kann nur von den Beteiligten im jeweiligen Kontext beantwortet werden. Missionsarbeit hat sich in den vergangenen Jahrzehnten durchaus gewandelt und in vielen Fällen ist die Zusammenarbeit von gegenseitiger Wertschätzung und ergänzender Partnerschaft geprägt. Da die oben genannten Stimmen jedoch nicht überhört werden dürfen, ist ein Innehalten und eine Selbstreflexion angebracht.

So lange Mitarbeiter kulturübschreitend im Einsatz sind, wird es immer Unterschiede geben. Letztlich wird auch nur dadurch ein Einsatz wertvoll. Es ist dabei aber immer zu fragen, wie diese Unterschiede und das, was ein Missionar mitbringt an Begabung, Kompetenzen und Mitteln zum Segen für die einheimische Kirche und zum Zeugnis in der Welt wird und zwar nicht nur kurzfristig, sondern auch auf langfristige Sicht. Vielleicht ist einer der wesentlichen Dienste von Missionaren, einheimische Mitarbeiter zu ermutigen und ihnen zu vermitteln, dass das, was sie beizutragen haben, wesentlich und wertvoll ist für die Arbeit im Reich Gottes.

2.4 Missionare aus dem Globalen Süden als Anlass zur Reflexion

Bei aller Kritik, die aus dem Globalen Süden über traditionelle, westliche Mission teilweise zu hören ist, wird von dort doch die Terminologie aufgenommen, wenn es um die Sendung eigener Mitarbeiter in den Rest der Welt geht. Diese werden freimütig und mitunter mit einem gewissen Stolz als

[33] Oborji, Francis Anekwe: The Question of Missiology in an African Context, in: ders.: Towards African Missiology. Issues of new Language for African Christianity. Collection of Essays, Vol. 1, Bloomington (IN) 2020, Abschnitt: Present Trends of Mission in Africa.

Missionare bezeichnet.[34] Allerdings stoßen dieser missionarische Selbstanspruch und das Verhalten dieser Missionare aus dem Globalen Süden nun umgekehrt bei Christen in Deutschland oft auf Skepsis und lösen allerhand Anfragen aus.[35] Es ist für viele (noch) gewöhnungsbedürftig, in Deutschland Missionare aus dem Globalen Süden zu sehen und auf der Empfängerseite zu stehen. Richtig genutzt, kann dieses Hineingestelltsein in eine neue Perspektive aber ein Anlass sein, die eigene, vom Westen ausgehende Arbeit von Missionaren zu reflektieren. So drängen sich drei Fragen auf:

(1) Was löst das Unbehagen im Hinblick auf Missionare aus dem Globalen Süden in Deutschland aus? Ist es für uns viel selbstverständlicher, dass Missionare aus dem Westen ausgehen, als dass wir bereit sind, diejenigen willkommen zu heißen, die als Missionare hier arbeiten? Was sind die Gründe dafür? Ist es vielleicht die tiefsitzende Überzeugung, dass sich die Frohe Botschaft in die andere Richtung ausbreitet? Oder der Impuls, dass *wir* es sind, die etwas zu geben haben? Oder der Stolz, keine Unterstützung zu brauchen?

(2) Falls uns etwas an der konkreten Arbeit stört – z. B. der als übertrieben empfundene Sendungspathos, die Theologie, das kulturell unangepasste Verhalten –, bleibt die Frage, ob Missionare, die aus unserer Mitte entsandt sind, anders auftreten? Oder ist unser Empfinden nur ein Spiegel dessen, was andere schon lange empfinden, wenn sie mit *westlichen* Missionaren zusammen sind? Und letztlich:

(3) Wenn wir uns daran stoßen, dass sich manche Menschen als Missionare bezeichnen, die bei uns arbeiten, sollten wir uns die Frage stellen: Was genau fehlt denn, das diese Person aus unserer Sicht als Missionar qualifiziert? Umgekehrt lassen sich daraus die Kriterien ableiten, die wir anlegen, damit sich jemand zu Recht als Missionar bezeichnen darf. Wie gut oder stichhaltig diese Kriterien sind, kann dann anschließend bewertet werden.

2.5 Mission nicht an Missionare delegieren

Wenn die Bezeichnung „Missionar" nur im engeren Sinn gebraucht wird, dann kann es schnell geschehen, dass Gemeinden und einzelne Christen ihren missionarischen Auftrag – bewusst oder unbewusst – mit der Entsendung und Unterstützung von einigen Missionaren als erledigt erachten. Stroope weist zu Recht darauf hin, dass in der Frühzeit der Kirche Gemeinden entstanden, die in ihren Städten und Regionen zum Zentrum des Zeugnisses für andere in

---

34 Vgl. Abschnitt 1.2.3 und den Beitrag „Global vernetzte Mission als gemeinsame Aufgabe einer polyzentrischen Christenheit" in diesem Band. Diese Tatsache zeigt auch, dass die Begriffe Mission, Missionar etc. nicht auf das Phänomen der Ausbreitung des Evangeliums aus dem Westen seit der Zeit und in Verbindung mit der europäischen Expansion beschränkt werden sollten.

35 Vgl. Währisch-Oblau, The Missionary Self-Perception (Anm. 31), 311–313.

ihrer Umgebung wurden. Wenn der Geist zu ihnen sprach und sie gezielt dazu aufforderte (vgl. Apg 13,1), breitete sich das Zeugnis durch von der Gemeinde ausgesandte Zeugen auch weit darüber hinaus aus. Gleichzeitig waren alle an Christus Gläubigen dazu berufen, in ihrem Umfeld Zeugnis über das Reich Gottes abzulegen.[36]

Wenn Christen und Gemeinden aber in ihrem eigenen Umfeld die Frohe Botschaft verkünden und Zeugen des Reiches Gottes sein sollen, dann braucht es eben *überall* auf der Welt solche Gemeinschaften von Menschen, die Christus in ihrer Umgebung bezeugen. Daher ist beides wichtig: Das Zeugnis vor der Haustür (in Jerusalem), *genauso* wie das Zeugnis an den „Enden der Erde" (Apg 1,8). Wenn aber Gemeinden ihre Teilnahme an der Mission Gottes auf das Unterstützen von einigen Spezialisten im Ausland begrenzen und das Zeugnis in der eigenen Umgebung zu kurz kommt, dann tut so eine aufrüttelnde Erinnerung wie von Papst Franziskus gut: Ihr seid alle Missionare!

Abschluss

In Zusammenfassung der oben gemachten Ausführungen soll Folgendes festgehalten werden:

- Die Bezeichnung „Missionar" für Menschen, die an der Mission Gottes in die Welt beteiligt sind, ist grundsätzlich nutzbar und sinnvoll, wenn auch der Gebrauch genau dieser Worte aus biblischer Perspektive nicht notwendig erscheint.

- Es ergibt durchaus Sinn, zwischen einer weiteren und einer engeren Definition des Begriffs Missionar zu unterscheiden.

- Die Missionsterminologie wurde durch ihre Entstehung im Zusammenhang mit der europäischen Expansion in einer bestimmten Weise gefärbt.

- Begriffe können neu gefüllt werden, was beim Missionsbegriff durchaus geschehen ist. Es muss aber berücksichtigt werden, dass verschiedene Gruppen den Begriff unterschiedlich füllen. Auch diejenigen, die den Begriff für sich benutzen, verbinden damit ein bestimmtes Bild. Alles, was kolonialistische Züge trägt, sollte eliminiert werden. Eine kritische Reflexion ist angebracht und wichtig.

- Wo möglich, sollten die Begriffe Mission und Missionar erklärt bzw. im Austausch geklärt werden. Wo der Begriff nicht zu retten ist, weil er mit zu vielen negativen Konnotationen behaftet ist, unnötig Kritik

36 Vgl. Stroope, Transcending Mission (Anm. 29), 371–379.

hervorruft oder ein überkommenes Abhängigkeitsverhältnis suggeriert, sollte er kontextbezogen ersetzt werden.

- Wird von Missionaren überwiegend im engeren Sinn gesprochen, darf dies die Berufung zum missionarischen Leben von allen Christen und Gemeinden in ihrem eigenen Umfeld nicht verdrängen oder ersetzen. Der Hinweis, dass in diesem weiteren Sinn alle Missionare sind, weil Gott alle seine Nachfolger in die Sendung in die Welt einschließen will (Joh 20,21), ist daher durchaus angebracht.

- Die Diskussion um die Frage, wer als Missionar bezeichnet wird, werden kann oder werden soll oder ob doch andere Bezeichnungen besser passen, wird weitergehen. Es ist sogar wünschenswert, dass sie weitergeht! Hineingenommen zu sein in Gottes Heil schaffendes Handeln in dieser Welt wird immer neue Ausdrucksweisen finden müssen. Modelle der Missionarstätigkeit, wie sie in den letzten gut 200 Jahren von protestantischer Seite aus gelebt wurden, werden mehr und mehr Ergänzung durch andere, kreativere, flexiblere Formen brauchen, bei denen sich dann wohl wieder die Frage auftun wird, ob die daran Beteiligten als Missionare bezeichnet werden sollten. Wenn die anhaltende Diskussion Anzeichen für neue Gedanken, Modelle und Praktiken wird, dann ist sie der globalen Missionsbewegung nur zu wünschen!

Termination oder Transformation? Über die Herausforderungen und Zukunft westlicher protestantischer Missionsgesellschaften

Volker Gäckle

„Missions are today in search of mission."[1] Mit diesem berühmten Diktum beschrieb Wilbert Shenk (1935–2021), der lange Jahre Professor für Missionsgeschichte am Fuller Theological Seminary in Pasadena war, bereits vor mehr als 20 Jahren die aktuelle Situation westlicher protestantischer[2] Missionsgesellschaften. Seit etwa drei Jahrzehnten spüren Missionsgesellschaften in zunehmender Intensität den Wandel der Zeit, der sie in personeller, konzeptioneller und v. a. finanzieller Hinsicht herausfordert. Wie bei allen Organisationen spiegelt auch bei Missionsgesellschaften in der Regel ein Finanzproblem die Notwendigkeit wider, fundamentale Fragen anzugehen und sich über die eigene Identität, Situation, Zweckbestimmung und die Prioritäten der eigenen Arbeit klar zu werden.[3] Und wie bei allen Organisationen, die auf eine lange, traditions- und erfolgreiche Geschichte zurückblicken, hat auch bei Missionsgesellschaften die aktuelle Krise vielfältige Ursachen. Diese liegen nicht nur in den aktuellen Umbrüchen und Herausforderungen, sondern ebenso in der eigenen Geschichte, nämlich in den Ursprüngen, Anfängen und Entstehungsbedingungen einer Organisation bzw. Bewegung.[4]

---

1 Shenk, Wilbert R.: Changing Frontiers of Mission, New York [2]2001 ([1]1999), 177.

2 Die Organisationsform privatrechtlich als Freiwilligenvereinigung organisierter Missionsgesellschaften ist ein protestantisches Phänomen. Die katholische Mission vollzog sich bereits sehr viel früher v. a. durch die verschiedenen Ordensgemeinschaften, die aber immer in die kirchliche Hierarchie eingegliedert waren und der Weisung des Papstes bzw. des jeweiligen Bischofs unterstehen.

3 Wie ein Fanal wirkte in dieser Hinsicht im Jahr 2016 die Meldung, dass das International Mission Board (IMB), vermutlich die größte protestantische Missionsgesellschaft der Welt, annähernd 1.000 Missionarinnen und Missionare entlassen und die Zahl ihrer Missionare von ca. 4.800 auf 3.800 reduzieren musste. Mittlerweile ist die Zahl weiter gesunken. Der Hauptgrund war die finanzielle Situation der Missionsgesellschaft.

4 Shenk, Frontiers (Anm. 1), 177: „Inescapably agencies and institutions are the products of the particular historical and sociopolitical context in which they are created. Every organization bears the full marks of its human creators and reflects the qualities of imagination and leadership of its board and stuff."

Den Entstehungsbedingungen klassischer Missionsgesellschaften soll deshalb im ersten Teil die Aufmerksamkeit gelten, bevor wir uns im zweiten Hauptteil dieses Beitrags den aktuellen Herausforderungen zuwenden. In einem dritten Teil soll eine aktuelle Ortsbestimmung gewagt werden und im vierten und letzten Teil will ich versuchen, einige Perspektiven für Missionsgesellschaften im 21. Jahrhundert zu skizzieren.

1. Die Geschichte der Missionsorganisation

Die Missionsgesellschaft im Sinne einer Organisation, die in Europa und Nordamerika Missionarinnen und Missionare rekrutierte und finanzielle Ressourcen sammelte, um sie in die Missionsfelder im Globalen Süden zu senden[5] und dort eine Missionsarbeit zu etablieren, war seit dem späten 18. Jahrhundert das organisatorische Format und Instrument der protestantischen Welt zur Erreichung dieses Ziels.

Man war sich in der Regel von Anfang an in allen Missionsgesellschaften sehr bewusst, dass die neutestamentliche Aufgabe der Mission an die ganze Gemeinde adressiert ist. Mission sollte aus theologischer Perspektive eigentlich eine Funktion der Kirche bzw. Gemeinde sein, die nicht an eine spezialisierte Organisation ausgelagert werden sollte und durfte.[6] Dass es dann aber dennoch zur Gründung besonderer Gesellschaften kam, hatte v. a. drei Gründe:

---

5 Wenn wir hier vom „Globalen Süden" als der Zielrichtung europäisch-protestantischer Missionsanstrengungen sprechen, dann ist das insofern ungenau, als es vielmehr um die gesamte Welt ging und es auch z. B. Herrnhuter Missionare unter den Inuit und den indigenen Stämmen Nordamerikas gab, ebenso wie eine Judenmission in Europa. Die überwältigende Mehrheit der Missionare reiste allerdings in die Regionen aus, die wir heute zum Globalen Süden rechnen.

6 Norbert Schmidt, Mission in guter Gesellschaft? Zukunftsfähige Trägerschaft neupietistischer Mission, in: Frank Lüdke und Norbert Schmidt (Hg.): Was ist neu am Pietismus? Tradition und Zukunftsperspektiven der Evangelischen Gemeinschaftsbewegung, SEHT 1, Berlin 2010, 149–155, zeichnet knapp die Diskussion nach. Andrew F. Walls, Missionary Societies and the Fortunate Subversion of the Church, in: ders.: The Missionary Movement in Christian History. Studies in the Transmission of Faith, Maryknoll (NY) 1996, 241–254:241.246, bezeichnet Missionsgesellschaften als „fortunate subversion of the church" und als „one of God's theological jokes". George W. Peters, Missionarisches Handeln und biblischer Auftrag. Eine Theologie der Mission, Bad Liebenzell 1977, 251, zählt Missionsgesellschaften zu den „Zufälle[n] der Geschichte" und ordnet sie als „historische Abnormität" ein, ebd., 234. Hinter diesen Urteilen steht die biblisch-theologische Überzeugung, dass der Träger der Mission idealerweise keine Freiwilligenvereinigung einzelner erweckter Christen sein sollte, sondern die vom Heiligen Geist getriebene Kirche Jesu Christi.

(1) Im 17. und frühen 18. Jahrhundert weigerte sich der weit überwiegende Teil der europäischen Kirchen, Weltmission als eine Aufgabe und Herausforderung der protestantischen Christenheit anzuerkennen. Den Missionsauftrag von Mt 28 sah man nur an die Apostel adressiert, die ihn dann auch erfüllt hätten. Wenn Völker sich seither dem christlichen Glauben verschlössen, seien sie selbst schuld. Wenn Gott diese neu erwecken wolle, habe er dazu selbst alle Macht und brauche keine Hilfe von irgendwem. Die weltmissionarischen Initiativen der ersten protestantischen Missionsprotagonisten wurden vor diesem Hintergrund als illegitime Selbstermächtigung verurteilt, die man nicht nur nicht unterstützen dürfe, sondern im Gegenteil verhindern müsse. Folglich entstand die Weltmissionsbewegung im 18. Jahrhundert nicht mit der Unterstützung der protestantischen Kirchen, sondern gegen ihren Widerstand.[7]

(2) Unabhängig von der ablehnenden Haltung der Kirchen bedeutete die Herausforderung eines weltmissionarischen Engagements im Blick auf Ausbildung, Organisation, Logistik und Finanzierung für die Kirchen und erst recht für einzelne Gemeinden eine Überforderung. Eine Spezialisierung und die Etablierung einer eigenen Organisationsform waren vor diesem Hintergrund unabdingbar.[8]

(3) Hinzu kam in der Mitte des 20. Jahrhunderts die Wahrnehmung, dass im Zuge der Integration einzelner Missionsgesellschaften in die großen (und reichen) Volkskirchen deren Agilität und Dynamik, die auf einer schlanken Organisationstruktur basierte, von kirchlicher Hierarchie, Bürokratie und der damit einhergehenden Schwerfälligkeit erdrückt wurde. So erschien die Gründung unabhängiger Missionsgesellschaften auch im Rückblick als eine glückliche Lösung.

Anders als die großen europäischen Kirchen arbeiteten Missionsgesellschaften in der Regel sehr pragmatisch und flexibel. Mit ihrer wachsenden Bedeutung waren aber immer zwei Gefahren verbunden: Auf der einen Seite nahmen sie nicht selten selbst gemeindeähnliche Rollen wahr und auf der

---

7 Nach Gerhard Hoffmann, Considerations on Integration of Church and Mission in Germany, in: IRM 58 (1969), 278–291:288, hätte es vermutlich nie Missionsgesellschaften gegeben, wenn es missionarische Kirchen gegeben hätte.

8 Walls, Missionary Societies (Anm. 6), 246f., schreibt im Blick auf die Gründung der Baptist Missionary Society durch William Carey (1792): „He is looking for the appropriate means to accomplish a task which cannot be accomplished through the usual machinery of the Church. […] The simple fact was that the Church as then organized, whether episcopal, or presbyterian, or congregational, *could* not effectively operate mission overseas. […] Untheological development as it may have been, the voluntary society had immense theological implications. It arose because none of the classical patterns of Church government […] had any machinery […] to do the tasks for which missionary societies came into being."

anderen Seite entstand eine Tendenz, den Missionsauftrag an einige Spezialisten zu delegieren und aus der Gemeinde auszulagern – ein Thema, das die Missionswissenschaft seit dem 19. Jahrhundert beschäftigt.

Der amerikanische Missiologe George W. Peters (1907–1988), der auch im deutschsprachigen Raum als einer der Gründungsväter der Akademie für Weltmission bekannt ist, sah das Phänomen der Missionsgesellschaft nüchtern als ein pragmatisches Provisorium. Es erhält seine Legitimation durch die Delegation einer kirchlichen bzw. gemeindlichen Aufgabe. Folglich sind Missionsgesellschaften „nicht notwendigerweise permanente Formen christlicher Manifestation".[9] In gleicher Weise beurteilte auch Andrew F. Walls (1928–2021), der vielleicht wichtigste Missionshistoriker der letzten 100 Jahre, die moderne Missionsbewegung seit dem 18. Jahrhundert als eine besondere Episode der Kirchen- und Missionsgeschichte und ein „Produkt" der politischen, ökonomischen und religiösen Entwicklungen des europäischen und nordamerikanischen Westens. Dementsprechend sieht er Missionsgesellschaften als ein „temporary phenomenon", d. h. als eine vorübergehende, allerdings immer wieder neu auftauchende Erscheinung in dieser Geschichte.[10] Zu dieser Geschichte gehört nicht nur der große Erfolg der Missionsanstrengungen, sondern notwendigerweise auch der Rückzug und die Heimkehr westlicher Missionare und das Ende ihrer Missionsarbeit, damit die Geschichte Gottes in den jungen Kirchen weitergehen konnte und kann.[11]

1.1 Die Entstehung der europäischen Missionsgesellschaften

Die Herausforderungen und Probleme, vor denen Missionsgesellschaften heute stehen, wurzeln tief in den Bedingungen ihrer Entstehungsgeschichte. Dabei geht die Idee einer „freien Association" als Trägerin der Mission zurück auf die Initiative des österreichischen Freiherrn Justinian von Wels (1621–1668), der sie bereits 1664 in seiner programmatischen Schrift *„Eine christliche und treuherzige Vermahnung an alle rechtgläubigen Christen der Augspurgischen Konfession, betreffend eine sonderbare Gesellschaft, durch welche nechst Göttlicher Hülffe unsere Evangelische Religion möchte ausgebreitet*

---

9 Peters, Missionarisches Handeln (Anm. 6), 251; vgl. Schmidt, Mission (Anm. 6), 153.

10 Walls, Andrew F.: The Old Age of the Missionary Movement, in: ders.: The Missionary Movement in Christian History. Studies in the Transmission of Faith, Maryknoll (NY) 1996, 255–261:258f.

11 A.a.O., 258: „Yet the same story often reveals how missionaries had sometimes to be shaken out – by international warfare, political change, economic depression at home, or simply by schism – before the story could proceed."

werden" darlegte.[12] Die Schrift stieß damals auf weitgehende kirchliche Ablehnung. Zur selben Zeit entstanden jedoch auch in England Missionsorganisationen, die sich am Vorbild der neu entstandenen Handelsorganisationen, wie z. B. der Britischen Ostindien-Kompanie, formatierten und von königlichen Privilegien abhängig waren.

Die erste deutsche Missionsgesellschaft war die dänisch-hallische Mission, die allerdings keine Gesellschaft im engeren Sinne war, sondern eine Initiative des dänischen Königs Frederik V. Die praktische Durchführung und Begleitung der Arbeit übernahm dann August Herrmann Francke (1663–1727) und sein Hallenser Werk. Auch die Missionsarbeit der Herrnhuter Missionare war nicht gesellschaftlich organisiert, hatte aber dennoch einen anhaltenden Erfolg.

Die erste Missionsgesellschaft im modernen Sinn geht zurück auf die Initiative von William Carey (1761–1834), der in seiner Schrift „An Enquiry into the Obligation of Christians to Use Means for the Conversion of the Heathen"[13] die Grundlage für die Gründung moderner, privatrechtlich formatierter Missionsgesellschaften im Sinne einer bürgerlichen Freiwilligenvereinigung legte.[14] Carey gilt daher vor allem in der angelsächsischen Welt als Begründer der modernen Missionsbewegung.

In der modernen Bedeutung des Begriffs kann die 1820 in Basel gegründete Basler Mission den Anspruch erheben, die erste deutsche Missionsgesellschaft gewesen zu sein. Sie geht auf eine 1815 gegründete Missionsschule zurück, die ursprünglich Missionare für andere Missionsgesellschaften ausbilden wollte.

---

12 Die Schrift wurde 1890 als Nachdruck neu herausgegeben und ist heute im Rahmen einer Gesamtausgabe der Werke von Justinian von Welz, hrsg. 1989 von Fritz Laubach, zugänglich.

13 Carey, William: An Enquiry into the Obligation of Christians to Use Means for the Conversion of the Heathen, Leicester 1892. Eine Faksimile-Ausgabe mit einer Einleitung von E.A. Payne wurde 1961 von der Carey Kingsgate Press (London) herausgegeben. In deutscher Sprache wurde die Schrift von Klaus Fiedler und Thomas Schirrmacher herausgegeben: Carey, William: Eine Untersuchung über die Verpflichtung der Christen, Mittel einzusetzen für die Bekehrung der Heiden: with an English list of geographical identifications, Bonn ²1998.

14 Dieses Freiwilligkeitsprinzip gilt als wesentlicher Baustein für die Dynamik und den Erfolg der modernen Missionsbewegung. Das Vorbild für die von ihm initiierte Missionsgesellschaft war eine Handelskompanie, die bei der Auswahl ihrer Lager, Schiffe und Mannschaft höchste Sorgfalt walten lässt und alle erreichbaren Informationen zusammenträgt, um dann trotz allen Ängsten, Gefahren und klimatischen Herausforderungen das persönliche und finanzielle Wagnis einzugehen, um am Ende Erfolg zu haben, vgl. Carey, Enquiry (Anm. 13), 82f. Zu Careys Begründung der modernen Missionsbewegung, vgl. Walls, Missionary Societies (Anm. 6), 243–247.

In der zweiten Hälfte des 19. Jahrhunderts treten die sog. Glaubensmissionen auf die Bühne der Geschichte, die sich unter dem Einfluss der amerikanischen Evangelisations- und Heiligungsbewegung und nach dem Vorbild der von Hudson Taylor (1832–1905) gegründeten China Interior Mission formatierten und ihre Arbeit nach neuen Grundsätzen durchführten.[15] In Deutschland fiel die Gründung dieser Missionen in die Epoche des Neupietismus und der Gemeinschaftsbewegung, wo sie auch ihre Unterstützerkreise fanden.[16]

1.2 Die Voraussetzungen der Entstehungsgeschichte

Um das Wesen und den Erfolg der Missionsgesellschaften zu begreifen, gilt es die Faktoren zu verstehen, die zu ihrer Entstehung und ihrem Wachstum führten, wobei die folgende Liste keinen Anspruch auf Vollständigkeit erhebt.

1.2.1 Missionsbegeisterung

Ihre Gründung verdanken die meisten klassischen Missionsgesellschaften einer Euphorie, die v. a. im 19. Jahrhundert und im frühen 20. Jahrhundert um sich griff, in Europa und Nordamerika Tausende von Christen erfasste und sie zum Geben und Gehen motivierte: zum Geben von großzügigen Spenden und zum Gehen als Missionare in die entlegensten Gegenden dieser Welt. In die biblisch-theologisch begründete geistliche Motivation mischten sich unvermeidlich auch mehr oder weniger philanthropische und kolonialistische Beweggründe.[17] Schließlich wollte man den Völkern Afrikas, Asiens und Ozeaniens nicht nur das Evangelium, sondern auch etwas von den Segnungen westlicher Zivilisation bringen, die – auch das gehört zur Wahrheit – häufig eine

---

15 Eine kurze instruktive Einführung findet sich in: https://www.eh-tabor.de/de/neupietistische-missionsgesellschaften-die-glaubensmissionen (abgerufen am 02.08.2023).

16 Die bekanntesten deutschen Glaubensmissionen sind die Neukirchner Mission, die Überseeische Missionsgemeinschaft, die Liebenzeller Mission, die Marburger Mission und die Evangelische Karmelmission.

17 Dass die westliche Missionsbewegung zeitgleich mit der europäischen Aufklärung einsetzte, ist kein Zufall. Die Aufklärung ging einher mit einem Selbstbewusstsein der kulturellen und intellektuellen Überlegenheit, aus dem sie eine Verantwortung und einen Sendungs- und Bildungsauftrag für alle Menschen und den Rest der Welt ableitete. So wenig man den ersten Missionaren unterstellen darf, dass dies ihre Hauptmotivation war, so sehr gilt es die Koinzidenz mit dem Geist jener Zeit wahrzunehmen. Die Verwobenheit christlicher und zeitgenössischer Beweggründe ist freilich ein Phänomen aller Zeiten und Epochen. Die moderne Kritik an dieser Melange der Motivationen ist in der Regel von einer gewissen Blindheit für die eigene Prägung durch den jeweiligen Zeitgeist bestimmt.

Frucht der humanisierenden Kraft des Evangeliums waren. Das eine konnte und kann vom anderen gar nicht trennscharf geschieden werden.[18]

Der Sinn und das Ziel des Projekts Weltmission war damals für das christliche Abendland selbsterklärend. Es bedurfte keiner aufwändigen Begründung und Plausibilisierung. Für viele Europäer und Nordamerikaner des christlichen Abendlandes war Mission ein fraglos gutes Projekt und die Berichte der Missionare auf Missionsfesten und -konferenzen zogen in Europa Tausende in ihren Bann. Zahllose Missionsblätter und Missionsinformationen lieferten Nachrichten aus weit entfernten Ländern und fanden neugierige und informierte Leser.[19] Später waren es Missionarsbiographien und im 20. Jahrhundert auch Filme, die der Mission einen weiten Resonanzraum verschafften. Missionare galten allgemein als mutige Pioniere, deren Absichten, Mut und Opferbereitschaft höchste Anerkennung und Unterstützung durch Gebet und Gaben verdiente.

1.2.2 Protestantische Staaten und offene Kolonialreiche

Während die katholische Christenheit ihre Missionare bereits seit dem 16. Jahrhundert aus ihren Missionsorden und Klöstern rekrutierte, wie z. B. dem von Ignatius von Loyola (1491–1556) gegründeten Jesuitenorden, war der Protestantismus bis ins 18. Jahrhundert hinein weltmissionarisch relativ untätig geblieben und deshalb auch nicht zu Unrecht Ziel des katholischen Spotts.

Die protestantische Antwort war dann seit dem 18. Jahrhundert die Gründung der Missionsgesellschaften. Sie konnten allerdings – von wenigen Ausnahmen abgesehen – nur in Ländern entstehen, die eine protestantische

---

18 Die Kritik an den häufig vermischten Motiven der Missionare, die in den sog. *postcolonial studies* der letzten Jahrzehnte geübt wird, fällt ironischerweise auf diese Studien selbst zurück. Auch in diesen Studien, die sich die Aufarbeitung und Kritik der Kolonialzeit und ihrer Absichten, Versäumnisse und auch ihrer Verbrechen zum Ziel gesetzt hat, wird leider allzu oft die Relativität und Zeitgebundenheit der eigenen Perspektive und Kritik an den Entscheidungen und Maßnahmen der Protagonisten der vergangenen Jahrhunderte übersehen.

19 Walls, Missionary Societies (Anm. 6), 251f., beschreibt wie das 1812 in London begründete *Missionary Register*, in dem Missionsnachrichten aus aller Welt und von allen Missionsgesellschaften publiziert wurden, rasch in Großbritannien eine landesweite Verbreitung erfuhr, die Auflage säkularer landesweiter Zeitschriften weit überstieg und einer großen Menge von Lesern einen weltweiten Horizont vermittelte: „The average reader of the *Missionary Register* or the other missionary magazines knew exactly what he thought the British government should do about the temple tax in Bengal, or about the *sati* of Hindu widows, or the opium trade, or slave running. And a mass readership was produced, a readership concerned and informed about the world outside their own country as perhaps no other group in the nation."

Mehrheitskultur, eine (mehr oder weniger) demokratische Grundstruktur, ein Minimum an Religionsfreiheit bzw. religiöser Toleranz und/oder ein Interesse an christlicher Mission als Teil kolonialer Bestrebungen hatten. Die Missionsgesellschaften waren darauf angewiesen, dass die Kolonialmächte ihre Kolonialreiche für ihre Arbeit öffneten und die Missionsarbeit, wenn schon nicht förderten, so zumindest duldeten und entsprechende Einreise- und Arbeitsgenehmigungen erteilten.[20] Folglich sind die klassischen Missionsgesellschaften in der Regel ein Phänomen, das auf Nordeuropa (Großbritannien, Skandinavien, Niederlande und Deutschland) und Nordamerika (USA und Kanada) beschränkt blieb, wo diese Voraussetzungen gegeben waren.

1.2.3 Getrennte Welten und klare Ziele

Die Missionsgesellschaften entstanden bis ins frühe 20. Jahrhundert hinein in einer Zeit, in der die Welt in einen christlichen Westen, einen christlich-orthodoxen Nordosten und – abgesehen von Lateinamerika – in einen nichtchristlichen Rest aufgeteilt war. Die Welten waren nicht nur religiös, sondern auch im Blick auf ihre Geistes- und Kulturgeschichte sowie ihre ökonomische und technische Entwicklung geschieden. Missionsgesellschaften wurden dazu gegründet und waren darauf spezialisiert, den georeligiösen Raum der europäischen Christenheit zu überschreiten und in der Frühzeit auf den etablierten Pfaden der großen Handelsgesellschaften im anderen, „heidnischen" Teil der Welt unterwegs zu sein. Andere Wege waren zu jener Zeit gar nicht möglich.

Der Anfang nahezu aller Missionsgesellschaften war von einer großen Klarheit im Blick auf die Aufgabe und Zielsetzung geprägt. Man wollte mit Hilfe von westlichen Missionarinnen und Missionaren das Evangelium den Völkern in der „Heidenwelt" bringen, die man geographisch in Afrika, Asien, Ozeanien und in der Karibik suchte. Das Ziel war der Aufbau christlicher Gemeinden und Kirchen und mehr und mehr auch der Aufbau von Schulen, Kranken- und Waisenhäusern sowie anderen diakonischen und sozialen Einrichtungen. Diese Aufgabe und dieses Ziel waren spätestens seit dem Anfang des 19. Jahrhunderts selbsterklärend. Sie mussten nicht mehr eigens begründet werden, sondern fügten sich damals in das Selbstverständnis der abendländischen Weltsicht.

---

20 Walls, Missionary Societies (Anm. 6), 242; ders.: Old Age (Anm. 10), 259; Schmidt, Mission (Anm. 6), 159: „Mit anderen Worten, die Gründung und Erhaltung von Missionsgesellschaften ist erstens in einer christlichen Diasporasituation nur sehr begrenzt möglich. Und zweitens werden nur dort Missionsgesellschaften entstehen und sich erhalten können, wo die Kirchenleitung diese zulässt bzw. keine Möglichkeit hat, dies zu verhindern."

1.2.4 Das Leitbild des abendländischen „Christentums"

Die moderne Missionsbewegung war tief von der Idee eines „Christentums" geprägt, wie es in Europa (und später in Nordamerika) seit der Konstantinischen Wende im 4. Jahrhundert n.Chr. entstanden ist. Es geht bei diesem Begriff in unserem Zusammenhang nicht um eine allgemeine Bezeichnung für den christlichen Glauben bzw. die Gesamtheit der Christen, sondern um die spezifische Form des abendländischen „Christentums", das aus einer christlichen Bevölkerung in christlichen Nationen bestand, die kulturell von christlichen (und mächtigen) Volkskirchen geprägt wurden, in die Menschen in der Regel als Kleinkinder hineingetauft wurden. Die Grundform dieser Einheit zwischen christlicher Kirche und christlichem Staatswesen hat in der Reformation des 16. Jahrhunderts einen ersten Bruch, aber kein Ende erfahren und fand in protestantischen Regionen und Nationen eine neue Ausdrucksform.

Diese christentümliche Welt war das Modell, das als Blaupause für die Weltmission diente. Bei der Weltmissionskonferenz 1910[21] wurde die Welt in „fully missionized lands" und „not yet fully missionized lands" unterschieden. Die evangelikale Missionstheologie hatte noch bis ins letzte Viertel des 20. Jahrhunderts häufig eine *finishing* bzw. *closing perspective* und war von der Idee geprägt, die Weltmission im geographischen Sinn zu vollenden, indem die noch unerreichten Völker und Volksgruppen als Kollektiv in einer bestimmten Region oder einem konkreten Land mit dem Evangelium erreicht werden.

Erst im Rückblick – so das Urteil von Andrew Walls – begreifen wir, dass die moderne Weltmissionsbewegung geistesgeschichtlich gesehen die letzte Blüte der Vorstellung eines „Christentums" war. Diese religionsgeographische Vision von der Entwicklung zusammenhängender christlicher Staaten ist im 21. Jahrhundert unwiederbringlich zerbrochen.[22] Heute schwindet in den Ursprungsländern des europäischen Christentums der christliche Glaube in atemberaubender Geschwindigkeit und das christliche Abendland wird zum globalen „Missionsfeld" Nr. 1, wobei im Begriff „Missionsfeld" noch das geographische Missverständnis der christentümlichen Missionsperspektive mit ihrem „From-the-west-to-the-rest-Paradigma" greifbar ist. Im Globalen Süden sind vergleichbare „Christentümer" nur dort entstanden, wo der Katholizismus eine dominante Rolle in der Missionsgeschichte spielte. Dies war v. a. in Lateinamerika und auf den Philippinnen der Fall.

---

21 Vgl. hierzu Abschnitt 1.2 im Beitrag „Weltmission im 20. und 21. Jahrhundert" in diesem Band.

22 Walls, Old Age (Anm. 10), 258.

2. Die aktuellen Herausforderungen für Missionsgesellschaften

Missionsgesellschaften müssen sich heute mit disruptiven Veränderungen auseinandersetzen, die für das Anliegen der europäischen bzw. westlich initiierten Weltmission nicht nur ein saisonales Tief bedeuten, sondern tiefgreifende Veränderungen erzwingen oder gar das Ende ihrer Existenz bedeuten.[23] Als „disruptiv" werden Prozesse bezeichnet, durch die Grundlagen, Verhältnisse, Traditionen und Strukturen an sich ins Rutschen geraten und durch neue Problemlösungen, Denkstrukturen, Technologien und Arbeitsformen verändert, verdrängt oder zerstört werden. Betroffen von solchen Prozessen sind gegenwärtig z. B. die abendländische Kultur, die Demokratie, bewährte Bildungssysteme oder die europäischen Volkskirchen.[24] Auch Missionsgesellschaften sind im 21. Jahrhundert mit mindestens fünf großen Herausforderungen konfrontiert, die einen disruptiven Charakter haben.

2.1 Der Schwerpunkt der Weltchristenheit im Globalen Süden

Die erste Herausforderung ist das enorme Wachstum der Christenheit im Globalen Süden und damit in jenen Ländern und Kontinenten, die in den letzten 300 Jahren das Ziel der westlichen Missionsanstrengungen waren. Der Schwerpunkt der Weltchristenheit liegt heute im Globalen Süden. Im Jahr 2020 lebten 67 % der Christenheit in der früher so genannten „dritten Welt" bzw. der „Zwei-Drittel-Welt", wie sie vor der Etablierung des Begriffs

---

23 Porter, Eldon: Zusammenarbeit mit der Mehrheitswelt in einem globalen Paradigma, in: evangelische missiologie 33 (2017), 64–75:75: „Während der letzten Jahrzehnte sind wir Zeugen geworden, wie die globalen Faktoren, die die Mission beeinflussen, sich in nie dagewesener Weise verändert haben. Für die neuen Akteure in der Weltmission ist das aufregend. Aber den Leitern traditioneller Missionsorganisationen erscheinen dieselben Veränderungen als Bedrohung. Jack Welch, der ehemalige CEO von General Electric, wurde mit den Worten zitiert: ‚Wenn das Maß der äußeren Veränderungen das Maß der inneren Veränderungen überschreitet, dann ist das Ende nahe.' Leider halten viele Werke nicht Schritt mit dem Tempo der Veränderungen, die sich in der weltweiten Mission ereignet haben und weiter geschehen."

24 In wirtschaftlichen oder technischen Zusammenhängen geht es um Prozesse, in denen traditionelle Geschäftsmodelle, Technologien oder Verfahren, Produkte oder Dienstleistungen von einem veränderten Umfeld bzw. einer neuen Situation in ihrem Sinn und damit auch in ihrer Existenz in Frage gestellt oder von neuen Problemlösungen verdrängt werden. Das Aussterben von Verbrennungsmotoren, Kaufhäusern in Innenstädten oder Tageszeitungen im Print-Format sind Beispiele für solche disruptiven Veränderungen.

„Globaler Süden“ genannt wurde. Prognosen sagen voraus, dass es 2050 77 % sein werden.[25]

Für die klassischen Missionsgesellschaften in den bisher sendenden Ländern des Westens ist dies eine ambivalente Entwicklung. Einerseits bedeutet dieser Vorgang die Erhörung millionenfacher Gebete um geistliche Erweckung und Wachstum der dortigen Gemeinden, die über Jahrhunderte hinweg zum Himmel gesandt wurden. Die Entwicklungen der Gegenwart sind aus dieser Perspektive die Frucht von 300 Jahren Missionsarbeit. Andererseits macht dieser Prozess die Missionsgesellschaften selbst zunehmend überflüssig. Pointiert ausgedrückt: Der Erfolg der bisherigen Arbeit nagt am Sinn der weiteren Arbeit.

Wenn in zwei Jahrzehnten drei Viertel der Weltchristenheit im Globalen Süden leben, stellt sich die Frage von selbst – und diese Frage wird in den nächsten Jahren noch viel lauter gestellt werden: Wozu sollten junge Menschen aus dem Globalen Norden noch als Missionare in den Globalen Süden gehen?[26] Die Antworten auf diese Frage werden schwieriger sein und ausführlicher werden müssen. Denn im Globalen Süden gibt es schon längst große Kirchen, die selbst wiederum eigene Ausbildungsstätten, einheimische Missionsgesellschaften und Gemeindegründungsbewegungen etabliert haben. Sie arbeiten in der Regel mit weit weniger Aufwand und höherer Effektivität als es westliche Missionare aufgrund der kulturellen und sprachlichen Schwellen und Barrieren je könnten.[27] Ihre Mitarbeiter haben nicht mit den Inkulturationsprozessen zu kämpfen, die Missionare aus dem Globalen Westen unweigerlich herausfordern. Ihre Entlohnung ist in aller Regel niedriger und die Anstellungsmodalitäten unkomplizierter.

---

[25] Zur Verlagerung des Schwerpunkts der Christenheit vom christlichen Abendland im Globalen Westen und Norden in die ehemaligen „Missionsfelder“ im Globalen Süden vgl. Abschnitt 2 im Beitrag „Weltmission im 20. und 21. Jahrhundert“ in diesem Band.

[26] In massiver Weise stellt sich diese Frage am Beispiel Brasiliens: Dieses Land hat gegenwärtig ca. 20.000 Missionare aus anderen Ländern empfangen; die meisten aus Ländern des Globalen Westens und Nordens. Gleichzeitig ist Brasilien mit 194 Mio. Christen, wovon 137 Mio. pentekostal-charismatisch (108 Mio.) oder evangelikal (29 Mio.) sind, nach den USA das Land mit dem zweithöchsten Anteil an Christen weltweit und allein die evangelischen Gemeinden Brasiliens haben mittlerweile über 19.000 Missionare in einen kulturüberschreitenden Dienst ausgesandt. Zu den Zahlen vgl. Zurlo, Gina: Global Christianity. A Guide to the World's Largest Religion from Afghanistan to Zimbabwe, Grand Rapids 2022, 4.29.31.67.

[27] Porter, Zusammenarbeit (Anm. 23), 66: Die Strukturen nicht-westlicher Missionsinitiativen „sind meist einfach, partnerschaftliche Zusammenarbeit ist die Norm und das System ist relativ flexibel. Diese nicht-westlichen Missionsbewegungen sind heute eine Realität und hinterlassen weltweit ihre Spuren. Sie prägen in einem großen Maße, wie Mission in einem globalen Kontext geschehen sollte.“

Westliche Missionsgesellschaften sind deshalb nach wie vor hilfreiche Organisationen, aber sie sind bei weitem nicht mehr konkurrenzlos und keineswegs die einzigen auf dem großen Marktplatz kulturüberschreitender Kommunikation und Hilfe. Für eine wachsende Zahl von Aufgaben sind sie auch nicht mehr die effektivsten Organisationen.

Um keine Missverständnisse aufkommen zu lassen: Es gibt nach wie vor eine Menge von Gründen und Argumenten für die Entsendung von westlichen Missionaren und Fachkräften durch Missionsgesellschaften. Vermutlich wird die weit überwiegende Zahl aller Missionare ihren kulturüberschreitenden Dienst sowohl als in hohem Maße sinnvoll und fruchtbar erleben als auch als wichtig und relevant für ihren jeweiligen Arbeitskontext bewerten. Aber die Gründe und Begründung für ihre Entsendung und Aufgabenbeschreibung sind heute andere als noch vor 100 Jahren und sie sind länger und komplexer.

Spezialisierte Fachkräfte, wie z. B. Ärzte oder Agrarwissenschaftler, behalten eine wichtige, oft beratende Rolle. Lehrer und Bildungsexperten ergänzen das einheimische Personal an Universitäten, Bibelschulen und Schulen vor Ort. Westliche Pastoren sind nach wie vor gern gesehene Unterstützer und Berater. Aber ihre Rolle verlagert sich von der ersten in die zweite oder dritte Reihe. Missionare wandeln sich von den Gehenden zu Gerufenen – und von universal begabten Machern zu spezialisierten Helfern oder Beratern für spezifische Fragen. Sie sitzen nicht mehr „am Steuer" und müssen mit der neuen Rollenverteilung zurechtkommen. Diese Prozesse produzieren einen wachsenden Adaptionsdruck für Missionsgesellschaften. Sie brauchen mehr als bisher spezialisierte Fachkräfte, die mit mehr Know-how und großer Flexibilität einen nach wie vor so interessanten wie herausfordernden Beruf mit bescheidenen Gehältern ausüben.

Nach wie vor ergibt es sehr viel Sinn, wenn sich Christen aus verschiedenen Kulturen und Welten in ihrer Arbeit gegenseitig helfen und mit ihren Ideen und Einsichten sowie ihrer Kompetenz oder Leidenschaft weiterhelfen. Es ist auch ein Wert an sich, wenn sich Christen aus unterschiedlichsten Teilen dieser Welt und aus den unterschiedlichsten Konfessionen und Kirchen begegnen und eine ökumenische Gemeinschaft wächst, die gemäß Joh 17,21 in sich eine missionarische Verheißung hat. Eine andere Frage ist dann allerdings, ob man dies noch „Mission", die handelnden Personen „Missionare" und die Organisation, welche die Infrastruktur bereitstellt, „Missionsgesellschaft" nennen sollte. Denn der Begriff „Missionar" trifft nur noch sehr selten die faktische Tätigkeit der damit bezeichneten Mitarbeiter.

2.2 Die digitale Transformation der Kommunikation

Die zweite Herausforderung ergibt sich aus den großen Transformationsprozessen der Globalisierung und Digitalisierung. Die langen Wege um die halbe Welt sind mittlerweile kurz geworden. Durch die digitalen Möglichkeiten ist die Welt zum Dorf geschrumpft und Botschaften und Informationen erreichen in Sekundenschnelle das andere Ende der Welt. Evangelistische Predigten, theologische Schulungen und Bildungsprogramme erreichen heute in digitaler Form jeden Winkel der Erde. „Im Unterschied zu früher, als globale Kommunikation im besten Fall schwierig war, kann man heute per Video-Chat mit Menschen in so gut wie allen Ländern kommunizieren. Die Technik erlaubt es heute Kirchen überall in der Welt, sich in der Mission zu engagieren, und zwar sowohl mit traditionellen Methoden als auch auf neue kreative Weisen."[28]

Kirchen, Gemeinden und Christen, die sich im Globalen Süden missionarisch oder diakonisch engagieren wollen, brauchen dafür nicht mehr notwendigerweise eine Missionsgesellschaft. Hinzu kommt, dass es heute vielfältige Möglichkeiten gibt, in fremden Ländern zu leben, dort zu arbeiten und sich in welcher Form auch immer zu betätigen. Die Beteiligung am Projekt „Weltmission" lässt sich heute auch ohne die Organisationsform ‚Missionsgesellschaft' realisieren und viele Kirchen und Gemeinde engagieren sich weltweit ohne die Hilfe dieser historisch gewachsenen Struktur. Eldon Porter bringt die Veränderungen auf den Punkt: „Früher konnte eine Kirche keine Missionsarbeit haben, ohne mit einer Missionsorganisation zusammenzuarbeiten. Heute sehen wir weltweit Kirchen aller Größenordnungen, die unmittelbar an kulturüberschreitender Missionsarbeit beteiligt sind. Aus der Perspektive einer Ortsgemeinde ist die Zusammenarbeit mit einer Missionsorganisation nur eine Option von vielen."[29]

2.3 Zunehmende Bedeutung der Entwicklungszusammenarbeit

Die „Suche nach Mission", die Wilbert Shenk bei modernen Missionsgesellschaften ausgemacht hat, wird umso brisanter, als die klassischen Missionsgesellschaften, die ihren Auftrag in einer evangelistisch-gemeindegründenden Arbeit sehen, unter dem verlagerten Interesse der Spender hin zu einer spezialisierten, sozialen, bildenden oder advokativen Entwicklungszusammenarbeit leiden.

Gegenwärtig müssen immer häufiger Missionsgesellschaften ihre Arbeit beenden, weil ihnen die Ressourcen oder die Missionare oder beides ausgehen. Es werden auch kaum mehr solche „*Missions*gesellschaften" gegründet, die sich dezidiert der evangelistischen Ausbreitung des Evangeliums und der Gründung christlicher Gemeinden in anderen Ländern widmen. Gleichzeitig entstehen immer neue, in der Regel hochspezialisierte Organisationen für die Verwirklichung von sozialen, technischen und medizinischen Projekten der

---

28 Porter, Zusammenarbeit (Anm. 23), 66.

29 Ebd.

Entwicklungszusammenarbeit oder von Bildungsangeboten aller Art.[30] Eine wesentliche Entwicklung der letzten Jahre ist die Entstehung von Organisationen für die advokative Hilfe, wie z. B. den politischen und rechtlichen Schutz von verfolgten Christen oder anderen vulnerablen Gruppen. Zunehmend etablieren sich auch christliche Organisationen für den Klimaschutz bzw. die Bekämpfung der Folgen des Klimawandels. Die enormen Spendenzuwächse für diese Organisationen und die umgekehrten Spendenrückgänge bei klassischen Missionsorganisationen unterstreichen diesen Trend.[31]

Während Entwicklungshilfegesellschaften in der Regel auch an Fördertöpfen öffentlicher Haushalte partizipieren können, ist dieser Weg klassischen Missionsgesellschaften nicht nur verschlossen, sondern ihre Arbeit wird von Seiten entsprechender Behörden heute mit zunehmender Skepsis betrachtet und begleitet.

2.4 Wachsende ideologische Vorbehalten gegen Mission

Die dritte Herausforderung ist der herrschende Trend im Westen, der verkündigende und für den christlichen Glauben werbende Mission grundsätzlich in Frage stellt. Mission, die auf Bekehrung abzielt und Menschen dazu ermutigt, ihre religiöse Zugehörigkeit hin zum Glauben an Jesus Christus zu wechseln, ist in einer postchristlichen Gesellschaft nicht mehr mehrheitsfähig, trifft in säkularen Medien immer öfter auf feindseligen Widerstand und wird selbst in der kirchlichen Öffentlichkeit zunehmend kritisch bewertet. Mit solchen Widerständen hatte Mission zwar fast zu allen Zeiten zu kämpfen,

---

30 Shenk, Frontiers (Anm. 1), 181: „Virtually all of these newer agencies have been founded with a specialized or narrowly focused object. Among those that have grown most rapidly have been several devoted to providing programs for youth. These newcomers are unemcumbered by commitments to local churches in places where they conduct projects. They have unhesitatingly employed the latest technology and have adopted the most advanced advertising and marketing techniques to get their appeals across to the public. The older missionary societies, by contrast, have continued to follow their time-honored approaches in cultivating support. The result has been a diminishing of support, both financial and moral, for the long-established agencies."

31 Dies unterstreicht auch Paul Hildreth, UK to Global Mission. What Really is Going On?: „As a result, the world of mission agencies is changing […] They are also facing competition from development and poverty relief agencies as well as churches and individuals doing their own thing"; zitiert aus Edwin D. Arthur: The Interaction Between the Mission Theology and the Practices and Publicity of Six British Evangelical Mission Agencies, PhD Thesis (2018), 208; https://etheses.whiterose.ac.uk/23642/ (abgerufen am 05.01.2024). Der Artikel von Hildreth wurde urspr. im Jahr 2012 veröffentlicht unter http://www.globalconnections.org.uk/sites/newgc.localhost/files/papers/GCSR%20Pres%20Part%201%20Church.pdf. Er ist nicht länger online.

aber die Kritik wird durch die modernen Kommunikationssysteme lauter, häufiger und aggressiver.[32]

Aber auch in den Zielländern der Mission wachsen die Vorbehalte gegenüber Missionaren, die von Bürgern eines fremden Landes bezahlt werden, um Menschen in den Zielländern der jeweiligen Mission religiös zu beeinflussen. Diese Anfragen treffen umgekehrt z. B. auch türkische Imame, die vom türkischen Religionsministerium bezahlt werden, um die islamischen Religionsgemeinschaften in den westlichen Ländern Europas zu betreuen. Diese Vorbehalte gegenüber „religiösen Influencern" gleich welcher Religion oder Konfession werden in Zukunft stärker werden. Vor diesem Hintergrund ist der spendenfinanzierte Missionar langfristig ein Auslaufmodell.[33] Dieser Typus wird in immer mehr Ländern skeptisch betrachtet werden. Umgekehrt steigt die Anerkennung, wenn der Mitarbeiter seinen Lebensunterhalt im Zielland verdient. Missionsgesellschaften werden in Zukunft auf alle diese – und möglicherweise noch weitere – Herausforderungen gute, neue und in jedem Fall überzeugende und kurze Antworten brauchen.

Vielleicht die kritischste Entwicklung für westliche Missionsgesellschaften ist eine wachsende Skepsis in den Kirchen des Globalen Südens gegenüber den theologischen Einflüssen aus dem Globalen Westen. Längst lassen sich die jungen Kirchen in Asien, Afrika und Lateinamerika nicht mehr von westlichen Theologen und Universitäten diktieren, was sie theologisch zu lernen, zu denken und zu glauben haben. Mittlerweile wird hier zurückgeschrieben und theologisches Lehrpersonal wird zurecht nicht mehr ohne Weiteres unbesehen bzw. „ungehört oder ungelesen" willkommen geheißen.

Eine weitverbreitete und wachsende Kritik betrifft den sog. White Saviorism. Gemeint ist damit die westliche Mentalität – manche sprechen gar von einem „Komplex" – den Globalen Süden nicht nur mit dem Evangelium, sondern auch mit der christlichen Kultur des Westens zu „retten": „There's an impulsive desire to fix, to be the hero of the story, to swoop in and rescue and, for some, it also comes from a place of superiority and/or a desire to be forgiven." [34] Man wird die westliche Missionsbewegung, aus der auch die

---

32 Immer mehr klassische Missionswerke begegnen diesen Widerständen, in dem sie den Begriff „Mission" aus ihrem Namen streichen, um nicht von vornherein die eigene weltmissionarische Arbeit zu blockieren. Um die eigenen Unterstützer nicht zu verwirren, bleiben die ursprünglichen Abkürzungen stehen, auch die Arbeit bleibt dieselbe, aber der Begriff wird nicht mehr offensiv genützt.

33 Diesen Hinweis verdanke ich Horst Engelmann vom Forum Wiedenest, der diese Analyse in einem unveröffentlichten Papier vertritt.

34 Rowan, Peter: "Should White People Be Missionaries Overseas?" Absurd Question or Pathway to Reimagining Missional Faithfulness in a Postcolonial World? 10 Answers for a Conversation Starter (https://omf.org/mrt-should-white-people-be-missionaries-overseas/; abgerufen am 05.01.2024). Das Zitat findet sich unter Punkt 10.

europäischen Missionsgesellschaften hervorgegangen sind, von diesen Intentionen nicht freisprechen können und wollen. Der Wunsch, Menschen in den unerreichten Kontinenten das Evangelium zu bringen und auf diese Weise zu ihrer eschatologischen Rettung und ihrem Heil beizutragen, war und ist stets das klare Ziel europäischer Mission. Ein Großteil der Spenden für Mission generiert sich aus diesem Anliegen. Dass sich der Globale Süden heute zunehmend gegen diesen westlichen „Retter-Komplex" wehrt, sollte man allerdings nicht den Missionaren der letzten 300 Jahre auf die Rechnung schreiben. Nichtsdestotrotz müssen wir uns heute damit auseinandersetzen.

Das alles bedeutet umgekehrt, dass Mission heute nicht mehr selbsterklärend ist, sondern in immer mehr Kontexten in wachsendem Maße erklärungsbedürftig – selbst in den klassischen Trägerkreisen der Mission.

Mit der zunehmenden Komplexität, die nahezu alle Lebenswelten der Spätmoderne durchzieht, ist auch die ursprüngliche Klarheit im Blick auf Aufgabe, Legitimation, Sinn und Ziele der Mission verloren gegangen. Sinn und Ziel müssen heute stetig neu erarbeitet und reformuliert werden und bedürfen präziser Erläuterungen und intensiver Überzeugungsarbeit. Folglich ist es heute wesentlich einfacher, Projekte der Entwicklungszusammenarbeit, der medizinischen Hilfe oder der advokativen Lobbyarbeit, geschweige denn der Katastrophenhilfe zu begründen als klassische Missionsarbeit.

2.5 Der Niedergang der abendländischen Volkskirchen

Die fünfte Herausforderung klassischer Missionsgesellschaften ist der Niedergang der traditionellen Volkskirchen des Westens und der Stimmungswechsel in der eigenen Spenderschaft. Während im Globalen Süden täglich Tausende zum Glauben kommen, verlassen im säkularisierten Europa tägliche Tausende die großen Kirchen. Dass angesichts dieser Entwicklung die Fragen nach der Priorität des weltmissionarischen Engagements laut werden, kann nicht mehr überraschen.

Dort, wo die Säkularisierung, Individualisierung und Pluralisierung die großen Kirchen schrumpfen lässt und die eigenen Gemeinden herausfordert, gerät auch mittelfristig die Weltmission und die Unterstützung von Missionsgesellschaften in den Hintergrund. [35] Die Gründung und der Erhalt von

---

[35] Was Eddie Arthur, The Future of Mission Agencies, in: The Mission Round Table. The OMF Journal for reflective Practioners 12 (2017),4–12:6f. (ähnlich in ders.: Mission Agencies in Crisis?, Regnum Studies in Mission, Oxford 2020, 279–283), für den britischen Kontext beschreibt, kann problemlos auf den gesamteuropäischen Kontext übertragen werden: „Ultimately, there are more and more agencies seeking support from a shrinking constituency. This is not sustainable even in the short to mid-term. [...] At the same time as agencies confront questions about their purpose and structure, they are faced with the challenge of raising support from a church that is both in decline and apparently less interested in

klassischen Missionsgesellschaften wird in einer Minderheiten- oder gar Diasporasituation deutlich schwieriger.

3. Das Ende einer Epoche

Die genannten Herausforderungen markieren nicht weniger als das Ende einer Epoche, nämlich der Epoche der modernen Missionsbewegung, die sich in den vergangenen 300 Jahren ausgehend von Europa und später Nordamerika ihren Weg bis in die hintersten Winkel dieser Welt gebahnt hat.[36] Andrew F. Walls spricht von der „Altersphase" der modernen Missionsbewegung („old age of the missionary movement"),[37] weil die wesentlichen Grundbedingungen, welche die Entstehung und den Erfolg der Missionsgesellschaften ausmachten, nicht mehr gegeben sind.[38]

Es ist allerdings eine noch sehr rüstige Altersphase, noch weit entfernt davon, zum Siechtum zu werden. Es ist eine Phase, in der viele Erfahrungen mit großer Weisheit weitergegeben werden können, aber in der es kein „Weiter so" mehr geben kann.[39] Es ist eine Lebensphase, die es von den Organisationen sowie ihren Verantwortlichen und Unterstützern anzunehmen gilt, denn

---

overseas mission work than in previous generations and for whom the focus of mission has often shifted to the UK."

36 Shenk, Frontiers (Anm. 1), 186f., formuliert entschieden die These: „*The modern missionary movement, an epoch beginning around 1800 and extending well into the twentieth century, has ended, and a new epoch in Christian mission is unfolding.* [...] We stand at the junction between two eras. Indeed, we are moving ineluctably into the postmodern period without knowing quite what to name it. The era just past was marked by modernity and the 'Westernity' of the sending base. The new era will be shaped by the vitality of the faith in the newly established centers in the non-Western world and sociopolitical forces quite different from the period dominated by Pax Britannica and Pax Americana" (kursiv bei Sh.).

37 Walls, Old Age (Anm. 7), 255.259.261.

38 Auf den Umstand der veränderten Grundbedingungen legt auch David W. Smith, Mission after Christendom, London 2003, 116, den Ton: „What is clear by now is that both the concept of mission as a one-way movement from Christendom to the un-evangelised world, and the structures devised at the close of the eighteenth century to facilitate that movement, have been overtaken by historical developments that render them increasingly irrelevant and redundant."

39 Paul Hildreth, UK to Global Mission (Anm. 31), bezeichnet ein solches „Weiter so" als „operating within the model". Man verbessert die Verwaltungsprozesse, die Kommunikation und das Fundraising. Arthur, Mission Agencies in Crisis?, (Anm. 35), 31, ist allerdings skeptisch, dass dies eine Missionsorganisation zukunftsfähiger macht: „These tweaks are well-intentioned and often demonstrate good stewardship. However, they do not reflect the extent to which the operating environment has changed for mission agencies and are unlikely to be successful long-term."

es waren nicht falsche Entscheidungen, die zu dieser Situation führten, sondern die veränderten Umstände und Bedingungen. Andrew Walls erinnert auch an die geistliche Dimension dieser veränderten Verhältnisse: „... they have been changed by the Lord of history."[40]

Missionsgesellschaften in der klassischen Form wird es möglicherweise noch einige Jahrzehnte geben, aber wenn sie sich nicht transformieren, werden sie kontinuierlich an Bedeutung verlieren. Wesentlich ist jedoch, dass dieses Ende einer Epoche nicht gleichbedeutend ist mit dem Ende der Mission des Gottes, der „will, dass alle Menschen gerettet werden und zur Erkenntnis der Wahrheit kommen" (1Tim 2,4). Der Überblick über das enorme Wachstum der Christenheit im Globalen Süden[41] macht vielmehr deutlich, dass gegenwärtig mehr Menschen Christen werden als je zuvor. Dabei spielen westliche Missionsgesellschaften allerdings nur noch eine nachrangige Rolle. Was sich verändert, ist nicht der Auftrag, aber das Werkzeug.

Der amerikanische Pädagoge und Missiologe Ted W. Ward (1930–2016) erinnerte 1999 in einem Artikel daran, dass Missionsgesellschaften „keine Unsterblichkeit zukommt".[42] Die Versicherung, dass die Kirche und die Mission Gottes weitergehen, ist eine Glaubensgewissheit, die man nicht auf Missionsgesellschaften übertragen dürfe: „It is the church that our Lord promised to build, not missionary societies."[43] Wir müssen lernen und begreifen, dass auch der Niedergang der europäischen Christenheit und ihrer Missionsgesellschaften ebenso wie ihr einstmaliger Aufstieg ein Teil des Weges Gottes mit seiner Gemeinde ist, den es zunächst einmal auszuhalten gilt, während anderswo das Wachstum gefeiert wird. Denn während westliche Missionsgesellschaften sich mit einer institutionellen Krise konfrontiert sehen, die eine existenzbedrohende Dimension angenommen hat, erleben die Kirchen im Globalen Süden, die ihre Existenz häufig dem Einsatz westlicher Missionare verdanken, nicht selten ein dynamisches Wachstum.

Epochen der Kirchen- und Missionsgeschichtsschreibung kommen und gehen. Aus dem historischen Weitwinkel betrachtet, ist das nichts Dramatisches, so schmerzhaft und anstrengend es für die handelnden Personen auch ist, die einen disruptiven Wandel bewältigen müssen, den jeder Epochenübergang mit sich bringt.[44]

---

40 Walls, Old Age (Anm. 10), 261.

41 Vgl. hierzu die Abschnitte 2–3 im Beitrag „Weltmission im 20. und 21. Jahrhundert" in diesem Band.

42 Ward, Ted: Repositioning Mission Agencies, in: IBMR 23/4 (1999), 149.

43 A.a.O., 145: „The work of Jesus Christ will continue – this assertion is an issue of faith. One dare not make the same assertion for even the most persevering missionary society."

44 Walls, Missionary Societies (Anm. 6), 253f., vergleicht die Missionsgesellschaften mit den monastischen Orden, die ebenfalls „voluntary societies" waren und seit

Es ist vielmehr ein lauter Ruf zur Veränderung oder Beendigung: Termination oder Transformation? Missionsgesellschaften werden sich nicht dann untreu, wenn sie sich verändern, sondern wenn sie am Ererbten erstarren. Missionsgesellschaften sind nicht dazu da, an den Zielen und Arbeitsformen von Gestern festzuhalten, sondern jeweils neu nach den Herausforderungen der Gegenwart und den sich abzeichnenden Transformationen der Zukunft zu fragen und dabei möglicherweise sich selbst zu transformieren.[45] Solche Transformationen gab es immer wieder in der Missionsgeschichte, z. B. im Zuge der beiden Weltkriege, am Ende der Kolonialzeit, mit dem Übergang von der Pioniermission zur partnerschaftlichen Bildungsarbeit, der medizinischen Arbeit und der Entwicklungszusammenarbeit. Vermutlich ist allerdings die Transformation, die in den nächsten Jahrzehnten ansteht, größer als je zuvor.

4. Perspektiven für Missionsgesellschaften im 21. Jahrhundert

4.1 Drei ungemütliche Alternativen

Wie alle Organisationen, die auf eine lange Geschichte zurückblicken und aufgrund der oben beschrieben disruptiven Veränderungen in einer Krise sind, stehen Missionsgesellschaften heute im Wesentlichen vor drei Alternativen:[46]

(1) Eine Missionsgesellschaft kommt zum Schluss, dass ihr ursprünglicher Auftrag, für den sie gegründet wurde, heute erfüllt ist. Ihre ursprünglichen Ziele und Arbeitsformen waren für eine Epoche entwickelt worden, die mittlerweile Geschichte ist. Weil es der Organisation nicht möglich ist, sich für einen neuen Auftrag so substanziell zu verändern, wie es nötig wäre, oder weil sie für eine solche Veränderung kein neues Mandat sieht bzw. von ihren Unterstützern bekommt, beendet sie feierlich und dankbar ihre Arbeit: Mission accomplished! Das Ziel wurde erreicht. Das Ende ist keine Niederlage oder gar ein Scheitern, sondern die mutige – wenn auch

---

dem Ende der Antike mit ihrer Mission das europäische Mittelalter dominierten: „From age to age it becomes necessary to use new means for the proclamation of the Gospel beyond the structures which unduly localize it [...] The voluntary societies have been as revolutionary in their effect as ever the monasteries were in their sphere."

45 Shenk, Frontiers (Anm. 1), 183: „Missions cannot be faithful servants and instruments of God's mission when they are taken captive by the status quo. It is in the nature of mission always to seek the frontier where the struggle between faith and unfaith is most clearly and urgently drawn."

46 A.a.O., 182.

wehmütige – Feststellung einer vollendeten Aufgabe und Arbeit.[47] Es ist allerdings hinzuzufügen, dass dieser Schritt umso schwerer fällt bzw. unmöglicher ist, je größer eine Organisation ist. In aller Regel kann eine solche finale Entscheidung erst nach einer längeren Zeit des Niedergangs getroffen werden, wenn bei allen Stakeholdern die Einsicht gereift ist, dass dieser Schritt unumgänglich ist.

(2) Eine Missionsgesellschaft reduziert sich und ihre finanziellen und personellen Ressourcen auf die Arbeitsfelder und Aufgaben, die sie in Anbetracht der veränderten Bedingungen noch bewältigen kann. Dies ermöglicht ihr eine begrenzte Zeit verlängerter Fortexistenz, ist in aller Regel aber nicht die Lösung des grundlegenden Problems, sondern nur ein hinausgezögertes Sterben.

(3) Weil sich der ursprüngliche Kontext, für den eine Missionsgesellschaft ursprünglich gegründet wurde, fundamental gewandelt hat, wird ihre Arbeit zunehmend dysfunktional. Der ursprüngliche Auftrag oder Zweck, für den eine Missionsgesellschaft gegründet wurde, hat sich erfüllt oder kann unter den veränderten Bedingungen nicht mehr sinnvoll fortgeführt werden. Die Organisation begreift die Krise jedoch als Transformationsimpuls. Sie bedenkt, reflektiert und interpretiert ihren ursprünglichen Auftrag vor dem Hintergrund der gewandelten Verhältnisse und findet in eine neue, den Verhältnissen angepasste Form des Dienens.[48]
Dabei ist die große Herausforderung, dass dieser neue Auftrag in einem inneren und organischen Zusammenhang mit dem ursprünglichen Auftrag stehen muss. Er muss sich plausibel und vermittelbar aus dem

---

47 Es ist ein Grundfehler, das Ende „altehrwürdiger" Organisationen grundsätzlich als Scheitern oder gar als Versagen des aktuellen Managements zu bewerten. Keine christliche Organisation, die einmal für bestimmte Zwecke und Aufgaben gegründet wurde, hat eine Ewigkeitsverheißung oder eine Garantie für unbegrenztes Bestehen. Ich bewundere regelmäßig den großen Mut, wenn Leiter und Gremien von Organisationen das Ende einer Organisation bzw. eines Werkes beschließen. Wenn dies zum richtigen Zeitpunkt geschieht, erspart dies einer Organisation und ihren Mitarbeitern und Mitgliedern oft ein langes Siechtum und schont sowohl die Ressourcen als auch die Gesundheit der Verantwortlichen. Wird der Moment verpasst, endet eine Organisation meist in kräftezehrenden Konflikten zwischen den übriggebliebenen Mitarbeitern und Verantwortlichen in den Gremien.

48 Porter, Zusammenarbeit (Anm. 23), 74, betont an dieser Stelle die Bedeutung der Leitung einer Missionsgesellschaft: „Der wichtigste und entscheidende Faktor bei der Umgestaltung einer traditionellen westlichen Organisation ist die eindeutige, kompromisslose Entschlossenheit der Leitung, dass diese Umgestaltung geschehen soll. Veränderung ist nie einfach und sie ist fast immer das Resultat einer Leitung mit klarem Fokus."

Ursprung einer Organisation ergeben, selbsterklärend sein, d. h. neue Spender, Unterstützer und Mitarbeiter überzeugen, und darf kein radikaler Bruch mit der Geschichte und dem alten Mandat sein.[49] Je älter eine Missionsgesellschaft ist und je reicher ihr Erbe und ihre Tradition, umso schwieriger wird sie sich an eine veränderte Umwelt anpassen. Traditionen sind in guten Zeiten ein stabilisierendes Element. In disruptiven Veränderungsprozessen sind sie das Hauptproblem. Je mehr „Lasten" – sowohl im ideellen als auch im materiellen Sinn – eine Missionsgesellschaft zu Hause pflegen muss, umso schwerer wird sie sich bei den unabwendbaren Transformationsprozessen tun. Je weniger Anpassungsfähigkeit und Veränderungskompetenz Missionsgesellschaften besitzen, um so härter wird der Kampf ums Überleben. Der Weg der Transformation ist vor diesem Hintergrund mit enormen Risiken verbunden, aber durchaus hoffnungsvoll.[50]

Das 21. Jahrhundert wird vor diesem Hintergrund von zwei Szenarien geprägt zu sein: Von der Krise, dem Niedergang und letztlich dem Ende von Missionsgesellschaften im herkömmlichen Sinn auf der einen Seite, und von Missionsgesellschaften, -bewegungen oder -initiativen, die sich selbst neu erfunden haben und denen es gelungen ist, ihren ursprünglichen Auftrag glaubwürdig und überzeugend für eine neue Zeit und ein verändertes Umfeld zu formulieren, ihre Arbeit zu transformieren[51] und ihre Mitarbeiterinnen und

---

49 Shenk, Frontiers (Anm. 1), 177.

50 Shenk, Frontiers (Anm. 1), 184, warnt eindringlich davor, die gegenwärtige Krise der herkömmlichen Missionsgesellschaften auf die leichte Schulter zu nehmen: „... the crisis in identity facing many of the long-established missionary-agencies should not be trivialized by treating it simply as a matter of outmoded policies ... And yet more is at stake than changing the focus from *foreign* to *home* mission."

51 Klassische Missionsgesellschaften haben sich im Blick auf ihre eigene Zukunftsfähigkeit zu lange an der Zahl der ausgesandten Missionare orientiert. Die Größe des Missionsposters, auf dem die ausgesandten Missionare abgebildet waren, war Ausweis für die Dynamik und Vitalität einer Missionsgesellschaft. Im 21. Jahrhundert ist das nicht mehr der entscheidende Faktor für die Wirksamkeit einer Mission. Es wird vielmehr die Flexibilität und Anpassungsfähigkeit sein, die über ihre Zukunftsfähigkeit entscheiden, vgl. Arthur, Future (Anm. 35), 6: „One thing is clear, however: agencies that wish to respond to these changes will need to be very adaptable", ebenso Shenk, Frontiers (Anm. 1), 141.177. Agilität und Flexibilität werden entscheidende Qualitäten erfolgreicher Missionsarbeit werden. Umgekehrt wird strukturelle Schwerfälligkeit ein Hindernis für erfolgreiche Missionsarbeit sein. Dabei wird die Integration von Mitarbeiterinnen und Mitarbeitern aus möglichst vielfältigen Hintergründen eine wachsende Bedeutung bekommen, vgl. auch Porter, Zusammenarbeit (Anm. 23), 71: „Angesichts der großen Vielfalt an Erscheinungsformen von Mission ist es entscheidend, dass ein Werk Flexibilität als einen Kernwert verinnerlicht, wenn es auf die Anforderungen der globalen

Mitarbeiter dabei mitzunehmen.[52] Wie aber könnte so eine Neuformulierung aussehen?

4.2 Tasten nach neuem Grund

Diese abschließenden Zeilen sind von der extremen Unsicherheit geprägt, die typisch ist für jeden disruptiven Wandel (vgl. hierzu die Einleitung zu Punkt 2). Solchen Disruptionen können wir nicht mit Verbesserungen begegnen, bei denen wir bisherige Prozesse und Verfahren einfach optimieren, sondern nur mit sog. adaptiven Lösungen, die sich dadurch auszeichnen, dass wir nicht etwas besser machen als bisher, sondern etwas völlig anders machen. Für solche Prozesse gibt es aber keine Handbücher und Leitfäden. Es geht dabei nicht nur um ein verändertes Handeln, sondern um eine grundlegende Veränderung des Denkens und der Haltung der betroffenen Organisation und ihrer Mitarbeiter. Es geht um ein Suchen, das einem Tasten nach neuem, stabilem Grund in einem dunklen Raum gleicht.

Aus den Beiträgen dieses Buch ergeben sich einige noch unscharfe Perspektiven, die in eine neue Richtung deuten. Ob sie sich als tragfähig erweisen, muss ausgetestet werden. Ein Grundzug adaptiver Veränderungen ist es, dass niemand sagen kann, ob eine krisenhafte Situation durch die vorgeschlagene Veränderung besser wird. Das Einzige, was wir wissen, ist, dass sie ohne Veränderung mit hoher Wahrscheinlichkeit nicht besser wird. Wir wissen auch nicht, ob Experimente erfolgreich sein werden. Wir wissen nur, dass wir das ohne Experimente nie herausbekommen werden.

Veränderungen eingestellt sein will. Traditionelle Organisationen, die nach dem Paradigma entstanden, dass fast alle Missionare aus einem ähnlichen Kontext kommen (Ausbildung, Arbeits-Sprache, Lebensstandard usw.), sehen sich mit einem äußerst vielfältigen und sich ständig veränderndem globalen Kontext konfrontiert. Eine Organisation, die auf die aktuellen Anforderungen partnerschaftlicher Zusammenarbeit eingestellt ist, hat so gut wie immer einen klaren Fokus auf das Wesentliche und ist flexibel in nachgeordneten Fragen."

52 Porter, Zusammenarbeit (Anm. 23), 73: „In der Vergangenheit waren Organisationen wie eine in sich geschlossen Einheit, die für viele wie eine Familie war. In dieser Familie oder diesem Verein galt es als hohe Tugend, Jahrzehnte lang loyal zur ‚eigenen' Organisation zu bleiben, und doppelte Zugehörigkeiten waren so gut wie unbekannt. Aber das Bewusstsein für die Identität einer Organisation verändert sich und Zugehörigkeit wird neu über die Zusammenarbeit für eine Zielsetzung definiert. Das Gefühl, eine Familie zu sein, kann zwar weiter gepflegt werden, aber die meisten werden sagen, dass es eine andere Gestalt bekommt."

4.2.1 Theologie für eine junge Christenheit

Ein Paradox unserer Gegenwart ist das Phänomen, dass der Globale Westen und Norden exzellente Universitäten, Hochschulen und theologische Ausbildungsstätten hat, an denen immer weniger junge Menschen Theologie studieren, sowie gut ausgebildete Pastorinnen und Pastoren, unter deren Kanzeln immer weniger Gläubige in immer kleiner werdenden Gemeinden sitzen, während der Globale Süden ein enormes Wachstum der Christenheit erlebt, mit dem die Ausbildung von Pastoren, Verkündigern, Lehrern und Gemeindeleitern nicht Schritt halten kann.[53] Hier mangelt es nicht an Gläubigen und nicht an Gemeinden, sondern an theologischer Lehre, an reflektierter Theologie, an Ausbildungsstätten, an Stipendien für Theologiestudenten und v. a. -studentinnen und an Bibliotheken, in denen das 2000 Jahre alte reiche Erbe der christlichen Theologie und des biblisch-theologischen Denkens erschlossen wird.

Für die jungen Kirchen in Afrika und Asien ist es überlebenswichtig, dass sie eine sowohl eigenständige als auch solide Theologie für ihre Belange entwickeln. Diese Theologie soll und kann keine Kopie der europäischen bzw. westlichen Theologie sein, aber es muss eine Theologie sein, die mit der lebendigen Glaubens- und Denktradition des Abendlandes in ein Gespräch eintritt und auf diese Weise Anschluss bekommt an die 2000-jährige Geschichte des Glaubens und Denkens. Diese Tradition können und dürfen auch die jungen Kirchen des Globalen Südens nicht einfach ignorieren, um nicht selbst Schaden zu leiden.

Es ist bei vielen dieser Kirchen noch nicht ausgemacht, ob – um es mit dem Gleichnis vom vierfachen Ackerfeld aus Mt 13 zu sagen – der Same des

---

[53] Vgl. hierzu den Artikel von Simon Herrmann über „Global vernetzte Mission" in diesem Band. In einer Publikation unter dem Titel „11 Thesen: Strategische Definition der Evangelisation für das 21. Jahrhundert", veröffentlicht von der World Evangelical Alliance (WEA) im Dezember 2023, dt. Fassung vom 02.01.2024 (https://www.ead.de/2024/januar/02012024-11-thesen-strategische-definition-der-evangelisation-fuer-das-21-jahrhundert/; abgerufen am 05.01.2024), schreiben die beiden Autoren Thomas Schirrmacher und Johannes Reimer unter These 11: „Wir freuen uns über das unglaubliche Wachstum des Leibes Christi an vielen Orten rund um den Globus. Gleichzeitig wissen wir aber auch, dass die Zahl der geistlichen Leiter, die benötigt werden, um die neuen Gemeinden zu fördern, sehr groß ist. Wir brauchen neue Initiativen, die globale und lokale Teilnehmer zusammenbringen, um die Bibelkompetenz zu fördern, neue oder neu erweckte Gläubige durch Jüngerschaft reifen zu lassen, eine Million ungeschulter Pastoren auszubilden und das breite Spektrum an nicht-traditionellen und traditionellen Ausbildungsmöglichkeiten zu erweitern. Wir müssen vielfältige Mittel einsetzen, um in aufstrebende jüngere Leiter zu investieren und sie in Entscheidungsprozessen zu stärken."

Evangeliums ohne Wurzeln verdorrt, unter den Dornen des Synkretismus erstickt oder auf gutem Boden Wurzeln schlagen und dauerhafte Früchte bringen kann.

Damit diese theologische Entwicklungshilfe gelingen kann, braucht es exzellent ausgebildete Theologen, interkulturell kompetente Ausbildungsstätten, gut ausgestattete (digitale) Bibliotheken, mehr Stipendien für einheimische Studierende, einen intensiveren Austausch von Studierenden, Lehrenden und Forschenden und eine neue Form des interkulturellen Lernens und Lehrens und sehr viel Erfahrung und Expertise. Es wird eine Arbeit sein, die vermutlich nicht so spektakulär verläuft, wie die letzten 300 Jahre der Missionsgeschichte, aber von fundamentaler Bedeutung für die Weltchristenheit ist.

4.2.2 Neuevangelisierung Europas

Was Papst Johannes Paul II. in seiner Enzyklika Redemptoris Missio bereits 1990 und damit vor mehr als 30 Jahren zum Ausdruck brachte, ist heute dringender denn je und muss nicht mehr aufwändig argumentativ begründet werden: Wir brauchen eine Neuevangelisierung Europas. Europa ist heute neben der arabischen bzw. muslimischen Welt der weltmissionarische Brennpunkt Nr. 1. Kein Kontinent ist säkularisierter als Europa. Diese Neuevangelisierung wird jedoch sehr grundlegend bei den Schulen und Universitäten beginnen müssen. Die Säkularisierung Europas ist in erheblichem Maß ein Bildungsphänomen und -problem. Nirgendwo ist der christliche Glaube so eng verwoben mit dem Denken und der Wahrheitsfrage, wie in Europa. Wenn es in Europa zu einem geistlichen Neuaufbruch kommen soll, wird dieser Neuaufbruch im Bildungsbereich seinen Anfang nehmen müssen. Das erfordert aber eine Form von Mission, die eher jener der Mönche und Klöster des frühen Mittelalters gleicht als jener der letzten 300 Jahre. Es ist eine Mission, die begabte junge Menschen fördert mit dem Ziel, sie zu Multiplikatoren christlichen Denkens und Glaubens an Schulen, Hochschulen und Universitäten auszubilden. Es ist eine Mission, die mehr als je zuvor den Aspekt der Bildung umfassen muss.

Schulen und Universitäten waren und sind der Ausgangspunkt für alles, was Europa in den letzten 1000 Jahren war und ist. Dass Europa über 1000 Jahre ein christlich geprägter Kontinent war, kann ohne diese Institution nicht verstanden werden. Wenn Mission in Europa greifen soll, dann muss sie an diesen Orten beginnen, und wenn Missionsgesellschaften ihre Relevanz bewahren wollen, dann müssen sie sich dieser Herausforderung stellen.

4.2.3 Eine neue ökumenische Bewegung

Gleich ob es um die Schrumpfung der Christenheit im Globalen Westen geht oder um das Wachstum der Christenheit im Globalen Süden, beides geht mit einer zunehmenden Zersplitterung von Gemeinden und Kirchen einher. Hat die Reformation des 16. Jahrhunderts zunächst für eine konfessionelle Spaltung in einen katholischen bzw. „altgläubigen" und in einen protestantisch-reformatorischen Flügel gesorgt, so erlebt der protestantische Flügel in sich seit der Reformation ungezählte Trennungen und Spaltungen, sodass die konfessionelle Vielfalt heute nicht mehr zu überblicken und zu zählen ist. Es steht zu befürchten, dass durch die in diesem Band immer wieder skizzierten Entwicklungen der Weltchristenheit dieser Prozess eher noch an Dynamik gewinnt.

Es wird von großer Bedeutung sein, diesen zersplitterten Leib Christi in ein weltweites ökumenisches Gespräch zu bringen, damit die Vielfalt nicht nur Einfalt und Zwiespalt das Zeugnis des Evangeliums konterkariert. Für dieses Gespräch braucht es gebildete Mittler-Personen, sog. *ecumenical broker*, die analog zu Börsenmaklern zwischen den unterschiedlichen Konfessionen, Kirchen und Gemeinden vermitteln und Brücken bauen zum Wohl und Wachstum des weltweiten Leibes Christi.

Unabhängig davon, welche dieser Linien zu einer neuen Grundlage für westliche Missionsgesellschaften führen, sie haben alle mit Bildung zu tun. Bildung im umfassenden Sinn, sei es theologische, universitäre oder ökumenische Bildung, wird die Voraussetzung dafür sein, dass Missionare und Missionsgesellschaften aus Europa bzw. dem Abendland eine fruchtbare Rolle in der Weltmission des 21. Jahrhunderts spielen können.

Bekehrung – eine Innenansicht: Biblisch-theologische Beobachtungen

Mihamm Kim-Rauchholz

1. Bekehrung und Mission

„Was Mission ist, entscheidet sich daran, was man unter Bekehrung und Erlösung versteht."[1] Mit diesen klaren Worten hat Klaus Bockmühl schon vor 50 Jahren auf die Verbindung von Mission und Bekehrung hingewiesen, die sich gegenseitig in ihrem Wesen und Ausdruck bedingen und beeinflussen. Unabhängig davon, ob man auch heute noch die Bekehrung allgemein als das vorrangige Ziel der Mission[2] ansieht oder nicht, bleibt es schwer zu bestreiten, dass das biblische Verständnis von Mission ohne das Element der Bekehrung nicht zu denken ist. Für das Selbstverständnis und Positionierung von Mission ist es daher damals wie auch heute wichtig, das Wesen der christlichen Bekehrung noch einmal deutlich in den Fokus zu bringen und von dort aus der Frage nachzugehen, was Mission ist und wie es heute in unserem Kontext gelebt und verkündigt werden kann.

2. Der Heilswille Gottes

„Ich wünsche vor Gott, dass über kurz oder lang nicht allein du, sondern alle, die mich heute hören, das würden, was ich bin, ausgenommen diese Fesseln" (Agp 26,28–29).

Die Antwort des Apostel Paulus in der Anhörung vor dem Statthalter Festus auf den verblüfften Ausruf König Agrippas, es fehle nicht viel und Paulus würde ihn überreden und einen Christen aus ihm machen, bringt einen Wesenszug der biblischen Bekehrung zur Sprache, der sowohl Grundlage als auch Ziel jeder christlichen missionarischen Verkündigung und Handlung ist: nämlich der Heilswille Gottes, der will, dass allen Menschen geholfen werde und sie zur Erkenntnis der Wahrheit gelangen (1Tim 2,4).

---

1 Bockmühl, Klaus: Was heißt heute Mission?, Giessen 1974, 103.

2 Triebel, Johannes: Bekehrung als Ziel der missionarischen Verkündigung, Erlangen 1976, 11.

Es ist dieser Heilswille Gottes, der Paulus, dem einstigen Verfolger der Gemeinde, auf seinem Weg nach Damaskus begegnet ist und der ihn seit dieser lebensverändernden Begegnung durch mehrere Missionsreisen, Gemeindegründungen, Steinigungen, Verfolgungen und Morddrohungen hindurch bis hierher nach Cäsarea vor den Prokurator Festus geführt hat. Nun wartet der Missionar und Apostel Paulus in Fesseln, als Gefangener des Kaisers, auf die bevorstehende Überführung nach Rom, dem Zentrum der damaligen Welt, wo der Apostel den Menschen die gleiche Heilsbotschaft von Jesus Christus verkündigen will, die er selber einst aus der Gnade Gottes empfangen hat. Diese tiefe Überzeugung und Erfahrung, dass das Heil in Jesus Christus das Beste ist, was ihm in seinem Leben je widerfahren ist, bringt Paulus auch noch einmal eindrücklich mit den folgenden Worten im Philipperbrief auf den Punkt: „Was mir Gewinn war, das habe ich um Christi willen für Schaden erachtet. Ja, ich erachte es noch alles für Schaden gegenüber der überschwänglichen Erkenntnis Christi Jesu, meines Herrn. Um seinetwillen ist mir das alles ein Schaden geworden, und ich erachte es für Dreck, auf dass ich Christus gewinne und in ihm gefunden werde" (Phil 3,7–9a). Was (oder wer) aus einem Hebräer von Hebräern aus dem Volk Israel und Stamm Benjamin, einem Pharisäer und Verfolger der Gemeinde Jesu, der sich nach der Gerechtigkeit, die das Gesetz fordert, selber als untadelig gesehen hat, ein solch kompromisslosen Nachfolger Jesu Christi hat werden lassen und wie es zu so einer radikalen Kehrtwende in seinem Leben kommen konnte, wird uns in unseren Überlegungen zum Thema Bekehrung damals wie auch heute weiterhin beschäftigen müssen. Aus dem Zeugnis von Paulus in Phil 3,7–9 wird jedoch unmissverständlich deutlich, wie er selber sein Bekehrungserlebnis auf dem Weg nach Damaskus und die Konsequenzen, die daraus für sein weiteres Leben entstanden sind, verstanden und eingeordnet hat, nämlich als Gnade und Heil, die ihm in der unübertrefflichen Erkenntnis Jesu unverdient zuteil geworden sind.

Auch wenn die vielfältigen Bekehrungsgeschichten in der Bibel nicht immer dieselbe Radikalität und Kehrtwende wie im Leben des Paulus aufweisen, sondern als unterschiedliche Prozesse mit verschiedenen Motiven und Konsequenzen beschrieben werden, so stellt doch der Heilswille Gottes sowohl im Alten wie auch im Neuen Testament ein grundlegenden Wesenszug der biblischen Bekehrung dar.

3. Bekehrung im Alten Testament

Das hebräische Wort, das im Alten Testament häufig für Bekehrung und Umkehr verwendet wird (*schuv*) kann zunächst einmal sowohl den Moment der Abkehr, Hinkehr wie auch Rückkehr bezeichnen.[3] Im Hinblick auf den Mo-

---

3 Vgl. z. B. Gen 18,33; Gen 22,19; Ri 1,22; 2Sam 2,30; Jes 52,8.

ment der Rückkehr wohnt in dem Wort *schuv* neben dem Element der Wende auch das Element der Wiederholung inne.[4] Dieses Element tritt vor allem auch im Umkehrruf der Propheten im Alten Testament deutlich zutage, in dem das Volk Israel immer wieder aufgefordert wird, umzukehren von den falschen Wegen, auf denen sie wiederholt wandeln, und sich erneut dem Gott Israels zuzuwenden und ihm von ganzem Herzen zu dienen.[5]

Die Grundlage für diesen wiederholten Ruf zur Bekehrung ist die vorangegangene Erwählung Israels und das damit vollzogene Bundesverhältnis zwischen Israel und JHWH, dem alleinigen Gott, der sich dem Volk Israel offenbart hat als der Herr und Gott Israels, der sein Volk aus Ägyptenland und der Knechtschaft geführt hat. Helmut Burkhardt weist in diesem Zusammenhang darauf hin, dass sowohl in der Urgeschichte (Gen 1–11) als auch in den darauffolgenden Berichten von den Erzvätern bis hin zu Mose und der Entstehung Israels als Volk Gottes, der Gedanke der Bekehrung so nicht auftaucht.[6] Im Hinblick auf die Abrahamsgeschichte und seine Berufung, in der von Glauben und Gehorsam zwar die Rede ist, aber nicht von einer Bekehrung, lautet die Schlussfolgerung Burkhardts: „So gründet sich die Existenz Israels als Volk Gottes nicht auf Bekehrung, sondern auf das erwählende Handeln Gottes (Dtn 7,7f).“[7]

Insofern ist das Motiv der Bekehrung im Alten Testament vor allem im Kontext der Rückkehr des Volkes Israel in dieses Bundesverhältnis mit Gott zu verorten. Es stellt keinen Ruf zum Wechsel einer Religion dar, sondern einen Ruf nach Buße und Erneuerung an das Volk Gottes, der nicht nur die äußerlichen Merkmale einer Bekehrung, sondern vor allem die innere Einstellung, das Herz des Volkes Israel, ins Visier nimmt.[8] Das allbeherrschende erste Gebot: „Du sollst keine anderen Götter neben mir haben“ (Ex 20,2–3) macht deutlich, dass dieser Bund zwischen Gott und seinem Volk in erster Linie eine *personale* Beziehung darstellt, die nicht nur die Weichen für die

4 So z. B. in Jer 18,4: „Wenn dem Töpfer ein Gefäß missriet, so machte er *wieder* ein anderes.“ So Wolff, Hans-Walter: Das Thema „Umkehr“ in der alttestamentlichen Prophetie, in: ZThK 48 (1951), 129–148.

5 Vgl. Hos 6,1.4f.7.10; 7,10f.13–15; 8,1–3.11–12; 9,1; 11,1–9; 13,4–6; 14,2–4; Am 3,1–2; 4,4–13; 5,14f; Jes 30,8–15; 31,1–3.6f; Jer 3,1.7.10; 4,1.3.4.14; 7,43.5; 18,8.11 u. v. m.

6 Burkhardt, Helmut: Christ werden. Bekehrung und Wiedergeburt – Anfang des christlichen Lebens, Giessen 1999, 39.

7 Ebd.

8 Joel 2,12–13: „Doch auch jetzt noch, spricht der Herr, kehrt um zu mir von ganzem Herzen mit Fasten, mit Weinen, mit Klagen! Zerreißt eure Herzen und nicht eure Kleider und kehrt um zu dem Herrn, eurem Gott! Denn er ist gnädig, barmherzig, geduldig und von großer Güte, und es reut ihn bald die Strafe.“

weitere Geschichte Israels stellt, sondern auch die Grundlage für dessen Existenz bildet.[9]

Gleichzeitig ist es für das umfassende Verständnis von Bekehrung – nicht nur im Alten Testament, sondern auch im heutigen Kontext – wichtig wahrzunehmen, dass es nicht ein bestimmtes Schema oder einen vorher festgelegten Ablauf gibt, wie ein Mensch sich zu Gott bekehrt. So vielfältig die jeweiligen Situationen, Motive und Umstände der Menschen sind, so unterschiedlich fällt auch die Bekehrung aus. Die bleibende Konstante dabei ist, dass Bekehrung immer eine Kehrtwende des Menschen zu Gott hin darstellt. Die Motive, warum sich ein Mensch zu dem Gott Israels hinwendet, können dabei unterschiedlich ausfallen. In diesem Zusammenhang hebt Roland Deines anhand verschiedener Beispiele aus dem Alten Testament wie auch aus dem Umfeld des Neuen Testaments hervor, dass bei der Bekehrung eines Menschen nicht immer die Abkehr von Sünde und Schuld eine vorrangige Rolle spielen muss, sondern dass auch Motive wie Solidarität zu Familienmitgliedern (die Moabiterin Rut), die Wahrnehmung des eindeutigen Heilshandeln Gottes in der Geschichte Israels (die Kanaanäerin Rahab) oder auch der "Wechsel von einem Patronatsverhältnis zu einem anderen" (der syrische General Naaman) eine Kehrtwende zu dem Gott Israels auslösen können.[10] All diesen Beispielgeschichten ist gleich, dass sie Bekehrungsgeschichten im Alten Testament darstellen, in denen weder die Begrifflichkeiten noch das Schema einer bewussten Abwendung von einem früheren sündigen Leben und einer darauffolgenden Umkehr auftauchen, die oft ein fester Bestandteil christlicher Bekehrungsgeschichten sind. Der biblische Befund stellt aufgrund des bereits vorhandenen Bundesverhältnisses des Volkes Israel zu Gott und den wiederholten Übertretungen der Gebote Gottes, die Bekehrung vorrangig in den Kontext von Schuld, Ungehorsam und Unheil. Jedoch ist eine Reduktion des Bekehrungsgeschehens nur auf diese Begrifflichkeiten und Umstände eine Engführung, die nicht immer den verschiedenen Lebenssituationen, Lebensgeschichten und Lebensführungen einzelner Menschen gerecht wird. So weist Roland Deines zurecht darauf hin, dass es in den biblischen Texten „keine

---

9 Claus Westermann, Theologie des Alten Testament in Grundzügen, Göttingen ²1985, 110, betont in diesem Kontext, dass Israel durch seine Geschichte mit dem Jahwe Gott, der sein Volk aus Ägypten errettet, durch die Wüste geführt und mit seinen Rettungstaten sich als der Begründer der Existenz des Volkes Israel offenbart hat, in eine Beziehung zu Gott gestellt ist: „Durch Gottes Rettungstaten hatte Israel seine Existenz als Volk gewonnen; wenn es sich von diesem Gott abwandte, mußte es seine Existenzgrundlage verlieren." Nach Westermann sind die Propheten deshalb in ihrem Volk aufgetreten, „weil in der Abwendung Israels von seinem Gott dessen Existenz gefährdet war".

10 Deines, Roland: Biblische Aspekte zu Umkehr – Konversion – Bekehrung, in: Martin Reppenhagen (Hg.): Konversion zwischen empirischer Forschung und theologischer Reflexion, Neukirchen-Vluyn 2012, 28–33.

theoretische Reflexion, und darum auch keinen vorgeschriebenen Idealablauf (*ordo salutis*) einer Hinwendung zu Gott"[11] gibt.

Erwähnenswert im Hinblick auf die verschiedenen Aspekte der biblischen Bekehrung ist die Beobachtung, dass der Bekehrungsgedanke im Alten Testament vor allem bei Jesaja schon einen universalen Charakter aufweist, indem Bekehrung für die Heiden nicht nur in Aussicht gestellt, sondern auch aktiv gefordert wird.[12] Gleichzeitig wird in Jer 4,1–2 deutlich, dass die Rückkehr Israels zu seinem Gott, dem Herrn, nicht nur allein Auswirkungen für Israel und sein Heil hat, sondern auch mit dem Segen für die Nationen in Verbindung gebracht wird.[13]

In dieser Hinsicht ist auch die wohl bekannteste Bekehrungsgeschichte des Alten Testaments – die Bekehrung der Stadt Ninive aufgrund der Gerichtspredigt des widerwilligen Propheten Jona – ein Hinweis auf den gnädigen Heilswillen Gottes, der hinter dem Ruf zur Bekehrung steht. Auch wenn dem Hinweis von Roland Deines, dass „diese Umkehr nicht mit einer dauerhaften Verbindung zu Gott verbunden" ist, und dass in dieser Erzählung nicht die Bekehrung von Ninive sondern der Weg Jona's vom Ungehorsam zum Gehorsam im Mittelpunkt steht, zugestimmt werden kann, so ist es doch bezeichnend und von grundlegender Bedeutung, dass Gott dem Propheten Jona durch sein Handeln an der Rizinusstaude seine inneren Beweggründe für den Ruf zur Bekehrung an Juden und Nicht-Juden deutlich macht: *„Dich jammert der Rizinus, um den du dich nicht gemüht hast, hast ihn auch nicht aufgezogen, der in einer Nacht ward und in einer Nacht verdarb, und mich sollte nicht jammern Ninive, eine so große Stadt, in der mehr als hundertzwanzigtausend Menschen sind, die nicht wissen, was rechts oder links ist, dazu auch viele Tiere?"* (Jon 4,10f.). Es ist dieser Heilswille Gottes und sein Erbarmen mit seiner Schöpfung, die bei aller Vielfalt der Bekehrungsgeschichten in der Bibel, im Alten, aber vor allem auch im Neuen Testament das Wesen der Bekehrung bestimmen und leiten.

4. Bekehrung im Neuen Testament

Im Neuen Testament ist der Ruf zur Bekehrung zunächst einmal in allen drei synoptischen Evangelien von Anfang an mit der Gestalt des Johannes des Täufers verbunden. Auch hier gilt, wie im Alten Testament, dass der Ruf zur

---

11 Deines, Biblische Aspekte (Anm. 13), 22.

12 Jes 40,5; 43,9f; 45,6.14–17.21–23; 49,7; 51,4f; 52,10; 55,4; vgl. dazu Dietrich, Erich K.: Die Umkehr (Bekehrung und Buße) im Alten Testament und im Judentum bei besonderer Berücksichtigung der neutestamentlichen Zeit, Stuttgart 1936, 162.

13 Thompson, John A.: The Book of Jeremiah, NICOT, Grand Rapids (MI) 1980, 213: „It becomes clear that true repentance on Israel's part would have far-reaching consequences not merely for Israel but also for mankind in general."

Bekehrung erst einmal dem eigenen Volk Israel gilt, also ein Ruf zur Rückkehr in den ursprünglichen Bund mit Gott darstellt. Dabei wird auch hier deutlich, dass es bei der geforderten Bekehrung nicht um eine stückweise Besserung dieses oder jenes Fehlverhaltens geht, sondern um die Wende der ganzen Existenz des Menschen zu Gott hin.[14] Vor allem der Vergleich mit den unfruchtbaren Bäumen und der Axt, die an die Wurzel der Bäume gelegt ist, zeigt, was für Johannes den Täufer Bekehrung bedeutet, nämlich die Umwandlung des unfruchtbaren Baumes in einen Baum, der Früchte bringt. Insofern ist hier weniger von Verbesserungen von einzelnen Verhaltensmustern und Änderungen des Wandels die Rede, sondern eher von einer Änderung bzw. Verwandlung des Wesens.[15] Die Zugehörigkeit zu Gott, die das entscheidende Element in der Gottesbeziehung darstellt, kommt als Frucht im Tun seines Willens zum Vorschein. Gute Werke als Früchte sind daher nicht eine Frage nach dem, „was wir aus eigener Kraft hervorgebracht haben, sondern die Frage nach dem, was Wesen und Qualifikation unseres Lebens ausmacht".[16] Helmut Merklein sieht in der Anrede des Volkes Israel als „Schlangenbrut" keine „rhetorische Übertreibung, sondern Existenzbeschreibung Israels".[17] Es ist dieser Punkt, an dem die Bekehrung ansetzen muss.

Von allen Schriften im Neuen Testament hat sich das Motiv der Bekehrung mit einer besonderen Intensität im Werk des dritten Evangelisten Lukas niedergeschlagen. Sichtbar wird dies nicht nur in einer begrifflichen Häufung, sondern vor allem auch in den Texten, in denen Bekehrung thematisch aufgegriffen wird und die als sog. „lukanisches Sondergut" eine zentrale Bedeutung für die Theologie des Evangelisten innehaben. Dazu gehören allen voran die Gleichnisse in Lk 15, in denen sowohl begrifflich als auch thematisch das Motiv der Bekehrung und Umkehr als ein zentraler Gedanke auftaucht. Das Thema begegnet aber auch in weiteren Erzählungen, wie z. B. der Perikope „von der großen Sünderin" (7,36–50), „vom Pharisäer und Zöllner" (18,9–14) oder auch in der Zachäusgeschichte (19,1–10), in denen dieser lukanische Schwerpunkt deutlich herausgestellt wird.

Wie der Bekehrungsruf vom Täufer ergeht auch der Ruf von Jesus vorrangig an diejenigen, die zum Volk Gottes gehören und meinen, sich ihres Heils und ihrer Stellung vor Gott gewiss sein zu können. Ähnlich wie in der Botschaft der alttestamentlichen Propheten wird auch hier deutlich, dass alles, was den Israeliten eine gewisse Heilsgewissheit zugesichert hatte – ihre

---

14 Burkhardt, Christ werden (Anm. 9), 48, beschreibt diesen Vorgang als einen „Grenzübertritt in eine neue Existenz".

15 Goppelt, Leonard: Theologie des Neuen Testaments. Bd.1: Jesu Wirken in seiner theologischen Bedeutung, Göttingen 1975, 85f.

16 Klaiber, Walter: Gerecht vor Gott. Rechtfertigung in der Bibel und heute, Göttingen 2000, 173f.

17 Merklein, Helmut: Jesu Botschaft von der Gottesherrschaft, Stuttgart 1994, 28.

Abrahamskindschaft (Lk 3,8), die Überlegenheit als erwähltes Volk im Gegenüber zu den Heiden (Lk 10,14; 11,32), der Tempel mit seinen Gottesdiensten (Lk 13,1) und eine Gesetzestreue, die nicht das Wesen des Gesetzes erfasst bzw. erfüllt (Lk 16,29–31) – allein für sich nicht das Heil des Volkes garantieren können. Die Schuld Israels liegt nicht einfach nur in den einzelnen Verstößen gegen das Gesetz, sondern es ist „Israels Gottesverhältnis, sein Lebensverständnis vor Gott“[18], das so tief beschädigt ist, dass der Vergleich zu den heidnischen Völkern, die für Israel den Inbegriff der Sündhaftigkeit darstellen, in Jesu Augen berechtigt ist. An diesem Punkt geht die Botschaft Jesu nicht hinter der Botschaft des Täufers zurück.

Das „Neue“ an der Bekehrungsbotschaft im Neuen Testaments ist daher weniger ihr Inhalt, sondern vielmehr die Person. Dass Gott nun selber in der Person Jesu sein Volk besucht und dieses kaputte Gottesverhältnis seines Volkes heilen will – das ist die Botschaft, die Lukas in den verschiedenen Erzählungen und Gleichnissen, die die Bekehrung thematisieren, verdeutlichen will. Nichts hätte die Notwendigkeit der Umkehr für das Volk Israel und auch für die Heiden deutlicher zur Sprache bringen können als die Menschwerdung Gottes in Jesus Christus und sein Weg ans Kreuz. „Sein Sterben, das die Notwendigkeit der Umkehr erwies“[19], wird schon angedeutet in seinem ganzen Leben und Wirken als der Menschensohn, der nach Lukas nur einzig deshalb gekommen ist, „um zu suchen und zu retten, was verloren ist“ (Lk 19,10). Inmitten dieser hoffnungslosen Situation des Gottesvolkes, das sich immer wieder und wieder von seinem Gott abgewendet hat und von sich aus eine Rückkehr zu Gott nicht schafft, bricht in der Person Jesu das Reich Gottes an, und das Heilsangebot Gottes, die Möglichkeit der Bekehrung, wird in Jesus Wirklichkeit. Diese Wirklichkeit korrespondiert auch mit der Erkenntnis im Alten Testament, dass eine Bekehrung des Herzens nur von Gott selber bewirkt und geschenkt werden kann.[20] So heißt es bei Jer 24,7, dass Gott selber seinem Volk das Herz geben will, das ihnen die Erkenntnis über ihn schenkt und sie von ganzem Herzen zu ihm bekehren lässt. Es ist der Stärkere, von dem der Täufer spricht, der nach ihm Kommende, der nicht mit Wasser, sondern mit dem Heiligen Geist und Feuer taufen wird.

Im sogenannten Nazareth-Manifesto verkündigt Jesus, dass „heute“ der in der Schrift verheißene Anbruch des Heils in seiner Person erfüllt worden ist (Lk 4,21). Und damit wird auch deutlich, dass die Bekehrung der Sünder und die Vergebung Gottes Ereignis geworden sind. In einer Erzählung nach der anderen überliefert Lukas, wie die Bekehrung im Leben der Menschen, die Jesus begegnen und in ihm ihren Retter erkennen, zur Wirklichkeit wird: In der Berufung des Zöllners Levi, die in der Aufgabe des Zöllnerberufs und in

---

18 Becker, Jürgen: Jesus von Nazareth, Berlin 1996, 92.

19 Schlatter, Adolf: Der Glaube im Neuen Testament, Stuttgart ^{5}1963, 297.

20 Hos 3,5; 11,10; 14,5; Jer 24,7; 31,31; Ez 36,26f.

der Nachfolge Jesu endete (Lk 5,27–32), in der großen Liebe der stadtbekannten Sünderin zu Jesus, die aus der Vergebung ihrer vielen Sünden entstanden ist (Lk 7,36–50), der Zöllner im Tempel, der in Verzweiflung über seine eigene Sünde um die Gnade Gottes bittet und gerechtfertigt nach Hause geht (Lk 18,9–14) und der Oberzöllner Zachäus, dessen Bekehrung einen zentralen Wesenszug in sich trägt, nämlich die überschäumende Freude, die die Veränderung seines Wesens und Handelns begleitet (Lk 19,1–10). Vor allem sind es aber die Gleichnisse vom Verlorenen, die die Bekehrung und Umkehr als zentrales Thema im Lukasevangelium behandeln und mit ihrem gemeinsamen Inhalt unmissverständlich verdeutlichen, dass die Kehrtwende zu Gott immer ein *Gefundenwerden* derer bedeutet, nach denen schon unermüdlich und unablässig gesucht wurde (Lk 15). In und durch all diese Botschaften macht Jesus deutlich, was die Herrschaft, das Reich Gottes bedeutet: nicht Absonderung der Frommen und Verurteilung der Sünder, sondern Gottes Zuwendung und sein absolutes Ja zu all denen, die allein auf ihn angewiesen sind und in ihm ihren Heiland (an)erkennen. An dieser unerhörten und unfassbaren Heilsbotschaft entzündet sich der Unmut und Zorn der damaligen religiösen Elite, was an ihrer wiederholten Reaktion dem Verhalten Jesu gegenüber deutlich wird.[21]

Gerade im Hinblick auf das Thema Bekehrung ist es jedoch wichtig zu betonen, dass Jesus keine billige Gnade anbietet, sondern dass in der Begegnung mit ihm, dem personifizierten Heil Gottes, eine Reaktion notwendig wird. Eine Antwort des Menschen auf das Heilsangebot Gottes, die in der Kehrtwende des bisherigen Lebens seinen Ausdruck findet, wird unerlässlich. Die Vergebung und Annahme der Sünder ist keine Verharmlosung der Schuld und Sünde, sondern der einzige Weg, wie eine Bekehrung möglich werden kann, wie sie von Gott gefordert ist. Es geht um eine Bekehrung, die nicht nur von Äußerlichkeiten und einzelnen Verfehlungen umkehrt, sondern um eine Bekehrung, die das Herz des Menschen erfasst und verändert und dadurch Früchte trägt. In Jesus Christus wird das Todesurteil, das unausweichliche Gericht Gottes angesichts der verweigerten Umkehr der Sünder zur Wirklichkeit, indem Gott das Todesurteil und Gericht auf den seinen Sohn überträgt, der ohne Sünde war und so den Schuldbrief tilgt, der mit seinen Forderungen gegen uns war, ihn aufhebt und an das Kreuz heftet (Kol 2,14).

Deutlich wird zugleich, dass Bekehrung bei Lukas kein einheitlich systematisches Prinzip ist. So schreibt Gewieß:

> „Die einen kommen vom Polytheismus, vom Götzendienst und Götzenopfer und wenden sich hin zu dem einen Gott, der keinen anderen neben sich hat und duldet, für andere ist die metanoia [Umkehr] gleichbedeutend mit

---

[21] Lk 5,30; 7,39; 15,2; 19,7

Verinnerlichung, Umkehr vom Lippenbekenntnis zum Herzensbekenntnis des einen Gottes, oder sie ist Überwindung des Gegensatzes von Religion und Leben, Einbeziehung der ganzen Lebensführung in den Dienst des einen Gottes."[22]

In ihrer Gestalt wird die Kehrwende zu Gott vielseitig dargestellt, manche Aspekte dabei mehr oder weniger hervorgehoben: als konkreter Ruf an den Zöllner zur Nachfolge, in der großen Liebe einer Sünderin, ein Gefunden- und Lebendigwerden der Verlorenen, ein verzweifeltes Gebet im Tempel oder auch das freudige Teilen des eigenen Besitzes wie bei Zachäus. Zwei andere Aspekte dieser Kehrtwende sind auch das Verstehen des Wortes und der Botschaft Gottes, das den Kämmerer aus Äthiopien dazu bewegt, sich taufen zu lassen und freudig als Christ auf seinem Weg weiterzuziehen (Apg 8,26–39), wie auch das Öffnen des Herzens beim Hören des Wortes Gottes, das den Glauben bei Lydia in Gang setzt (Apg 16,14f). Die Bekehrung kann genauso der letzte, entscheidende Schritt in der Beziehung zu Gott sein wie bei Cornelius (Apg 10,1–11,18) oder in der letzten Bitte von dem Schächer am Kreuz, oder wie bei einer unvermittelt hereinbrechenden Lebenswende, die einen völligen Richtungswechsel bedeutet, wie bei Paulus (Apg 9,1–18). Aber in all dem ist sie unlöslich und unwiderruflich an Jesus Christus gebunden. Dies ist die gleichbleibende Konstante, die für alle Bekehrungsgeschichten im Neuen Testament gilt.

Die Antwort auf die Frage des Gefängniswärters in Apg 16,26–34 an Paulus und Silas „Ihr Herren, was muss ich tun, dass ich gerettet werde?", die zur Bekehrung und Taufe von ihm und seinem ganzen Haus führt, kann und muss daher nicht wie beim reichen Jüngling (Lk 18,18–27) lauten „Verkaufe alles, was du hast, und gib's den Armen" , sondern nunmehr „Glaube an den Herrn Jesus, so wirst du und dein Haus selig!" (Apg 16,31). Die geschichtliche Tatsache, dass „Gott im Wirken Jesu in einer Weise erfahrbar wird, die alles bisherige geschichtliche Gotteshandeln in den Schatten stellt",[23] lässt die Verweigerung der Annahme der Heilsbotschaft so schwer wiegen, gerade weil hier *mehr* ist als Jona und Salomo.[24] Weil die Herrschaft Gottes sich in Jesu Zuwendung zu den Sündern, den Ausgetossenen, Kranken und Verachteten der jüdischen Gesellschaft ereignete, bedeutet die Ablehnung Jesu gleichzeitig auch die Ablehnung der Güte und Gnade Gottes, der - nicht im Gericht - sondern in seiner Gnade sein Volk besucht hat.[25] Weil Jesus die

22 Gewieß, Josef.: Die urapostolische Heilsverkündigung nach der Apostelgeschichte, Breslau 1939, 111f.

23 Wendebourg, Nicola: Der Tag des Herrn, Neukirchen 2003, 229.

24 Bovon, Francois, Das Evangelium nach Lukas (EKK III/2), Neukirchen 1996, 203, betont in diesem Zusammenhang, dass gerade die Behauptung „Hier ist mehr als Jona und mehr als Salomo" „sehr viel in wenig Worten" aussagt.

25 Lk 1,68.78; 7,16

letztgültige, eschatologische Zuwendung Gottes zu den Sündern darstellt,[26] entscheidet sich an ihm und seiner Botschaft, an seinem Leben, Wirken und Sterben das Heil und Unheil der Menschen.[27] Die Bekehrung zu ihm als dem Erlöser aus der Todesverfallenheit und dem unausweichlichen Gericht ist das Heilsangebot, das Gott seinem Volk und allen anderen Völkern anbietet.

Die Definition von Bekehrung von Julius Schniewind bringt diesen Befund gut auf den Punkt. Bekehrung bedeutet: „Dem Todesurteil Gottes und dem Lebensurteil Gottes recht geben."[28] Dieser Definition von Schniewind stimmt auch Roland Deines ausdrücklich zu. Die berechtigte Frage, die er jedoch in diesem Zusammenhang aufwirft, ist nicht, *dass* der Mensch aus seiner Todesverfallenheit nur durch die Kehrtwende zu Gott in Jesus Christus erlöst werden kann, sondern *wie* der Mensch zu dieser Einsicht gelangen kann. Sein Anliegen und Hinweis ist daher, dass Bekehrungspredigten nicht immer den Menschen „auf ihre Schuld und Selbstverkrümmung" behaften müssen, sondern dass die Vielfalt der biblischen Bekehrungsgeschichten auch ermöglichen würde, „den Zuhörern einen Raum zu eröffnen, Gott mit ihren Stärken zu dienen, indem diese auf ein neues Ziel hingelenkt werden".[29] Gerade in diesem Zusammenhang ist es m. E. notwendig noch einmal das Wesen und Ziel der biblischen Bekehrung vor Augen und zu Herzen zu führen. Nicht das Gericht und die Verurteilung der Sünder, sondern der Heilswille Gottes in Jesus Christus ist die Grundlage, die Begründung und das Ziel der christlichen Bekehrung – damals wie auch heute. Deshalb ist das Evangelium, das wir als Zeugen verkündigen und weitergeben dürfen, eine Botschaft der unermesslichen Freude und die Kehrtwende des Menschen zu diesem Evangelium, zu diesem Jesus Christus ist nicht der Tiefpunkt, sondern die Sternstunde im Leben eines Menschen.

---

26 Jeremias, Joachim: Neutestamentliche Theologie. Bd.I: Die Verkündigung Jesu, Gütersloh ³1979, 87.

27 Vgl. Lk 2,34: „Siehe, dieser ist dazu bestimmt, dass viele in Israel fallen und viele aufstehen."

28 Schniewind, Julius: Das biblische Wort von der Bekehrung, in: Geistliche Erneuerung, Göttingen 1981, 18; vgl. Deines, Biblische Aspekte (Anm. 13), 43.

29 Deines, Biblische Aspekte (Anm. 13), 41.

Bekehrung – eine Außenansicht: Geistes- und sozialwissenschaftliche Perspektiven

Andreas Jägers

Mission hat, ob in Vergangenheit, Gegenwart oder Zukunft, neben vielen anderen Dimensionen, auch das Ziel, Menschen für das Evangelium von Jesus Christus zu gewinnen. Aber gibt es für das Erreichen dieses Zieles irgendein mess- oder zählbares Kriterium? Wer kann eigentlich als Christin oder Christ bezeichnet werden? Was sind die Merkmale dafür?

Wer sich solche Fragen stellt, wird in guter reformatorischer Tradition (Sola scriptura – Allein die Schrift) in der Bibel fündig. Dort wird man schnell auf den Begriff *Bekehrung* stoßen. Vor allem im lukanischen Doppelwerk aus Lukasevangelium und Apostelgeschichte sind entsprechende Erlebnisberichte zu finden. *Mihamm Kim-Rauchholz* hat zu diesem Band einen biblisch-theologischen Befund zum Thema *Bekehrung* beigetragen. Dies ist gewissermaßen die christliche Innenansicht zum Thema.

Dem steht aber auch eine allgemeine Außenansicht gegenüber. Um Mission in Zukunft sinnvoll praktizieren zu können, macht es Sinn, sich zu veranschaulichen, wie das Thema Bekehrung betrachtet wird, wenn nicht eine christliche Position vorausgesetzt wird.

Im Zuge der Aufklärung hat die Theologie ihre Position als letztgültige Deutung der Wirklichkeit eingebüßt. Auch dezidiert geistlich-religiöse Dinge werden seither von anderen Wissenschaften beobachtet und analysiert. Gerade das Thema *Bekehrung* (bzw. *Konversion*[1]) wurde von anderen Disziplinen ausgiebig erforscht. Allerdings wird der Begriff in den Sozial- und Humanwissenschaften wesentlich breiter bestimmt. Jede Glaubensentwicklung, auch innerhalb einer Religion, kann hier schon als Bekehrung interpretiert werden.

Wenn dabei unter atheistischen und weltanschaulichen Vorentscheidungen geforscht wird und alles Übernatürliche von vornherein wegrationalisiert

---

1 Der Begriff „Konversion" wird gegenwärtig in den Sozialwissenschaften anstelle von „Bekehrung" verwendet. Dies geschieht, weil man sich vom christlichen Vorverständnis freimachen will, um einen möglichst neutralen Blick auf das Phänomen zu bekommen. So kann der Begriff Konversion auch auf andere Religionen angewandt werden. In diesem Beitrag wird durchgängig der Begriff „Bekehrung" verwendet.

wird, sind solche Untersuchungen aus theologischer Perspektive wenig fruchtbar. Sie sind aber auch wissenschaftstheoretisch zu kritisieren, weil dann die eigenen Möglichkeiten überschätzt werden. Wissenschaft kann stets nur etwas zu ihrem eigenen Gegenstand sagen. Es gibt aber auch sehr viele Forschungsprojekte, in denen methodisch sauber gearbeitet wurde und die Deutungen im Rahmen der eigenen Möglichkeiten bleiben. Deren Ergebnisse können sehr wohl helfen, sich auf die Zukunft von Gemeinde und Mission vorzubereiten.

Zunächst wird deshalb (1.) die Geschichtswissenschaft bemüht, um die Wandlungen im Verständnis von Bekehrung in den zurückliegenden zwei Jahrtausenden zu beleuchten. Anschließend wird mithilfe (2.) der Psychologie der Frage nachgegangen, was sich bei einer Bekehrung im Menschen abspielt. Im Anschluss wird (3.) die Soziologie dann Aufschluss über die Wechselwirkung zwischen bekehrter Person und deren direkter Umwelt geben, bevor mit (4.) der Ethnologie der ganz große Kontext einer Bekehrung betrachtet wird. Gebündelt werden die Erkenntnisse in (5.) interdisziplinären Perspektiven, in denen die Erkenntnisse der einzelnen Wissenschaften zu einer Gesamtschau verbunden werden. Im 6. Kapitel soll eine philosophische Einzelstimme Gehör finden: Die Gegenwartsanalyse und Zukunftsprognose von Charles Taylor gibt eine äußerst interessante Perspektive zum Thema Bekehrung. Am Schluss folgt (7.) ein Fazit.

1. (Kirchen-)Geschichte: Braucht es eine Bekehrung?

Um die geistes- und sozialwissenschaftlichen Perspektiven auf das Phänomen Bekehrung zu verstehen, braucht es zunächst einen Blick in die Historie.[2] Er muss sich in diesem Rahmen auf eine westliche Perspektive beschränken, zumal die meisten Darstellungen auf diese verengt sind. Außerdem wird der Blick auf den weltweiten Horizont in diesem Band an diversen anderen Stellen geweitet.

In der Frühzeit der Kirche (bis ins 4. Jahrhundert) entsprach das Verständnis und die Praxis von Bekehrung überwiegend dem, was wir im Neuen Testament vorfinden. Die Kirche war in einer Minderheitensituation, Bekehrungen waren Religionswechsel und gingen nicht selten mit Benachteiligung bis hin zur Verfolgung einher.

---

2 Einen guten Überblick bieten einschlägige Lexika, z. B. Bienert, Wolfgang u. a.: Art. Bekehrung/Konversion, 4. Kirchengeschichtlich, in: RGG[4], Tübingen, Bd. 1 (1998), 1232–1235.
Eine ausführliche Darstellung der deutschen Theologiegeschichte findet sich z. B. bei Burkhardt, Helmut: Christ werden. Bekehrung und Wiedergeburt – Anfang des christlichen Lebens, Gießen 1999, 57–102.

Dies änderte sich schnell, als das Christentum bereits im vierten Jahrhundert, nach der sog. *Konstantinischen Wende*, alleinige Staatsreligion wurde. In der Folge stellte sich die Frage nach einer einmaligen Bekehrung (lat. Conversio) nicht mehr, weil es wenig später praktisch nicht mehr möglich war, nicht zur Kirche zu gehören. Als „Conversio" konnte im Mittelalter dagegen der Eintritt in einen Mönchsorden bezeichnet werden. Umgekehrt gewann das Motiv einer „(erneuten) Buße" (lat. poenitentia) an Bedeutung, die auch von den Reformatoren stark reflektiert wurde, so z. B. in der ersten der 95 Thesen von Martin Luther.

Im frühen *Pietismus* des 17. und 18. Jahrhunderts wurde schließlich die Taufrechtfertigungslehre infrage gestellt und damit die Annahme, alle Kirchenglieder seien als Christinnen und Christen anzusehen. Entsprechend gewann das Thema der Bekehrung wieder an Bedeutung. Besonders *August Hermann Francke* und in seinem Gefolge der *Hallische Pietismus* betonte die Notwendigkeit einer plötzlichen und einmaligen Bekehrung. Diese, so die damalige Vorstellung, setzt ein von-Gott-Angesprochen-sein voraus, das zu einem „Bußkampf" führt, welcher schließlich in eine „Durchbruchserfahrung" mündet.

Diese Reihenfolge entspricht einer dogmatischen Positionierung, die im systematisch-theologischen Diskurs unter dem Stichwort *Ordo salutis* reflektiert wird. Dabei wird gefragt, wie sich Begriffe (z. B. Erwählung, Bekehrung, Rechtfertigung, Heiligung usw.) bzgl. der *Soteriologie* (Heilslehre) aufeinander beziehen lassen und ob sich eine chronologische Reihenfolge der Ereignisse festlegen lässt. Die Debatte hängt stark von konfessionellen Vorentscheidungen ab. Entsprechend weit gehen die Meinungen auseinander.

Zwischen dem *Pietismus* und den ungefähr zeitgleichen angelsächsischen *Erweckungsbewegungen* um *John Wesley* (*Methodismus*) und *George Whitefield*, gab es lose Verbindungen. Letztlich sind es aber unterschiedliche Bewegungen, trotz aller inhaltlichen Nähe (z. B. dem Stellenwert der Bekehrung). Diese großen Erweckungen (*Great Awakening*) in England und Amerika, die mit dem Thema Bekehrung eng verbunden waren, fanden starkes Interesse in der aufkommenden Psychologie.

Bereits dieser kurze Abriss der Kirchengeschichte zeigt, wie die jeweils gegebenen Rahmenbedingungen von Ort und Zeit maßgeblich auf Bekehrungen einwirkten. Eine Bekehrung geschieht nie im neutralen Raum, sondern ist immer in ihre geschichtliche Situation eingebettet.

2. Psychologie: Was geschieht bei einer Bekehrung im Menschen?[3]

Ende des 19. Jahrhunderts etablierte sich die Psychologie als eigenständige Wissenschaft zwischen den Geisteswissenschaften und Naturwissenschaften. Das Seelenleben des Menschen wurde somit zum eigenen Forschungsgegenstand. An der neu gegründeten Clark University (Worcester, USA) entstand unter *G. Stanley Hall* eine der ersten psychologischen Forschungsinstitute. Er und seine Schüler waren sehr am Thema Religion interessiert. Unter dem Eindruck der zweiten großen Erweckung in den USA Mitte des 19. Jahrhunderts, wurden auch Bekehrungen schnell zum wichtigen Forschungsthema. Aus dieser Frühzeit stammen die meisten grundlegenden Arbeiten, die im Folgenden dargestellt werden. Viele der Protagonisten hatten selbst Bekehrungserlebnisse.

Die Werkzeuge der jungen Disziplin wurden erst allmählich erweitert, man bediente sich den damals gängigen empirischen Methoden und arbeitete mit verschriftlichten Selbstzeugnissen, Fragebögen und Interviews. Im Folgenden sollen wesentliche Leitlinien, die sich durch die Forschungsgeschichte ziehen, aufgezeigt werden.

2.1 Bekehrung: Ein Jugendphänomen?

Bereits früh vertrat *G. Stanley Hall* die These, dass der Mensch eine religiöse Veranlagung habe und diese besonders im Jugendalter (*Adoleszenz*), als einer Übergangsphase, in Bekehrungen zum Ausdruck komme. Statistisch untermauert wurde diese Beobachtung von seinem Schüler *Edwin Diller Starbuck*[4], der knapp 500 Jugendliche u. a. nach ihrem Bekehrungsalter befragt hatte. Es ergab sich, dass im Alter zwischen 12 und 19 Jahren eine deutliche erhöhte Anzahl an Bekehrungen zu verzeichnen war. Der Spitzenwert lag bei 16 Jahren.

---

3 Die Ausführungen in diesem Kapitel bauen im Wesentlichen auf zwei Veröffentlichungen, die einen guten Überblick zum Thema Bekehrung in den Sozialwissenschaften geben. Sofern nicht anders angegeben, finden sich die exakten Quellen in diesen Beiträgen.
Vgl. zum Folgenden: Wulff, David M.: A Century of Conversion in American Psychology of Religion, in: Christian Henning und Ernst Nestler (Hg.): Konversion, FS Walter Sparn, Einblicke. Beiträge zur Religionspsychologie 4, Frankfurt 2002, 43–54; und: Krause, Katharina: Bekehrungsfrömmigkeit. Historische und kultursoziologische Perspektiven auf eine Gestalt gelebter Religion, PThGG 23, Tübingen 2018, 32–42.

4 Starbuck, Edwin D.: The Psychology of Religion. An Empirical Study of the Growth of Religious Consciousness, New York 1899.

Diese Ergebnisse werden bis heute rezipiert.[5] Das *empirica-Institut* kommt in einer Studie für den deutschsprachigen Raum aus dem Jahr 2010 auf ähnliche Ergebnisse. Die eigene Bekehrung datieren 60,9 % der Teilnehmenden bis zum Alter von 20 Jahren. Der Spitzenwert lag in der Kohorte zwischen 11 und 15 Jahren.[6]

Die Resultate entsprechen auch den Erkenntnissen der später aufkommenden Entwicklungspsychologie. Nach *Erik Erikson* sind Jugendliche mit der Grundfrage der Identitätsfindung konfrontiert.[7] Darauf aufbauend hat *James Fowler* zur Frage der Glaubensentwicklung geforscht. In seiner Stufentheorie bildet der Übergang von der dritten (synthetisch-konventioneller Glaube) zur vierten (individuierend-reflektierender Glaube) Stufe eine entscheidende Schnittstelle im Glaubensleben eines Menschen, der oft mit dem Auszug aus dem Elternhaus einhergeht.[8]

Dass die Phase der Kindheit- und Jugend auch eine Langzeitwirkung auf eine mögliche Bekehrung hat, ergibt sich aus der Praktisch-Theologischen Studie zur Bekehrung von Erwachsenen in Deutschland unter *Johannes Zimmermann* und *Anna-Konstanze Schröder* von 2011. Darin gaben 25,1 % der Befragten „Jungschar" und 34,6 % „Jugendgruppe" als bedeutende Veranstaltung auf ihrem Glaubensweg an.[9]

2.2 Bekehrung: Ein Krisenphänomen?

Der Psychologe *James Henry Leuba* entwickelte ein Phasenmodell zu Bekehrungen, das sich an den theologisch-dogmatischen Vorstellungen der bereits erwähnten *Ordo salutis* anlehnte, wie sie u. a. im Methodismus und dem Pietismus diskutiert wurde.

Auch *Hall* verknüpfte seine These, dass Bekehrung ein typisches Jugendthema sei, mit den Krisenerfahrungen dieser Phase. Wiederum war es *Starbuck*, der diese Hypothese mittels Empirik überprüfte. Dabei arbeitete er aber nicht mit dem theologischen Begriff Sünde, sondern überführte das Motiv in eine psychologische Terminologie.

---

5 So z. B. bei Schweitzer, Friedrich: Lebensgeschichte und Religion. Religiöse Entwicklung und Erziehung im Kindes- und Jugendalter, Gütersloh [8]2016, 48.

6 Vgl. empirica Forschungsinstitut für Jugendkultur & Religion: Bekehrung 2010, Marburg 2011, 18. Die Altersangaben sind nicht genau angegeben, sondern nur in Kohorten aufgeschlüsselt.

7 Vgl. Gudjons, Herbert und Silke Traub: Pädagogisches Grundwissen, Bad Heilbrunn [13]2020, 115–120.

8 Vgl. Fowler, James: Stufen des Glaubens. Die Psychologie der menschlichen Entwicklung und die Suche nach Sinn, Gütersloh 1991.

9 Vgl. Zimmermann, Johannes und Anna-Konstanze Schröder (Hg.): Wie finden Erwachsene zum Glauben? Einführung und Ergebnisse der Greifswalder Studie, BEG-Praxis, Neukirchen-Vluyn 2010, 217.

Besonders *William James*, einer der einflussreichsten frühen Psychologen und Lehrer von *Hall*, vertrat die Ansicht, dass es unterschiedliche Arten von Bekehrungen gibt. Den Typus mit dramatischen Bekehrungserfahrungen führt er auf eine zugrundeliegende kranke Seele zurück. In seinen berühmten *Gifford Lectures* von 1901/02, trägt er viele Selbstzeugnisse zusammen, um diese These zu belegen. [10] *James* reduziert das Phänomen einer Bekehrung damit aber keineswegs auf reine psychologische Pathologie, sondern hält auch die „direkte Gegenwart Gottes" für möglich, trotz aller psychologischer Erklärungsansätze zum Thema.[11]

Das Motiv der Störung als zumindest möglicher Auslöser einer Bekehrungserfahrung wurde in der Psychologie eine fest verankerte Hypothese, die später (1927) u. a. von *Sigmund Freud* aufgegriffen wurde.

In der Metastudie „*Understanding Religious Conversion*" von 1993, für die der Psychologe *Lewis R. Rambo*[12] alle zum damaligen Zeitpunkt verfügbaren Forschungsergebnisse zusammentrug und zu einer großen Synthese verarbeitete, legt er sich darauf fest, dass „Krise" eines von sieben Elementen einer Bekehrung sei. Dies kann eine psychische Komponente sein, kann aber auch auf ein anders gelagertes Problem hindeuten. Damit löst er sich von der Engführung seitens der Psychologie. Der Anthropologe *Henri Gooren* hält dieses Element dagegen weiterhin für überbewertet, für ihn ist „Krise" lediglich ein möglicher unter vielen personalen Faktoren.[13]

2.3 Bekehrung: Ereignis oder Prozess?

Schon *Starbuck* (1899) unterschied zwei Typen der Bekehrung: zum einen der aus einer Normalbiografie resultierende prozesshafte Wachstum und zum anderen, die auf Sündenerkenntnis beruhenden, dramatischen Bekehrungserlebnisse. Letzteres entspricht dem, was *James,* wie bereits erwähnt, als krisenhafte Bekehrung einer „sick soul"[14] betrachtet hat. Die Frage nach Ereignis oder Prozess ist ein immer wiederkehrendes Thema in der Religionspsychologie.[15]

---

10 Vgl. James, William: Die Vielfalt religiöser Erfahrungen. Eine Studie über die menschliche Natur, Berlin 2014, 209–272. (Englische Originalausgabe: James, William: The Varieties of Religious Experience, New York und London 1902.)

11 Vgl. a.a.O., 258.

12 Rambo, Lewis R.: Understanding Religious Conversion, New Haven 1996.

13 Gooren, Henri: Reassessing Conventional Approaches to Conversion. Toward a New Synthesis, in: JSSR 46/3 (2007), 337–353.

14 Zitiert nach Wulff, Century (Anm. 3), 45. James widmet der „kranken Seele" eine ganze Vorlesung. Vgl. James, Vielfalt (Anm. 10), 152–187.

15 Wulff führt weitere Forschungsergebnisse auf. Vgl. Wulff, Century, (Anm. 3), 44f.

Auch für diese Fragestellung kann auf die Untersuchung unter *Zimmermann* und *Schröder* verwiesen werden. In ihrer *Greifswalder Konversionsstudie* kommen sie zu dem Ergebnis, dass unter den von ihnen Befragten, die als Erwachsene zum Glauben gefunden hatten, 24 % ihre Glaubensentwicklung als Bruch mit dem vorherigen Leben empfanden. Diese werden von ihnen als Typ „Lebenswende" bezeichnet. Umgekehrt galt für die Übrigen, dass sie ihren Weg zum Glauben eher prozesshaft als „Entdeckung" (41 %) bzw. „Vergewisserung" (35 %) empfunden haben.[16]

2.4 Bekehrung: Ein Persönlichkeitsmerkmal?

Die klassische *Vier-Temperamente-Lehre* wurde in der frühen Psychologie von *George A. Coe*, einem Schüler von *Starbuck*, aufgegriffen. Seines Erachtens tendieren der melancholische und sanguinische Typ am ehesten zu einer spontanen Bekehrung, während dies weniger für phlegmatische oder cholerische Menschen gelte.

Diese These wurde später von *William Sargant*[17] aufgenommen, der zu ähnlichen Ergebnissen kommt. Auch *Don Gibbon* und *James De Jarnette* verifizieren, dass Bekehrungserlebnisse und Persönlichkeitsprofile korrelieren.[18]

2.5 Bekehrung: Aktive Entscheidung oder passives Geschehnis?

Die Fragestellung nach aktiver Beteiligung des betroffenen Menschen, baut auf die bereits dargestellten Hypothesen auf, dass eine klassische Bekehrung ein Phänomen sei, das (mit erhöhter Wahrscheinlichkeit) bei Menschen mit bestimmten Voraussetzungen als plötzliches Ereignis auftritt, mit dem eine Krise überwunden wird. Unter diesem Vorverständnis wird deutlich, dass Bekehrungen dieser Symptomatik in der frühen Psychologie als passives Geschehnis von Interesse waren. *James* bündelt drei psychologische Faktoren, die eine solche Bekehrungsform begünstigen: Emotionale Sensibilität, Neigung zum Automatismus und passive Beeinflussbarkeit.[19]

Die Psychologie neigt dazu, Bekehrungen als passives Geschehnis zu betrachten. Auf diese Engführung seitens der Psychologie wurde von *James Scroggs* und *William Douglas*[20] verwiesen.

---

16 Vgl. Zimmermann und Schröder, Erwachsene (Anm. 9), 69f.

17 Sargant, William: Battle for the Mind. A Physiology of Conversion and Brain-Washing. Garden City und New York 1957.

18 Gibbon, Don and James De Jarnette: Hypnotic Susceptibility and Religious Experience, in: JSSR 11 (1972), 152–156.

19 Vgl. James, Vielfalt (Anm. 10), 257.

20 Scroggs, James and William Douglas: Issues in the Psychology of Religious Conversion, in: JRHe 6 (1967), 204–216.

2.6 Zwischenfazit: Bekehrung und Psychologie

Ausgehend von den Erfahrungsberichten über spektakuläre Bekehrungen während den verschiedenen Erweckungsbewegungen in den USA, versuchte die junge Wissenschaftsdisziplin der Psychologie Anfang des 20. Jahrhunderts zu erklären, was vor und während einem Bekehrungserlebnis im Menschen vor sich geht. Mit der Veränderung der religiösen Situation, nahm das Interesse an dem Phänomen aber schnell wieder ab. Erst in der zweiten Hälfte des 20. Jahrhunderts wurde das Thema wieder etwas mehr aufgegriffen.

Analog zu den Erfahrungsberichten im Zusammenhang der Großen Erweckungen in den USA wurde der Begriff enggeführt und, ausgehend vom ureigenen Thema der Psychologie, auf die Frage nach der seelischen Situation der Menschen reduziert. Damit ist aber, trotz aller wissenschaftlicher Analyse, nicht zwingend die Frage nach dem Wirken Gottes ausgeschlossen, wie *James* ausdrücklich klar macht.[21] Andere Formen von religiösen Veränderungen wurden zwar benannt, aber weniger thematisiert.

Scroggs und *Douglas* haben 1967 den Blick der Psychologie gebündelt und konstatiert, dass noch immer die Pauluserfahrung vor Damaskus (Apg 9) leitend für das Verständnis von (christlicher) Bekehrung war. Sie wurde als plötzlich, dramatisch, emotional und irrational betrachtet. Darüber hinaus werde sie einmalig und passiv und als unkontrollierbar erlebt. Im Endeffekt erzeuge sie einen Bruch in der Biografie, auf die ein neuer Lebensstil folge.[22]

Insgesamt wird das Thema Bekehrung in der Psychologie, ihrer Aufgabenstellung entsprechend, als ein seelisches Ereignis im Menschen, losgelöst von äußeren Faktoren, betrachtet. Diesem Themenfeld nimmt sich dann die Soziologie an.

3. Soziologie: Wie wirkt das soziale Umfeld auf die sich bekehrende Person ein?[23]

Auch die Soziologie ist in der Mitte des 19. Jahrhunderts zur eigenständigen Wissenschaftsdisziplin gereift. Sie widmet sich der Fragestellung nach dem Zusammenleben der Menschen in Gemeinschaften und der Gesellschaft insgesamt. Das Thema Bekehrung rückte hier allerdings erst ab der Mitte des 20. Jahrhunderts ins Blickfeld, was mit der aufkommenden neuen Religiosität des „New Age" zu tun hat. Für die Frage nach Bekehrungen wendet sie sich der

21 Vgl. James, Vielfalt (Anm. 10), 258.

22 Vgl. Wulff, Century (Anm. 3), 54.

23 Auch für dieses Themengebiet bieten Kruse und Wulff einen guten Überblick. Sie werden hier zum Ausgangspunkt genommen. Vgl. zum Folgenden: Wulff, Century (Anm. 3), 54–68; und: Krause, Bekehrungsfrömmigkeit (Anm. 3), 42–58.

Situation eines Menschen während eines solchen Übergangs zu. Welche Rolle spielen Ort, Zeit und vor allem Beziehungen zu anderen Menschen?

Eine wesentliche Rolle für die soziologische Erforschung des Themas ist, dass das Methodenrepertoire der empirischen Forschung in der zweiten Hälfte des 20. Jahrhunderts deutlich breiter geworden war. Es wurde fortan auch mit teilnehmender Beobachtung und vermehrt mit qualitativen Interviews gearbeitet. Auch hinsichtlich der Geografie fand eine Erweiterung des Spektrums statt. Während sich die Psychologie vornehmlich mit Phänomenen der Bekehrung in der westlichen Welt beschäftigte, weitete die Soziologie den Blick darüber hinaus.

Ausgehend von der alten psychologischen Sichtweise, propagierte der Soziologe *James Richardson*[24] einen Wechsel zu einem neuen Paradigma. Demnach spielt die sich bekehrende Person eine aktive Rolle in einem prozesshaften Geschehen. Sie folgt hierbei rationalen Beweggründen und gliedert sich schrittweise in eine religiöse Gruppe ein. Er spricht von „Konversionskarrieren".

Die Soziologen *John Lofland* und *Norman Skonovd*[25] arbeiteten unterschiedliche Motive für eine Bekehrung heraus: Intellektuell, mystisch, experimentell, sympathie- bzw. gefühlgeleitet (affectional), erwecklich[26] und erzwungen.[27]

Im Verlauf der Debatte wurden auch neuere soziologische Ansätze aufgenommen. Von der *Rational-Choice-Theory* wurde die Zweckrationalität, dem logischen Abwägen von Nutzen und Schaden, auf die Religionsaktivität angewendet und analysiert, inwiefern bei Bekehrungen nur der eigene Vorteil eine Rolle spielt. Ausgehend vom *Konstruktivismus* wird gefragt, ob und wie sehr rückblickende (Selbst-)Darstellungen dem ursprünglichen Prozess einer Bekehrung tatsächlich entsprechen bzw. inwiefern sie im Nachhinein geglättet (konstruiert) werden.

Zusammenfassend kann gesagt werden, dass Bekehrungen von soziologischer Seite tendenziell ein Erzeugnis der sozialen Umgebung sind. Die sich bekehrende Person wird als aktiver Akteur aufgefasst, die sich an ihre Umwelt anpasst.

---

24 Richardson, James T.: The Activ vs. Passive Convert. Paradigm Conflict in Conversion/Recruitment Research, in: JSSR 24 (1985), 163–179.

25 Lofland, John and Norman Skonovd: Conversion Motifs, in: JSSR 20 (1981), 373–385.

26 Diese entspricht dem pietistisch/methodistischen Verständnis von „Bekehrung", das auch in der Psychologie vorherrschend war.

27 Später wurde noch eine weitere Kategorie hinzugefügt: rituell.

3. Ethnologie: Was bedeutet eine Bekehrung für den großen Kontext einer Person?[28]

Mit der Ethnologie (Völkerkunde) kommt seit den 1990er Jahren eine weitere Perspektive in die Diskussion. Der Blick wird nochmals geweitet. Es wird nicht mehr nur nach dem Individuum (Psychologie) oder dessen direkter Umgebung (Soziologie) gefragt, sondern der Blick auf ganze Stämme, Völker bzw. Nationen gerichtet.

Thematisiert werden u. a. sogenannte *bridge-burning-events* (Brücken abbrennende Ereignisse), womit gemeint ist, dass eine Bekehrung in manchen ethnischen Kontexten durch symbolisches Vernichten von Gegenständen der alten Religion angezeigt wird. Damit soll eine Rückkehr ins alte Schema erschwert oder verunmöglicht werden. Des Weiteren wird gefragt, wie Bekehrungen verkörperlicht werden (embodiment). Äußerlich sichtbare Zeichen (z. B. Frisur oder Kleidung.) können eingesetzt werden, um eine biografische Wende auszudrücken.

Gerade für die Perspektive der internationalen Mission, sind diese Beiträge von großer Bedeutung. Die ethnologischen Einsichten werden in der Missiologie stark rezipiert. Da missiologische Gesichtspunkte in diesem Buch bereits in diverse Beiträge einfließen, wird dieses Themenfeld hier nur knapp angerissen.

4. Interdisziplinarität: Was lässt sich aus der Gesamtschau der einzelnen Wissenschaften zum Thema Bekehrung sagen?

Neben der theologischen bzw. religiösen Dimension einer Bekehrung gibt es also eine Reihe von Perspektiven anderer Wissenschaften, die das Phänomen Bekehrung erhellen. Problematisch ist , dass diese meist auf ihren speziellen Fachdiskurs beschränkt bleiben. Ein Metatrend der Wissenschaften ist vor diesem Hintergrund das Streben nach Interdisziplinarität durch Zusammenstellung unterschiedlicher Sichtweisen auf ein Phänomen. Wegweisend für das Thema der Bekehrung war hierbei der bereits erwähnte *Lewis R. Rambo* mit seinem 1993 erschienenen Werk *„Understanding Religious Conversion“*.[29]

Zu Beginn definiert er einen sehr breiten Begriff von Bekehrung. Der Begriff kann für ihn von der Intensivierung der eigenen Spiritualität innerhalb des bestehenden religiösen Systems bis hin zu einer erzwungenen Bekehrung reichen.[30] Letztlich müsse jede religiöse Gruppierung für sich selbst festlegen,

---

[28] Vgl. zum Folgenden Krause, Bekehrungsfrömmigkeit (Anm. 3), 58–61.

[29] Rambo, Conversion (Anm. 12).

[30] Vgl. a.a.O., 2.

was sie unter einer Bekehrung verstehe: „Conversion is, what a group says it is.“[31]

Er arbeitet aus dem von ihm gesichteten Material sieben Stufen einer Bekehrung heraus, die aber nicht streng aufeinander folgen müssen.[32]

- *Kontext* – Die Situation, in der eine Bekehrung stattfindet.
- *Krise* – Die sich bekehrende Person durchlebt eine kleine oder größere Krise bzw. trägt Fragen mit sich.
- *Suche* – Die sich bekehrende Person sucht nach Lösungen und Antworten.
- *Begegnung* – Zwischen der sich bekehrenden Person und (Zugehörigen) der neuen Religion/Glaubensrichtung kommt es zu einem Kontakt.
- *Interaktion* – Es entsteht eine (wechselseitige) Beziehung zwischen der sich bekehrenden Person und (Zugehörigen) der neuen Religion/Glaubensrichtung.
- *Bekenntnis/Verpflichtung (commitment)* – Die sich bekehrende Person kommuniziert in irgendeiner Form eine Verbindlichkeit.
- *Konsequenz* – Die Bekehrung verändert das Leben der sich bekehrenden Person in irgendeiner Form.

Der ebenfalls bereits erwähnte *Konversionskarrieren-Ansatz* von *Henri Goorens* legt einen wesentlich stärkeren Akzent auf die Prozesshaftigkeit eines Konversionsgeschehens. Entsprechend ist „Krise“ keine Kategorie, sondern allenfalls ein biografischer Faktor, der manchmal eine Rolle spielt.[33]

Sowohl *Rambo*[34] als auch *Gooren*[35] fordern Theologie und Missiologie dazu auf, sich aktiv an der interdisziplinären Forschung zu beteiligen. Dies geschieht in der deutschsprachigen Praktischen Theologie nur in geringem Maße.[36]

---

31 A.a.O., xiv.

32 A.a.O., 16–18.

33 Vgl. Gooren, Approaches (Anm. 13), 348.

34 Rambo, Conversion (Anm. 12), 11.

35 Gooren, Approaches (Anm. 13), 348.

36 Hervorzuheben sind die bereits erwähnten beiden Studien: Die Greifswalder Konversions-Studie von 2010 (Anm. 9), in der unter Rückgriff auf Rambos Modell in einem größeren Projekt erforscht wurde, wie Erwachsene in Deutschland zum Glauben kommen. Das empirica Forschungsinstitut für Jugendkultur & Religion

5. Philosophie(-geschichte): Wie kam es zur gegenwärtigen Lage und was wird uns in Zukunft erwarten?

Der Kanadier *Charles Taylor* (*1931) gilt als einer der bedeutendsten zeitgenössischen Philosophen. In seinem Opus Magnum *Ein säkulares Zeitalter* von 2007 (erste Auflage der deutschen Übersetzung 2012)[37] geht er dem Gegenwartsphänomen *Säkularisierung* auf knapp 1300 Seiten nach.

Er stellt sich die Frage: „Warum war es in unserer abendländischen Gesellschaft beispielsweise im Jahre 1500 praktisch unmöglich, nicht an Gott zu glauben, während es im Jahre 2000 vielen von uns nicht nur leichtfällt, sondern geradezu unumgänglich vorkommt?"[38] Die populäre Antwort, die Wissenschaft habe den Glauben sukzessive widerlegt, und daher nehme das religiöse Interesse ab, bezeichnet er als *Subtraktionstheorie*. Diese These ist aber, so arbeitet er akribisch heraus, schlichtweg falsch. „Es gibt nichts, was die Konsequenzen zwangsläufig hervorruft [...]."[39]

Stattdessen entwickelte sich durch die Aufklärung ein neues *soziales Vorstellungsschema*, in dem der wechselseitige Vorteil (*Utilitarismus*) als höchstes und einziges ethisches Grundprinzip (*immanente Ordnung*) anstelle der Religion etabliert wurde. Daraus entstand ein *ausgrenzender Humanismus*, der alles Transzendente an den Rand drängte. Dies geschah u. a. durch die Metapher der *Reifung*. Glaube wurde als infantil und minderwertig diffamiert, während Humanismus, Agnostizismus und Atheismus ein aufgeklärtes und fortschrittliches Image angeheftet wurde. *Taylor* legt jedoch offen, dass beide Positionen, Glaube und Humanismus, dieselbe Grundlage haben. „Wenn man unsere prekäre Situation ohne ideologische Verzerrung und ohne Scheuklappen begreift, wird man sehen, daß der eine wie der andere Weg einen sogenannten 'Glaubenssprung' voraussetzt."[40]

Doch *Taylor* ist überzeugt, dass der Schwindel auffliegen wird. „In Gesellschaften, in denen der allgemeine Gleichgewichtspunkt fest im Rahmen der Immanenz lokalisiert ist [...], wird die vorherrschende Darstellung der Säkularisierung mit ihrer Tendenz, unsere religiöse Vergangenheit für viele Probleme der Welt verantwortlich zu machen, im Lauf der Zeit immer weniger einleuchtend wirken."[41] Man wird begreifen, dass der Glaube keineswegs als falsch bewiesen ist. Umgekehrt wird sich ein Empfinden dafür verstärken, dass uns etwas verlorengegangen ist. „[D]iese extreme Konzentration der

---

brachte 2011 eine größere Studie mit dem Titel „Bekehrung 2010" (Anm. 6) heraus.

37 Taylor, Charles: Ein säkulares Zeitalter, Frankfurt ²2020.

38 A.a.O., 51.

39 A.a.O., 704.

40 A.a.O., 917.

41 A.a.O., 1274.

Immanenzatmosphäre [wird] bei künftigen Generationen das Gefühl verstärken, man lebe in einem 'öden Land'. Daher werden viele junge Menschen wieder beginnen, das Gebiet jenseits der Grenzen zu erkunden."[42]

Das gegenwärtige *„Zeitalter der Authentizität"*, das durch Säkularisierung, Individualismus und Relativismus gekennzeichnet ist, stehe also auf sehr wackeligen Beinen. *Taylor* ist der Überzeugung, dass alle Menschen dies als *„gegenläufigen Druck"* spüren, viele begeben sich auf die Suche nach einem verlorengegangenen Gefühl der *„Fülle"*.

Er zeigt sich überzeugt davon, dass wir „erst am Anfang eines neuen Zeitalters der religiösen Suche [stehen], deren Ergebnis niemand vorhersehen kann." Das letzte Kapitel des Buches trägt die Überschrift *„Bekehrungen"*. Er hält es für möglich und wahrscheinlich, dass wir vor einem Epochenwandel stehen, indem sich die Menschen wieder vermehrt dem Glauben zuwenden. *Taylor* geht davon aus, dass der Weg zukünftig aber nicht nach einem festen Schema ablaufen wird, sondern, dass es viele *Routen zum Glauben* geben wird.[43]

6. Fazit

Zu Beginn dieses Beitrags wurde die Frage aufgeworfen, wie das Thema Bekehrung von außen, also von einer nicht dezidiert christlichen Position betrachtet wird. Es konnte gezeigt werden, dass es von Seiten der Geistes- und Sozialwissenschaften eine Reihe von Arbeiten gibt, die durchaus bereichernd für das Verständnis des Phänomens Bekehrung sind. Zum Schluss soll zusammengefasst werden, welche Forschungsergebnisse sich erkenntniserweiternd auf Theologie, Gemeinde und Mission in der Zukunft übertragen lassen.

Es scheint, als sei die sprichwörtlich gewordene biblische Überlieferung über die Bekehrung „vom Saulus zum Paulus" (Apg 9) für unsere Sprache und unser Denken zu dominierend geworden. Dies gilt für das theologische Verständnis einer Bekehrung in Pietismus und Erweckungsbewegung und, dadurch teilweise bedingt, auch für die frühe psychologische Forschung. Diese Engführung gilt es zu überwinden, zum einen, weil sie der Breite an Bekehrungserfahrungen in der Geschichte und erst recht in der heutigen pluralen und globalisierten Welt nicht gerecht wird. Zum anderen, so hat der Beitrag von *Mihamm Kim-Rauchholz* in diesem Band gezeigt, wird man durch eine solche Einseitigkeit auch dem biblischen Befund zum Thema Bekehrung nicht gerecht. Mission in der Zukunft wird, mit *Taylor gesprochen,* viele Routen zum Glauben anbieten müssen.[44]

42 A.a.O.,1275.

43 Vgl. a.a.O., 1233.

44 Vgl. ebd.

Dennoch hat die Psychologie einige wichtige Erkenntnisse zum Thema Bekehrungen hervorgebracht, die es aufzunehmen gilt. Zunächst wurde herausgearbeitet, wie wichtig das Jugendalter im Blick auf eine Entscheidung für ein Glaubensleben ist. Vor diesem Hintergrund kann die Bedeutung der christlichen Kinder- und Jugendarbeit nicht überschätzt werden. In dieser Lebensphase ist es natürlich veranlagt, dass grundlegende Lebensweichen gestellt werden. Es besteht eine Offenheit für die großen Fragen des Lebens. Vor diesem Hintergrund entscheiden sich die meisten Menschen in jungen Jahren für ein aktives Glaubensleben (oder nicht). Mission in der Zukunft wird sich der Tatsache stellen müssen, dass Kinder und Jugendliche einen besonderen Zugang zum Evangelium haben (Mk 10,13–16ff).

Weiter gilt es ernst zu nehmen, dass eine dramatische Bekehrung auch ein Phänomen sein kann, das mit einer psychischen Disposition zusammenhängen kann. Daher gilt es, gerade bei spektakulären Ereignissen, vorsichtig mit vorschnellen Vergeistlichungen zu sein. Eine umsichtige seelsorgerliche Begleitung (und ggf. auch professionelle Hilfe) für sich bekehrende Menschen ist anzustreben. Mission in der Zukunft wird gegenüber qualitativer und quantitativer Messbarkeit geistlicher Vorgänge zurückhaltend sein, um falsche Urteile (Über- und Unterbewertungen) zu vermeiden. Geistige Dinge sind empirisch nicht nachvollziehbar!

Die soziologische Perspektive hat der sozialwissenschaftlichen Forschung über das alte und verkürzte Verständnis von Bekehrung als punktuelles und passives Erlebnis hinausgeholfen. Bekehrungen werden als ein prozesshaftes Geschehen verstanden, das bei jeder Person sehr individuell geschieht. Der Mensch wird dabei in einer sehr aktiven Rolle gesehen, der gewisse Motive mit seiner Bekehrung verfolgt. Menschen sollten nicht in ein Muster eines Prototyps von Bekehrung gezwängt werden, sondern in ihrer Einmaligkeit ernstgenommen werden. Dies gilt vor allem für die drei ersten Phasen nach *Rambo* (Kontext, Krise und Suche), die von außen wenig bis gar nicht zu beeinflussen sind. Dass Menschen in einem Prozess der Suche als mündige Akteure begriffen werden, kann missionarische Bemühungen aber auch vor dem (Selbst-)Zweifel der Übergriffigkeit entlasten. Evangelisation[45] kann integer sein und in ihrer Kommunikation mit ihrem Gegenüber ethisch legitim agieren.[46] Gerade wenn Menschen offene Fragen haben, ist es die Verantwortung von Gemeinde und Mission ein Angebot zur Klärung dieser Suche zu bieten. In den Phasen 3 (Begegnung) und 4 (Interaktion) nach *Rambo* kommt dies besonders zum Tragen. Mission in der Zukunft wird sich den vorhandenen

---

45 Evangelisation wird in diesem Zusammenhang als verbale Kommunikation des Evangeliums und somit als ein Element von Mission verstanden.

46 Vgl. Jägers, Andreas: Evangelisation und Manipulation. Eine Adaption von Alexander Fischers „Manipulation. Zur Theorie und Ethik einer Form der Beeinflussung", in: ThBeitr 21 (2021), 327–339.

Fragen der Menschen (*Rambo*), die auf der Suche nach Fülle (*Taylor*) sind, als Gegenüber anbieten und das Evangelium auf Augenhöhe kommunizieren und bezeugen.

Darüber hinaus können die soziologischen Erkenntnisse den Blick auf die Methoden und Bemühungen von Gemeinde und Mission weiten. Die klassische Evangelisation entspricht nach *Lofland* und *Skonovd* einem von vielen Bekehrungsmotiven. Mission in der Zukunft wird nicht nach einer Standardmethode ablaufen, sondern sich ganzheitlich auf Menschen einlassen, indem intellektuelle, mystische, experimentelle, affektive und rituale Motive[47] in die eigenen Bemühungen aufgenommen werden.

Die ethnologische Perspektive muss sensibel für Bekehrungen aus anderen Religionen, in anderen Völkern und in anderen Kulturen machen. Bekehrung ist in jedem Kontext etwas anderes. Aus einer westlichen, freiheitlich-individualistischen Perspektive scheint eine Bekehrung eine verhältnismäßig kleine Entscheidung zu sein. Für andere Menschen kann sie zum Ausschluss aus Familien und Gesellschaften führen oder sogar Lebensgefahr bedeuten. Kultursensibilität ist daher von größter Wichtigkeit. Mission in der Zukunft wird in solchen Kontexten Sichtbarkeit, Schnelligkeit und Messbarkeit nicht zu Indikatoren von Erfolg machen.

Sollte *Charles Taylor* recht behalten und ein Epochenwandel in der westlichen Welt anstehen, stellt sich die Frage, wie seine Erkenntnis von theologischer Seite aufgenommen werden kann. Der amerikanische Lutheraner *Andrew Root* hat sich eingehend damit befasst, was diese Thesen *Taylors* für Gemeinden heute bedeuten.[48] Er macht sich u. a. dafür stark, dass besonders gegenüber Jugendlichen der Unterschied zwischen Wissenschaft und ideologischer Wissenschaft als ideologische Sozialpraxis („comprehensive social practice of ‚science'") verdeutlicht werden soll. Er tritt dafür ein, Glaube und Wissenschaft nicht als separate Sphären getrennt voneinander zu betrachten, sondern in einen Diskurs einzutreten. Mission (und Theologie) wird in der Zukunft in die wissenschaftstheoretische Debatte eintreten und die ideologischen Denkvoraussetzungen ihrer Kritiker offenlegen.

Um Menschen auf ihrer Suche nach Fülle zu helfen, so *Root* weiter, sollten Gemeinden sich darauf konzentrieren, Gottes Wirken zu erwarten, was am konkretesten im Gebet geschieht.[49] Mission in der Zukunft wird nach wie vor abhängig von Gottes eigenem Handeln sein (*Missio dei*). Ohne dieses werden alle Bemühungen vergeblich sein.

---

47 Das Motiv „Zwang" (coerciveness) ist selbstverständlich kein zu erstrebendes Ziel missionarischer Bemühungen und wird hier daher nicht aufgenommen.

48 Vgl. Root, Andrew: Exploding Stars, Dead Dinosaurs, and Zombies, Minneapolis (MN) 2018.

49 Vgl. Root, Andrew: Pastor in a Secular Age. Ministry to People Who No Longer Need a God, Grand Rapids (MI) 2019.

Deshalb darf sie es nicht unterlassen, von Gott zu reden.[50] Für *Root* ist es die höchste Berufung, Menschen zu helfen, sich für das Handeln Gottes in dieser (säkularen) Welt zu öffnen.[51] Mission in der Zukunft wird es, wie Petrus und Johannes vor dem Hohen Rat (Apg 4,20), nicht lassen können von dem zu reden, was sie gehört und gesehen hat.

Mission in der Zukunft steht vor großen Herausforderungen. Die Erkenntnisse aus den Geistes- und Sozialwissenschaften zeigen aber, dass auch (und gerade) in den kommenden Zeiten Bekehrungen zu erwarten sind. Möglicherweise wird die Bewegung auf dem religiösen Markt der Möglichkeiten größer denn je sein. Der christliche Glaube hat sich in der Vergangenheit (Kirchen- und Missionsgeschichte) als sehr flexibel bzgl. äußerer Entwicklungen gezeigt. Die hier dargestellten Ergebnisse der Bekehrungsforschung können dazu beitragen, Mission in der Zukunft konstruktiv zu gestalten.

---

[50] Vgl. a.a.O., 169.

[51] Vgl. a.a.O., 189.

Teil 3: Herausforderungen: Was es anzupacken gilt

Partnerschaft in der Weltmission – Realität und Potentiale

Detlef Blöcher

Unsere Welt hat sich in den letzten Jahrzehnten radikal verändert. Man denke nur an das immense Bevölkerungswachstum besonders in Afrika, dessen Bevölkerung sehr jung ist. So liegt das mittlere Alter (Median) beispielsweise im Niger bei 15 Jahren. Großstädte und Ballungsräume schießen aus dem Boden, besonders sog. „informelle Siedlungen" (Slums). All das befeuert die globale Migration.

In Asien leben nicht nur 60 % der Menschheit, sondern Ostasien ist auch zur Werkbank der Welt geworden. Weltweiter Handel, multinationale Konzerne, Globalisierung, Digitalisierung, Internet ist überall verfügbar; in den Sozialen Medien kann jeder Meinung machen. Weltweites Reisen ist preiswert; es fördert die Begegnung zwischen Menschen, jedoch auch die rasche Ausbreitung von Epidemien. Globaler Waffen-, Menschen- und Drogenhandel, religiöser Fanatismus, weltweiter Terror, Korruption, Ausbeutung, Versklavung, regionale Kriege bedrohen viele Länder. Ebenso Klimawandel und Naturkatastrophen. Eine Welt im rasanten Wandel.

In diesem politischen, sozialen und wirtschaftlichen Kontext boomt die globale Gemeinde Jesu. In jedem Land gibt es inzwischen einheimische Kirchen, und ausländische Missionare[1] arbeiten unter ihrer Leitung, zumindest in Partnerschaft mit ihnen. Doch wie geschieht Gemeindebau in Großstädten, wenn in einem Hochhaus schon Tausende von Menschen leben und sich im Nachbarhaus bereits weitere Gemeinden treffen? Wie stehen dann christliche Gemeinden in Beziehung zueinander? Viele Gemeinden sind heute unabhängig und orientieren sich nicht mehr an klassischen Gemeindeverbänden. Zudem sind die notvollen Erfahrungen der Kolonialzeit noch lange nicht vergessen, sondern belasten immer noch Beziehungen mit Europäern. Die Vehemenz, mit der diese ihre westlichen Leitgedanken (theologische Konzepte, Rolle von Frauen, Gender, egalitäre Leitung, Umgang mit Finanzen, ökologische Fragen, Transgener Mais, COVID-Maßnahmen, Klimawandel ...) wirtschaftlich schwächeren Ländern aufzwingen, wird zu Recht als ökonomischer bzw. kultureller Kolonialismus empfunden.

---

1 Der einfachen Lesbarkeit halben wird das generische Maskulinum verwendet; es bezeichnet Menschen jeglichen Geschlechts.

Viele Gemeinden des Globalen Südens entsenden inzwischen ihre eigenen Missionare ins Ausland. Ihre Missionsbewegung wächst rasant: aus evangelischen Gemeinden Brasiliens sind aktuell 19.000 Missionare in einen kulturüberschreitenden Dienst entsandt; 22.000 aus Südkorea. Sie stellen inzwischen die Mehrheit der Missionare im kulturüberschreitenden Dienst. Das ist Mission von überall nach überall! Oft senden lokale Gemeinden oder Hausgemeinden ihre Missionare aus, ohne sich eines Missionswerkes zu bedienen.

Europa erlebt andererseits eine dramatische Säkularisierung (Entkirchlichung). Gleichzeitig kommen zahlreiche Migranten und darunter auch viele engagierte Christen. Sie arbeiten unter ihren Landsleuten (Diaspora), anderen Migranten und der hier aufgewachsenen Bevölkerung. Wir nennen das heute im Fachjargon „Reverse Mission". Etliche kommen als unabhängige Missionare ohne finanzielle und soziale Absicherung und finanzieren sich durch eine säkulare Tätigkeit.

Viele südliche Länder leiden unter immensem Bevölkerungswachstum, Umweltzerstörung und Klimawandel. Hier sind soziale und ökologische Projekte gefragt sowie Unternehmensgründungen, um Arbeitsplätze zu schaffen. Das Schlagwort lautet „Business for Transformation" (B4T).

Es braucht effektive Kontextualisierung, damit die Botschaft von Jesus echt und relevant erfahren wird, zweckmäßige Kommunikations- und Leitungsstile, Nachhaltigkeit, partizipative Entscheidungsprozesse und das Vermeiden von Abhängigkeiten. Dies kann nur gemeinsam auf Augenhöhe erarbeitet werden.

1. Case Study: Missionarische Zusammenarbeit in Montesien[2]

Schon seit vielen Jahren arbeitet die internationale Missionsgesellschaft IMS in Montesien. Etliche evangelische Gemeinden sind entstanden. Die Gemeindeverbände haben eine solide Struktur entwickelt, einschließlich einer theologischen Ausbildung und Leiterschulung; sie entsenden bereits eigene Missionare ins Ausland. Ausländische Missionare sind nur noch für spezielle Dienste erforderlich und immer weniger kommen. IMS arbeitet nun in den Strukturen der nationalen Gemeinden und engagiert sich besonders in der Vorbereitung von einheimischen Missionaren für einen kulturüberschreitenden Einsatz. IMS hob weltweit die Unterscheidung von sendenden und empfangenden Büros auf, und jedes nationale Büro erhielt nun sowohl eine sendende und eine empfangende Funktion.

In Montesien gab es bereits einige einheimische Missionswerke, die gern mit IMS zusammenarbeiten wollten, darunter „Serve". So entschied IMS, dass

---

2 Es geht hier um ein tatsächliches Ereignis. Zum Schutz der Betroffenen sind die Namen von Land und Organisationen verfremdet.

IMS-Montesien weiter internationale Missionare im Land empfängt und „Serve“ als ihr sendendes Büro dienen soll.

Gemeinsam wollten beide Organisationen in der Hauptstadt ein Missionszentrum einrichten und dafür ein geeignetes Gebäude bauen. Es wurden Pläne gemacht, Finanzen gesammelt und mit dem Bau begonnen. Dann gab es sowohl einen Leiterwechsel bei IMS als auch bei Serve; dabei ging leider die gemeinsame Vision verloren, ebenso das langjährige gegenseitige Vertrauen.

Es folgten kulturelle Missverständnisse zwischen den neuen Leitern; sachliche Differenzen schaukelten sich hoch; finanzielle Erwartungen an die jeweils andere Seite wuchsen. Externe Vermittlungsversuche konnten die Situation nicht klären. Beide Parteien konnten nicht mehr miteinander reden. Kurz vor der Fertigstellung des Gebäudes wurden die Bauarbeiten eingestellt. Auch eine weitere externe Vermittlung im Frühjahr 2020 brachte keine Einigung; der Corona-Lockdown verhinderte persönliche Begegnungen; es gab überhaupt keine Kontaktpunkte mehr fürs Gespräch. Der Rohbau sollte vielmehr verkauft und das ganze Vorhaben abgewickelt werden.

2022 gab es die nächsten Leiterwechsel: Ein neuer IMS-Feldleiter wurde berufen und auch „Serve“ bekam einen neuen Präsidenten. Der neue IMS-Feldleiter nahm Kontakt mit dem neuen Serve-Präsidenten auf und beide vereinbarten wöchentliche Online-Gebetstreffen. Nach einigen Wochen des Gebets und Kennenlernens vereinbarten sie ein Treffen beider Leitungsteams. IMS-Feldleiter und Serve-Präsident hielten gemeinsam die Andacht. Dabei flossen Tränen, und die beiden Leiter baten sich gegenseitig um Vergebung. Einer sagte: „Mein Hass war so groß, dass ich nicht mehr mit dir reden wollte, bitte vergib mir.“ Da nahm der IMS-Feldleiter eine Plastikschüssel mit Wasser und wusch den Serve-Delegierten die Füße. Anschließend nahm auch der Serve-Präsident die Wasserschüssel und wusch auch den IMS-Vertretern die Füße – ein bewegender Augenblick – zum Abschluss feierten sie miteinander Abendmahl.

In weiteren Sitzungen wurden die rechtlichen, finanziellen und strukturellen Fragen geklärt und die Vereinbarung notariell beurkundet. Das Gebäude kann jetzt fertiggestellt werden, und einer gemeinsamen Nutzung steht nichts mehr im Wege.

Das ist gelebtes Evangelium. Die Vergebung und Liebe Jesu hat die Mauern aus Verletzungen, Bitterkeit und Unversöhnlichkeit durchbrochen. Es gibt Vergebung, die Möglichkeit zum Neuanfang.

2. Geschichtliche Vorläufer

In der Missionsgeschichte gab es immer wieder eindrucksvolle Formen der Kooperation. Man denke nur an Missionsklöster im frühen Mittelalter, täuferische Lebensgemeinschaften, Genossenschaften, Diakonissenmutterhäuser,

> *"It takes a whole village to raise a child."*
> Afrikanisches Sprichwort

einheimische „Missionshelfer" an der Seite von Missionarsteams im 19. Jahrhundert. In den 1950/60er Jahren entstanden etliche christliche Kommunitäten mit genau diesem Anliegen[3]. Sie alle zeichnet aus: freiwillige Zugehörigkeit, gelebte Spiritualität, gemeinsames Leben und Arbeiten sowie, ein Auftrag in der Welt. Etliche waren jedoch geprägt von starken Gründerpersönlichkeiten und einer hierarchischen Leitungsstruktur. Dies führte teilweise zu dem Vorwurf, Mission exportiere kirchliche Strukturen und westliche Theologie, sei letztlich „christlicher Kolonialismus". Diese Leitungsmodelle führten zu ungesunden Abhängigkeiten, mangelhafter Kontextualisierung von Arbeitsweisen und Leitgedanken.[4] Dieser Einwand ist berechtigt, doch trifft er auch viele Initiativen von politischer und entwicklungspolitischer Zusammenarbeit, nach dem Sprichwort: „He who pays the piper, calls the tune."

3. Zur Notwendigkeit von Kooperation

Warum begeben wir uns auf den anstrengenden Weg von Kooperation mit anderen, wenn dieser so mühevoll ist und von allen erhebliche Kompromisse erfordert?

3.1 Case Study: Interdev/VisionSynergy

Es geschah im Jahr 1979. Phill Butler war schon einige Jahre in der Schulung christlicher Leiter tätig, doch die lokalen Gemeinden blieben recht klein. Warum sehen wir in Nordafrika selbst nach 100 Jahren intensiver Missionsarbeit so wenig Frucht, fragte er sich. Oft war der Blick von lokalen Leitern auf die eigenen Dienste beschränkt; schmerzhafte Erfahrungen in der Vergangenheit hatten sie voneinander entfremdet; Arbeitsüberlastung und denominationelle Gräben taten ihr Übriges. Lange bemühte sich Butler darum, verantwortliche Leiter an einen Tisch zu bekommen. 1986 war es endlich soweit: 15 Leiter von 10 christlichen Werken, die alle unter der gleichen großen Volksgruppe in Nordafrika arbeiteten, versammelten sich in einem Hotel in Malaga (Spanien). Neun von ihnen produzierten christliche Radiosendungen für diese Volksgruppe, drei gaben Bibelkorrespondenzkurse heraus; weitere

[3] Z. B. Jesusbruderschaft Gnadenthal, Lebenszentrum Adelshofen, Christusträger Triefenstein, Offensive Junger Christen, Christusbruderschaft Selbitz, Marienschwestern Darmstadt, Kommunität Imshausen, etc.

[4] Der britische Kenia-Missionar Jim Harris hat vor einigen Jahren die „Alliance for Vulnerable Mission" (www.vulnerablemission.org) gegründet. Er betont, dass bereits die Verwendung westlicher Sprachen in Ausbildung und Theologie eine massive Beeinflussung darstellt.

hatten Mitarbeiterteams im Land. Die ersten Tage waren davon geprägt, einander überhaupt erst einmal wahrzunehmen und kennenzulernen. Intensiv wurde darum gerungen, alte Vorbehalte zu überwinden, die Situation vor Ort zu verstehen und die aktuellen Herausforderungen zu erkennen. Jeder Teilnehmer hatte andere Einsichten, Dutzende von Ideen wurden unterbreitet. Es brauchte lange, um Vertrauen zueinander zu fassen. Phill Butler stellte die Frage: Was könnte uns gemeinsam gelingen, das keine Organisation für sich alleine erreichen kann? Zahlreiche Stichworte wurden genannt. Im Laufe des Gesprächs verdichteten sie sich auf ein konkretes Projekt. Nach 4 intensiven Tagen waren 8 Organisationen bereit, sich auf das Wagnis einer Zusammenarbeit einzulassen. Es folgte je eine weitere Konsultation der Entscheidungsträger dieser Organisationen und für Mitarbeitende vor Ort, bis endlich die Partnerschaft startete – und nach kurzer Zeit begann eine Erweckung in dieser Volksgruppe; in den nächsten Jahren fanden viele zum Glauben an Jesus.

In den folgenden 20 Jahren half Interdev beim Aufbau von mehr als 100 großen Netzwerken, bei denen mehr als 3.000 Organisationen in 55 Ländern zusammenarbeiteten. Interdev entwickelte ein internationales Trainingsprogramm in 7 Sprachen; jährlich fanden 35 Konsultationen statt mit insgesamt 4.000 Teilnehmern. Viel geistliche Frucht ist daraus erwachsen.

Seit 2003 wird die Arbeit von VisionSynergy weitergeführt, auf deren YouTube-Kanal etliche konkrete Beispiele vorgestellt werden. Ihre Website www.visionsynergy.net fasst die Auswirkung wie folgt zusammen: „Zusammenarbeit hat Millionen von US-$ bei der Bibelübersetzung eingespart, unerreichte Völker und ganze Nationen wurden durch Partnerschaften erreicht, Organisationen haben ihre Ressourcen mit anderen geteilt und Hunderte von lokalen Partnern haben zusammengearbeitet, um ihre Stadt völlig zu erneuern.“[5]

3.2 ReMAP: Warum brechen evangelische Missionare vorzeitig ihren Dienst ab?

Die Missionskommission der Weltweiten Evangelischen Allianz (WEA-MC) führte 1994–96 eine umfassende empirische Studie durch über die vorzeitige Rückkehr von evangelischen Missionaren, wobei der Fokus auf deren persönlichen Faktoren lag. 455 evangelische Missionsorganisationen mit 23.000 Langzeitmissionaren (ausgesandt mit der Erwartung eines mindestens dreijährigen kulturüberschreitenden Einsatzes) beteiligten sich daran und 4.400 Rückkehrer der Jahre 1992–94 wurden konkret untersucht. Die Ergebnisse sind in dem Buch „Too Valuable to lose. Exploring the Causes and Cures of

5 https://visionsynergy.net/history-and-impact/ (abgerufen am 03.01.2024)

Missionary Attrition"[6] veröffentlicht. Ein Hauptergebnis war, dass kleine Missionswerke (<10 entsandte Missionare) aus klassischen Missionare-sendenden-Ländern (das waren: Australien, Kanada, Deutschland, Dänemark, Großbritannien, USA) jährlich 21,2 ± 1,8 %[7] ihrer Missionare verloren hatten, davon 14,3 ± 1,4 % aus „potenziell vermeidbaren Gründen", größere Missionsorganisationen (>100 entsandte Missionare) jedoch „nur" 6,4 ± 0,35 % (davon 4,06 ± 0,24 % aus potenziell vermeidbaren Gründen) – also weniger als ein Drittel. Dieser drastische Unterschied spiegelt sich auch in den Gründen für die Rückkehr wider.

Nun mag eingewandt werden, dass dieser drastische Effekt vor allem auf westliche Missionare mit ihrem individualistischen Selbstverständnis zutreffe, doch sicher nicht auf die junge, dynamisch wachsende Missionsbewegung aus dem Globalen Süden (Afrika, Asien und Lateinamerika), die sehr beziehungsstark ist, mit klarer Vision und von ihrer Gemeinschaftskultur geprägt. Die empirischen Daten zeigen jedoch einen noch stärkeren Effekt.

Von der neuen Missionsbewegung hatten folgende Länder an der ReMAP-Studie teilgenommen: Brasilien (21 evangelischen Missionsgesellschaften), Costa Rica (7), Ghana (52), Indien (18) Nigeria (15), Philippinen (15), Singapur (6) und Südkorea (46) mit zusammen 7.125 evangelischen Missionaren. Bei ihnen nahm der Abbruch des Dienstes von Missionaren (aus potenziell vermeidbaren Gründen) noch drastischer mit der Werksgröße ab, nämlich von 29,4 ± 2,5 % pro Jahr bei sehr kleinen Missionswerken gegenüber 4,16 ± 0,5 % bei größeren, ein Faktor von mehr als 5!

Aus diesem drastischen Ergebnis könnte man den Schluss ziehen, dass kleine Organisationen grundsätzlich schlecht seien, doch fängt jedes neue Missionswerk erst einmal klein an. Entscheidend ist, ob es (a) das Potential zum Wachstum auf eine sinnvolle Größe hat und (b) ob es (mindestens in der Startphase) mit anderen kooperiert und von ihnen lernt.

3.3 ReMAP II: Was den Dienst von evangelischen Missionaren fruchtbar macht

Acht Jahre später führte die WEA-MC eine weitere empirische Studie über den Einsatzabbruch von evangelischen Missionaren durch, diesmal mit dem Schwerpunkt auf Retention (Mitarbeiterbindung bzw. -ausdauer) von Missionaren: Was macht ihren Dienst fruchtbar? Was macht sie resilient und effektiv, lässt sie an ihren Aufgaben wachsen? Welche organisatorischen Faktoren tragen wesentlich dazu bei? Die Studie trägt den Titel: „Retaining

---

6 Taylor, William (Hg.): Too Valuable to Lose. Exploring the Causes and Cures of Missionary Attrition, Hattiesburg (MS) 1997.

7 Bei den genannten Zahlen kennzeichnet die Zahl hinter dem „±"-Zeichen die statistische Zuverlässigkeit des vorgenannten Wertes, „Konfidenzintervall" genannt, genauer: die „statistische Standardabweichung des Mittelwertes" σ).

Missionaries – Agencies Practices" (ReMAP II)[8]. An der Studie beteiligten sich 601 sendende Organisationen aus 23 sendenden Ländern mit 40.000 Langzeitmissionaren (in Erwartung eines mindestens dreijährigen kulturüberschreitenden Einsatzes). Die westlichen Länder waren Australien, Deutschland, Großbritannien, Kanada, Neuseeland, Niederlande, Schweden, Republik Südafrika und die USA. Eines der Hauptergebnisse war wiederum der drastische Einfluss der Größe von sendenden Organisationen. Betrachten wir beispielsweise eine Gruppe von 100 Missionaren (von beispielsweise 15 kleinen Missionswerken), die am 1. Januar eines Jahres im aktiven Missionsdienst standen, so waren am Jahresende noch 90 von ihnen im aktiven Dienst, d. h. Retention = 90 %; 100 % - 90 % = 10 % hatten ihren Missionseinsatz in diesem Jahr abgebrochen. Bei großen Missionswerken (>100 Langzeitmissionare) betrug die Retention 97 % (Verlust von 3 %). Betrachten wir nur die Verluste aus „potenziell vermeidbaren" Gründen, war der Unterschied noch größer (RRP = 96,3 % vs. 99,0 %). D. h. kleine Missionswerke verloren jährlich 3,7 % ihrer Mitarbeitenden aus diesen Gründen; größere lediglich 1,0 %.

Das Gleiche zeigte sich auch bei den Rückkehrern der Jahre 2001/02 (sämtliche Gründe, inkl. Pensionierung und Projektende). Bei kleinen Missionswerken betrug die Rückkehrrate 15 %, bei großen lediglich 5,7 % (inkl. Pensionierung und Projektende). Die mittlere Einsatzlänge der Rückkehrer betrug (bei kleinen Werken) 6 Jahre gegenüber 17 Jahren bei großen Organisationen. Berücksichtigen wir nun, dass zu Beginn eines kulturüberschreitenden Dienstes ca. 2 Jahre Sprachstudium, Orientierung und Einarbeitung erforderlich sind, bevor ein effektiver Dienst beginnt, beträgt der Unterschied 4 Jahre gegenüber 15 Jahren, ein Faktor von fast 4.

Zudem benötigen kleine Missionsorganisationen pro entsandtem Missionar 10x mehr Mitarbeitende in der Geschäftsstelle als große, um die verschiedenen Dienstleistungen (Leitung, Personalbetreuung, Communications, Buchhaltung etc.) abzudecken. Es bedarf nämlich eines ähnlichen Aufwandes, um das Missionsmagazin für ein kleines oder großes Missionswerk zusammenzustellen, sich in arbeits- und sozialversicherungsrechtlichen Fragen auf dem Laufenden zu halten, Datenschutzfragen zu klären und die Software aktuell zu halten, ob dies für 2 oder 200 entsandte Missionare geschieht.

In der ReMAPII-Studie beteiligten sich aus der jungen Missionsbewegung des Globalen Südens die Länder Ghana, Nigeria, Argentinien, Brasilien, Costa Rica, El Salvador, Guatemala, Hongkong, Indien, Myanmar, Philippinen, Singapur und Südkorea). Dort reduzierte sich die Rückkehrrate evangelischer Missionare noch drastischer mit der Werksgröße, nämlich bis zu einem Faktor 20! Sehr kleine Missionswerke verloren nämlich in den Jahren 2001/02

---

8 Die Ergebnisse sind zusammengefasst in Hay, Rob u. a. (Hg.): Worth Keeping. Global Perspectives on Best Missionary Retention, Hattiesburg (MS) 2007.

durchschnittlich 22,5 ± 3,5 % ihrer Missionare pro Jahr gegenüber 0,94 ± 0,1 % bei großen Sendeorganisationen.[9]

Analog sank die durchschnittliche Retentionsrate (wenn in dem Zeitraum 1981–2001 nur potenziell vermeidbare Gründe berücksichtigt wurden) von 99,4 ± 0,1 % (bei großen Organisationen) auf 96,25 % bei sehr kleinen Werken; das entspricht einer Einsatzabbruchrate von 0,6 % gegenüber 3,75 % – ein Faktor von 6!

Die ReMAP II-Studie legte den Focus zwar auf Strukturen von Missionsorganisationen, dem Ergehen von Missionaren und den Ergebnissen ihres Dienstes. Sie enthielt jedoch auch den Punkt: „Die Kirchen im Einsatzland schätzen den Dienst unserer Missionare", was auf die Beziehungen zu den lokalen Gemeinden schließen lässt. Dieser Punkt war nicht nur deutlich korreliert mit der Orientierung für neue Missionare im Einsatzland (Pearson Korrelationskoeffizient r = 0,35), ihrem erfolgreichen Sprach- und Kulturstudium (r = 0,18), Supervision (r = 0,35) vor Ort, effektivem Lösen von Problemen (r = 0,30), kontinuierlicher Weiterentwicklung der Arbeit (r = 0,34) sowie weiteren Faktoren. Die Missionare sind engagierter in ihrem Dienst (r = 0,25), und bleiben deutlich länger im Einsatz (Retention). Das Item ist auch mit weiteren Ergebnissen ihres Missionsdienstes korreliert: „Die Missionare entwickeln gute Beziehungen zu den Menschen, denen sie dienen" (r = 0,50); diese „werden echte Nachfolger von Jesus" (r = 0,49), „es bildet sich einheimische Leiterschaft" (r = 0,53), „die Ziele des Missionswerks werden tatsächlich erreicht" (r = 0,49) und „Missionare erleben Erfüllung in ihrem Dienst" (r = 0,59). Dieses Ergebnis zeigt, wie wichtig die Zusammenarbeit von Missionaren mit einheimischen Kirchen ist.

Im Rückblick zeigt eine sorgfältige Analyse der Daten, dass kleine Missionsorganisationen zwar über etwas weniger Ressourcen, Strukturen und optimierte Prozesse verfügen, dafür aber sehr persönliche Betreuung, familiäre Strukturen und Flexibilität zu bieten haben. Die strukturellen Unterschiede erklären somit nicht den riesigen Unterschied in der Retention zwischen kleinen und großen Organisationen. Ich habe die Erträge dieser Studien vor Jahren wie folgt zusammengefasst:

> „Missionswerke können mit einem Kohlefeuer verglichen werden, bei dem sich die glühenden Kohlen gegenseitig wärmen und so das Feuer am Brennen halten. Wird ein glühendes Stück beiseitegelegt, so erlöscht es rasch, da es mehr Hitze verliert als erzeugt und von außen erhält. In gleicher Weise bedürfen auch Missionswerke einer Mindestanzahl von Personen (‚kritische Masse'), einer hinreichenden Mischung von Fachkenntnissen und Fähigkeiten, Erfahrungen und Persönlichkeitstypen, um eine stimulierende Teamatmosphäre zu schaffen, die vielfältigen Aufgaben abzudecken und Krisen

---

9 Bei den Missionaren aus dem Globalen Süden spielte Pensionierung und Projektabschluss noch kaum eine Rolle.

> *"One finger will not pick up a stone."*
> Gourma-Sprichwort aus Ghana

miteinander zu bewältigen. Nicht nur kleinere Werke sollten darum Kooperationen mit Partnern im Einsatzland (inkl. einheimischen Kirchen und Organisationen) eingehen, die Land und Leute gut kennen, Projekte bereits erfolgreich abgeschlossen haben, über Leitungsstruktur und Betreuungsnetz verfügen sowie persönliche Beziehungen zu wesentlichen Führungspersonen pflegen. Dies gilt insbesondere in der Anfangsphase, bis sie genügend Erfahrung gesammelt und an Größe gewonnen haben; dann können sie auch eine Kooperation mit einem noch nicht so erfahrenen einheimischen Partner eingehen.

Das Gleiche gilt auch für das Heimatbüro; auch dort ist ein ausgewogenes Mitarbeiterteam mit verschiedenen Fachkenntnissen, Erfahrungen und Persönlichkeiten erforderlich, um neue Missionare auszuwählen und auszubilden, Leitung und Betreuung im Einsatz, Öffentlichkeitsarbeit und Spenderbetreuung kompetent und effektiv zu gewährleisten sowie Synergien zu nutzen. Professionelle Dienstleistungen sind in unserer modernen Welt sehr komplex: Arbeitsrecht und Sozialversicherung, gesetzliche Bestimmungen und internationaler Banktransfer, Öffentlichkeitsarbeit und ethische Standards wie auch politische und missiologische Fragen sind sehr vielschichtig, so dass es für kleine Werke einen extrem großen Aufwand erfordert, sie kompetent auszuführen und stets auf dem aktuellen Stand zu bleiben. Dies erfordert sehr viel Zeit, Kompetenz und Kosten, die für eine kleine Zahl von entsandten Personen eigentlich nicht zu rechtfertigen ist. Dem könnte durch eine gemeinsame Lohn- und Spendenbuchhaltung bis hin zu einer gemeinsamen Geschäftsstelle oder einer Auslagerung von Dienstleistungen begegnet werden. Weltweit geht der Trend zur Fusion von Missionswerken – nicht nur kleinen, sondern auch großen Werken mit Hunderten von Missionaren –, um effektiv und effizient arbeiten zu können und Synergien zu schaffen. Gemeinsam können Ziele erreicht werden, die alleine nie möglich wären."[10]

Die hohen Verluste von kleinen Missionswerken bekräftigen die Notwendigkeit von Kooperation auf allen Ebenen: (a) unter Missionswerken, (b) mit sendenden Gemeinden im Herkunftsland und (c) einheimischen Gemeinden im Einsatzland.

3.4 Begrenzte Ressourcen – riesige Potentiale

Weltmission ist heute sehr komplex geworden. Sie erfordert vielfältige Fachkenntnisse, Erfahrung, Beziehungen zu Behörden und einheimischen Kirchen, Finanzen und Personal, Verzahnung mit Partnern vor Ort, die kaum eine

---

[10] Blöcher, Detlef: Kleine Missionswerke verlieren viele Mitarbeiter – ein Aufruf zur Partnerschaft in der Weltmission!, in: Zeitschrift für Mission 4/2003 (2003), 353–361.

Organisation alleine bieten kann – höchstens unter Verzicht auf viele Interessengruppen mit ihren weiteren Perspektiven. Es bleibt dann eine eindimensionale Lösung, die der Vielfalt des Lebens, der Kulturen und der riesigen Breite der Kirche als Leib Christi nicht gerecht wird.

Um das Interdev/VisionSynergy-Beispiel aus Nordafrika nochmals aufzugreifen: Damals produzierten 9 Organisationen christliche Radiosendungen für diese eine Sprachgruppe, 3 verbreiteten ihre eigenen Bibelkorrespondenzkurse, weitere waren in der Bibelübersetzung tätig oder hatten Mitarbeitende vor Ort, die Brunnen bohrten, Dorfgesundheit förderten oder Arbeitsplätze schufen. Was für einen Unterschied macht es, wenn all diese Dienste miteinander verzahnt sind, beispielsweise in den Radiosendungen aus der Bibel gelesen und auf die Bibelkorrespondenzkurse hingewiesen wird, sowie Themen von Hygiene und Gesundheit aufgegriffen werden? Und wenn Mitarbeitende vor Ort wiederum die Radiosendungen und Korrespondenzkurse bekannt machen und Interessierte vor Ort besuchen? Dann greift eines ins andere und verstärkt sich gegenseitig – Synergien werden genutzt.

3.5 Synergien

Wir nennen es Synergie, wenn verschiedene Elemente miteinander viel mehr ergeben als ihre Summe. In der Land- bzw. Forstwirtschaft kann ein Gespann von zwei Zugpferden viel mehr ziehen als zwei einzelne. In der Medizin können zwei jeweils schwache Medikamente miteinander eingenommen plötzlich eine starke Wirkung entfalten. In der Chemie ergibt ein Düngemittel mit Zucker vermischt einen Sprengstoff. In der Physik bilden ein Kondensator und eine Spule miteinander einen Schwingkreis mit ganz neuen Eigenschaften. Solche Synergien finden sich ebenfalls in Gemeinden, Teams oder Organisationen. Darum ist Zusammenarbeit so gefragt.

4. Formen der Kooperation

Ich kenne unzählige Formen der Zusammenarbeit in der Weltmission etwa in der Vorbereitung, im Senden und Begleiten von Missionaren zwischen Organisationen, Missionarsteams und einheimischen Kirchen. An dieser Stelle seien nur einige Typen bespielhaft kurz erwähnt.

4.1 Senden von Missionaren

Da denke ich an die Zusammenarbeit zwischen sendender Gemeinde und Sendeorganisation. Mission geht stets von einer lokalen Gemeinde aus, baut Gemeinde am Einsatzort und die sendende Gemeinde wird dadurch gesegnet. Die sendende Organisation darf der lokalen Gemeinde nicht ihren Platz in der

Mission wegnehmen, nach dem Slogan: „Pray! Pay! ... and stay away!"[11] Missionswerke haben vielmehr die sendende Gemeinde echt zu beteiligen, bei der Auswahl, Vorbereitung, beim Entsenden, bei Entscheidungen über den Einsatzort, über Aufgaben, Betreuung, Weiterbildung, Auswertungsgespräche, im Heimataufenthalt etc. Sie haben die Kompetenzen der Gemeinde zu berücksichtigen, deren Expertise zu fördern und Ressourcen auszubauen, ihr echt Anteil zu geben.

4.2 Zusammenarbeit zwischen Entsendeorganisationen

Das Entsenden von Botschaftern umfasst viele Aufgaben, die nicht alle Organisationen selbst abdecken können. Da ist es hilfreich, wenn Entsendeorganisationen zusammenarbeiten und ihre Ressourcen und Expertise miteinander teilen.

Beispielsweise können sich mehrere Organisationen einen Geschäftsführer, Buchhalter oder Sozialversicherungsexperten teilen. Seelsorger tauschen Klienten untereinander, insbesondere wenn es um spezielle Themen bzw. werksbezogene Probleme geht oder geographische Nähe die Anreise erleichtert. Missionswerke bieten gemeinsam Vorbereitungskurse für neue Missionare an. Die Auswahl, Vorbereitung und Betreuung von Missionaren erfordert oft viel Erfahrung und Spezialwissen. Hier können Missionswerke mit externen Partnern wie Psychologen, Seelsorgern und Beratern kooperieren oder auf Ressourcen anderer Werke zurückgreifen. Die sorgfältige Auswahl und gründliche Vorbereitung von neuen Missionaren ist von außerordentlicher Bedeutung für den „Erfolg" eines Einsatzes, damit Missionare sich gut in die Gastkultur integrieren, vor Ort ankommen, Resilienz aufbauen, in eine erfüllende Aufgabe hineinwachsen und mit der einheimischen Kirche gesund zusammenarbeiten. Das haben empirische Studien wie ReMAP und ReMAP II eindrucksvoll gezeigt.

Im Folgenden sollen ein paar konkrete Beispiele aus dem Bereich der Arbeitsgemeinschaft evangelikaler Missionen (AEM) verdeutlichen, wie evangelische Missionswerke in Deutschland aktuell in verschiedenen Funktionsbereichen zusammenarbeiten:

(1) Organisation

- Die Frauen-Gebets-Bewegung (FGB, ehemals DFMGB) unterstützt (ledige) Missionarinnen geistlich und praktisch. Dabei arbeitet sie eng mit den Entsendeorganisationen zusammen.

---

[11] Dieser englische Slogan verliert bei der Übersetzung seinen Schliff: „Ihr dürft beten und spenden. Überlasst uns den Rest. Das können wir besser."

- Enge Kooperation eines Gemeindeverbandes mit einem Missionswerk, z. B. die Europäische Baptistische Mission (EBM) mit dem Bund Evangelisch Freikirchlicher Gemeinden (BEFG).
- Die Allianzmission wurde 1889 als unabhängiges Werk gegründet; seit 1960 entwickelte sich eine enge Zusammenarbeit mit dem FeG-Bund in Deutschland.

(2) Leitungsteam
- Einige jüngere AEM-Missionsleiter in Deutschland treffen sich regelmäßig zu verbindlicher Co-Mentoring-Beziehung, z. B. „Star Alliance“ und „Muslim Brotherhood“.
- Reach Across und Evangeliumsgemeinschaft Mittlerer Osten (EMO) stellten gemeinsam einen Verwaltungsleiter ein und kooperieren in der Buchhaltung.

(3) Administration
- Reach Across & EMO haben gemeinsam eine Buchhalterin angestellt, jeweils in Teilzeit.
- Muttervereine übernehmen die Administration für Tochtervereine.

(4) Dienstleistungen
- Hilfe für Brüder (HfB, seit 2022 Coworkers) wurde gemeinsam von der Evangelischen Allianz in Deutschland (EAD) und der Arbeitsgemeinschaft Evangelikaler Missionen (AEM) gegründet, um größere Projekte (insbesondere von Partnerkirchen im Ausland) zu finanzieren.
- Die AEM-Tochter Global Volunteer Services (GVS) bietet die Vorbereitung, Entsendung und Betreuung von Kurzzeitlern für AEM-Mitgliedswerke an.
- Verschiedene AEM-Missionen bieten ihren Missionaren gemeinsam eine soziale Absicherung an (Verein für Mitarbeiterhilfe [VfM], Gesellschaft für Wohlfahrtswesen und Rehabilitationsförderung [GeWoRe]).

(5) Communication/PR
- Pressesprecher von AEM-Missionen im süddeutschen Raum treffen sich regelmäßig zum Erfahrungsaustausch, gemeinsamen Lernen und Co-Mentoring.
- Gemeinsamer Youtube Kanal „Go4Jesus“ von OMF, DMG, Allianz Mission, Coworkers, Deutsche Indianer Pionier Mission (DIPM), Forum Wiedenest, Wycliff und weiteren, um durch Kurzvideos für Mission zu werben.

(6) Personalbetreuung
- Seelsorger und systemische Berater von Missionswerken übernehmen gegenseitig Klienten im Heimataufenthalt (geographische Nähe,

speziell Erfahrung, Vertrauen, da außerhalb des eigenen Werkes und gleichzeitig Verständnis für Sachzwänge von Missionswerken).

- Personalbetreuer von Missionswerken laden den Pastor der sendenden Gemeinde zum gemeinsamen Auswertungsgespräch mit den Missionaren ein.
- Der Personaler eines Missionswerks hospitiert bei Auswertungsgesprächen in einem anderen Missionswerk zur Fortbildung.

(7) Personalentsendung

- Heli-Mission und Mitternachtsruf entsenden ihre deutschen Missionare über die Vereinigte Deutsche Missionshilfe (VDM).
- Allianzmission, Liebenzeller Mission und Marburger Mission arbeiten in Japan eng zusammen.

(8) Aus- und Weiterbildung

- Gründung der AWM Korntal (ehemals Akademie für Weltmission Korntal) durch die Arbeitsgemeinschaft evangelikaler Missionen (AEM) für die Weiterbildung von Missionaren.
- Gründung der Deutschen Fernschule (df) für die Ausbildung deutschsprachiger Missionarskinder durch mehrere AEM-Missionen.
- Neue Missionare von DIPM und Deutsches Mennonitisches Missionskomitee (DMMK) besuchen ausgewählte Ausbildungsmodule des DMG-Vorbereitungskurses.
- Die AEM / Task Force von AEM-Missionen bietet alle zwei Jahre die Christian Community Development Conference an; OM International nutzt sie als Fortbildung für ihre Leiter.
- Member Care Partner Deutschland bietet Seelsorgern und Personalbetreuern von Missionsorganisationen Beratung, Schulung und einen jährlichen Studientag an.

Die Arbeitsgemeinschaft evangelikaler Missionen (AEM) stellt an sich bereits ein Beispiel für effektive Zusammenarbeit in der Mission dar. Sie ist ein Dachverband von über 100 evangelischen Missionswerken in Deutschland, die vieles miteinander gestalten, was keiner für sich alleine tun könnte: Aus- und Weiterbildung von Missionaren, ihre soziale Absicherung, Schulbildung von Missionarskindern (Deutsche Fernschule), Projektfinanzierung (AEM-Förderstiftung, Hilfe für Brüder, Stuttgart, seit 2022 Coworkers), Fachtagungen für Missionsleiter und Geschäftsführer, Weiterbildung von Mitarbeitenden. Rahmenverträge bieten Missionswerken günstige Konditionen an; verbindliche Spendengrundsätze und Prüfzertifikate gewährleisten Qualitätskontrolle, Facharbeitskreise zur persönlichen Betreuung/Seelsorge von Missionaren und Missionarskindern sowie für Missionstheologie, Agrar- und Entwicklungsprojekten, Krisenintervention etc. Die AEM kooperiert auf europäischer und globaler Ebene mit ähnlichen Verbänden und fördert dadurch Erfahrungsaustausch und gemeinsames Lernen.

> *"One hand alone cannot put the roof on a hut."*
> Afrikanisches Sprichwort

4.3 Zusammenarbeit am Einsatzort

In vielen Städten im Orient gibt es *multi agency ministry teams*, oft getragen von einem Werk, jedoch offen auch für andere christliche Fachkräfte. Diese erhalten vor Ort häufig nur befristete Arbeitsverträge; sie müssen immer wieder einen neuen Job nehmen und dafür ggf. in eine andere Stadt umziehen, wo ihre Entsendeorganisation kein eigenes Team hat, jedoch ggf. eine andere christliche Organisation. So erlebte ich es selbst: mir wurden Mitarbeitende von anderen christlichen Organisationen anvertraut, die beruflich in meine Stadt kamen – und wir erlebten eine wunderbare Gemeinschaft miteinander; die verschiedenen Gaben und geistlichen Perspektiven ergänzten sich hervorragend und ließen gleichzeitig Raum für eigene Akzente. Ähnlich praktiziert es auch die Africa Inland Mission (AIM), die Missionare aus unterschiedlichen Sendeorganisationen in ihre Teams integriert.

In einigen Ländern arbeiten verschiedene internationale Missionswerke mit dem gleichen nationalen Gemeindeverband zusammen, z. B. mit der Africa Inland Church (AIC) in Kenia und der Communauté Évangélique au Centre de l'Afrique (CECA20) im Ostkongo. Missionare werden in deren Strukturen integriert und arbeiten unter einheimischer Leitung für gemeinsam vereinbarte Ziele. Gary John Stoll hat in seiner Bachelorarbeit „The Relationship between Western Mission Agencies and National Churches" (Edinburgh Theological Seminary 2023) eindrucksvoll herausgearbeitet, wie vorteilhaft eine enge Zusammenarbeit von internationalen Missionen mit einheimischen Kirchen ist, besonders für die Orientierung neuer Missionare im Land, geistliche Gemeinschaft, Beratung und Identifikation.[12]

Eine weitere Form sind interkulturelle/internationale Gemeinden weltweit, in denen Mitarbeitende aus unterschiedlichen Ländern ihre geistliche Heimat finden und sich gegenseitig befruchten. Ein ähnliches Modell sind die OM-Schiffe Logos Hope und Doulos Hope, auf denen jeweils zahlreiche Mitarbeitende aus sehr vielen unterschiedlichen Ländern zusammenarbeiten.

Ein anderes Beispiel sind lokale Plattformen wie „Gemeinsam für Hamburg" und „Gemeinsam für Berlin" etc., in denen viele lokale Gemeinden unterschiedlicher Sprache und Herkunft fruchtbar zusammenarbeiten, sich ergänzen und unterstützen.

---

12 Siehe auch Abschnitt 3.3.

4.4 Internationale Zusammenarbeit

4.4.1 Strategische Allianzen

Missionsorganisationen streben zuweilen gezielt eine Koalition mit Partnern an, die benötigte Expertisen und/oder geographische Spezialisierungen haben. So bedient sich die SMD eines Partners, um Mitarbeitende in die Arbeitszweige ihrer Schwesterorganisationen (IFES) zu entsenden. Die SMD ist Experte in der Evangelisation unter Studierenden an Hochschulen; der DMG liegen mit dem Evangelium Unerreichte am Herzen und sie hat Expertise in der Entsendung von Fachkräften ins Ausland. Zusammen können beide ihre Stärken einbringen, um den Dienst von IFES zu fördern.

Middle East Christian Outreach (MECO) war 1976 aus der Fusion von Arabic Literature Mission (ALM, gegründet 1898), Lebanon Evangelical Mission (LEM, gegründet 1860) und Middle East General Mission (MEGM, gegründet 1907) hervorgegangen. Sie ergänzten sich gegenseitig und hatten mehr als 110 Jahre Erfahrung im Nahen Osten. Als relativ kleine Organisation fehlte es ihr jedoch an Kraft zum Wachsen; umgekehrt war SIM als große internationale Mission in Afrika, Asien und Lateinamerika tätig, jedoch nicht im Orient. SIM konnte durch die Zusammenarbeit ihre geographische Ausstrahlung erweitern und MECO von deren Dynamik und Expertise profitieren (seit 2017 ist MECO in SIM integriert).

4.4.2 Case study: DMG

Es geschah am 11. August 1951 im „Bibelheim Beatenberg“: Im Berner Oberland, hoch über Interlaken und dem Thuner See. Damals fand eine internationale Missionskonferenz statt. US-Missionsleiter berichteten von der einzigartigen aktuellen Weltlage: Mitteleuropa war befreit vom Nazi-Terror und Ostasien von der japanischen Besatzung. Jetzt eröffnete sich eine Gelegenheit zur Verkündigung des Evangeliums wie nie zuvor – dafür hatten sich etliche neue Missionswerke gebildet: Greater Europe Mission, SEND International, Mission Aviation Fellowship (MAF), Janz Team, Youth for Christ – und Konferenzredner luden selbst deutsche Mitarbeitende (ihre früheren Kriegsgegner) in ihre Teams ein, um weltweit die Botschaft von Jesus zu verkündigen. Nach einem leidenschaftlichen Vortrag bat die Direktorin der Bibelschule Beatenberg, Dr. Gertrud Wasserzug, die anwesenden deutschen Teilnehmer (vor allem Eltern von Bibelschülern) gleich in den Nachbarraum. Dort forderte sie die Anwesenden auf, sich diesen Appell zu Herzen zu nehmen und einen Verein zu gründen, der Gemeinden in Deutschland befähigen würde, ihre Missionare auszusenden in Partnerschaft mit diesen internationalen Missionswerken: Am Einsatzort sollten sie in deren Teams integriert und unter deren Leitung arbeiten. So geschah es auch: Am folgenden Tag, dem letzten der Missionskonferenz, wurde dort die „Deutsche Missionsgemeinschaft" (seit 2013 DMG interpersonal e.V.) als kleiner Verein gegründet, und Hans Beck, ein Verwaltungsangestellter in der Kirchenpflege in Stuttgart, übernahm die Geschäftsführung. In seiner Wohnung befand sich die DMG-Geschäftsstelle für die folgenden acht Jahre.[13] Partnerschaft in der Mission ist das Grundprinzip von DMG, SMG und VDM (ab 1961). Diese Hilfsvereine dienen als Brücke zwischen sendenden Gemeinden (im Herkunftsland) und Dienstmöglichkeiten im Einsatzland. Die internationalen Missionswerke brauchen dann keine eigene deutsche Basis aufzubauen und können dennoch für Projekte und um Missionare werben, ja sogar Missionare nach Deutschland entsenden.

Auf diese Weise arbeitet die DMG zurzeit mit ca. 400 lokalen Gemeinden in Deutschland zusammen, die ca. 300 Langzeitmissionare (plus 50 Kurzzeitler pro Jahr) ausgesandt haben, die in ca. 70 verschiedenen Ländern unter dem Dach von 102 internationalen Partnern arbeiten und die insgesamt ca. 4.000 offene Stellen für den kulturüberschreitenden Einsatz haben. Die DMG weist Bewerber auf geeignete Einsatzstellen hin, die ihrer Vision, Prägung und Berufung (Ort, Art des Dienstes, Teamstruktur, Unternehmenskultur, theologische Prägung) am besten entsprechen, bietet Anstellung und Sozialversicherung und betreut sie im Einsatz. In den letzten Jahren kam zudem eine wachsende Zahl von deren Missionaren aus dem Ausland dazu, die in Deutschland unter Kirchenfremden oder Migranten arbeiten wollen. Hier vermittelt die DMG geeignete Einsatzorte und lokale Partner, bietet Orientierung in Deutschland, Gemeinschaft, arbeitsrechtliche Anstellung und soziale Absicherung.

DMG, SMG und VDM haben diese Art von Kooperation so schätzen gelernt, dass sie bewusst auf eigene Teams und Projekte verzichten. Sie arbeiten stets eng mit Partnern in den Einsatzländern zusammen, da sie dies als effektive und effiziente Form der Mission ansehen, als guter Verwalter. Sie sind überzeugt, dass Zusammenarbeit in der Mission von ihrem Herrn geboten ist für ihren Dienst.

4.4.3 Kooperationen in Dienstsparten

Auch auf internationaler Ebene arbeiten etliche spezialisierte Missionen zusammen, koordinieren ihre Aktivitäten und lernen voneinander, z. B. Bibelübersetzung und -verbreitung (Forum of Bible Agencies International), Evangelisation (Global Evangelist Alliance), Radio- und TV-Sender sowie Medienproduktionen (Global News Alliance). Christliche Radiosender sprechen

---

13 Auf ähnliche Weise hatte G. Wasserzug bereits 18 Monate zuvor die Schweizerische Missionsgemeinschaft (SMG) gegründet.

untereinander die Senderegionen und Sprachen ab, damit möglichst viel Hörer erreicht werden.

> *"If you want to go fast,*
> *then walk alone,*
> *if you want to get far, then*
> *walk together."*
> Afrikanisches Sprichwort

4.4.4 Kooperation für Zielgruppen

In ähnlicher Weise sprechen sich viele Organisationen untereinander ab, die eine bestimmte Volksgruppe auf dem Herzen haben und ihr umfassend dienen wollen durch effektive Zusammenarbeit, Austausch von Informationen und dem gemeinsamen Lernen. In diesem Bereich hat sich Interdev besonders verdient gemacht.

4.4.5 WEA Global Witness

Auf weltweiter Ebene sind es Foren wie Lausanne und World Evangelical Alliance, die die gegenseitige Zusammenarbeit von Kirchen und Organisationen fördern. Dazu gehören auch Fachverbände für Mission (Mission Alliances und „Global Witness Department", ehemals Mission Commission), zur Betreuung von Missionaren (Member Care Network), Förderung von Missionarskindern (MK Care), Task Forces für Krisenintervention etc. Ihr langjährige Direktor William Taylor fasst es folgendermaßen zusammen: „Partnerschaften sind gegründet im Wesen Gottes; sie sind entscheidende Elemente in unserem Leben und Dienst. Sie offenbaren unsere gegenseitige Abhängigkeit und Einheit in Christus – einem zentralen Zeugnis für die Welt."[14]

4.4.6 Lausanner Bewegung

Der Lausanner Bewegung liegt besonders die Evangelisation unter den noch mit dem Evangelium unerreichten Volksgruppen am Herzen. Dazu hat sie ähnliche Fachgruppen (Issue Networks) gegründet als Räume zum gemeinsamen Lernen. Für die nächste globale Konferenz Lausanne IV 2024 in Seoul wurde die besondere Initiative „Collaborative Action Teams" (unter Leitung von Jurie Kriel und Jiyoung Yao) gestartet: Viele Organisationen sollen effektiv zusammenarbeiten, um Silo-Denken, Lücken, Duplikation von Tätigkeiten und Verschwendung von Ressourcen zu vermeiden.

5. Intensität von Kooperation

Die Zusammenarbeit zwischen Missionswerken kann graduell wachsen in dem Maße, wie Vertrauen der Leiter zueinander wächst, von völliger

---

[14] Taylor, William: Kingdom Partnerships for Synergy in Mission, Hattisburg (MS) 1994, 237.

Unabhängigkeit bis zu intensivster Zusammenarbeit. Beispielhaft seien im Folgenden zwölf Stufen der Zusammenarbeit von sendenden Organisationen in Deutschland skizziert:

0. Alles allein: Jedes Missionswerk bewältigt alle Aufgaben allein und lässt sich nicht in die Karten (Betriebsgeheimnisse) sehen.[15]

1. Informeller Rat: Ein Missionsleiter/in ruft eine/n Kolleg/in an und holt sich unverbindlich Rat ein, z. B.: „Wie geht ihr mit folgendem Problem um?"

2. Verbindlicher Rat/Gemeinschaft: Organisationen arbeiten punktuell zusammen, z. B. im Rahmen der AEM (Rahmenverträge mit besonderen Konditionen, gemeinsam tragen sie die AWM-Korntal). Missionsleiter treffen sich zu Co-Mentoring. Vor 20 Jahren führte die DMG einen Musterprozess gegen die Verwaltungs-Berufsgenossenschaft wegen der Einstufung der Missionare, und andere Missionswerke unterstützten sie dabei.

3. Kooperation in konkreten/m Aufgaben/Projekt/Team, wie z. B. *multi agency teams* auf der arabischen Halbinsel; gemeinsame Tagungen, Schulungen, „Mission impossible"-Jugendkonferenzen, Verwendung von Nothilfegeldern; gemeinsame Teams in einem Einsatzland.

4. Gegenseitige Vertretung in Leitungsgremien, z. B. Liebenzeller Mission und DMG von 1953–1984.

5. Outsourcing von Aufgaben. Deutsche Missionare von Heli-Mission und Mitternachtsruf erhalten Anstellung über die VDM; die Chrischona-Mission übertrug 1973 die Vorbereitung, Anstellung und Begleitung ihrer Missionare an die DMG.

6. Gemeinsames Back Office: Reach Across und EMO teilen sich z. B. einen Geschäftsführer und eine Buchhaltung, treten in der Öffentlichkeit jedoch selbständig auf.

7. Mutterwerk hat Stiftungen, Tochterfirmen, Immobiliengesellschaften etc. mit jeweils unterschiedlichen Aufgaben. Diese bedienen sich jedoch der gleichen Ressourcen und werden vom Mutterwerk geführt.

8. Gegenseitige Verbindlichkeit in einer internationalen Mission: OMF, Weltweiter Einsatz für Christus (WEC), Operation Mobilisation (OM). Die nationalen Zweige haben eigene Aufgaben und sind rechtlich unabhängig,

---

[15] Dies haben mir ältere Missionsleiter von AEM-Leitertagungen aus den Jahren 1973–1985 bedauernd berichtet. Damals wurden Lücken noch als Makel empfunden.

jedoch miteinander verbunden durch gemeinsame Vision, Werte und ein Grundlagen-Dokument.

9. Enge Zusammenarbeit in einem Konzern mit unterschiedlichen Marken. Dies war z. B. bei CFI/HfB/Coworkers der Fall, bis sie im Jahr 2020 miteinander zu Coworkers verschmolzen wurden.

10. Die Fusion von ähnlich großen Werken ergibt etwas Neues. 2016 fusionierten Orientdienst und Evangelischer Ausländerdienst zu Orientierung:M, im Jahr 2012 verschmolzen die US-Missions-Dachverbände Interdenominational Foreign Mission Association (IFMA) und Evangelical Foreign Missions Association (EFMA) zu Missio Nexus.

11. Ein größeres Werk integriert ein kleineres unter Erhalt von dessen Eigenverwaltung, Logo etc. Beispielsweise wurde 2011 Arab World Ministries in Pioneers integriert, 2017 kids-team Deutschland in DMG interpersonal; Al Massira in Orientierung:M; 2020–2025 Neukirchner Mission in Allianzmission.

12. Ein kleineres Werk geht vollständig in einem größeren auf. Dies war z. B. der Fall bei Andes Evangelical Mission, die 1982 in die SIM integriert wurde, die International Christian Fellowship wurde 1989 ebenfalls in die SIM aufgenommen; die Bible Christian Union (BCU) ging 1994 in The Evangelical Alliance Mission (TEAM) auf; Africa Evangelical Fellowship (AEF) integrierte sich 1998 auch in die SIM, ebenso wie MECO im Jahr 2017; ab 2026 wird die Neukirchner Mission in der Allianzmission aufgehen.

Es gibt also nicht die eine Art von Zusammenarbeit, sondern ein weites Spektrum von Formen und Intensitäten. Jeweils gilt es auszuloten, was aktuell zweckmäßig ist und dem gemeinsamen Ziel dient.

6. Herausforderungen in der Zusammenarbeit

Zusammenarbeit ist nie einfach; das weiß jeder aus der eigenen Familie, Gemeinde, vom Arbeitsplatz. Jeder Partner hat seine eigene Geschichte, Prägungen, Werte, Ziele, Wünsche. Bei einer internationalen Zusammenarbeit kommen noch etliche kulturelle, rechtliche und geschichtliche Faktoren hinzu.[16] Ein paar sollen im Folgenden nur kurz erwähnt werden:

---

16 Die Unternehmensberaterin Mee-Yan Cheung-Judge schätzt, dass 2/3 der Firmenfusionen trotz intensiver professioneller Begleitung und immensem finanziellen Aufwand scheitern – vor allem, weil die unterschiedlichen Unternehmenskulturen nicht hinreichend berücksichtigt bzw. die Mitarbeitenden nicht auf dem Weg

6.1 Weltbild

Europa ist geprägt von griechischer Philosophie, römischem Recht und Aufklärung: Alles kann (1.) „natürlich“ bzw. säkular[17] erklärt, (2.) auf eine Ursache zurückgeführt, (3.) in seine Einzelteile zerlegt und so plausibel gemacht werden. (4.) Jede Aussage ist entweder wahr oder falsch. (5.) Der einzelne Mensch mit seinen Bedürfnissen und Rechten steht im Zentrum. Die meisten Menschen auf der Welt haben jedoch ein spirituelles Weltbild: Alle Ereignisse haben eine geistige Ursache; folglich muss auch jeweils eine spirituelle Lösung gesucht werden. Sie betrachten jedes Ding ganzheitlich und als Einheit. Die Gemeinschaft ist wichtiger als der Einzelne. Harmonie und Frieden sind zentral, nicht „die Wahrheit“. Diese unterschiedlichen Sichtweisen prallen in einem Team/Projekt aufeinander.

6.2 Theologien

Alle Christen haben Hochachtung vor Gottes Wort und unterstellen sich der Bibel. Doch können sie bereits bei der Exegese zu unterschiedlichen Erkenntnissen kommen. Geht es in der Mission im Wesentlichen um die Umkehr des Einzelnen zu Jesus oder um integrale Mission in dem Sinne, dass alle Lebensbereiche schrittweise unter die Herrschaft Jesu kommen, dass Gottes Gnade alle Dimensionen einer Gesellschaft erfasst (erneuerte Menschen sind ein Segen für ihre Community)? Liegt das zentrale Heilsgeschehen in der Vergebung unserer Sünde oder der Versöhnung mit unserem Schöpfer (Friede mit Gott) oder in Jesu Sieg über Hölle, Tod und Teufel? Steht die Bekehrung des einzelnen Menschen im Fokus oder die treue Nachfolge Jesu als Gemeinde?

6.3 Werte

Europäer orientieren sich meist an abstrakten Begriffen und Konzepten, andere an persönlichen Beziehungen. Die Verantwortung für die Großfamilie und eigene Volksgruppe ist ihnen wichtig, um in diesem Zusammenhang die eigenen Leute zu unterstützen, die Erwartungen von Angehörigen zu erfüllen, Solidarität zu zeigen und soziale Verantwortung für sie wahrzunehmen.

6.4 Wirtschaftliche Dominanz und Ungeduld

In der westlichen Welt versuchen wir Probleme mit Finanzen, Strukturen und Technologie zu lösen; im Globalen Süden eher durch persönliche Beziehun-

---

mitgenommen wurden (Persönliche Mitteilung von MYCJ) – man denke nur an Daimler-Chrysler.

17 D. h., dass auf dem Hintergrund des naturwissenschaftlichen Weltbildes die Hypothese „Gott“ verzichtbar geworden ist.

gen, Geduld und ganzheitliches Beispiel. Westliche Missionare sind ungeduldig und wollen schnell Erfolge vorweisen. Wenn sich diese nicht einstellen, wird umso mehr Geld investiert.[18] Das kann mehr schaden als nützen, der Community die Ehre nehmen, Unehrlichkeit fördern und ungute Abhängigkeiten schaffen.[19] Ähnliches gilt auch für andere finanzstarke Missionare, z. B. aus Südkorea.

6.5 Prioritäten

Liegt der Schwerpunkt auf mutiger Evangelisation oder dem Aufbau natürlicher Beziehungen in der Gastkultur? Wird eine komprimierte apologetische Botschaft angestrebt oder die Verkündigung durch Geschichten, Reime, Tänze, Theater und damit durch Oralität? Sollen vor allem die noch unerreichten Völker mit dem Evangelium bekannt gemacht oder Gottes Gegenwart und Größe an zentralen Orten sichtbar werden, u.U. auch durch eine prächtige Hauptkirche? Ist nach einer Naturkatastrophe Nothilfe angesagt, um den unmittelbaren Bedürfnissen zu begegnen, oder soll der Fokus auf direkter Verkündigung liegen? Evangelisation oder Gemeindebau, Wachstum aller Gläubigen oder vor allem Schulung von Leitern? Es gibt viele unterschiedliche Wege.

6.6 Ziele

Sollen wir mit strategischen Konzepten möglichst zielstrebig arbeiten oder mit den Menschen zusammenzuleben (Konvivenz), Vertrauen gewinnen und ihnen Gottes Güte und Gnade sichtbar zu machen?

Wie viel Risiko können wir dabei eingehen? Wie viel Zeit und Ressourcen darf der Schutz und die Fürsorge der Missionare kosten oder ist ein radikaler Lebensstil gefragt, der auch große persönliche Opfer bis zum Martyrium fordern kann, weil Jesus es wert ist?

Sollen Gemeindeverbände ihre Pensionskasse zugunsten von Evangelisation auflösen, „weil Jesus sowieso bald wiederkommt"? Bei solchen Konflikten und Diskussionen trifft ein demographisch überaltertes Europa mit seiner geregelten und gesicherten Altersversorgung auf eine junge Bevölkerung in Afrika, für die es so etwas nie gab. Hier trifft eine risikobereite radikale Nachfolge auf ein rational geprägtes und gleichzeitig überängstliches Deutschland, für das die Risikovermeidung ein hoher Wert ist.

---

[18] Vgl. hierzu Corbett, Steve & Brian Fikkert: When Helping Hurts. How to Alleviate Poverty Without Hurting the Poor ... and Yourself, Chicago, IL 2014; Corbett, Steve & Brian Fikkert: Helping without hurting in Church Benevolence. A Practical Guide to Walking with Low-Income People, Chicago (IL) 2015.

[19] Schwartz, Glenn: When Charity Destroys Dignity: Overcoming Unhealthy Dependency in the Christian Movement, Bloomington (IN) 2007.

6.7 Kommunikation

Deutsche schätzen Klarheit und können schlecht mit Unsicherheiten umgehen. Anders formuliert: Sie haben eine geringe Ambiguitätstoleranz. Sie bevorzugen eine direkte Ansprache, während die meisten Kulturen sehr indirekt kommunizieren. Probleme werden höchstens über einen Vermittler angedeutet. Harmonie wird angestrebt, nicht ein Wettstreit um die Wahrheit und die besten Ideen. Da haben wir sehr sorgfältig hinzuhören, um nicht als aggressiver Machtmensch wahrgenommen zu werden. Wir Nordeuropäer denken schnell und äußern sofort unsere Meinung, statt den Meinungsbildungsprozess in der ganzen Gruppe abzuwarten. Was wir unter Offenheit und Ehrlichkeit verstehen, empfinden viele als Übergriffigkeit und Respektlosigkeit, ja sogar als koloniale Dominanz.

6.8 Führungsstile

In Nordeuropa sind wir flache Hierarchien und direkten Zugang zu Führungspersonen gewohnt. Viele Kulturen haben dagegen eine große Machtdistanz, zeigen große Hochachtung vor Leitern und Älteren, erwarten deren klare Entscheidungen in apostolischer Autorität, prophetischer Einsicht und geistlicher Führungsstärke. Doch wo schlägt dabei geistliche Autorität in Machtmissbrauch um?

6.9 Wahrnehmungen

Nordeuropäer denken oft in abstrakten Kategorien und grundsätzlichen Prinzipien („Was ist wahr?"). Nordamerikaner sind dagegen sehr pragmatisch („Was funktioniert und wirkt?") [20]. Wir fühlen uns zwar als Teil der weltweiten Familie, aber für viele Afrikaner, Asiaten und Latinos ist die schreckliche Kolonialzeit noch lange nicht abgeschlossen, ja wird bis heute als wirtschaftliche, politische, militärische und kulturelle Dominanz, Überheblichkeit und Machtmissbrauch empfunden. Mit harter Währung können wir uns alles kaufen, jeden einheimischen Leiter. Entscheidend ist dabei nicht, wie wir fühlen, sondern wie wir auf andere wirken und von ihnen wahrgenommen werden.

6.10 Dominanz einer Ethnie

Im 20. Jahrhundert stellten oft US-Amerikaner die Mehrheit in internationalen Missionarsteams und bestimmten somit häufig die Team- bzw.

---

20 Hinzu kommen die unterschiedlichen Altersgruppen innerhalb einer Kultur. „Babyboomer" fragen vor allem „Was ist wahr?", Gen X „Was ist echt?", Gen Y „Was ist gut?" und Gen Z „Was ist harmonisch?". Choung, James: Real Life: A Christianity Worth Living Out. Westmond (IL) 2012. Auch hier ist echte Partnerschaft gefragt.

Unternehmenskultur. Andere Nationalitäten fühlten sich an den Rand gedrängt und mussten sich unterordnen. Heute stellen eher koreanische, nigerianische oder brasilianische Missionare die Mehrheit und bringen ihre eigenen Werte und Prägungen mit. Geben wir ihnen bewusst den Vorrang, da lange Zeit die europäischen Stimmen dominiert haben? In welchem Umfang verwirklichen und leben wir heute tatsächlich die weltweite Gemeinde, den internationalen Charakter und bieten auch Minderheiten eine Plattform?

6.11 Planungshorizont

In Nordeuropa lieben wir Klarheit und langfristige Planung. Letzteres ist in vielen Ländern gar nicht möglich, da die politischen und wirtschaftlichen Umstände sich immer wieder rasch ändern. Man denke nur an Dürren, Überschwemmungen, politischen Umsturz, soziale Unruhen, etc. Da gilt es, flexibel zu bleiben und auf den Geist Gottes zu hören und die Notwendigkeiten/ Gelegenheiten des Augenblicks zu ergreifen. Wie können diese unterschiedlichen Zeithorizonte miteinander verbunden werden?

6.12 Verbindliche Absprachen

In Europa sind schriftliche Dokumente verbindlich; in vielen anderen Kulturen wird dies nur als ein Zwischenergebnis angesehen – oder gar als Misstrauen verstanden. Es wird dann mangelndes Vertrauen unterstellt, das die Beziehungen belastet. Schriftliche Dokumente sind in Europa rechtlich erforderlich, sonst ist kein Finanztransfer möglich; eine unabhängige Buchprüfung ist Pflicht, sonst ist der eigene Rechtsstatus gefährdet. Wie finden wir da einen gemeinsamen Weg miteinander?

6.13 Rechtliche Notwendigkeiten

Jedes Land hat Auflagen für den Geldtransfer, den Nachweis von Mittelverwendung und das Arbeitsrecht. Manche Rechtskreise schließen sich gegenseitig aus – bereits innerhalb von Deutschland und erst recht im internationalen Kontext, z. B. im Zusammenhang des Datenschutzes oder bei Urheberrechten. Da gilt es miteinander vernünftige, pragmatische Lösungen zu finden.

Auf diese und viele weitere Fragen müssen wir mit internationalen Partnern unsere Verschiedenheit erkennen und nach gemeinsamen Lösungen suchen.

7. Grundprinzipien erfolgreicher Partnerschaft

Phill Butler hat in seinem Buch „Well Connected“[21] viele Grundprinzipien für eine erfolgreiche Partnerschaft zusammengetragen. Ich möchte zum Schluss auf ein paar wichtige hinweisen:

- Wir sehen *ein großes Ziel*, das wir nur gemeinsam erreichen, oder *eine Notlage*, die wir nur gemeinsam bewältigen können.
- Die beteiligten Partner lernen sich wirklich *persönlich kennen und schätzen*.
- Nur so wird *Vertrauen* zueinander wachsen. Das hilft, auch Unterschiede zu ertragen und Krisen oder Enttäuschungen miteinander zu bewältigen.
- Alles hängt an einer *umfassenden und offenen Kommunikation*, in deren Rahmen die jeweiligen Erwartungen und Hoffnungen voreinander ausgesprochen werden. Eine Person muss sich dafür verantwortlich sehen und sich als neutralen Vermittler begreifen.
- Natürlich gibt es auch Enttäuschungen: Zusagen werden nicht eingehalten; Vertrauen zueinander wird belastet. Da gilt es, einander zu *vergeben*, aus Fehlern zu lernen und auf *Versöhnung* hinzuwirken.

Folgende Fragen können auf dem Weg zu einer effektiven Zusammenarbeit helfen:

(1) Welches große Ziel können wir nur gemeinsam erreichen (Gelegenheit / Not)?
- Welche überzeugende Vision / übermächtiges Problem haben wir vor Augen, die/das wir nur gemeinsam anpacken können?
- Möchte ich wirklich in Partnerschaft mit anderen zusammenarbeiten oder suche ich eher Unterstützung für mein eigenes Ziel?
- Wie gewinnen wir die Unterstützung durch die Leiter der jeweiligen Organisation?

(2) Welche Partner würden uns dabei gut ergänzen?
- Wer teilt eine ähnliche Vision und sollte gleich eingeladen werden? Wer beim ersten Treffen nicht eingeladen wurde, könnte sich übergangen fühlen und später zum Kritiker entwickeln.
- Welche Stärken haben die Partner? Wie ergänzen diese unsere Schwächen?

---

21 Butler, Phill: Well Connected. Releasing Power, Restoring Hope Through Kingdom Partnership; Bletchley/Milton Keynes 2006 (free Download: https://faith2share.net/perch/resources/well-connected-by-phill-butler-free-ebok-1.pdf; abgerufen am 03.01.2024). Eine Kurzfassung gibt es seit 2021 auch in Deutsch: Download: www.aem.de.

- Welche Plattformen/Partnerschaften gibt es bereits? Können wir eine schon bestehende Struktur nutzen?

(3) Wie können wir uns als Leiter/Kollegen persönlich kennenlernen?
- Wir brauchen Zeit, um miteinander zu essen, unsere jeweilige Geschichte zu erzählen, zu beten und unsere Vision zu teilen.
- Jede Leitungsperson sucht Freundschaft und möchte die gemeinsame Zeit als Ermutigung erleben.
- Dafür braucht sie den erforderlichen Freiraum und muss deshalb von anderen Verpflichtungen entlastet werden.

(4) Was ist das biblisches Grundverständnis von Zusammenarbeit?
Es lohnt sich, die Bibel im Hinblick auf das Thema Partnerschaft zu studieren. Dabei machen wir Entdeckungen, wie z. B.:
- Wir sind eine Familie (Mt 23,8); mein Bruder ist anders (1Kor 12,4); Jesus erwartet, dass wir einander dienen (Joh 13,34; 1Petr 4,10; Gal 6,2; Phil 2,3; Röm 15,14; 1Thess 5,11; Eph 4,2).
- Das Reich Gottes ist viel größer als nur mein eigenes Werk/Projekt (Mk 9,40; Röm 14,4).

(5) Welche Art von Zusammenarbeit ist (zunächst) im Blick – wieviel Struktur ist dafür nötig?
- Was suchen wir zunächst: ein informelles Netzwerk (Erfahrungsaustausch & gemeinsames Lernen), eine Arbeitsgemeinschaft (Kooperation unter Bewahrung der jeweiligen Eigenständigkeit), Finanzierung eines gemeinsamen Projektes oder enge Zusammenarbeit?
- Ist zunächst eine kurzfristige (projektbezogene) oder eine langfristige Zusammenarbeit im Blick?
- Wie viel Struktur benötigen wir dafür? Werden Finanzen und Personalanstellung jeweils durch einen Partner verantwortet – oder gemeinsam? Welche rechtlichen Regelungen sind dann zu berücksichtigen? Sind alle Partner als gemeinnützig anerkannt?
- Welches Potential besteht für das künftige Wachstum der Kooperation?

(6) Was müssen wir gemeinsam sehen und entscheiden?
- Wir müssen die aktuelle Situation gemeinsam (!) sehen und analysieren.
- Welchem Problem geben wir Priorität und welche Lösungsoption wählen wir gemeinsam?
- Was wollen wir tatsächlich gemeinsam anpacken?
- Wie treffen wir Entscheidungen: im Konsens (einstimmig), mit klarer Mehrheit (z. B. 80 %) oder würden wir auch eine geringe Mehrheit (51 %) akzeptieren? Was ist, wenn eine (gewichtige) Stimme klar dagegen ist?

- Wie halten wir die Kommunikation untereinander aufrecht? Wer übernimmt dies?
- Wie können alle bei der Erstellung der Tagesordnung echt partizipieren? Wichtig ist die Tagesordnung miteinander zu vereinbaren, anstatt sie vorab vorzugeben.
- Was bedeutet für uns konkret Einheit in wesentlichen Fragen, Verschiedenheit in zweitrangigen theologischen, ethischen oder praktischen Fragen?

(7) Wie gelingt es uns, Verschiedenheit wahrzunehmen und Unterschiede anzuerkennen?
- Um Verschiedenheit anerkennen zu können, bedarf es der Wahrnehmung, dass jede Organisation ihr eigenes theologisches Verständnis, ihr/e gemeindliche Prägung, Ethos, Werte, Prinzipien, Prozesse und Präferenzen hat. Jede hat ein spezifisches Verständnis im Blick auf Teamkultur, Führungsstile und kulturelle Unterschiede.
- Vor diesem Hintergrund sind Missverständnisse, Enttäuschungen und Konflikte unvermeidbar. Wir werden diese nur überwinden, wenn wir eine überzeugende Vision vor Augen haben, die wir nur gemeinsam erreichen können.
- Unterschiedlichkeit muss keine Bedrohung sein, sondern kann eine großartige Ergänzung darstellen.
- Unter Umständen ist es von großer Bedeutung, die Rechtsform des Partners und rechtliche Notwendigkeiten in den Ländern der beiden Partner zu beachten.
- Die rechtlichen Bestimmungen müssen sorgfältig geklärt werden. Dies geschieht nicht aus Misstrauen, sondern aus einer rechtlichen Notwendigkeit. Kritische Punkt im deutschen Recht sind z. B. das Arbeitnehmerüberlassungsgesetz (AÜG), die Arbeitszeiterfassung, das Weisungsrecht, der Verzicht auf automatische Kostenübernahme etc.
- Es ist wichtig, jeden Beitrag, ob finanziell, durch Gebet oder personell, sei er klein oder groß, wertzuschätzen.

(8) Welche eigenen Ressourcen können oder müssen wir zur Verfügung stellen?
- Für den Aufbau einer Kooperation müssen Zeit, Personal und Finanzen zur Verfügung gestellt werden.
- Wenn wir Personal einem Partner anvertrauen, dann erfordert dies ein Grundvertrauen in den Partner, sonst müssen die Mitarbeiter erleiden, was die Leitung nicht geklärt hat.
- Die meisten Kooperationen leben von einem Koordinator, der sich als neutraler Vermittler versteht, nicht als Vertreter seiner Organisation. Er sucht nicht den Vorteil für sein Werk, sondern für die Kooperation.

- Kooperationen müssen von Zeit zu Zeit überprüft werden und mit der Frage verbunden werden: Was könnten wir (noch) besser machen?
- Wir sollten nüchtern mit Problemen und Missverständnissen rechnen: Wie gehen wir mit Enttäuschungen um, wenn Zusagen nicht eingehalten werden oder es kurzfristige Veränderungen gibt? Wie bitten wir bei Fehlern, Versagen oder Enttäuschungen um Vergebung und finden zur Versöhnung? Wie werden belastete Beziehungen wiederhergestellt?

(9) Welche ersten Schritte können wir miteinander wagen, um klein anzufangen?

- Wie könnte ein kleines Pilotprojekt aussehen, durch das wir einander kennenlernen und (positive) Erfahrungen miteinander machen?
- Welches konkrete Ziel wollen wir miteinander anpacken?
- Welche Bereiche in der jeweiligen Organisation haben primär mit der Zusammenarbeit zu tun?
- Wer ist verantwortlich (mit welcher Entscheidungsbefugnis) für die Entwicklung der Kooperation in jeder Organisation?
- Wie und von wem – von einer Einzelperson oder einem gemeinsamen Team – wird über die entstehenden Fragen in der Zusammenarbeit entschieden?
- Wie ist der Kommunikationsweg zwischen den Organisationen? Wer soll wann mit wem kommunizieren?
- Wer soll welche konkreten Aufgaben übernehmen und bis wann (Zeitplan)?
- Wie stellen wir sicher, dass wir tatsächlich einander verstehen?
- Was und wie kommunizieren wir mit der Öffentlichkeit?
- Wer veröffentlicht was für die eigene Öffentlichkeitsarbeit?
- Welche Sicherheitsbedürfnisse und -aspekte müssen dabei berücksichtigt werden (Details, Personen, Fotos)?
- Zu welchem Zeitpunkt unternehmen wir eine gemeinsame Evaluation?
- Wie feiern wir gemeinsam unsere Erfolge?
- Die wesentlichen Ergebnisse sollten in einem kleinen Protokoll schriftlich festgehalten werden, um uns selbst und die Partner an Details zu erinnern. Dies hilft uns, Missverständnisse zu reduzieren.

(10) Welche größeren Projekte wollen wir dann gemeinsam wagen?

- Es ist von entscheidender Bedeutung, die jeweiligen Erfahrungen aus den ersten Kooperationen auszuwerten, die Erfolge gemeinsam zu feiern und die Zusammenarbeit zu optimieren, um dann Schritt für Schritt größere Projekte wagen zu können.
- Welche (veränderte) Struktur ist erforderlich, um ein neues, größeres Projekt in Angriff zu nehmen?
- Wie geht es weiter, wenn wichtige Leiter eine neue Aufgabe übernehmen und der/die Nachfolger/in nicht die gemeinsame Vision und

Geschichte kennt, oder biblisch formuliert „ein neuer Pharao [kommt], der nichts mehr von Josef wusste“ (Ex 1,8)?

8. Schluss

In Einheit zusammenzuarbeiten, das ist unsere Berufung. Sie ist besonders relevant in der Komplexität des 21. Jahrhunderts und dem vielschichtigen Beziehungsgeflecht mit einheimischen Kirchen. Sie ist zudem notwendig durch den aktuellen demographischen, ökonomischen und ökologischen Engpass, den Missionsgesellschaften und Mission im Allgemeinen erleben. In der Weltmission ist sie unersetzlich, theologisch begründet und empirisch erwiesen. Es geht um eine echt „ökumenische“ Partnerschaft zur Ehre Gottes.

„Christianity is a Women's Religion" – Zur Bedeutung von Frauen in der Weltmission

Kimberly Schuster

Dieser Beitrag beschäftigt sich in drei Schritten mit der Bedeutung von Frauen in der Weltmission. Zunächst werden Geschichten einzelner Frauen aus der Kirchen- und Missionsgeschichte aufgegriffen und Merkmale weiblicher Missionstätigkeit beschrieben. Anschließend werden Realitäten, in denen sich Frauen heute bewegen, geschildert. Woraufhin im letzten Schritt einige Handlungsimpulse zur Gestaltung der Mission *mit* Frauen folgen.

1. Vorbemerkung

Die Rolle der Frauen in Kirche, Gemeinde und Mission hängt immer von kultureller und theologischer Prägung ab. Dieser Beitrag respektiert dies und stellt keine Diskussion um eine richtige oder falsche Position dar. Vielmehr werden Perspektiven auf Kirchen- und Missionsgeschichte und die Rollen der Frauen kritisch hinterfragt und positive wie negative Erfahrungen von Frauen aufgegriffen. Dabei wird versucht, der Diversität der weiblichen Erfahrungen und Tätigkeiten in der Mission Rechnung zu tragen, denn in allen Kontexten, Epochen und theologischen Strömungen waren und sind Frauen an der Mission Gottes beteiligt. Die Hervorhebung weiblichen Handelns soll an keiner Stelle eine Abwertung des männlichen Handelns bedeuten, denn dies ist weder nötig noch angemessen. Vielmehr soll eine Diskussion angestoßen werden, an der Frauen und Männer gleichermaßen aktiv beteiligt sind, „as participants with a vested interest in the conversation and without whom the conversation is incomplete. The full flourishing of God's sons requires and even depends on the full flourishing of his daughters."[1]

---

[1] Custis James, Carolyn: Malestrom. Manhood swept into the Currents of a Changing World, Grand Rapids (MI) 2015, 26.

2. Einleitung

„Christianity is a women's religion",[2] schreibt die Historikerin und Missionswissenschaftlerin Dana Robert. Weltweit zählen sich mehr Frauen zum Christentum als Männer. Sie besuchen regelmäßig Gottesdienste, beten und spenden. Das *The Women in World Christianity Project* (2019–2021) des *Center for the Study of Global Christianity* fand heraus, dass mindestens 52 % der globalen Kirchenmitglieder Frauen sind.[3] Betrachtet man einzelne Länder und Denominationen genauer, fällt der Frauenanteil meist sogar noch höher aus, z. B. bis zu 70 % in einigen katholisch-charismatischen Bewegungen Lateinamerikas.[4] „Everywhere in the world by continent, Christianity is more female than the general population."[5] So sind z. B. 49,3 % der Bevölkerung Nigerias Frauen; der Frauenanteil des Christentums im Land liegt wiederum bei 52,7 %.[6]

Häufig fehlen jedoch geschlechtsspezifische Daten zur Zusammensetzung christlicher Kirchen. Gina Zurlo, Todd Johnson und Peter Crossing gehen davon aus, dass detailliertere Untersuchungen einen weitaus höheren Frauenanteil ergeben würden.[7] Außerdem zeigen erhobene Daten, dass der regelmäßige Gottesdienstbesuch und die aktive Mitarbeit in Kirche und Gemeinde bei Frauen höher ausfällt.[8] Auch andere Wissenschaftler heben die Bedeutung der Frauen in der Weltchristenheit hervor. So kommt bspw. der britische Historiker Philip Jenkins zu dem Schluss: „Women are critical to the growth of new churches across the global south."[9] Da bis zum Jahr 2050 voraussichtlich über 77 % der Christinnen und Christen weltweit in Afrika, Asien, Lateinamerika und auf den pazifischen Inseln leben werden, kommen auf die Frauen des globalen Südens in Zukunft vermehrt Aufmerksamkeit und entscheidende Rollen in Gottesdiensten, Missionsarbeit und Theologie zu.[10]

---

2 Robert, Dana L.: Christian Mission. How Christianity Became A World Religion, Malden (MA) 2009, 118.

3 Vgl. Zurlo, Gina A. u. a.: World Christianity. A Gendered Approach, in: International Bulletin of Mission Research 47/1 (2023), 11–22:13.

4 Vgl. ebd.

5 Zurlo, Gina A.: Women in World Christianity [Video], Fuller Studio 13.04.2023, https://fullerstudio.fuller.edu/video/women-in-world-christianity/ (abgerufen am 29.08.2023].

6 Vgl. ebd.

7 Vgl. Zurlo, World Christianity (Anm. 3), 15.

8 Vgl. a.a.O., 14.

9 Jenkins, Philip: The Next Christendom. The Coming of Global Christianity, Oxford 2011, 211.

10 Vgl. Zurlo, World Christianity (Anm. 3), 15.

Seitdem die Frauen am Ostermorgen als erste die Auferstehung verkündeten, trugen Frauen in allen Kulturen zur Ausbreitung des Christentums bei. Dies geschah in unterschiedlichen Rollen und Funktionen, als Ehefrauen, Ehrenamtliche, unverheiratete Missionarinnen, Älteste, Diakoninnen oder als Migrantinnen.[11]

3. Frauen in der Kirchengeschichte

In den klassischen europäischen Erzählungen der Kirchengeschichte fehlen die Geschichten und Gesichter der Frauen: „Uncountable are the women involved in the transmission and appropriation of the Christian faith who have never been mentioned by name in the historiography found in mission libraries."[12] Stattdessen wurde Kirchengeschichte erzählt mit Fokus auf die großen Theologen, Bischöfe und Gründer neuer Klöster oder Denominationen, sowie deren Ämter und Schriften. In dieser Art der Historiographie finden weibliche Geschichten kaum Platz, denn Frauen blieben offiziell verfasste Ämter verwehrt. Sie hatten oft wenig Zugang zum öffentlichen Leben und zu Bildung. Stattdessen waren sie an ihren Haushalt oder an ihr Kloster gebunden.[13] Dementsprechend fehlte oft der Zugriff auf nötige Ressourcen, um öffentlich aktiv zu sein und Schriften zu veröffentlichen.[14] Außerdem wurden Frauen v. a. zu Helferinnen sozialisiert anstatt zu Akteurinnen. Frauen, die dieser sozialen Rolle nicht entsprachen, hatten mit gesellschaftlicher Ablehnung oder Sanktionen zu rechnen.[15]

Bis heute erhalten Frauen häufiger negative Reaktionen auf das Hervorheben ihrer Leistungen als Männer, denn „women are conditioned to be modest, and are penalised when they step outside of this prescribed gender norm".[16] Dies führte dazu, dass viele Frauen ihre (theologischen) Arbeiten bagatellisierten, hinter andere Verpflichtungen zurückstellten oder lediglich anonym veröffentlichten.[17] Die Engführung unserer Geschichtsschreibung hat das

---

11 Vgl. Robert, Christian Mission (Anm. 2), 119.

12 Lienemann-Perrin, Christine u. a.: Introduction, in: Christine Lienemann-Perrin u. a. (Hg.): Putting Names with Faces. Women's Impact in Mission History, Nashville (TN) 2012, 15–22:16.

13 Vgl. a.a.O., 17.

14 Vgl. Dzubinski, Leanne M. and Anneke H. Stasson: Women in the Mission of the Church. Their Opportunities and Obstacles throughout Christian History, Grand Rapids (MI) 2021, 3f.

15 Vgl. Robert, Christian Mission (Anm. 2), 119.

16 Vgl. Criado Perez, Caroline: Invisible Women. Exposing Data Bias in a World Designed For Men, New York 2020, 108.

17 Vgl. Robert, Christian Mission (Anm. 2), 119; Dzubinski and Stasson, Women (Anm. 14), 4.

missionarische Handeln der Frauen größtenteils unsichtbar gemacht, weil es sich im Gegensatz zu dem der Männer an der Peripherie kirchlicher und gesellschaftlicher Macht abspielte.[18]

Dies steht in Spannung zur Sichtbarkeit der Frauen, die aus biblischen Texten hervorgeht. Leanne Dzubinski und Anneke Stasson führen diese Ambivalenz zwischen der Lehre der Gottebenbildlichkeit von Mann *und* Frau und den Denkstrukturen, die Frauen abwerten, u. a. auf den Einfluss der griechisch-römischen Philosophie zurück.[19] In der antiken Lebenswelt galten Frauen als irrational, schwach und unterlegen. Aristoteles beschrieb Mädchen *in utero* als deformierte, defizitäre Männer – eine Abweichung der Norm[20] – eine Perspektive, die sich in abgewandelter Form bis heute gehalten hat. Die Journalistin Caroline Criado Perez beschreibt in ihrem Buch zum *gender data gap*, wie Gesellschaften bis heute aus der Perspektive eines *default male* gestaltet werden, was reale Auswirkungen auf Gesundheit, Arbeitssicherheit, Bezahlung usw. hat.[21] Ursache und Folge dieser Perspektive beschreibt sie folgendermaßen: „[W]e have positioned women as a deviation from standard humanity and this is why they have been allowed to become invisible."[22]

„[T]he church [...] not deemed their work important enough to remember."[23] Trotzdem waren Frauen von Anfang an aktiv an der Mission Gottes beteiligt. Ergänzend zu bereits existierenden Werken, wie z. B. der dreiteiligen Reihe *Women and Christianity* von Mary T. Malone, braucht es laut Christiane Lienemann-Perrin und ihren Co-Autorinnen Atola Longkumer und Afrie Songco Joye noch mehr Forschung zu den Geschichten der vielen namenlosen christlichen Frauen, auch über den europäischen und nordamerikanischen Kontext hinaus.[24] Bei der Beschäftigung mit Frauen in der Geschichte des Christentums lassen sich acht Merkmale bzw. Aufgabenfelder ihres Dienstes identifizieren, anhand derer an dieser Stelle ein kleiner Einblick in die vielfältige weibliche Kirchengeschichte gegeben wird.

3.1 Dienst in der Gemeinde

Von Anfang an waren Frauen wesentlicher Bestandteil der christlichen Gemeinden, Familien und ihrer Versammlungen (Apg 1,14). Gläubige Mütter,

---

18 Vgl. Robert, Christian Mission (Anm. 2), 119.

19 Vgl. Dzubinski and Stasson, Women (Anm. 14), 2.

20 Vgl. ebd.

21 Vgl. Criado Perez, Invisible Women (Anm. 16), XIII.1.

22 A.a.O., 25.

23 Dzubinski and Stasson, Women (Anm. 14), 4.

24 Vgl. Lienemann-Perrin, Christine: Women's Absence and Presence in the History and Records of Christian Mission, in: Lienemann-Perrin, Putting Names with Faces (Anm. 12), 45–98:47.

wie Lois und Eunike, dienten als Vorbilder in der Erziehung ihrer Kinder (2Tim. 1,5). Frauen wie Lydia (Apg 16,40) beherbergten Gemeinden in ihren Häusern oder waren Prophetinnen, wie die vier Töchter des Philippus (Apg 21,9). In der Antike machten Frauen den Großteil der jungen christlichen Gemeinden aus.[25] Insbesondere arme Frauen und Witwen fanden in den Gemeinden die Unterstützung und den Respekt, der ihnen sonst in der Gesellschaft verwehrt blieb. Aber auch viele wohlhabende Frauen aus der Oberschicht konvertierten zum Christentum und stellten ihren Reichtum für den Dienst an Armen und Kranken zur Verfügung.[26] In der frühen Kirche gestalteten Frauen Gemeinde und Gottesdienst als Presbyterinnen und Diakoninnen aktiv mit, tauften andere Frauen und standen Gemeinden vor.[27] Der antike Philosoph Kelsos (lat. Celsus) mokierte sich daher in seiner Streitschrift gegen das Christentum (*Alēthḗs lógos*) im 2. Jahrhundert darüber, dass die Kirche nur „the silly and the mean and the stupid, […] women and children"[28] überzeugen könne. Das Christentum ist also nicht erst seit dem 21. Jahrhundert eine *women's religion*.

3.2 Dienst in der Familie

Der familienartige Charakter der frühen Kirche und die Versammlungen in Privathäusern ermöglichten die Mitgestaltung durch Frauen.[29] Mit zunehmender Institutionalisierung der Gemeinden veränderten sich auch deren Strukturen. Es wurde vermehrt zwischen privater und öffentlicher Sphäre unterschieden,[30] wobei der Zugang zum öffentlichen Raum für Frauen begrenzt war. Die Missionstätigkeit der Frauen verlagerte sich infolgedessen in den Bereich der Familie. Immer wieder bewirkten christliche Ehefrauen und Mütter Bekehrungen. Sie heirateten als Adlige, als Geflüchtete (z. B. während der Christenverfolgung unter Kaiser Diokletian, ca. 245–316 n. Chr.) oder als Verschleppte während der Zeit der Völkerwanderung (ab dem 4. Jahrhundert) in die verschiedenen Stämme und Völker Europas ein. Ein bekanntes Beispiel ist die burgundische katholische Prinzessin Chrotechilde, welche 495 n. Chr. den Frankenkönig Chlodwig heiratete. Durch die Konversion des Königs zum

---

25 Vgl. Robert, Christian Mission (Anm. 2), 120.

26 Vgl. ebd.

27 Vgl. Kroeger, Catherine: The Neglected History of Women in the Early Church, in: Christianity Today 1988, https://www.christianitytoday.com/history/issues/issue-17/neglected-history-of-women-in-early-church.html?utm_medium=widgetsocial (abgerufen am 26.03.2023), 5; Robert, Christian Mission (Anm. 2), 121.

28 Kroeger, The Neglected History (Anm. 27), 1.

29 Vgl. Lienemann-Perrin, Christine: Biblical Perspectives on Women's Impact in Mission, in: Lienemann-Perrin, Putting Names with Faces (Anm. 12), 23–44:25. 32f.

30 Vgl. a.a.O., 33.

Christentum konvertierte ab 498 n. Chr. auch die Bevölkerung des Frankenreichs zum christlichen Glauben.[31]

3.3 Ganzheitliche Mission

Dort wo Frauen missionarisch aktiv waren bewiesen sie ein „holistisches Missionsverständnis“ und wandten sich in ihrem Dienst primär den marginalisierten Gruppen und Menschen an der Peripherie, am Rand der Gesellschaft zu. Es war bspw. die römische Witwe Fabiola († 399), die das erste christliche Krankenhaus Europas gründete, wie es der Kirchenvater Hieronymus in einem Brief anlässlich ihres Todes beschreibt.[32] Oder die 25-jährige indische Christin Pandita Ramabai (1858–1922), die nach dem Tod ihrer Eltern und ihres Ehemanns in Bombay eine Ausbildungsstätte für Lehrerinnen und Krankenschwestern, das *Sharada Sadan* (*House of Learning*) aufbaute.[33] Ramabai gründete außerdem Schutzhäuser für junge Witwen, Kinder und Menschen mit Beeinträchtigungen und setzte sich im *National Social Congress* für politische Reformen, die Abschaffung der Kinderehe und Frauenrechte ein.[34] Sie lebte nach dem Grundsatz: „People must not only hear about the kingdom of God, but must see it in actual operation, on a small scale perhaps and in imperfect form, but a real demonstration nevertheless.“[35]

3.4 Politischer Aktivismus

Frauen engagierten sich weltweit aufgrund ihrer christlichen Überzeugungen für politische Reformen und Menschenrechte. Dabei widersetzten sie sich mutig den Normen und Erwartungen ihres Umfelds. Ein Beispiel hierfür ist Sojourner Truth (1797–1883), gebürtige Isabella Van Wagenen, die nach ihrer Flucht aus der Sklaverei als Predigerin und Aktivistin durch die USA reiste und sich für die Abschaffung der Sklaverei und für Frauenrechte einsetzte.[36]

---

31 Vgl. Becher, Matthias: Chlodwig I. Der Aufstieg der Merowinger und das Ende der antiken Welt, München 2011, 174f.

32 Vgl. Hieronymus: Auf den Tod Fabiolas, zitiert aus: Schade, Ludwig (Übers.): Des heiligen Kirchenvaters Eusebius Hieronymus ausgewählte Schriften Bd. 1, Kempten, München, 1914, https://www.scribd.com/document/62228696/Hieronymus-Auf-den-Tod-Fabiolas-Brief-an-Oceanus (abgerufen am 21.09.2023), 5.

33 Vgl. DeRusha, Michelle: 50 Women Every Christian Should Know. Learning from Heroines of the Faith, Grand Rapids (MI) 2014, 229.

34 Vgl. Kaur, Surinder: 4 Incredible Christian Women Who Changed India, Christianity Today 2023, https://www.christianitytoday.com/ct/2023/march-web-only/indian-christian-women-pandita-ramabai-cornelia-sorabji.html?utm_medium=widgetsocial, (abgerufen am 26.03.2023), 2; DeRusha, 50 Women (Anm. 33), 231.

35 Pandita Ramabai, zitiert aus: Kaur, 4 Incredible Christian Women (Anm. 34), 1.

36 Vgl. De Rusha, 50 Women (Anm. 33), 140f.

Ihre bekannteste Rede auf einer Frauenrechtskonferenz ist mit der Frage *Ain't I a Woman?* in die Geschichte eingegangen. Auch nach der Abschaffung der Sklaverei engagierte sie sich weiter für Desegregation und Gleichberechtigung.[37] Kate Hanch beschreibt Sojourner Truths Engagement folgendermaßen: „The spirit led her to bear testimony to the cruelty of enslavement, fight for women's suffrage, speak with Abraham Lincoln, tend to the wounded in the Civil War, and preach to a crowd of 1,200."[38]

3.5 Selbstlose Hingabe

Im Laufe der Geschichte haben Frömmigkeit und Engagement zahlreichen Frauen das Leben gekostet. Lucia von Syrakus (ca. 300 n. Chr.) widersetzte sich nach ihrer Heirat der Aufforderung, ihre Arbeit unter den Armen einzustellen, wofür sie verhaftet und später hingerichtet wurde. Zahlreiche Frauen gaben im sogenannten *christlichen Jahrhundert Japans* (1549–1650) ihren Glauben trotz Druck und Verfolgung nicht auf und gingen dafür in den Tod.[39] Ein weiteres Beispiel ist die methodistische Missionarin Mary Reed (1854–1943), die sich entschloss, bis zu ihrem Tod allein unter Leprakranken im Himalaya Gebirge zu bleiben – trotz einer eigenen Lepraerkrankung.[40]

3.6 Mutige Theologinnen

Christinnen waren weltweit trotz starken Widerstands theologisch aktiv.[41] Eine dieser Frauen war die Japanerin Gracia Tama Hosokawa (1563–?), die später von ihrem eigenen Ehemann zum Tode verurteilt wurde.[42] Hosokawa kam durch einen gläubigen *samurai* in Kontakt mit dem christlichen Glauben.[43] Obwohl ihr Ehemann Tadaoki ihr verbot, Gottesdienste zu besuchen, wurde sie zu einer der bekanntesten *kirishitan* Theologinnen der *Tokugawa*-Zeit (1603–1868). Sie übersetzte christliche Texte ins Japanische, verfasste

---

37 Vgl. ebd.

38 Hanch, Kate: Three Black Women Who Preached With the Power of the Holy Spirit, Christianity Today 2023, https://www.christianitytoday.com/ct/2023/february-web-only/zilpha-elaw-foote-sojourner-black-women-preachers-holy-spir.html?utm_medium=widgetsocial, (abgerufen am 26.03.2023), 4.

39 Vgl. Lee, Samuel: These 3 Japanese Christian Women Changed Their Country, Christianity Today 2023, https://www.christianitytoday.com/ct/2023/march-web-only/japan-christians-gracia-hosokawa-umeko-tsuda-tamaki-uemura.html?utm_medium=widgetsocial, (abgerufen am 26.03.2023), 1.

40 Vgl. Lorch, Johanna: Opfernd reift die Frucht. Aus dem Leben der Mary Reed, Mutter der Aussätzigen, Bad Salzuflen [4]1960, 21f.

41 Vgl. Lee, These 3 Japanese Christian Women (Anm. 39), 1.

42 Vgl. a.a.O., 3.

43 Vgl. ebd.

theologische Bücher, pflegte einen regen Briefwechsel mit dem Jesuiten-Priester Cespedes, betete und diskutierte mit anderen Frauen.[44] Kurz bevor sie starb, sagte sie zu ihren christlichen Mitstreiterinnen: „Mein Glaube wird sich nicht ändern, ganz gleich, welche Art von Verfolgung es auch gibt."[45]

3.7 Freiräume und Einschränkungen

Wenngleich Frauen im Laufe der Kirchengeschichte in vielerlei Hinsicht vom öffentlichen Leben ausgeschlossen waren, schufen sie immer wieder Räume, um dennoch missionarisch tätig zu sein: „As Christianity developed [...], a pattern emerged of women's self-empowerment for mission, and then eventual suppression by male church leaders."[46] Dies gilt sowohl für die katholische als auch die protestantische Tradition. Klara von Assisi (1193/94–1253) bspw. gründete in Italien den Franziskanerinnen-Orden der Klarissen.[47] Innerhalb dieses kirchlich anerkannten Rahmens hatten alleinstehende Frauen den Freiraum, öffentlich missionarisch zu agieren – zumindest bis 1298, als die päpstliche Bulle *Periculoso* von Papst Bonifaz VIII. die missionarische Aktivität von Frauen außerhalb der Klostermauern stark einschränkte.[48] Auch hatten sich katholische Frauen in Laienbewegungen ohne Ordensregeln organisiert, waren karitativ tätig, bestatteten die Toten während der großen Pest und lehrten in alltäglicher Sprache.[49] Dies wurde jedoch insbesondere im 12. Jahrhundert von Papst Innozenz III. stark verurteilt, der für Frauen einen Ehemann oder eine (Kloster-)Mauer forderte (*aut maritus aut murus*).[50] Unter Papst Clemens V. wurden diese Bewegungen dann 1312 offiziell verboten und ab 1354 als häretische Sekten betitelt,[51] was dazu führte, dass die Zahl der sogenannten Beginen ab dem 14. Jahrhundert stark zurückging. Doch die missionarische Tätigkeit der Frauen war damit nicht beendet. Ab dem 17. Jahrhundert folgten alleinstehende katholische Laienfrauen[52] und auch Nonnen, wie z. B. Marie de l'Incarnation, trotz Spott und Verurteilung durch die Kirche dem Ruf in die Auslandsmission.[53] Der Protestantismus bot Frauen zunächst kaum Chancen auf einen kirchlichen Dienst außerhalb des engen Kreises von Mann, Haus und Kindern, u. a. weil es keine vergleichbaren Strukturen zu den

---

44 Vgl. Lee, These 3 Japanese Christian Women (Anm. 39), 4.

45 Ebd. (Übersetzung KS)

46 Robert, Christian Mission (Anm. 2), 121.

47 Vgl. ebd.

48 Vgl. Lienemann-Perrin u. a., Women's Absence (Anm. 24), 52.

49 Vgl. a.a.O., 51.

50 Vgl. a.a.O., 52.

51 Vgl. ebd.

52 Vgl. a.a.O., 53.

53 Vgl. Robert, Christian Mission (Anm. 2), 121f.

katholischen Nonnenklöstern gab. Gerade diese Restriktionen machten den missionarischen Dienst im Ausland für viele protestantische Frauen in den nachfolgenden Jahrhunderten attraktiv: „Women who demonstrated greater competencies […] and who were seemingly frustrated by the patriarchal nature of church leadership chose either to continue fighting for their equal rights or to pursue missionary work in other countries."[54] Ein herausragendes Beispiel ist das *Women's Missionary Movement* in den USA des 19. Jahrhunderts, dessen Mitglieder eigene *Female Missionary Societies* gründeten, Frauen ausbildeten, sich politisch engagierten, Bücher und Zeitschriften veröffentlichten und Missionarinnen entsandten.[55] Die ersten dieser Missionen entstanden bereits 1812 u. a. in New Haven und Connecticut.[56] Zu Beginn des 20. Jahrhunderts gab es in beinahe jeder Denomination eine solche *Female Missionary Society* mit insgesamt drei Millionen Mitgliedern,[57] „thus making the ‚women's missionary movement' the largest grassroots movement of women in the United States".[58] 1916 waren 62 % der amerikanischen Missionare Frauen.[59] In der ersten Hälfte des 20. Jahrhunderts ging das *Women's Missionary Movement* allerdings durch erzwungene Zusammenschlüsse in den entsprechenden, von Männern geführten Missionsgesellschaften auf.

Auch in Europa waren ledige Frauen in den entstehenden Missionsbewegungen des 19. Jahrhunderts aktiv. Die Mütter und Väter der interdenominationalen Glaubensmissionen,[60] wie Hedwig von Redern, James Hudson Taylor oder Fredrik Franson, argumentierten pragmatisch für die Inklusion der Frau in die Missionsarbeit.[61] Sie waren davon überzeugt, dass ohne den gleichberechtigten Einsatz der Frau viele Menschen unerreicht bleiben würden.[62] Frauen und Männer wurden gleichermaßen eingestellt, zur Ausbildung aufgenommen, in gleicher Weise zum Dienst eingesegnet und auch

54 Lienemann-Perrin u. a., Women's Absence (Anm. 24), 73.

55 Vgl. Robert, Christian Mission (Anm. 2), 127.

56 Vgl. Beaver, R. Pierce: All Loves Excelling, Grand Rapids (MI) 1968, 25.

57 Vgl. Robert, Dana L.: Introduction. Historical Themes and Current Issues, in: Dana Robert (Hg.): Gospel Bearers, Gender Barriers. Missionary Women in the Twentieth Century, Maryknoll (NY) 2002, 1–29:5.

58 Robert, Christian Mission (Anm. 2), 128.

59 Vgl. Robert, Introduction (Anm. 57), 5.

60 In Deutschland u. a. die Deutsche China Allianz Mission (heute Allianz Mission), der deutsche Zweig der China Inland Mission (heute Liebenzeller Mission), die China Mission des Deutschen Frauen-Mission-Gebetsbundes und die Yünnan Mission des Deutschen Gemeinschafts-Diakonieverbandes (heute Marburger Mission).

61 Vgl. Conrad, Christa: Der Dienst der ledigen Frau in deutschen Glaubensmissionen. Geschichte und Beurteilung, Bonn 1998, 52f.

62 Vgl. Conrad, Der Dienst (Anm. 61), 78f.

alleinstehenden Frauen standen eigene Arbeitsbereiche offen.[63] Heinrich Coerper (1863–1936), der spätere Leiter des deutschen Zweiges der China Inland Mission, lehnte zunächst den Predigtdienst durch Frauen ab, änderte aber nach einer Reise durch England im Jahr 1892 und den Begegnungen mit Frauen aus der dortigen Heiligungsbewegung seine Meinung. In seinen Erinnerungen an diese Reise schreibt er:

> „Unvergeßlich sind mir die Besuche von Frau Baxter aus London und auch derjenige von Madame Junod aus Neuchatel, welch letztere in unserer Kapelle eine Frauenversammlung hielt, der ich von der Empore aus beiwohnen durfte und welche die Versammlung in einer Weise mit dem Geist der Liebe Christi überschüttete, daß ich ganz erschüttert war."[64]

Daraufhin spricht er sich dafür aus, dass Frauen in öffentlichen Versammlungen beten dürfen und hält 1903 in den Grundsätzen des deutschen Zweigs der China Inland Mission folgendes fest:

> „Mit gutem biblischen Gewissen und mit Dank gegen den Herrn für seine Segnungen lassen wir unsere Schwestern gehen und Evangelium verkündigen, wo der Herr ihnen eine offene Tür und Gabe zur Wortverkündigung gibt."[65]

Die ersten *Fräulein* kamen 1900 nach Hamburg[66] und 1903 reisten die ersten als *Schwestern* nach China aus.[67] Als Hudson Taylor verstarb, löste sich die Liebenzeller Mission von der China Inland Mission.[68] Eine der ersten Veränderungen unter Missionsinspektor Heinrich Kaul betraf den Dienst der ledigen Frauen. Von nun an musste an jeder Hauptstation ein verheirateter Mann beschäftigt sein und eine Frau konnte nur dort selbstständig tätig sein, wo ein Mann fehlte.[69] Ähnlich wie in den USA wurde auch in den deutschen Glaubensmissionen der Freiraum der Frau durch das Erstarken der Theologie der Brüderbewegung bald wieder eingeschränkt. Christa Conrad beschreibt dieses Zurückdrängen der Frau als Teil der *„großen Wende*[70] im evangelikalen Bereich, bei der die Evangelikalen viel von ihrer innovativen Kraft verloren."[71]

---

63 Vgl. ebd.

64 Coerper: Erinnerungen 1890–1894, zitiert aus: Conrad, Der Dienst (Anm. 61), 83.

65 Coerper: Erklärungen zu den Grundsätzen der China-Inland Mission in Liebenzell, 1903, zitiert aus: Conrad, Der Dienst (Anm. 61), 83.

66 Von 1899–1902 residierte die Missionsgesellschaft in Hamburg und zog 1902 nach Bad Liebenzell.

67 Vgl. Conrad, Der Dienst (Anm. 61), 85.

68 Vgl. a.a.O., 86.

69 Vgl. Conrad, Der Dienst (Anm. 61), 79.86.

70 Hervorhebung KS.

71 A.a.O., 79.

3.8 Töchter ihrer Zeit(en)

Genauso wie westliche Missionarinnen durch ihre Tätigkeiten Ausgrenzungen im eigenen Land zu überwinden versuchten, wollten sie dies durch ihre Arbeit auch im Missionsland tun. Für sie war klar: Das Christentum hat die Kraft, soziale und politische Realitäten für Arme, Kranke, Frauen und Kinder zu verändern. Und mit jeder Bibelstunde, jedem Kindergarten oder jedem Krankenhaus beseitigten sie ein Stück der Ungleichheit.[72] Trotz dieser schwesterlichen Solidarisierung konnten sich die Frauen nicht von eurozentrischen Vorstellungen lösen und verhielten sich selbst paternalistisch gegenüber den Frauen anderer Kulturen.[73] Als *Töchter ihrer Zeit* waren die Frauen „unable to see that [their] desire to liberate women from oppression was itself imbedded in a kind of cultural myopia, an inability to distinguish between its own social program and Christianity".[74]

4 Frauen in Weltchristenheit und Mission

Schon der kurze Streifzug durch die Kirchengeschichte hat gezeigt, wie vielfältig Frauen in der Mission aktiv waren. Auch in Zukunft werden Frauen wichtige Akteurinnen der Weltchristenheit und damit auch der Weltmission sein. Es ist daher essentiell, die Welt, in der Frauen heute leben und arbeiten, sowie ihre Perspektiven wahrzunehmen. Denn „[w]hat women see and how they reflect the image of God in humanity […] differs from what men see and reflect. Both perspectives matter to humanity's engagement with God's mandate to care for and build the kingdom."[75]

Die Gesichter der Weltchristenheit und damit auch die sozialen Realitäten sind vielfältig. Trotzdem lassen sich einige Themen ausmachen, denen Frauen weltweit begegnen, sowohl in ihren Gesellschaften als auch in christlichen Gemeinden und Organisationen. Einige davon werden hier nachvollzogen, wohlwissend, dass dies nicht auf alle Kontexte und Kulturen zutrifft. Ich habe mich an dieser Stelle bewusst für eine Betrachtungsweise entschieden, die nicht in Nord und Süd, West und Rest unterscheidet, sondern sich bemüht, die *Welt*christenheit wahrzunehmen. Die historische Trennung in (westliche) Missionierende und (andere) Missionierte wird zunehmend hinfällig, denn Mission

---

72 Vgl. Lienemann-Perrin u. a., Women's Absence (Anm. 24), 86.

73 Vgl. Robert, Dana L.: American Women in Mission. A Social History of Their Thought and Practice, The Modern Mission Era, 1792–1992, Macon (GA) ²1998, 268.

74 Robert, American Women (Anm. 73), 267.

75 Dzubinski and Stasson, Women (Anm. 14), 5.

wird nicht mehr *für* Menschen eines fernen Kontinents, sondern *mit* Christinnen und Christen weltweit gestaltet.

4.1 Soziale Realitäten der Ungleichheit

Laut dem *UN Development Report* von 2019 ist fehlende Geschlechtergerechtigkeit eine der hartnäckigsten Ungleichheiten der Welt.[76] Weltweit gibt es keine Gesellschaft, in der Frauen und Männern vollständig gleichberechtigt leben, wie aus dem *Gender Inequality Index* (GII)[77] der Vereinten Nationen hervorgeht.[78] Die Permanenz dieser Ungerechtigkeiten ist abhängig von sozialen Normen, Machtstrukturen und von geschlechtsspezifischen Vorurteilen (*gender biases*). So glauben z. B. weltweit zwei von fünf Menschen, dass Männer bessere Führungskräfte seien als Frauen.[79] „These biases hold across regions, income, level of development and cultures – making them a global issue."[80] Außerdem führt der sogenannte *Gender Data Gap* dazu, dass komplexe Ungleichheiten fortbestehen. Der *Gender Data Gap* bezeichnet das Fehlen von geschlechtsspezifischen Daten in unterschiedlichen Forschungs- und Lebensbereichen. Das Versäumnis, Daten zu erheben, die nach Geschlecht differenziert sind, führt dazu, dass Frauen in Lebensräumen leben, die nicht für sie gestaltet wurden. So werden Städte geplant, die motorisierten Pendlerverkehr (häufiger Männer) gegenüber Fußgängern (häufiger Frauen mit Kindern) favorisieren oder Medikamente verabreicht, deren Wirksamkeit für den weiblichen Körper nicht ausreichend untersucht wurde, um nur zwei Beispiele von vielen zu nennen.[81] Geschlecht wirkt sich darüber hinaus in drei Bereichen auf das Verhältnis der Frauen zur Welt aus, was Joanna Kretzer Chun als *triple burden* (Dreifachbelastung) beschreibt. Diese dreifache Belastung in unterschiedlichen sozialen Rollen ist v. a. in Ländern des globalen Südens besonders groß und setzt sich aus *reproductive work* (Kindererziehung und -betreuung), *productive work* (formelle und informelle Arbeit) und

---

76 Vgl. Zurlo, Women in World Christianity (Anm. 5).

77 Im Gender Inequality Index wird geschlechtsspezifische Benachteiligung in den drei Dimensionen (reproduktive) Gesundheit, Selbstbestimmung und Arbeitsmarkt erfasst und quantifiziert.

78 Vgl. United Nations: Gender Inequality Index 2023, https://hdr.undp.org/data-center/thematic-composite-indices/gender-inequality-index#/indicies/GII, (abgerufen am 29.08.2023).

79 Vgl. United Nations: Gender Social Norms Index 2023, https://hdr.undp.org/content/2023-gender-social-norms-index-gsni#/indicies/GSNI, (abgerufen am 21.09.2023).

80 Ebd.

81 Vgl. Criado Perez, Invisible Women (Anm. 16), 210.

community managing work (Elternvereine, Gemeinde usw.) zusammen.[82] Um Mission in Zukunft *mit* Frauen zu gestalten, braucht es Sensibilität für die komplexen Zusammenhänge der Ungleichheit, in denen Frauen leben und von denen an dieser Stelle nur exemplarisch einige herausgegriffen wurden, sowie für die vielfältigen sozialen Rollen, die Frauen einnehmen.

4.2 Christliche Realitäten der Ungleichheit

Gesellschaftliche Machtstrukturen können Selbstwirksamkeit von Frauen verhindern: „In most contexts [especially in Asia, Africa and South America] women do not hold power and do not have agency."[83] Diese Strukturen, so Grace Ji-Sun Kim, werden auch in die christliche Gemeinde übersetzt. Sie zeigt auf, dass Handlungskompetenz von Frauen unterbunden wird,[84] indem Frauen häufiger von Entscheidungsgremien ausgeschlossen und ihre Dienste als peripher gegenüber der Hauptaufgabe der Verkündigung betrachtet werden.[85] Gina Zurlo beschreibt den Einfluss des Geschlechts auf die Dynamiken in christlichen Gemeinden folgendermaßen: „Church life, like everything else, is gendered."[86] Dies zeigt auch der *Gender and Congregational Life Survey*, der im Jahr 2021 online weltweit in acht Sprachen durchgeführt wurde.[87] Die Befragten gingen mehrheitlich davon aus, dass Frauen und Männer etwa gleichermaßen in Ämtern wie Hauptpastor/-pastorin, Dekan/Dekanin, Hausmeister/Hausmeisterin, administrative/r Assistentin/Assistent usw. vertreten sind. Aber die Ergebnisse zeigen andere Geschlechterdynamiken. Frauen, so die Umfrage, übernehmen hauptsächlich die Rollen der Assistentin, der Sonntagsschullehrerin oder der Fürbittebeterin (*intercessor*). Nur vier Prozent gaben an, in ihrer Gemeinde eine Hauptpastorin zu beschäftigen. Für *family pastor* lag der Anteil ebenfalls nur bei 14 %, obwohl die meisten Befragten grundsätzlich den Predigtdienst durch Frauen befürworteten.[88] Es liegt also eine Diskrepanz zwischen der Wahrnehmung und der Realität des Dienstes von Frauen in christlichen Gemeinden vor. Dies wirft die Frage auf, ob Frauen andere Rollen übernehmen, weil ihnen diese wesensmäßig bzw. aufgrund ihrer Sozialisation näher liegen oder weil ihnen Verkündigungs- und

---

82 Vgl. Dixon, Rob u. a.: Panel. Women and Men in Ministry Partnership, [Video], Fuller Studio 13.04.2023, https://fullerstudio.fuller.edu/video/panel-women-and-men-in-ministry-partnership/ (abgerufen am 29.08.2023).

83 Kim, Grace Ji-Sun: Theology of Women in God's Mission [Video], Fuller Studio 13.04.2023, https://fullerstudio.fuller.edu/video/a-theology-of-women-in-gods-mission/ (abgerufen am 29.08.2023).

84 Vgl. Kim, Theology of Women (Anm. 83).

85 Vgl. Zurlo, Women in World Christianity (Anm. 5).

86 Ebd.

87 Vgl. ebd.

88 Vgl. Zurlo, Women in World Christianity (Anm. 5).

Leitungstätigkeiten häufig grundsätzlich verschlossen bleiben. Dies ist eine komplexe Frage, die sich nicht abschließend beantworten lässt, die es aber in diesbezüglichen Entscheidungen mitzudenken gilt.

4.3 Emanzipation und Befreiung

Gleichzeitig entfaltet das Evangelium von Jesus Christus weltweit seine emanzipatorische Kraft auch unter Frauen. In Gemeinden finden und schaffen sich Frauen trotz allem Räume und Aufgaben, um mitzuarbeiten oder organisieren sich in Frauenverbänden, die überregional und international vernetzt sind.[89] Der christliche Glaube bewirkt außerdem veränderte Familienstrukturen, sodass monogame Beziehungen gestärkt werden, was für Frauen einen Gewinn an sozialer und finanzieller Sicherheit bedeutet.[90] Die Beschäftigung mit der Bibel bewirkt zunehmende Lese- und Schreibkompetenzen, was kulturelle Dynamiken insbesondere für Frauen und junge Menschen langfristig verändert: „[K]nowledge [of the Bible] can be an effective weapon for asserting status."[91] Der christliche Glaube transformiert Kulturen und Gesellschaften auch in Bezug auf Geschlechterrollen, was Philip Jenkins folgendermaßen beschreibt: „At the grassroots level, among the poor and barely educated, the rise of Christianity has, in an amazingly short time, effected dramatic changes in gender attitudes."[92] Außerdem wehren sich Frauen häufig aktiv gegen Normen religiöser und säkularer Räume.[93] Gina Zurlo beschreibt, wie Frauen über soziale, ethnische und religiöse Grenzen hinweg auf Menschen zugehen, z. B. in Prozessen des *Peacebuildings.*[94] Ein Beispiel sind Friedensnobelpreisträgerin Leymah Gbowee und die über 3.000 Christinnen und Musliminnen, die während des liberianischen Bürgerkriegs täglich für Frieden demonstrierten. Mit ihren Protesten bewirkten sie 2003 eine Verlängerung der Friedensverhandlungen, was schließlich zur Unterzeichnung des *Accra Comprehensive Peace Agreements* führte.[95] Ihre eindrucksvolle Geschichte wird in der Dokumentation *Pray the devil back to hell* erzählt. Darüber hinaus vernetzen sich Theologinnen weltweit, wie z. B. in der 1989 gegründeten ökumenischen

---

89 Vgl. Jenkins, Philip: The New Faces of Christianity. Believing the Bible in the Global South, Oxford 2006, 159.

90 Vgl. a.a.O., 165.

91 Ebd.

92 Ebd.

93 Vgl. Zurlo, Women in World Christianity (Anm. 5).

94 Vgl. ebd.

95 Gbowee, Leymah: Pray the Devil Back to Hell, Rede beim Oslo Freedom Forum 2011, https://www.youtube.com/watch?v=ywoVpt2cvtU (abgerufen am 28.08.2023).

Organisation *Circle of Concerned African Women Theologians.*[96] In den letzten Jahren hat der *Circle* u. a. zum religiösen und kulturellen *empowerment* von Frauen und der Stärkung religiöser Gemeinschaften im Umgang mit HIV/Aids (2002–2019) geforscht und gearbeitet. 2024 startet eine Studie zu *Globalization, Women and Environment.*[97]

4.4 Rechtfertigung von Unterdrückung

Trotz dieser emanzipatorischen Kraft, die der christlichen Botschaft innewohnt, führt das Christentum vielerorts auch dazu, dass Systeme der Unterdrückung gerechtfertigt werden: „It would be misleading to claim that the growth of Christianity has had only liberating effects for women, as biblical texts are sometimes used to reinforce traditional values".[98]

Die Spannung zwischen Emanzipation und Unterdrückung, Sichtbarkeit und Unsichtbarkeit findet sich auch in den biblischen Texten. Wie bereits angesprochen, kommen Frauen im Alten wie im Neuen Testament in vielfältiger Weise als Akteurinnen vor: z. B. als Königin (1Kön 10, 1–13), Richterin (Ri 4,4) und als Jüngerinnen (Apg 9, 36). Gleichzeitig existieren negative Lesarten biblischer Texte über Frauen: „In many parts of Scripture [...] women have been depicted as evil, they are either the bringer of evil, or the doer of evil".[99] Auch an dieser Stelle beeinflusste die griechisch-römische Philosophie die Entwicklung des christlichen Denkens. Im griechischen Dualismus wurden Mann und Frau als Gegensätze von Gut und Böse/Verführerin kategorisiert: „We have this strict dualistic way of viewing the world, which then reinforces women's status as subordinate and second class".[100]

4.5 Erfahrungen im Arbeitsalltag

Gott beruft Frauen in unterschiedliche Kontexte, Rollen und Arbeitsfelder seiner Mission. Im folgenden Abschnitt werden Erfahrungen einzelner Frauen geschildert. Als Grundlage dienen zunächst Mary T. Lederleitners Befragungen von ca. 95 Frauen in Mission und/oder christlicher Leiterschaft aus über 30 Nationen, deren Ergebnisse in ihrem Buch *Women in God's Mission: Accepting the Invitation to Serve and Lead* (2018) festgehalten sind. Dass diese Erfahrungen subjektiv und kontextabhängig sind, gilt es dabei immer

---

[96] Vgl. Dube, Musa: Post-Colonial Women's Scholarship: Mission, Power, and the Circle of Concerned African Women Theologians [Video], Fuller Studio 13.04.2023, https://fullerstudio.fuller.edu/video/mission-power-and-african-women-theologians/ (abgerufen am 29.08.2023).

[97] Vgl. ebd.

[98] Jenkins, The New Faces (Anm. 88), 159f.

[99] Kim, A Theology of Women (Anm. 83).

[100] Ebd.

mitzulesen. Außerdem sollen keine Haltungen und Handlungen verallgemeinert werden. In anderen Worten: Was ein Mann tut, lässt nie Rückschlüsse auf das Handeln *aller* Männer zu. Und was eine Frau erlebt, lässt keine Rückschlüsse auf das Erleben *aller* Frauen zu. Trotzdem ist es wichtig, einzelnen Geschichten Gehör zu verschaffen, um Handlungsimpulse ableiten zu können, was im letzten Teil des Artikels versucht wird.

4.5.1 Was Frauen entmutigt

In ihrem Buch listet Mary T. Lederleitner systematisch auf, welche Faktoren Frauen in ihrer Arbeit entmutigen. Dabei legt sie ein besonderes Augenmerk auf Frauen in Leitungspositionen. Wenngleich nicht alle Frauen in der Mission in Leitungspositionen sind, sollen diese Erfahrungen zur Sprache kommen. Denn dass in Leitungspositionen weniger Frauen vertreten sind, hat wiederum auch mit den nachfolgend beschriebenen Strukturen zu tun. Ein äußerer Faktor ist die hohe *Verantwortung*, die Frauen in familiären Krisensituationen übernehmen und die sie von zusätzlicher beruflicher Verantwortung abhält.[101]

Hinzu kommen Erfahrungen am Arbeitsplatz, bspw. im Hinblick auf eine ungleiche Behandlung in der Personalpolitik. Ein Phänomen sind *Einkommensunterschiede*: „Some said as soon as a ministry role came with a high salary, a robust benefit package, status, or prestige, a man would get that position even if women led at all other levels within the organization or ministry".[102] Auch in Bezug auf Entscheidungen über die Besetzung bestimmter Positionen berichten Frauen von unterschiedlichen *Bedingungen*. Eine Frau formuliert ihre Erfahrung: „[If a] guy has soft skills such as good relational competencies, he is considered to be an 'extraordinary leader'. But if women bring these same 'extraordinary qualities' to the table, it is merely expected because of their gender."[103] Insbesondere Frauen, die in Kirchen und Organisationen Nordamerikas arbeiten, berichteten von einem Gefühl der *Unsichtbarkeit* gegenüber männlichen Kollegen, z. B. in Besprechungen nicht angesprochen oder aus E-Mail-Korrespondenz ausgenommen zu werden.[104] Viele Frauen in Lederleitners Befragungen gaben an, unter *Druck* zu stehen, gerade wenn sie als erste in ihrer Organisation Leitungsfunktionen übernehmen: „Women in leadership often have to perform far better than men to be assessed or evaluated as equal to or as good as male peers. They often must perform far better than men in similar roles or they risk hurting all the women coming behind

[101] Vgl. Lederleitner, Mary T.: Women in God's Mission. Accepting the Invitation to Serve and Lead, Downers Grove (IL) 2018, 114f.
[102] A.a.O., 115.
[103] A.a.O., 116.
[104] Vgl. Lederleitner, Women in God's Mission (Anm. 101), 116.

them."[105] Außerdem herrschen oft inkonsistente und verwirrende *Regeln* für Frauen:

> „Within one denomination some could preach, but they could not preside over the Eucharist. Others could not preach or lead in any way if a man was present, and others could perform all clergy responsibilities [...]. Some are told they can 'share', but they can never 'preach'. Others can talk in front of the podium but never behind the podium."[106]

All diese Faktoren können zu Wut und Frustration führen bzw. Frauen davon abhalten, sich für bestimmte Aufgaben zu melden. Viele Frauen weichen aus, akzeptieren, was sie nicht ändern können, „assuming good intentions while responding graciously"[107] oder billigen sogar Versetzungen in andere Arbeitsbereiche.[108] Manche resignieren und legen ihre Arbeit in ihrer Kirche oder Organisation nieder: „She felt they needed to leave and go someplace where they could make a contribution and do the work God was calling them to do".[109]

Dieser Einblick in die Arbeitsrealitäten von Frauen in christlichen Kirchen und Werken, insbesondere im Hinblick auf Leitungspositionen, wird nun um Eindrücke aus zwei Gesprächen mit Missionarinnen ergänzt. Dazu wurden in der Vorbereitung auf diesen Beitrag zwei Interviews geführt, woraus hier sowohl einige positive Erfahrungen als auch Herausforderungen wiedergegeben werden.

4.5.2 Positive Erfahrungen

Informantin 1, die in Ozeanien tätig war, beschreibt, dass sie mit ihrem Mann als *Partnerin* unterwegs war und dies auch von Seiten der entsendenden Missionsgesellschaft so verstanden wurde: „Für uns war klar, dass wir, auch wenn [nur mein Mann] angestellt ist, als Team unterwegs sind [...], auch als Familie". Das zeigte sich u. a. darin, dass *beide* gut auf die Ausreise vorbereitet wurden und sie als Ehefrau vor Ort eine *eigene* Sprachhelferin erhielt, was sie in ihrem Einleben unterstützte. Auch dass sich über die Jahre Begleitungsstrukturen gerade für junge Missionarinnen und Missionare verbessert haben und es bspw. mehr *Mentoring* gibt, wird positiv wahrgenommen. Als besonders hilfreich wird auch der *Austausch* mit anderen Missionarinnen und Missionaren in ähnlichen Lebensphasen oder Arbeitsbereichen beschrieben. Wo dieser *Austausch* fehlt, stellt dies umgekehrt eine Herausforderung dar.

[105] A.a.O., 117.
[106] A.a.O., 119.
[107] A.a.O., 129.
[108] Vgl. a.a.O., 140.
[109] A.a.O., 142.

Informantin 2, eine alleinstehende Missionarin im südlichen Afrika, hebt positiv hervor, in welcher Weise Frauen durch *Beziehungen und Erfahrung* Möglichkeiten eröffnet werden. Für ihren Arbeitskontext beschreibt sie, dass junge (und alleinstehende) Frauen erstmal wenig zu sagen haben: „Es hat wirklich lange gedauert, bis ich als Single-Frau akzeptiert war." Mit wachsender Arbeitserfahrung und bestehenden Beziehungen fällt es leichter, auch leitende Positionen zu übernehmen. Informantin 1 nahm es als bereichernd wahr, dass sie als *Familie* im Einsatzland waren, da zum einen durch Kinder Beziehungen zu Familien und Menschen im Einsatzland entstehen und zum anderen Familien durch die Missionserfahrung in einzigartiger Weise zusammenwachsen: „Ein besonderer Schatz, den man da mitnimmt." Außerdem besteht für Ehefrauen, die selbst nicht angestellt sind, häufig die Freiheit und Chance, sich Tätigkeiten und Arbeitsfelder auszuwählen, in denen eigene Begabungen liegen, so Informantin 1.

4.5.3 Herausforderungen

An dieser Stelle schließt sich jedoch gleich eine Herausforderung für die Arbeit westlicher Missionarinnen an: *Kultur und Kontext*, da sich Geschlechterrollen und -erwartungen sowie Freiheiten unterscheiden können. Für den Raum Ozeanien erzählt Informantin 1 Folgendes:

> „[I]ch war es gewohnt, […] auch den Ton anzugeben, Strukturen zu legen […]. Hab' mich dann aber aus Furcht, etwas falsch zu machen in der Kultur, sehr zurückgenommen und das halte ich für einen ganz großen Fehler. Man kann da [als Frau] nicht reinpoltern in so eine Kultur, das ist ganz klar. Aber ich bin der festen Überzeugung, bei allem Respekt für die Kultur darf man seine Begabungen, egal ob als Frau oder Mann, einbringen und soll sie einbringen und zwar auch in Verantwortung."

Den Aspekt der *Akzeptanz* als (alleinstehende) Frau in bestimmten Kontexten und Rollen wurde bereits angesprochen. Informantin 2 wurde als Single-Frau im südlichen Afrika z. B. von Frauen als Konkurrenz um ihre Ehemänner wahrgenommen, was die Arbeit erschwerte. Außerdem berichtet Informantin 2, dass (jüngere) Frauen zum Teil Spannungen erleben zwischen eigenen Ansprüchen an ihre Mitarbeit und einheimischen Geschlechterrollen und Vorstellungen, z. B. wenn Einheimische selbst aktiv werden wollen und eine zu große Einmischung von Seiten der Missionarin ablehnen. Herausforderungen stellen auf jeden Fall auch *Verpflichtungen* im Bereich von *Familie und Kindern* dar sowie das *Fehlen* von *familiären Unterstützungssystemen* im Einsatzland. Frauen sind durch die Versorgung ihrer Kinder weniger flexibel als ihre Ehemänner und die Betreuungsarbeit nimmt Zeit in Anspruch. Je nach Einsatzland werden Kinder z. B. zu Hause mit Fernschulmaterial unterrichtet. Wenngleich meine Gesprächspartnerin positive Erfahrungen mit dem

Fernschulunterricht gemacht hat, fehlte ihr doch die Unterstützung bei Lernschwierigkeiten ihres Kindes (Logopädie etc.). Auch der Wunsch nach *Austausch* wurde bereits angesprochen. Informantin 2 berichtet, dass es in ihrer Organisation nur eine andere Frau gibt, die eine ähnliche Leitungsposition innehat: „Ich habe jetzt auch im Team hier niemanden, der meine Arbeit wirklich versteht. Es fehlt für Frauen, denke ich, oft, v. a. wenn man eine gewisse Position hat, das Gegenüber. Nicht, dass man irgendwie nicht anerkannt wäre – es fehlt einem einfach an einem Gegenüber, an Austausch."

An dieser Stelle schließen sich nun mehrere Fragen an: Was können Personen mit Leitungsfunktion in christlichen Organisationen weltweit tun, um auf die geschilderten Herausforderungen und Probleme zu reagieren? Wie können Kirchen und Missionsgesellschaften aktiv werden? Wie können in der Missionsarbeit Menschen aller Hintergründe für diese Spannungen und Problematiken sensibilisiert werden? Dieser Beitrag will und wird keine dieser Fragen abschließend beantworten. Stattdessen werden im letzten Abschnitt einzelne Impulse zur Gestaltung der Mission *mit* Frauen aufgezeigt.

5 Handlungsimpulse

5.1 Mission und Geschwisterlichkeit in eschatologischer Perspektive

Das Neue Testament zeigt uns ein Zielbild, auf das Christus seine Welt hinführt, wenn seine Herrschaft vollständig sichtbar wird. Zu diesem Zielbild gehört auch die Geschwisterlichkeit, von der wir in Galater 3 lesen: *Hier ist nicht Jude noch Grieche, hier ist nicht Sklave noch Freier, hier ist nicht Mann noch Frau; denn ihr seid allesamt einer in Christus Jesus. Gehört ihr aber Christus an, so seid ihr ja Abrahams Nachkommen und nach der Verheißung Erben* (Gal 3,28–29). Paulus spricht von der Befreiung zur Gotteskindschaft und macht dabei keinen Unterschied zwischen Frau und Mann: *Denn ihr seid alle durch den Glauben Gottes Kinder in Christus Jesus* (Gal 3,26). „All previous distinctions between human beings, whether in reference to God's plan of salvation, their place in society or anthropological characteristics, are eliminated through baptism."[110] Diese *horizontale* Geschwisterlichkeit ist zugleich Ausgangs- und eschatologischer Zielpunkt. Schon jetzt werden Zeichen der Herrschaft Christi über die gesamte Welt sichtbar, auch in der Geschichte von Kirche und Mission. Ausgehend von dieser Perspektive können Impulse ohne Furcht vor Umbrüchen und ohne den Druck der Unmittelbarkeit gedacht werden. Das Vertrauen auf Gottes gute Vollendung ist aber auch niemals ein Aufruf zum Abwarten. Es braucht neue Perspektiven und Mut, weiter auf das Ziel zuzugehen, denn Christi Erlösungstat am Kreuz und die damit beginnende Wiederherstellung in der neuen Schöpfung betrifft auch die Beziehung

[110] Lienemann-Perrin, Biblical Perspectives (Anm. 29), 26.

zwischen den Geschlechtern. Aufgaben und Rollen in Gemeinde und Mission sollten ausgehend von einer horizontalen Geschwisterlichkeit und Gleichheit vor Christus und mit Blick auf das eschatologische Ziel diskutiert und gelebt werden.

5.2 Eine Kultur der Zugehörigkeit

Mary Lederleitner beschreibt in ihrer Studie das Gefühl der Zugehörigkeit (*Culture of Belonging*) als entscheidenden Faktor, der Frauen in ihrem Dienst ermutigt. Auf dem Weg zu dieser Kultur braucht es eine neue Wertschätzung der Menschen und dem Dienst an der Peripherie. Gott wirkt nicht nur im Zentrum der Kirchen, der Gesellschaft und der Macht, sondern auch und v. a. am Rand. Sein Wirken und seine Weisheit unterscheiden sich von menschlichen Vorstellungen (1Kor 2,6–8). Zugehörigkeit braucht darüber hinaus echten Dialog, der Nöte und Ängste, Begabungen und Möglichkeiten anspricht. Durch echten Dialog können „discovery, learning, and a greater depth of understanding“ [111] zum Herzstück der Zusammenarbeit werden. Auch hier beschränkt sich der Dialog nicht auf die Geschlechterperspektiven, sondern umfasst alle Lebensbereiche (Kultur, theologische Ansichten usw.). Außerdem muss sich eine *Culture of Belonging* ihrer expliziten wie impliziten Botschaften bewusstwerden und über deren Erwünschtheit entscheiden.[112] Was wird Männern und Frauen innerhalb einer Organisation kommuniziert? Wie wird über Mitarbeiterinnen und wie über Mitarbeiter gesprochen? Wie können Botschaften des Respekts und der Ermutigung gesendet werden?

5.3 Männer, die mutig Möglichkeiten eröffnen

Manchmal können Frauen sich in einer Situation aufgrund von sozialem Druck oder Gegenstimmen nicht selbst für ihre Chancen oder Meinungen einsetzen. Daher braucht es Männer, die ihren Stimmen Raum verschaffen: „[W]omen are able to flourish when men are willing to courageously speak up and support them.“[113]

5.4 Als Frauen authentisch dienen und leiten

Perspektiven und Erleben von Männern und Frauen unterscheiden sich und dürfen dies auch. Die Mission braucht „women who are serving and leading authentically and not trying to merely act like men or model men’s leadership

---

111 Lederleitner, Women in God’s Mission (Anm. 101), 178.

112 Vgl. a.a.O., 158.

113 A.a.O., 167.

styles".[114] Die konkrete Gestaltung eines authentischen Dienstes sieht wiederum für jede Frau und jeden Kontext anders aus. Für Ehefrauen von Missionaren kann die authentische Gestaltung des Miteinanders in Ehe und Familie eine Möglichkeit sein, der Familie und dem Umfeld zu dienen. Andere Frauen thematisieren das authentische Einfügen in kulturelle Systeme, ohne dabei eigene Begabungen und den eigenen Charakter zu missachten; eben „trotzdem zu sagen, ich habe aber etwas beizutragen", wie es Informantin 2 formuliert. Eine Frau aus El Salvador mit Leitungsfunktion in ihrer Gemeinde beschreibt ihr Ringen um Authentizität:

> „Sometimes I forget that I have an identity in him [God], and the way of leadership does not need to be like a man or the same as another woman. It needs to be how God has made me: the talents, the abilities, even with my weaknesses and my strengths and my own personality. This is something I have to remember all the time. I can admire another woman in leadership, but I don't have to be like her. Maybe we can complement each other, but the Lord is going to use me for how I am."[115]

5.5 Praktische Hinweise

Zum Abschluss noch einige praktische Hinweise für Leitungsteams und Vorstände.

5.5.1 Frauen als Expertinnen in eigener Sache

Viele Fragen und Unsicherheiten erübrigen sich, wenn Mitarbeiterinnen nach ihren Bedürfnissen und Ideen gefragt werden. So können Frauen ihre Anliegen zur Sprache bringen, wie z. B. den Wunsch nach einer extra Ansprechpartnerin für Frauen auf *Missionary Retreats* oder Unterstützung bei Fragen zur Gestaltung des Fernschulunterrichts.

5.5.2 Mentoring und Austausch

Frauen profitieren vom Austausch mit anderen in ähnlichen Arbeitsbereichen und wünschen sich diesen. Missionswerke und christliche Organisationen können Frauen in ihrem Dienst unterstützen, indem sie Mentoring- und Austauschangebote unter Frauen auf- bzw. ausbauen.

---

[114] A.a.O., 36.

[115] Lederleitner, Women in God's Mission (Anm. 101), 46.

5.5.3 Strukturen reflektieren und gestalten

Besondere Arbeitsgruppen, die sich damit auseinandersetzen, was Frauen z. B. in Bezug auf Personalentscheidungen in ihrer Arbeit oder bei Sitzungen erleben, können dabei helfen, Strukturen in der eigenen Organisation wahrzunehmen und zu reflektieren. Dabei sollte immer auf Anonymität und Vertraulichkeit geachtet sowie sichergestellt werden, dass in der Arbeitsgruppe ausreichend Frauen vertreten sind. Es kann helfen, externe Personen hinzuzuziehen.[116] Auch konkrete Tools, die sich mit dem *unconscious gender bias* (unbewussten Geschlechtervorurteilen) am Arbeitsplatz beschäftigen, können dabei zum Einsatz kommen. Informationen hierzu finden sich z. B. bei Leanne Dzubinski von der Biola University.[117] Außerdem sollten bestehende *policies* auf Geschlechtergerechtigkeit hin kritisch untersucht werden. Dabei können Frauen von innerhalb und außerhalb des eigenen Werks nach ihrer Wahrnehmung und ggf. nach Vorschlägen zur inklusiveren Gestaltung befragt werden.[118] Besteht innerhalb des eigenen Werks der Wunsch danach, Frauen auf dem Weg zu bestimmten (Leitungs-)Positionen zu unterstützen, können der Kontakt zu Organisationen mit höherem Anteil weiblicher Führungskräfte bzw. die Unterstützung externer Beraterinnen und Berater hilfreich sein.[119]

6 Abschluss

Von Anfang an waren Frauen an der Ausbreitung des christlichen Glaubens beteiligt und das mit viel Ausdauer und Mut. Der Blick in die Geschichte und auf Erfahrungsberichte von Frauen heute zeigt, dass es viele Strukturen gibt, die missionarische Initiative von Frauen einschränken. Dieser Beitrag will ermutigen, die Kraft, die von Frauen in der Mission ausgeht, nicht zu blockieren, sondern zu fördern und Frauen in all ihrer Vielfalt zu sehen, zu hören, zu respektieren und wertzuschätzen. Dafür ist es wichtig, den Blick zu weiten für das Handeln Gottes an der Peripherie, flexibel zu bleiben für interkulturelle und theologische Begegnungen, auch mit den vielen Frauen aus dem globalen Süden und anzuerkennen, dass Mission auch in Zukunft nicht ohne Frauen möglich sein wird: „Mission in today's world has a [new] force in the global landscape: the face of women from around the world."[120]

---

116 Vgl. a.a.O., 195.

117 Vgl. Lederleitner, Women in God's Mission (Anm. 101), 195.

118 Vgl. ebd.

119 Vgl. ebd.

120 Villacorta, Wilmer: Partners in the Mission of God [Video], Fuller Studio 13.04.2023, https://fullerstudio.fuller.edu/video/response-partners-in-the-mission-of-god/ (abgerufen am 29.08.2023).

Mission in einer Welt der Ästhetik[1]

Jean-Georges Gantenbein

Wir leben in einer westlichen Welt, für die Gott nicht mehr in ihrer Vorstellungswelt existiert[2], obwohl wir in einer hyperchristianisierten Gesellschaft[3] leben. In Europa bzw. der westlichen Welt sind große Teile des Rechtssystems, der Ethik sowie der staatlichen, sozialen und kulturellen Institutionen von jüdisch-christlichen Werten geprägt – viele wissen das aber nicht mehr. Die christliche Gemeinde hat es schwer, Menschen mit dem Evangelium zu erreichen. Wir haben das Gefühl, dass unsere Botschaft nicht mehr gehört wird, dass unsere Fragen bei Menschen ohne Gott ins Leere stoßen, dass unsere Sprache nicht mehr verstanden wird. Unsere Botschaft ist nicht mehr gefragt und unsere Fragen nicht mehr relevant. Lange wollten wir dieser Realität ausweichen mit neuen Gemeindebau- und Evangelisationsmethoden. Wir merken aber, dass neue (und oft kopierte) Methoden nicht das gewünscht Resultat bringen. Diese Entwicklung sollte uns nicht überraschen. Der

---

1 Dieses Kapitel ist eine Symbiose aus zwei Artikeln: Gantenbein, Jean-Georges: Das Evangelium neu sagen in einer westlichen Welt ohne Gott. Warum wir die beste Botschaft in einer neuen Sprache und mit erneuerten biblischen Akzenten vermitteln müssen, in: Communicatio (2022), 24–29; Gantenbein, Jean-Georges: The Good News in a World of Aesthetics, in: Mission Round Table 14 (2019) 2, May-August, 11–17.

2 Taylor, Charles: A Secular Age, Cambridge (MA) 2007.

3 Siehe zur Einführung des Ansatzes von René Girard (1923–2015) das Gespräch mit ihm in Girard, René: Les origines de la culture, Hachette Littératures, Paris 2004. Die erste wissenschaftliche Biografie über Girard ist nun zu seinem 100. Geburtstag erschienen, siehe Chantre, Benoît: René Girard. Biographie, Paris 2023. Girard bestreitet nicht die Rezession des Christentums im Westen, was die Statistik anbelangt. Aber er zeigt auch auf, wie unsere Kultur unzählige christliche Werte verinnerlicht hat. Das meint er mit „hyperchristianisiert". Dies zeigt er zum Beispiel am Phänomen der Viktimisierung der heutigen Gesellschaft auf. Siehe Strass, Daniel und Hefftner, Miriam: „Philosophischer Neopaganismus. Von der ‚modernen Sorge um die Opfer' bei René Girard" in: Harald Jung u. a. (Hg.): Europa, wie hältst du's mit der Religion? Zum Verhältnis von Religion und Gesellschaft, Interkulturalität & Religion Bd. 6, Berlin 2020, 137–154.

Säkularisierungsprozess hat seit der Französischen Revolution in Europa begonnen und ist in den letzten drei Jahrzehnten rasant vorangeschritten.[4]

Wenn die Menschen die Botschaft des Heils durch Jesus Christus, wie wir sie seit Jahrzehnten kommunizieren, nicht mehr verstehen, dann sind wir aufgefordert, das Evangelium neu zu kontextualisieren. Kontextualisieren bedeutet: Das Evangelium in einer angepassten Sprache und Theologie in eine neue kulturelle Umgebung übersetzen und mit ihr in eine Beziehung treten. Das gilt auch für unsere heutige postmoderne und nachchristliche Gesellschaft: Menschen müssen zunächst das Heil in Jesus Christus verstehen können, damit in der säkularisierten Umgebung eine neue kulturelle Gestalt von Theologie und Kirche entstehen kann.

Das Konzept der Kontextualisierung des Evangeliums (auch Inkulturation genannt)[5] haben Theologinnen und Theologen des globalen Südens in den 1970er Jahren entwickelt. Damals waren wir im Westen von diesen exotischen Theologien fasziniert, sind aber nicht auf die Idee gekommen, dieses Konzept für unseren eigenen westlichen Kontext anzuwenden. Dieses Konzept ist aber nicht nur die Spielwiese der Missiologen, also den Spezialisten der Missionswissenschaften innerhalb der Theologie. Kontextualisierung ist ein theologisches Gebot. Es gehört selbstverständlich zum Missionsmandat, auch wenn es dort nicht ausdrücklich erwähnt wird. Jede Verkündigung des Evangeliums muss sich den Menschen einer entsprechenden Kultur anpassen. Sonst findet keine Kommunikation statt.

In Europa haben wir lange nicht von Kontextualisierung gesprochen. Weil wir uns nichts anderes vorstellen konnten, als dass Europa christlich ist und bleibt. In dem Maße wie wir uns als Christen immer mehr als Fremde in der eigenen Gesellschaft wahrnehmen, wird uns schmerzlich bewusst, dass wir neue Brücken zum Evangelium schlagen müssen. Es gilt, auf die neue Lage unserer Gesellschaft einzugehen und unsere eigene säkularisierte Kultur zu verstehen, um neue Modelle der Kontextualisierung zu entwickeln.

Ein Kontextualisierungsmodell besteht aus zwei Polen, die dann in eine gegenseitige Beziehung (Korrelation) treten. Daraus entsteht eine neue kontextuelle Theologie. Im Kulturpol werden wichtige Merkmale unsere Gesellschaft aufgespürt und gesammelt. Dann werden entsprechende unkritische,

---

4 Eine alte und zwei neue Quellen: Lehmann, Hartmut (Hg.): Säkularisierung, Dechristianisierung, Rechristianisierung im neuzeitlichen Europa. Bilanz und Perspektiven im neuzeitlichen Europa, Göttingen 1997; Reynié, Dominique (Hg.): Le XXIe du christianisme, Paris 2021; Delsol, Chantal: La fin de la chrétienté, Paris 2021.

5 Vgl. hierzu den Beitrag „Kontextualisieren als Schlüsselkompetenz“ in diesem Band.

aber auch kritische biblische Ressourcen im Schriftpol erschlossen. Im ersten großen Kapitel stelle ich den Kultur-, im zweiten Kapitel den Schriftpol vor.[6]

1. Kulturpol[7]

Im Laufe der Recherchen sind mir drei Hauptmerkmale unserer westlichen Gesellschaft aufgefallen. Es sind drei Bedürfnisse der Menschen von heute, deren Erfüllung zur Norm der Gesellschaft geworden sind. Sie werden also „Gebote" bzw. „Imperative" für deren Glieder. Wir könnten sie in der Sprache unserer evangelischen Tradition so benennen:

- Der ästhetische Imperativ: Der Mensch wird durch Schönheit im weitesten Sinn „gerettet".
- Der ethische Imperativ: Der Mensch wird durch ein gutes Leben „gerettet".
- Der Imperativ der Zugehörigkeit: Der Mensch wird durch die Zugehörigkeit zu einer Gruppe „gerettet", die ihm eine Legitimation für seine Suche nach dem „guten" Leben verschafft. Hinter dieser Aufforderung verbirgt sich die Suche nach Wahrheit, dem Imperativ des Wahren.

Kurz gesagt: Menschen im westlichen Kontext suchen nach dem Schönen, dem Guten und dem Wahren. Sie erhoffen sich so ein erfülltes Leben. Zugleich sind diese Bedürfnisse Merkmale unserer Konsumgesellschaft, die sie wiederum als Konformitätsforderungen (Imperativen) an ihre Mitglieder richtet: „Du musst top aussehen!" „Du musst eine Traumkarriere hinlegen!" „Du musst zu den richtigen Leuten gehören!" Nun werden die einzelnen Glieder des Kulturpoles erklärt, entsprechende biblische Quellen beschrieben und mit einem Beispiel illustriert.

1.1 „Gerettet" durch das Schöne

Wir leben heute in einer westlichen Gesellschaft, die von Ästhetik dominiert wird. Beispiele sind die Bilderflut, die Selbstinszenierungen, das Marketing,

---

6 Dieses Modell basiert auf dem grundsätzlichen Werk von Gantenbein, Jean-Georges: Mission en Europe. Une étude missologique pour le 21e siècle, Studia Oecumenica Friburgensia 72, Münster 2016 (Englische Übersetzung: Can the West be Converted? Towards a Contextual Theology for the West, Lanham 2021). Siehe auch ders.: Mission en Europe: un modèle évangélique, in: F.-C. Amherdt und M. Delgado (Hg.): Mission et œcuménisme, de la concurrence à la collaboration?, Praktische Theologie im Dialog 52, Basel 2019, 167–185.

7 Siehe die ausführliche Darstellung des Kulturpoles in Gantenbein, Jean-Georges: Das Evangelium im postchristlichen Europa verkünden. Die Dringlichkeit einer neuen Kontextualisierung, in: European Journal of Theology 31 (2022) 1, 43–72.

die Suche nach einzigartigen Erfahrungen oder der Stellenwert der Gefühle. Die wohl revolutionärste ästhetische Ausdrucksform scheint durch die Schaffung eines sowohl „ultra-realistischen“ als auch „vollkommen fantastischen“ Cyberraumes möglich zu sein. All diese Phänomene sind in meiner weit gefassten Definition von Ästhetik integriert, ohne natürlich die klassischen Ausdrucksformen wie Kunst, Literatur und Musik zu vergessen.

In der evangelischen Tradition misstrauen wir dem Bild wegen des Primats des Wortes Gottes. Doch heute können wir dieses Hauptmerkmal unserer Gesellschaft nicht länger ignorieren. Wir müssen einen entsprechenden missionarischen Ansatz entwickeln.

Welche biblischen Quellen helfen uns, einen ästhetischen Ansatz der Kommunikation des Evangeliums aufzubauen? Das letzte Buch der Bibel, die Offenbarung, ist ein Brief voller Bilder, Visionen und Symbole.[8] Sie stehen im Gegensatz zueinander: Auf der einen Seite werden wir in den Himmel, in das neue Jerusalem und vor das Lamm Gottes versetzt, auf der anderen Seite begegnen wir Gestalten des Bösen. Die Ambivalenz dieser Bilder brachte die damaligen Christen, die selbst in der vieldeutigen Bilderwelt der römischen Gesellschaft lebten, in einen Konflikt. Das letzte Buch der Bibel definiert sich selbst als prophetische Botschaft an die damaligen sieben Gemeinden. Seine Botschaft war eine Enthüllung der Trinität im fortgeschrittenen Stadium der Heilsgeschichte, damit die damalige Kirche als Ganzes standhaft bleiben und die Herausforderungen der ambivalenten Ästhetik des Römischen Reiches erkennen konnte.

Johannes inszeniert durch seine apokalyptische Bildersprache[9] ein ästhetisches Gegenschauspiel. Die Visionen von der Schönheit des Thrones Gottes und der himmlischen Wesen (Offenbarung 4) lassen Zweifel am Ursprung der Wunder und an der eindrucksvollen Bilderwelt des Römischen Reiches aufkommen. Diese Gegen-Performance ist der Zeitpunkt der Offenbarung (Apokalypse). Die Schönheit Gottes, des Lammes Gottes und des Neuen Jerusalems nehmen hier eine prophetische Funktion ein, um einen ambivalenten und pervertierten ästhetischen Ausdruck anzuprangern, der zur Manipulation der Menschen dient. Der Kaiserkult und sein Propagandaapparat stützen die römische Macht, um die Bevölkerung zu manipulieren.

Viele junge Christen wenden sich heute der Kunst zu und viele Gemeinden machen sich Gedanken über ihr Erscheinungsbild. Vieles bleibt aber nur bei einer Reflexion über die Formen und nicht über die eigentliche Schönheit, die von Gott selbst ausgeht.

---

8 Wir folgen hier hauptsächlich Bauckham, Richard: The Theology of the Book of Revelation, Cambridge 1993.

9 Böcher, Otto: Die Bildwelt der Apokalypse des Johannes, in: Ingo Baldermann u. a. (Hg.): Die Macht der Bilder, Jahrbuch für Biblische Theologie 13 (1998), Neukirchen-Vluyn 1999. Vgl. das ganze Jahrbuch zum Thema die Macht der Bilder.

Die Lektüre der Offenbarung hilft uns, einen ästhetischen Ansatz der Evangelisation zu entwickeln, die den Einfluss der zeitgenössischen Ästhetik positiv aufnimmt, aber auch kritisch hinterfragt. Die heutige Evangelisation muss daher eine Theologie der Schönheit Gottes erarbeiten. Dieses Unterfangen ist für evangelische Christen kulturell schwierig, da solche Ansätze in unserer Tradition oft fehlen. Das Misstrauen gegenüber dem Bild ist tief in uns verankert. Aber wir haben keine Wahl mehr, wenn wir die Menschen von heute mit dem Evangelium erreichen wollen. Die Art und Weise, wie wir die Frohe Botschaft verkünden, muss auf das starke Bedürfnis unserer Zeitgenossen reagieren.

Vor einiger Zeit wurde ich als Regionalleiter einer französischen Freikirche zu einem Gemeindewochenende eingeladen, bei dem auch über das neue Gebäude der Gemeinde nachgedacht wurde. Oft kommt man bei solchen Projekten recht schnell zu pragmatischen Lösungen, die wenig Zeit für grundsätzliche Fragen lassen. Mit dieser Gemeinde konnten wir über die theologischen, missiologischen und ästhetischen Grundlagen und Herausforderungen eines Kirchengebäudes diskutieren. Bei der Frage nach dem zukünftigen Namen ihres Gebäudes unterstützten einige einen traditionellen Namen „evangelische Kirche von X“ mit einem Kreuz auf der Fassade. Andere votierten für einen säkularen Namen „Gate 25“; die Zahl entsprach der Hausnummer in der entsprechenden Straße. Dieser zweite Vorschlag entsprang dem Wunsch eines eher neutralen Kulturzentrums, in dem eben auch das Gemeindeleben stattfindet, aber nicht nur. Es kam zu einem von mir inszenierten Streit zwischen den zwei Ansätzen, bei dem beide Gruppen ihre Voraussetzungen offenlegen und die Argumente der anderen Gruppen schätzen lernen mussten. Dieser Prozess offenbarte die oft unbewussten Vorstellungen über ein kirchliches Gebäude. Dieses Beispiel zeigt, dass wir uns bewusst auch mit der Ästhetik eines Gebäudes auseinandersetzen sollten.

1.2 „Gerettet“ durch das Gute

Der Bereich des guten Handelns (Ethik) ist der zweite Aspekt, der für eine neue Verkündigung des Evangeliums in unserer Gesellschaft von Bedeutung ist. Natürlich empfinden wir Skrupel bei einer solchen Aussage, weil in unserer biblischen Tradition das gute Handeln eine Folge des Heils in Jesus Christus ist. Für Menschen ohne Kenntnis von Jesus geht es aber um ein diesseitiges „Heilsverständnis“ ohne Gott. Wenn eine „schöne“ Existenz heute so wichtig erscheint, dann müssen wir eine Brücke vom Schönen zum Feld des guten Lebens, der Ethik finden. Es braucht eine Art „schöner Ethik“. Einen solchen Ansatz finden wir im 1. Petrusbrief. Das gute Verhalten ist dort ein klar formuliertes missionarisches Mittel: „Ihr wisst, liebe Geschwister, dass ihr ‹in dieser Welt› nur Ausländer und Fremde seid. Deshalb ermahne ich euch: Gebt den menschlichen Begierden nicht nach, denn die kämpfen gegen euch. Euer

Leben muss gerade unter Menschen, die Gott nicht kennen, einwandfrei sein. Wenn sie euch als Böse verleumden, sollen sie eure guten Taten sehen, damit sie ‹zur Einsicht kommen und› Gott preisen, wenn er einmal in ihr Leben eingreift." (1Petr 2,11–12 NeÜ)

Das griechische Adjektiv *kalos* kann sowohl mit gut als auch mit schön übersetzt werden. Ethik und Ästhetik werden zu einem guten-schönen Handeln („gute Taten") verbunden. Die guten-schönen Werke der Christen beabsichtigen die Bekehrung von Menschen zu Gott. Eine alternative, ästhetisch christliche Ethik soll Fragen nach dem Grund für diese „Hoffnung" (1Petr 3,15) wecken. Damit beginnt ein missionarischer Dialog. Hier geht es also um eine zuerst non-verbale Kommunikation des Evangeliums durch ein überraschend anderes, aber schönes Verhalten der Christen.

Das Anderssein bewirkt, dass die Ethik der Christen wahrgenommen wird und ihre Botschaft eines Tages gehört werden kann. Das Verhalten von Jüngern Jesu wird ihren Worten des Evangeliums Glaubwürdigkeit verleihen. Die europäische Öffentlichkeit ist aufgrund der Geschichte der Christianisierung und des aktuellen Verhaltens der Kirchen sehr sensibel, was das Verhalten der Christen betrifft. Wenn Christen keine tragfähige Alternative anzubieten haben, vor allem in den sensiblen Bereichen Geld, Macht und menschliche Beziehungen, dann können sie nicht erwarten, dass eine Botschaft Gehör findet, die aus ihrer Sicht zu „Fehlverhalten" führt.

Beispiele für ein „schönes" Verhalten einer biblischen Ethik sehe ich bei jungen Christen, die dazu bereit sind, vor dem Standesamt eine lebenslange Ehe einzugehen. Damit gehören sie heute vielfach zu einer Minderheit ihrer Generation. Ich denke an ein junges Ehepaar, das diesen Weg eingeschlagen hat. Wie war das Erstaunen groß bei ihren Arbeitskollegen: „Ja, gibt es sowas tatsächlich noch?" In der heutigen Gesellschaft braucht es Mut, einen solchen Schritt zu gehen, weil er oft als irrational angesehen wird. Eine solche Entscheidung benötigt Glaube an Jesus und göttliche Hoffnung. Und genau diese Dinge können dann im persönlichen Gespräch erwähnt werden, wenn Arbeitskollegen nach dem Grund einer solchen Entscheidung fragen.

1.3 „Gerettet" durch die Zugehörigkeit (das Wahre)

Neben dem „Schönen" und dem „Guten" ist das „Wahre" der dritte Aspekt der Kontextualisierung in einer säkularisierten Gesellschaft. Diesen Bereich verorte ich in der Kirche, weil sie das Wahre – die „Wahrheit" – postuliert. Sie erzählt ununterbrochen die Geschichte des Jesus von Nazareth. Die Wahrheit wird aber immer mit einer Gemeinschaft verbunden, das heißt: Sie ist nur ein „Nebenprodukt" der Suche nach Legitimität, nach Bestätigung des eigenen Verhaltens.

Die „schönen Werke" der Jünger Jesu können das Interesse der Menschen um sie herum wecken. Aber die „christliche" Ethik steht im Kontrast zur Moral in der Gesellschaft. Die Lebensalternative der Jünger bewirkt eine zweifache Reaktion: Die einen zieht sie an, andere stößt sie ab. Postmoderne Menschen werden oft von der Authentizität einer Person angezogen. Unter Authentizität versteht man die Eigenschaft einer Person, auf ihre Art und Weise echt und originell zu leben. Die Gestaltung eines authentischen Lebensstils wird mit Orten oder Menschen verbunden, die diesen Lebensstil anerkennen. Der postmoderne Mensch sucht nach Legitimation seines Lebensstils in einem oder mehreren Netzwerken wie der Arbeit oder der Freizeit. Vielleicht findet er Anerkennung in einer Gruppe von Christen. Ein Verhalten, so individuell es auch sein mag, sucht immer nach Bestätigung von einer Gruppe von Menschen. Diese Gruppe kann eine Gemeinde von Christen sein, die dem postmodernen Menschen einen Schlüssel zur Interpretation seines Verhaltens liefert. Das Leben der Gemeinde führt den Besucher zurück zur Quelle, aus der sich ihr Diskurs, ihre Handlung und ihre Spiritualität nährt. Der Grund dieser Quelle: das Evangelium. Zwei Lebensgeschichten und ihre jeweilige Moral – die des Suchenden und die des Christen – können sich verbinden und möglicherweise zum Beginn einer neuen Geschichte werden. Der Beobachter hört in dieser Gemeinschaft einen spezifischen Diskurs, den die Menschen dieser Gruppe miteinander führen. Es handelt sich um das Evangelium, eine provokative und performative Botschaft, die im besten Fall zum Glauben an Jesus Christus führt.

Ein biblisches Modell einer solchen Kirche, die „attraktiv" ist beim Wunsch nach Bestätigung des individuellen Verhaltens und dem Bedürfnis nach Zugehörigkeit zu einer Gruppe, finden wir in Matthäus 5,13–16. Am Anfang der Bergpredigt beschreibt Jesus die Jünger als Salz und als Licht. Salz kennzeichnet die neue Identität des Gläubigen und ihre ethische Auswirkung auf seine Umwelt. Es unterscheidet sich von den anderen Lebensmitteln durch seinen Geschmack und seine konservierende Wirkung. Dieses Bild impliziert eine Moral, die Christusgläubige in Kontrast zur nichtchristlichen Welt stellt. Die ästhetische Seite der Moral ist in diesem Bild zweitrangig, die Priorität liegt auf ihrem Inhalt. Die neue Identität, die durch Jesus verliehen wird, verursacht ein neues radikales Verhalten, das die Werte der Umgebung in Frage stellt. Aber diese Opposition übt einen positiven, bewahrenden Effekt auf die Gesellschaft aus. Das Bild vom Licht rückt die Ästhetik der Ethik in den Vordergrund. Das Licht des neuen Handelns der Jünger wird verglichen mit einer Stadt auf dem Berg (Mt 5,14). Sie zu verbergen würde bedeuten, ihre Funktion zu verleugnen (Mt 5,15). Hier legt Jesus die ersten Grundlagen für eine Ethik der Nachfolge, aber auch für eine Ekklesiologie (Lehre der Kirche). Sie beruht auf einer Logik der Trennung und der Anziehungskraft, wobei die Jünger die Welt „anziehen" sollen, damit sie sich Gott zuwendet.

Die Attraktivität einer Gemeinschaft von Christen wird oft unterschätzt – auch von ihren eigenen Mitgliedern. Wo gibt es heute in unserer Gesellschaft noch Gruppen, die sozial, kulturell und altersmäßig durchmischt sind und positiv miteinander leben und handeln? Viele Gemeinden nehmen ihr christliches „Alleinstellungsmerkmal“ gar nicht mehr wahr: die neutestamentliche Bruderliebe (damit sind die Frauen eingeschlossen). Ich denke an die alleinerziehende Mutter mit ihren drei Kindern, die kein gemeinsames Mittagessen der Gemeinde ausfallen ließ. Dabei wurde nichts Besonderes getan, aber die Kinder labten sich förmlich an dem liebevollen Umgang der Gemeindeglieder. Trotz „sozialer“ Medien sind viele Menschen einsam und auf der Suche nach sich selbst und nach Bestätigung. Darin zeigt sich das Bedürfnis nach Zugehörigkeit und Wahrheit.

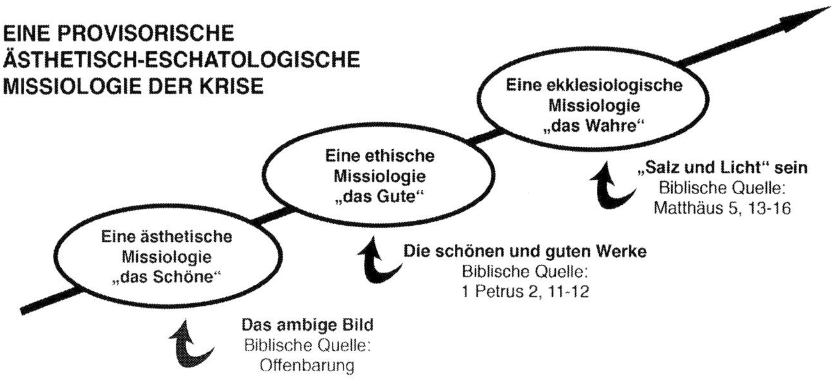

1.4 Der anthropologische Charakter und die dynamische Logik des Kulturpoles

Diese drei Aspekte einer neuen Kontextualisierung des Evangeliums sind nicht zufällig gewählt. Sie entsprechen den unmittelbaren *Bedürfnissen* der Menschen:

- den ästhetischen Bedürfnissen (dem ästhetischen Imperativ, eine „schöne“ Existenz zu leben),
- den ethischen Bedürfnissen (dem moralischen Imperativ, sein Leben erfolgreich zu gestalten),
- und dem Bedürfnis nach Wahrheit, die sich in der Suche nach der Legitimation des eigenen Handelns in einer Gruppe zeigt.

Der Mensch kann Gott in der christlichen Gemeinschaft begegnen. Durch die Bekehrung zu seinem Schöpfer kann er sich endlich selbst finden, sich neu aufrichten und sich neu orientieren, indem er dem auferstandenen Christus folgt.

Ästhetische Defizite verlangen nach Erfahrungen in einem naheliegenden anderen menschlichen Verlangen. Der Mensch wendet sich also jenen Bereichen zu, die seiner Befriedigung am naheliegendsten erscheinen. Diese *Bedürfnisdynamik* erklärt die Reihenfolge der Verkettung im vorgeschlagenen Kulturpol: Ästhetik – Ethik – Legitimität/Wahrheit. Die Enttäuschung über das „Schöne" sucht Befriedigung im Handeln, weil sie dort unmittelbar verfügbar ist. Der Mensch muss leben, handeln, lieben, wählen. Die Erfahrung des „Guten" sucht früher oder später eine Legitimation im „Wahren" durch die Zugehörigkeit und die Bestätigung einer Gruppe von Menschen.

Die drei Glieder dieser „Kontextualisierungskette" entsprechen aber auch dem grundsätzlichen Versuch, die *Reduktion des Glaubens* an Jesus Christus in der europäischen Geistesgeschichte auf die sogenannte Religion und Ethik[10] zu *überwinden*.[11]

---

10 Vieillard-Baron, Jean-Louis: La Religion et la cité, Paris 2010.

11 Hier gehen wir der umgekehrten anthropologischen Dynamik meines Modells entlang: vom dritten in Richtung erstes Glied. Im Einzelnen sieht diese Reduktion des Glaubens in Bezug auf unsere Geistesgeschichte so aus:

- Reduktion auf die soziale Bindung (3. Glied: sozialer Imperativ. Christentum als Religion, Geburt der Soziologie im 19. Jahrhundert, soziologisches Vorurteil, Protagonist Emile Durkheim).
- Reduktion auf die Ethik (2. Glied, ethischer Imperativ. Christentum als Ethik, Aufklärung, 18. Jahrhundert, philosophisches Vorurteil, Protagonist Emmanuel Kant).
- Reduktion auf die Ästhetik (1. Glied, ästhetischer Imperativ, ästhetische Erscheinungsformen des Christentums, Romantik, 18.–19. Jahrhundert, ästhetisches Vorurteil, Protagonist François-René de Chateaubriand).
- Dann noch spezifischer eine Reduktion auf die Kunst (Autonomie der Kunst, „Museumifizierung" christlicher Kunstobjekte).

Das grundlegende Essay zur Kritik an *Durkheims Ansatz* wurde von Wiktor Stoczkowski: La science sociale comme vision du monde. Emile Durkheim et le mirage du salut, nrf essais, Paris 2019, verfasst. Der Anthropologe spürt die Schwachstellen des Ansatzes des Gründers der Soziologie auf. Zudem weist er nach, dass Durkheim aus der Soziologie eine Weltanschauung, ja sogar eine Heilslehre ableitet, eine Anleihe aus der christlichen Soteriologie. Sein Schlusssatz, ebd. 503, lautet, dass die (epistemologische) Grundlegung der Sozialwissenschaften nicht hinter, sondern vor uns liegt!

In einem seiner Hauptwerke (Geist des Christentums – Schönheiten der christlichen Religion) versucht *Chateaubriand* die ästhetische und moralische Überlegenheit des Christentums gegenüber anderen Religionen aufzuzeigen, vgl. Chateaubriand, François-René de: Génie du Christianisme, 2 Bd., Paris 1966. Siehe Belting, Hans: Das Ende der Kunstgeschichte?, Berlin/München 1991.

2. Die Ästhetik im Schriftpol

Ein Kontextualisierungsmodell ohne Bezug zur Heiligen Schrift bleibt unkritisch, sprich ohne Gottesbezug. Deshalb bleibt der Kulturpol eines solchen Modelles nur relativ gültig von einem theologischen Standpunkt aus. Er zeigt nur die menschlichen Bedürfnisse und die Merkmale der zeitgenössischen Kultur auf ohne kritische theologische oder philosophische Einordnung. Wir haben mögliche biblische Ressourcen zu den Bereichen des Schönen, Guten und Wahren kurz offengelegt. Damit wurde schon eine erste konstruktive Interaktion möglich. Der eigentliche Schriftpol kann im Rahmen dieses Beitrags nicht entfaltet werden. Er beinhaltet wie der Kontextpol (=Kulturpol) drei Glieder:

- Eine Missiologie des Heils: die Vergebung der Sünden mit der biblischen Quelle des Lukasevangeliums
- Eine Missiologie der Sozialethik: der immanente und gegenwärtige Aspekt des Reiches Gottes
- Eine Missiologie der Hoffnung: der transzendente und zukünftige Aspekt des Reiches Gottes

Wir beschränken uns auf eine wichtige (evangelische) Fragestellung, die nochmal auf den ersten Imperativ meines Kulturpoles zurückgeht: In welchem Verhältnis steht die Schrift zur Ästhetik? Und wie kann eine entsprechende Theologie der Ästhetik konzipiert werden?

2.1 Einleitung

Die Ästhetik als „Wissenschaft der Schönheit" hat die Aufgabe, ihr Objekt im Gegensatz zur „Hässlichkeit" zu definieren. Insbesondere beschäftigt sie sich mit der Frage nach der Bedeutung von Kunst. Obwohl sie erst im 18. Jahrhundert eine philosophische Disziplin wurde, waren einige Ideen auf diesem Gebiet schon früher postuliert worden. So beispielsweise durch Platons Philosophie der ontologischen Ästhetik, die sich auf die „Schönheit" der Idee gründete, Aristoteles' Vorstellung von der transformativen Wirkung des Dramas auf die Emotion, und Plotins Gleichsetzung des totalen Seins mit der Idee des „Schönen".[12]

Meine Arbeitsdefinition von Ästhetik umfasst noch ein breiteres Verständnis, das alle gegenwärtigen Formen der Kunst, Erfahrungen, Bilder, Musik und Gefühle sowie viele andere Gegenstände des ästhetisch Sensitiven einschließt.

12 Evrard, Patrick: Art. Esthétique, in: Encylopédie du protestantisme, Paris (1995), 521–527.

Weltweit stehen Christen und Missionare, die in modernen urbanen Gesellschaften in einer Welt der Ästhetik leben, vor drei *Herausforderungen*:

- *Kontext*:
  Ästhetik beherrscht zunehmend den Kontext unserer Gesellschaft – Bilderflut[13], Erhöhung der Gefühle, erlebnisgetriebene Gesellschaft, Selbstdarstellung, Kommunikation, Marketing, soziale Medien und vor allem der virtuelle Raum sind Schlüsselworte, welche die zunehmende Ästhetisierung unserer Gesellschaft treffend beschreiben.

- *Theologie*:
  Evangelische und evangelikale Christen sind für diesen neuen Kontext schlecht ausgerüstet, denn sie denken und handeln auf Grundlage einer Theologie, welche die Betonung auf das Wort Gottes legt. Diese theologische Tradition, die während der Reformationszeit zu Bildersturmexzessen führte, steht in hoher Spannung zur Ästhetik. In dieser Tradition spielt das „Wort", die Heilige Schrift, eine kritische Funktion in Bezug auf das Bild.

- *Kirche*:
  Das stärkste Wachstum innerhalb der weltweiten Kirche ereignet sich gegenwärtig im „ästhetischen" Flügel der Christenheit – dem pfingstlerischen, charismatischen und neo-charismatischen Teil der universalen Kirche. Der Autor bezeichnet ihn als „ästhetisch", weil in diesen Bewegungen die Erfahrung, die Gefühle und das Außerordentliche häufig in den Vordergrund gestellt werden.

Die evangelische Missiologie kommt nicht darum herum, sich mit der Ästhetisierung der Gesellschaft und der weltweiten Kirche auseinandersetzen, besitzt aber nur wenig Ressourcen und Instrumente in ihrer eigenen Tradition, um diesen Herausforderungen positiv zu begegnen. Ihren *Arbeitsauftrag* könnte man deshalb wie folgt so umschreiben:

- *Kontext*:
  In diesem schnelllebigen, schillernden Kontext benötigen wir zunächst eine schöne Theologie und dann eine theologische Ästhetik. Erstere betrifft die Sprache, Struktur und Erscheinungsform dieser Wissenschaft; Letztere wurzelt im schönen Wesen Gottes. Viele Gemeinden, Jugendliche und Künstler versuchen Gottesdienste, Gemeindeaktivitäten und evangelistische Methoden an die ästhetischen Ausdrucksformen

---

[13] Der Philosoph Olivier Rey weist nach, dass die heutige Welt der Bilder paradoxerweise durch das Christentum ermöglicht worden ist, auch wenn dies eigentlich seinem Wesen gar nicht entspricht; Rey, Olivier: Gloire et misère de l'image après Jésus-Christ, Coll. Choses humaines, Trocy-en-Multien 2020.

unserer Zeit anzupassen. Dennoch trifft man nur auf sehr wenig Nachdenken über eine attraktive Theologie, ganz zu schweigen von Studien über die Schönheit Gottes.[14] Vieles von dem, was sich dennoch finden lässt, ist jedoch nicht mehr als eine Anleihe an die gegenwärtige Mode. Einiges davon ist nützlich, manches nur Imitat.

- *Theologie*:
  Während der Reformation brachte die evangelische Theologie verschiedene Interpretationen für den Umgang mit Bildern hervor. Das damalige Bilderverbot wurde ganz bewusst theologisch vom Dekalog her begründet. Trotzdem galten schöne und darstellende Künste durchaus als legitime Darstellungsformen Gottes innerhalb des Rahmens seiner Gebote. Dennoch fehlen bis heute evangelische Ansätze zur positiven Korrelation von Bild und Wort Gottes. Während die katholische und liberale Theologie sowie die Prozesstheologie über eine Theologie der Kultur nachdenken, tendieren evangelische Theologen dazu, das Thema zu vermeiden. Diesem Mangel gilt es Abhilfe zu schaffen.

- *Kirche*:
  Das Wachstum des ästhetischen Teils der weltweiten Kirche betrifft alle Kontinente. Einige Beobachter halten diesen Ausdruck des Glaubens für eine erfolgreiche, wenn auch ungeplante Kontextualisierung der ästhetischen Praktiken unserer Gesellschaft. Andere befürchten, er sei nur ein weiterer Schritt, eine Art Vorstufe, auf dem Weg zur Säkularisierung - eine unkritische Kontextualisierung, die nach einer Wachstumsphase zum Zusammenbruch führen wird. Theologen sind herausgefordert, neue Modelle der Ekklesiologie zu erarbeiten, die auf diese „Charismatisierung" Antwort geben und die Kirche vor einer „Verflüssigung" ihrer Botschaft[15] rettet.

2.2 Die Bedeutung des Wortes Gottes

Dass Gott kommuniziert, ist eine Voraussetzung für jegliche Gotteserkenntnis und Beziehung zu Gott. Das Wort Gottes nimmt daher in der

---

[14] Wir sprechen hier nicht über den kulturellen Reichtum des Christentums in der Vergangenheit, der nun - zumindest, was den Westen betrifft - „museumifiziert" wird. Jede Verallgemeinerung hat natürlich auch Ausnahmen.

[15] Damit verweise ich auf das soziologische Modell von Zygmunt Bauman, seine *liquid society.* (Dieser Begriff lässt sich am ehesten mit „Verflüchtigung" oder „Verflüssigung" der Gesellschaft übersetzen). Siehe zum Beispiel ders.: Flüchtige Moderne, Frankfurt am Main 2003.

Offenbarungslehre eine Vorrangstellung ein. Die verschiedenen Bedeutungen des Wortes Gottes in Schrift und Theologie lassen sich so zusammenfassen[16]:

Gott spricht durch seine Schöpfung, die er bereits durch sein Wort erschaffen hat.

Das Wort Jahwes kommt zu seinen berufenen Dienern, zuerst zu Abraham, dann zu Moses und schließlich zu den Propheten. Auf diese Weise offenbart Gott seinen Willen, sein Volk Israel zu retten oder zu richten.

Der Ausdruck „Wort Gottes“ bedeutet im Alten Testament das Wort, das von Gott gesprochen und von den Menschen wiederholt wird. Dieses Wort bezieht das mündliche und später die schriftliche Tradition mit ein.

Im Neuen Testament bezieht sich dieser Ausdruck fast ausschließlich auf die Person, das Werk und die Lehre Jesu Christi. Im Prolog seines Evangeliums identifiziert der Evangelist Johannes das Wort Gottes mit dem Fleisch gewordenen Christus. Er wird zum Wort Gottes *par excellence.*

Die apostolische Verkündigung stellt den gekreuzigten und auferstandenen Christus in den Mittelpunkt und definiert das „Wort Gottes“ als den historischen Christus, dessen Heilswerk sie als etwas in der Gegenwart Liegendes betrachtet.

Die Reformatoren stimmen darin überein, das Gewicht auf die lebensnotwendige Bedeutung der Schrift und ihrer Verkündigung zu legen, in deren Mittelpunkt Christus steht. Die gesamte Schrift ist Wort Gottes. Somit spricht Gott durch prophetische und apostolische Worte zu uns. Ebenso ist die Predigt „das Wort Gottes“. Gleich den Sakramenten, gilt sie als besonderer Ausdruck der Gnade Gottes.

Alle Reformatoren waren sich einig, dass das Wort Gottes ohne das Werk des Heiligen Geistes nicht gehört, angenommen oder geglaubt werden kann. Die lutherische Theologie argumentiert, dass der Geist durch das verkündete Wort (*per verbum*) wirkt, während in der reformierten Tradition das Wirken des Geistes sich mit dem Wort (*cum verbo*) verbindet.

Karl Barth unterscheidet zwischen dem inkarnierten (Christus), dem geschriebenen (der Bibel) und dem verkündeten Wort (der Predigt). Die beiden letzten Formen werden nur indirekt mit dem Wort Gottes gleichgesetzt. Gott allein entscheidet, wann sie zu einem direkten Wort Gottes werden. Die erste Form entspricht der direkten Identifikation.

2.3 Die Auswirkungen des Wortes Gottes im Neuen Testament

Das Wort Gottes ist lebendig und ewig (1Petr 1,23). Mit dem Evangelium gleichgesetzt, wird es zur rettenden Kraft (Röm 1,16) und führt zur Neugeburt (1Petr 1,23), einer Realität, die beweist, dass es „das Wort des Heils“

---

16 Bockmühl, Markus: Art. Wort Gottes a) biblisch, in: Evangelisches Lexikon für Theologie und Gemeinde, Bd. 3, Wuppertal/Zürich (1994), 2186–2188.

(Apg 13,26) ist. Das bevorzugte Medium für die Kommunikation des Wortes Gottes ist das Hören (Röm 10,17). Der Glaube entsteht nach der Himmelfahrt durch das Wort Christi. Der erhöhte und unsichtbare Christus wird nicht mehr durch das Schauen offenbart, sondern durch das Hören.

Der Heilige Geist spielt eine entscheidende Rolle dabei, das Wort Gottes lebendig zu machen. Seine verheißene Gegenwart für das Zeitalter nach Ostern lässt seine Jünger späterer Zeit trotz des aufgefahrenen Christus nicht hilflos zurück. Vielmehr wird der Geist der wahre Herr des Wortes sein (Joh 14,26), der jedes menschliche Gewissen zum Heil oder zum Gericht erleuchtet (Joh 16,8–11). Seine Wirkung definiert ihn als „Geist der Wahrheit" (Joh 14,17). Wort Gottes und der Heilige Geist, beide schaffen Glauben und führen in die Heiligung (Hebr 5,11–6,3; 1Petr 2,2).

Das Gleichnis vom Sämann (Lk 8,4–15) sollte besser als Gleichnis des Hörens bzw. der Hörenden bezeichnet werden. Der Same braucht einen qualitativ guten Boden, um aufzugehen und zu wachsen. Dieser Boden im Gleichnis wird ein Bild für das Hören des Wortes Gottes. Die dynamische Wirkung des Wortes Gottes und seine Korrelation mit dem menschlichen Empfang durch das Zuhören werden durch dieses Gleichnis deutlich.

Schließlich schafft dieses Wort eine neue Gemeinschaft und sammelt sie (Lk 8,19–21). Die Kirche entsteht in dem Moment, in dem sie das Wort Gottes hört und ihm gehorcht.

2.4 Die Bedeutung der Ästhetik in der Bibel

Diese wenigen Skizzen mögen genügen, um die essenzielle Bedeutung des Wortes Gottes in der Schrift und deren Höhepunkt – den Sohn Gottes, der das Wort Gottes ist – aufzuzeigen.

Natürlich fehlt in der Bibel – trotz des Vorbehalts gegenüber bildlichen und plastischen Darstellungen – nicht der ästhetische Ausdruck. Gott sieht ihn in seinem Schöpfungsplan vor und stellt ihn in dem „schönen Gottesdienst" (Ps 27,4 Luther 2017) Israels zur Schau.

Die Propheten setzen dramatische Symbole ein, wenn das Wort nicht mehr angenommen wird.

Christus verwendet verschiedene Metaphern, um eine geistliche Wahrheit bildhaft zu vermitteln und seine Zuhörer zu einer Antwort herauszufordern. Bei Markus stehen die Gleichnisse im Dienst des Wortes (Mk 4,11–13.33–34). Die besondere Anschaulichkeit dieses speziellen Literaturgenre zeigt ihre beabsichtigte ästhetische Wirkung, die Jesus bewusst einsetzt. Interessanterweise ist sie nicht in erster Linie an die damaligen Israeliten gerichtet, sondern an die Jünger Jesus. Der erweiterte Zuhörerkreis ist weitgehend dem Wort Gottes gegenüber verschlossen: Sie hören (Wort Gottes), sehen (ästhetische Wirkung des Gleichniseffektes) und verstehen vielleicht sogar das Gleichnis, wollen aber nicht das Wort Gottes annehmen, das sich an ihr eigenes Herz richtet. Somit hat das Gleichnis nur eine zeitlich begrenzte und sich selbst auflösende ästhetische Funktion bis zum Moment der positiven gehorsamen Aufnahme des Wortes Gottes in der eigenen Existenz.

Die Bibel verwendet anthropomorphe Methoden, um eine metaphysische Welt zu beschreiben, die das menschliche Verstehen übersteigt.

Des Weiteren wird Christus sogar „das Bild des unsichtbaren Gottes" (Kol 1,15–20) genannt, ein Ausdruck, der nicht mit der griechischen Vorstellung von Bild zu verwechseln ist, sondern im Sinne der Offenbarung Gottes verstanden werden soll. Jesus ist das „Abbild" Gottes[17], der „Erstgeborene". Dieses Wort spricht ebenso für seine Präexistenz und Inkarnation wie für seine Auferstehung.

Das geschriebene Wort Gottes bezieht sich auf das ewige Wort, das schöpferische Wort und das inkarnierte Wort. Dieses Wort wird jedes Mal, wenn es heute verkündet und vom Heiligen Geist belebt wird, zu einem neuen sprachlichen Ereignis.

Ein Teil der biblischen und ein Teil der christlichen Tradition – vor allem in reformierten Kreisen – haben sich gegen die Vorherrschaft der Ästhetik gewandt, da sie diese als Widerspruch zum Wort Gottes betrachteten bzw. als etwas, was fast unweigerlich zum Götzendienst führt. Gehen wir zunächst auf diese theologische Kritik der Ästhetik ein und entfalten wir danach eine biblische Theologie der Ästhetik.

2.5 Theologische Kritik an der Ästhetik

Die Kritik an der Ästhetik aus theologischer Perspektive hat ihren Ursprung im Dekalog, insbesondere dem Verbot des zweiten Gebots, sich ein Gottesbild zu machen. Je nach theologischer Interpretation, entstand in einigen Regionen und während verschiedener Perioden des Christentums eine positive oder negative Tradition in Bezug auf bildliche Darstellungen. Der radikale Ikonoklasmus[18] in Teilen der Reformation – gerade als die sakrale Kunst der mittelalterlichen Kirche ihren Höhepunkt erreicht hatte – setzte sich in der

---

17 Der französische Philosoph Jean-Luc Marion schlägt aus nachvollziehbaren Gründen die Übersetzung „Ikone Gottes" vor, weil es eben gerade nicht um das Bild geht, sondern die Realität, worauf der Begriff Ikone direkt hinweist. Siehe Marion, Jean-Luc: Le Christ, icône du Dieu invisible, in: Communio XLVII (2022) 2/280, mars-avril, 8–17. Die ganze Ausgabe von communio steht unter diesem Thema. Siehe auch ganz neu Rumpza, Stephanie: Phenomenology of the Icon. Mediating God through the Image, Cambridge 2023.

18 Ikonoklasmus bedeutet Bildersturm und wird vom griechischen Wort „Bild-Abbild" abgeleitet. Damit meint man Zerstörung oder Entfernung von Skulpturen, Inschriften oder Gemälden religiöser Art. In der Kirchengeschichte kam es zu diesen Exzessen vor allem in der byzantinischen Kirche des 8. und 9. Jahrhunderts und dann wie gesagt in der Reformationszeit.

reformierten Tradition abgemildert fort durch einen dauernden kritischen Zugang zum Bild, siehe zum Beispiel Karl Barth oder Jacques Ellul im 20. Jahrhundert.[19]

Die negative Interpretation des zweiten beruht auf seiner Nähe zum ersten Gebot. Diese beiden Gebote zusammen bilden eine Barriere gegen jegliche Art von Götzendienst, einer realen und konstanten Gefahr zur Zeit der Propheten. Eine Darstellung Gottes kann für den Betrachter eine autonome Rolle einnehmen und zum Gegenstand direkter oder indirekter Anbetung werden. Beide Gebote dienen dem Schutz des Herzstücks der Theologie (hier im engeren Sinne des Begriffs verstanden) – der Einzigartigkeit Gottes, was auch die zum Teil berechtigte und zum Teil übertriebene Radikalität der Interpretationen des zweiten Gebots erklärt. Das Gebot schützt Gott vor götzendienerischen Angriffen jeglicher Art. Dieser Schutz betrifft aber vor allem die Menschen, denn Gott bedarf ja eigentlich keines menschlichen Verteidigers. Der Mensch muss vor Götzendienst geschützt werden, damit er keinen falschen oder nicht-existenten Gott verehrt.

Diese zwei Barrieren sind gerechtfertigt, da sie die Menschen vor jeglichem Versuch schützen, sich von dem unsichtbaren Gott ein Bild zu machen. Damit rücken sie ein präziseres Mittel der Offenbarung in den Vordergrund – nämlich das Wort Gottes. Im Neuen Testament endet das irdische Leben Jesu Christi mit seiner Himmelfahrt als Auferstandener. Nun wird Gott wieder unsichtbar. Dem sichtbaren Christus muss das Hören des Wortes Gottes weichen, das die geschichtliche Offenbarung Gottes als neuen Ausgangspunkt setzt.

Thomas wird zum Vorbild für alle nach-österlichen Jünger, die Jesus so sehen möchten, wie er ist, aber ihren Wunsch nicht erfüllen können. Im Gegensatz zur Auslegung vieler Kommentatoren, hat Jesus Thomas nicht gerügt, sondern ihm eine große Verheißung in Form eines Makarismus (Seligpreisung) anvertraut (Joh 20,29). Thomas muss sich nicht mehr als benachteiligter Jünger sehen, weil er nicht wie die anderen Jünger Augenzeuge der Erscheinung des Auferstandenen war.[20]

Thomas und mit ihm alle Jünger der nachfolgenden Generationen sind ebenso privilegiert wie die Jünger zur Lebenszeit Jesu, weil Gott sich weiterhin offenbart; doch nun nicht mehr durch das Schauen, sondern durch das Hören. Die Vorrangstellung des Hörens des Wortes Gottes gegenüber dem Schauen bleibt so wie im Alten Testament beibehalten. Im Dekalog wird die

---

19 Samuel-Scheyder, Monique: Culte médiéval des « images » et iconoclasme de la Réforme, in: J.-P. Cahn und G. Schneilin: Luther et la Réforme 1525–1555. Le temps de la consolidation religieuse et politique, Paris 2001, 114–132.

20 Zu einer positiven Interpretation von Thomas kommt Rognon, Frédéric: La foi au risque du doute, Revue d'Histoire et de Philosophie Religieuses 88 (2008) janvier-mars, 21–53.

Wahrheit und Einzigartigkeit Gottes geschützt. Im Neuen Testament gibt es nach der Himmelfahrt eine privilegierte Form der Offenbarung – die letztgültige nicht zu übertreffende Offenbarung Gottes in seinem Sohn Jesus (Hebr 1,1–4).

3. Ästhetische Missiologie-Theologie und theologische Ästhetik

Diese Kritik bedeutet nicht, dass wir keine ästhetische Theologie entwickeln können. Im Gegenteil, die Lehre vom Wort Gottes verlangt eine Theorie der ästhetischen Erfahrung[21], denn das Wort Gottes wird immer auf sinnliche Weise vermittelt und zielt auf eine ganzheitliche menschliche Erfahrung. Die Lehre vom Wort Gottes nimmt gegenüber der Ästhetik eine kritische Haltung ein, muss aber dennoch für einen biblisch legitimierten Raum sorgen, damit sich Ästhetik entwickeln kann.

Bevor wir aber weitergehen, erkläre ich kurz die drei Fachbegriffe des Titels, die wir ja zum Teil schon im vorherigen Kapitel angetroffen haben.

3.1 Begriffe

3.1.1 Ästhetische Missiologie, also „schöne" Ansätze der Missionswissenschaft:

Hier geht es um die Qualität der Kommunikation des Evangeliums mit einem methodischen, medialen und ästhetisch adäquaten Stil. Des Weiteren interessiert man sich, wie die Gute Botschaft beim Hörer ankommt (= Rezeptionsästhetik) und entwickelt entsprechende missionarische Strategien. Die Kunst steht hier im Dienst von Kultur- und Missionsmandat.

3.1.2 Ästhetische Theologie, also „schöne" Ansätze der Theologie:

In dieser Disziplin werden die ästhetischen Kennzeichen der Kultur unserer Gesellschaft in Verbindung mit den Aussagen der Schrift gebracht. Kontinuität und Diskontinuität mit den entsprechenden Kulturerscheinungen bezüglich der Schriftwahrheit werden festgehalten. Neue Zugänge zu Aussagen der Bibel werden durch die kulturellen Charakteristika entdeckt, innovative oder bewährte theologische Ansätze entsprechend entwickelt oder neu postuliert. Theologen und Theologinnen produzieren neue Ansätze im Bereich der

---

21 Vgl. die prägnante Einführung zu dieser Beziehung bei Körtner, Ulrich H.J.: Zur Einführung: Hermeneutik und Ästhetik. Zur Bedeutung einer theologischen Ästhetik für die Lehre vom Wort Gottes, in: ders. (Hg.): Hermeneutik und Ästhetik. Die Theologie des Wortes im multimedialen Zeitalter, Neukirchen-Vluyn 2001, 1–18.

Ästhetik und verstehen sie angepasst und gediegen an die heutige Zeit zu vermitteln. Die zeitgenössische Kunst gilt als Ressource für diese theologische Arbeit.

3.1.3 Theologische Ästhetik, also theologische Ansätze, die von der Schönheit Gottes ausgehen:

Die intrinsische Schönheit Gottes ist ein neuer Ausgangspunkt für die theologische Arbeit. Schönheit und auch die gegenteilige Hässlichkeit werden in der Schrift aufgespürt und dialektisch zu neuen Ansätzen formuliert. Die biblischen Quellen befinden sich in der Schöpfung, dem Gottesdienst Israels, den poetischen Büchern, den Evangelien, Briefen und der Johannesoffenbarung. Systematische Ansätze sind zu erwarten in der Gotteslehre, der Christologie, der Eschatologie. Die zentrale Quelle für das künstlerische Schaffen liegt in Gottes Wesen und seinem inspirierenden Geist.

3.2 Ansätze

Für die Entwicklung einer solchen ästhetischen Theologie gibt es vielfältige Ansatzpunkte:

Der *Kulturauftrag* des Menschen (Gen 1,28) und seine körperliche Beschaffenheit ermöglichen kulturelles Schaffen, zu dem auch die Ästhetik gehört.

Das *zweite Gebot verbietet nicht die Erschaffung von Gemälden und Skulpturen*, sondern deren Anbetung als Gottheit. In Verbindung mit dem ersten Gebot kämpft es gegen Götzendienst und Abbildungen Gottes. Das Alte Testament ist nicht gegen den künstlerischen Ausdruck, wie die göttlichen Anweisungen zum Tempelbau zeigen. Es verbietet jedoch jeglichen götzendienerischen Missbrauch Gottes, also den Versuch, Gott durch künstlerisches Schaffen zu kontrollieren. Wo Gott sich durch seine Offenbarungen zeigt, könnte der Wunsch entstehen, ihn durch Kunst zu definieren. In diesem Sinne bildet das zweite Gebot ein Gegengewicht. Gott soll vor allem durch seine Befreiungstaten, seinen Bund und sein Gesetz erkannt werden.

Ansätze zur Theologie der Schönheit Gottes gibt es, aber mit Ausnahme des Werkes von Hans Urs von Balthasar bleiben sie rudimentär.[22] Eine solche Theologie stellt die Schönheit der theologischen Substanz (z. B. Gott selbst, die Gestalt Christi, Ostern und das Heilswerk) und nicht die Schönheit der Form in den Mittelpunkt. Zwischen der Ästhetik der Substanz und der Ästhetik der Form besteht eine sowohl harmonische wie auch spannungsreiche

22 Balthasar, Hans Urs von: Herrlichkeit. Eine theologische Ästhetik, 7 Bde., Einsiedeln 1984–2009.

Beziehung. Der Gegenstand der Theologie – Gott selbst – ist schön. Seine Schönheit bildet der Ausgangspunkt für diesen gesamten theologischen Ansatz.

Eine ästhetische Missiologie wird sich einerseits auf die Form der Botschaft des Evangeliums konzentrieren, andererseits aber auch auf die Wahrnehmung der Botschaft durch den Empfänger. Der ästhetische Imperativ in unserem kulturellen Kontext hat auch Bezugspunkte zur biblischen Ästhetik. Die Herausforderungen dieser Korrelation für die Missiologie der Gegenwart sind enorm und sollten eine Hauptachse der kontextuellen Theologie bilden. Missiologie für den westlichen Kontext muss einen entscheidenden Ausgangspunkt in der der Ästhetik unserer Zeit nehmen.

3.3 „Missionarische" Pädagogik und Dynamik

Damit sind wir beim Weg angekommen, wie Menschen zum Glauben an Jesus Christus über die Ästhetik finden. Meine missionarische Pädagogik und Dynamik sieht folgendermassen aus: ästhetische Missiologie, ästhetische Theologie, theologische Ästhetik und wieder ästhetische Missiologie.

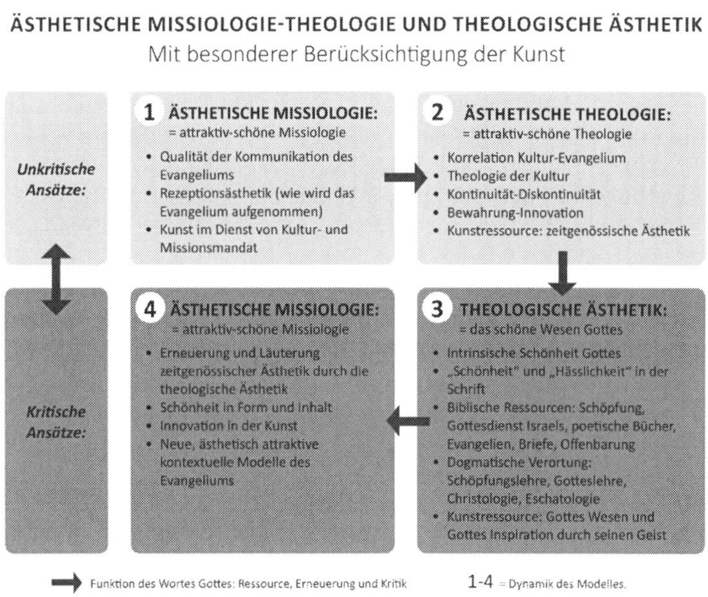

Praktisch sieht dann diese „missionarische" Pädagogik anhand eines Beispiels[23] so aus: Ingo kommt durch eine Kunstausstellung in Berührung mit Marie Salomé[24]. Er ist angezogen von ihren Bildern, weil sie oft Zellen der Natur photographisch vergrößert in ihrer ursprünglichen Schönheit künstlerisch verarbeitet (ästhetische Missiologie).[25] Ingo ist aber irritiert, weil in bestimmten Werken, hebräische Schriftzeichen in das Bild hineingeschrieben sind.[26] Er versteht sie zunächst nicht. Diese Kultur ist ihm fremd. Der freundliche Mann, der die Ausstellung in seinem christlichen Kulturzentrum aufgenommen hat, klärt ihn auf. Dies sind bestimmte Bibelverse, die die Bildaussage unterstreichen. Marie Salomé verarbeitet gerne biologische Zellen mit biblischen Aussagen in ihren Bildern. Das kommt nicht von ungefähr, sie hat Biologie studiert und ist Künstlerin. Diese Zellen, die sie so oft im Mikroskop untersucht hat, hatten eine ästhetische Wirkung auf sie und haben ihre Bilder inspiriert. Ohne es zu merken, hat sie eine kulturelle Brücke zwischen der Welt Ingos und ihrem Schaffen hergestellt (ästhetische Theologie[27]). Ingo kommt in das Gespräch mit der Künstlerin und kauft ihr ein Bild ab. Die

---

23 Dieses Beispiel ist erfunden, es beleuchtet die Anwenderseite meines Modelles, also das Objekt der Mission (= Menschen, die noch nicht an Jesus Christus glauben). Die Künstlerin Marie Salomé existiert aber.

24 Internetseite der Künstlerin: https://www.mariesalome.fr/ (abgerufen am 21.12.2023)

25 Siehe zum Beispiel ihre Bildserie „Neuronenwald" zu den menschlichen Neuronenzellen. Marie Salomé schreibt dazu: „Im Jahr 2007 wurde in der Neurowissenschaft die Brainbow-Technik entwickelt, die eine individualisierte Beobachtung von Neuronen ermöglicht. Die Ergebnisse, die die fraktale Dimension der Neuronen hervorheben, erinnern an bunte Wälder. Die Baumstruktur, als sich wiederholendes funktionelles Muster kommt sowohl in den Wäldern als auch in unseren Gehirnen vor. Inspiriert von diesen Brainbows fertigte ich 2016 und 2017 meine ersten ‚Neuronalen Wälder' in Acryl auf Leinwand an, danach in Acryl und Tinte auf biblischer Textmatrix. Seit 2022 habe ich weitere ‚Neuronale Wälder' in Acryltinte und weitere in Acryl auf geätztem Gips angefertigt. Wenn meine Recherchen richtig sind, habe ich seit 2016 acht ‚Neuronale Wälder' in vier verschiedenen Techniken angefertigt. Es handelt sich dabei um ein Thema, das in meinen Produktionen immer wieder auftaucht."

26 Bild „Neuronenwald, Red Brainbow" (2017): Acryl und Tinte auf einer Textmatrix, marouflier auf einer Leinwand. Man kann den Text von Jesaja 55 erkennen, der als Wasserzeichen hinter einem neuronalen Wald erscheint. Der hebräische Text scheint vom Himmel zu fallen, als Anspielung auf den Film Matrix und das Wort Gottes, das die Welt stützt (Hebräer 1). https://www.mariesalome.fr/syteme-neveux?pgid=kf3s0vpc-62954e59-f337-499b-80ba-10051db87dc9 (abgerufen am 21.12.2023).

27 Einer der wenigen Ansätze neben von Balthasar, siehe Huizing, Klaas: Ästhetische Theologie: Der erlesene Mensch. Der inszenierte Mensch. Der dramatisierte Mensch, Gütersloh 2015.

hebräischen Buchstaben veranlassen ihn nach einiger Zeit, ihren Ursprung zu erforschen. Dazu braucht er eine Bibel, die er nicht hat. Aber über Internet findet er bald die entsprechende Bibelstelle und wird so mehr und mehr zu einem interessierten Leser. Vieles versteht er nicht, er erinnert sich aber wieder an den freundlichen Mann des Kulturzentrums, den er bald wieder aufsucht. Dieser Mann erkennt die verzweifelte Suche nach Schönheit von Ingo, der gerade eine gescheiterte Beziehung hinter sich hat. Er studiert einige Schriftstellen mit Ingo, die von der Schönheit Gottes in der Johannesoffenbarung reden. Ingo erkennt mehr und mehr, dass seine Suche nach Schönheit hier auf dieser Erde nie zu Ende gehen wird. Der Zerrbruch des Schönen, den er auch selbst in seinem Leben erfahren hat, führt ihn immer mehr zum Schmerzensmann Jesus, der auch seine Verwundung versteht. Lange Zeit braucht es noch, aber dann wirkt Gottes Geist so, dass Ingo seine Existenz unter die Gnade Gottes stellt (theologische Ästhetik). Das künstlerische Schaffen Marie Salomés inspiriert einen jungen Mann, der sich sehr gut graphisch ausdrücken kann und er tritt einem christlichen Künstlerkollektiv[28] bei (ästhetische Missiologie).

Wie gelingt nur aber der Sprung von der Ästhetik (1. Glied meines Modells) zur Ethik (2. Glied)? Ein Leben, das auf Dauer nur auf der Suche nach Schönem beruht, kann nicht bestehen. Die theologische Ästhetik ist anthropologisch, aber auch philosophisch und theologisch mit der Ethik verbunden. Gott ist schön *und* gut. Die Rechtfertigung des Sünders durch Gnade wird immer eine moralische Implikation haben. Das Gute (Ethik) und das Schöne (Ästhetik) sind untrennbar miteinander verbunden. So könnte man von einer ästhetischen Ethik des Neuen Testaments sprechen, die uns beispielsweise im 1. Petrusbrief begegnet, wo der Apostel von guten-schönen Werken spricht.[29] Das gute und schöne Verhalten von Christen in einer feindseligen Umgebung kann eine missionarische Wirkung auf Menschen ohne Beziehung zu Gott haben (1Petr 2,11–12).

Im Griechischen besitzt *kalos* beide Bedeutungen – sowohl Sittlichkeit als auch Schönheit. Wenn man das Schöne vom Guten trennt, wie das in unserer vielschichtigen Kultur häufig geschieht, wird das ästhetisch Sensitive nach und nach an Substanz verlieren. Es ist ihre Beziehung zur Ethik, welche die Ästhetik nährt. Moral kann theologisch gesehen ohne Schönheit leben, doch die Ästhetik ist ohne Ethik zum Sterben verurteilt.

Die theologische Ästhetik beschäftigt sich nicht nur mit dem „Schönen". Auch wenn in Gott nur Licht ist, so schwankt seine Offenbarung doch zwischen beiden Polen der Hässlichkeit und Schönheit. Absolute Schönheit wird erst in der Eschatologie verortet. Aber in der Christologie begegnet uns auch

---

[28] Siehe zum Beispiel die Werke des Künstlerkollektives Majestart: https://www.majestart.com/majestart/ (abgerufen am 21.12.2023).

[29] Siehe 1.2.

das Hässliche. Das Gottesknechtslied in Jesaja 53 beschreibt uns diesen Knecht in abstoßender Weise. Das Christentum hat den Text messianisch interpretiert. Die Kreuzestheologie würde dann das andere Extrem des absolut Hässlichen verkörpern. Der abstoßende Marterpfahl ist aber zugleich eine Verheißung für einen Bedeutungswandel am Ostermorgen.

4. Zusammenfassung

Wir schließen unsere Reise mit einigen Thesen zu vier Themenbereichen ab.

4.1 Kontext

Das Ende von Meta-Narrativen – der großen, allumfassenden ideologischen, politischen, religiösen oder philosophischen Erzählungen –, kennzeichnet die postmoderne Zeit. In der Logik und Dynamik dieser Epoche werden Kunstobjekte autonom, das heißt, sie stellen einen Wert an sich dar, ohne notwendigerweise zu einer spezifischen Zeit und Schule zu gehören.[30]

Die „Museumifizierung" der klassischen christlichen Kunst ist ein Produkt des Säkularisierungsprozesses. Gemälde und Skulpturen, Bibeln und liturgischen Geräte werden zu Kunstgegenständen, indem man sie von ihren ursprünglichen Plätzen entfernt und in Museen aufbewahrt, damit sie dort von Besuchern als ästhetische Objekte bewundert werden. Sakrale Musik wird „andächtig" in der Kathedrale aber auch im Konzerthaus gehört und als ästhetisches Ereignis gefeiert, und auch die Kathedrale selbst wird in der Postmoderne zum Museum.[31]

Das Gleiche gilt für eine wachsende Anzahl christlicher Gemeinden im Westen – man betrachtet sie zunehmend als „Museen" der Vergangenheit. Die „Museumifizierung" betrifft daher auch die Kirche als menschliche Gemeinschaft. In den Augen unserer westlichen Zeitgenossen ist das Christentum bereits Teil der Geschichte, und Christen gehören mehr und mehr zu einer Minderheit.

---

30 Belting, Kunstgeschichte, 1991.

31 Das meistbesuchte Gebäude der Welt ist die Sagrada Familia in Barcelona. Diese berühmte Kirche, die vom katalanischen Baumeister Antoni Gaudí entworfen wurde, wird wie viele andere europäische Kathedralen jährlich von Millionen von Besuchern aus der ganzen Welt und aller Kulturen und Religionen besucht, aber nicht um dort Gottesdienst zu feiern, sondern um sie und ihre Schönheit – wie ein Museum – zu *besichtigen*.

4.2 Theologie

Ich habe versucht, uns zu einer zukunftsfähigen theologischen Ästhetik zu führen, welche die ästhetischen Ansprüche unserer Gesellschaft aufnimmt, um sie mit der Schönheit Jesu Christi zu konfrontieren. Die Human- und Geschichtswissenschaften beschreiben die Welt mit Hilfe ihrer empirischen Werkzeuge. Das Dogma des Empirismus und des wissenschaftlichen methodischen Reduktionismus zwingt sie dazu. Ihr Nachteil besteht darin, dass sie den Horizont verengen, denn ihre Analyse bezieht sich auf die Vergangenheit und endet abrupt in der Gegenwart. Die Hoffnungslosigkeit in der säkularen westlichen Kultur ist himmelschreiend.[32]

Welchen Zusammenhang könnten wir also zwischen der Ästhetisierung der Welt und der Theologie herstellen? Schönheit wird von der Theologie in der Eschatologie verortet. Eine relevante Theologie für heute muss darum genau über diesen „Zeit-Raum" zwischen einer vermeintlich ästhetischen Periode und der Hoffnung auf die vollendete Schönheit, der Rückkehr des Herrn in Herrlichkeit, nachdenken und hier ihren Platz einnehmen. Die Eschatologie bringt also den entscheidenden Rahmen und die Dynamik für unser kontextuelles Modell. Die Jünger Christi warten sehnsüchtig auf das Kommen Jesu in Herrlichkeit. Dieses freudige Harren auf das Ereignis der absoluten Schönheit gibt ihnen schon jetzt die Kraft zu einer attraktiven Verkündigung (theologische Ästhetik) und zur schöpferischen Tätigkeit (zum Beispiel in der Kunst).

Das Werk des Kunstkritikers Hans Belting ist für Theologen und Theologinnen besonders aussagekräftig. Sein Forschungsinteresse gilt nicht nur einem Kunstobjekt, sondern der Beziehung zwischen Person und beobachtetem Objekt. Das Interesse verschiebt sich vom Werk auf die Beziehung vom Betrachter zum Kunstobjekt.[33] Welcher „Glaube" ruft das Bild hervor? Wie definiert ein Beobachter das „wahre Bild"? Beltings Forschungsarbeit lädt ein, diese „Glaubensbeziehung" zum Bild zu erforschen.

4.3 Kirche

Die Kirche wird ihre reiche Tradition kritischer und positiver Ansätze in Bezug auf Bilder fortführen und das heutige künstlerische Schaffen kritisch fördern.

Der ästhetische Flügel des Christentums, der das heutige Bedürfnis nach Bildern und Erfahrungen bereitwillig aufgreift, arbeitet auch mit der Ästhetik

---

32 Siehe den letzten Beitrag des berühmten südafrikanischen Missiologen David J. Bosch vor seinem Tod: Bosch, David J.: An die Zukunft glauben. Auf dem Wege zu einer Missionstheologie für die westliche Kultur (orig.: Believing in the Future. Toward a Missiology of Western Culture, Valley Forge 1995), Weltmission heute 24 (1996).

33 Belting, Hans: Das echte Bild. Bilder als Glaubensfragen, München 2005.

des Wunders – mit dem Außergewöhnlichen des Glaubenslebens im Allgemeinen und der Heilung im Besonderen. Dieses Schwert ist zweischneidig, sowohl im Bereich der Kontextualisierung als auch im Bereich des Spektakulären. Es besteht die Gefahr, dass das Wunder selbst einer nicht-kritischen Kontextualisierung der entsprechenden Kirche erliegt oder zu einem autonomen Zeichen verkommt, ohne dass sein Ursprung von Gott bezeugt wird. Wenn dies geschieht, kann die Kirche einem manipulierten Bild und der Anbetung ihrer eigenen Erfahrungen unterliegen. Hier befinden wir uns im Bereich dessen, was die Bibel Götzendienst nennt. Die Erfahrung wird von der Botschaft des Evangeliums getrennt, sie ist nicht mehr *extra nos*.

Die Hermeneutik der Johannesoffenbarung hält die Kirche wach. Die scharfe Kritik des Buches an der römischen Ideologie wird zur Warnung an die westliche Kirche: Sie darf die ästhetische Seite ihres missiologischen Modells nicht unkritisch nutzen, sonst wird sie nur noch auf das „Schöne" reduziert. Eine autonome Ästhetik existiert nicht, sondern sie ist mit einer Ideologie oder einer Meta-Erzählung verbunden. Die Christen jener Zeit hatten nicht automatisch ein klares Verständnis für die Bildersymbolik des römischen Imperiums, sondern die Visionen und Bilder des Sehers Johannes, die er aus jener anderen Welt Gottes empfangen hat, halfen ihnen, die Bilder des römischen Reiches ethisch und theologisch zu bewerten.

4.4 Missiologie

Junge Evangelisten entdecken den Cyberspace als einen neuen Raum der Mission. Viele Menschen leben jeden Tag mehrere Stunden in dieser neuen Realität. Der Cyberspace ist die Synthese einer technischen Meisterleistung und des menschlichen Strebens nach einer schönen Parallelwelt, ein Produkt, das scheinbar vom klassischen christlichen ästhetischen Ausdruck weit entfernt ist. Der Schein trügt jedoch. Wie die Journalistin Margaret Wertheim erklärt: „Der virtuelle Raum ist kein religiöses Konstrukt *per se*, aber … eine Möglichkeit, diesen neuen digitalen Bereich zu verstehen, besteht darin, es als Versuch zu sehen, einen technischen Ersatz für den christlichen Raum des Himmels zu schaffen."[34]

Diese Art, eine neue Realität zu konstituieren, findet sich auch teilweise im künstlerischen Schaffen und hier vor allem in der abstrakten Kunst.[35] Kunst ist ein Medium der Mission in unserer westlichen Gesellschaft, in der Bilder Worte ersetzt haben. Für evangelikale Christen ist die Evangelisation in

34 Wertheim, Margaret: The Pearly Gates of Cyberspace. A History of Space from Dante to the Internet, New York/London 2000, 18.

35 Siehe hier das grundlegende philosophische Werk zur abstrakten Kunst von Kandinsky, Wassily: Über das Geistige in der Kunst – insbesondere in der Malerei, Bern ^{3}2009 (^{1}1952).

diesem Bereich eine anspruchsvolle Tätigkeit, weil sie sich vor einigen Jahrzehnten stark von der zeitgenössischen Kultur distanziert hatten.

Es geht nicht nur darum, die Anbetungsmusik zu verbessern oder den Kommunikationsstil der Kirche. Es gilt, auf der Grundlage einer soliden Theologie der Kultur, neue Kunst zu schaffen, die unsere Zeitgenossen anspricht. Missiologen verfügen über sehr gute Ressourcen, um Künstler in unseren Reihen zu unterstützen, denn für sie ist die Auseinandersetzung mit der Kultur ihr tägliches Brot.

Unsere künstlerischen Bemühungen müssen Teil eines anspruchsvollen Kontextualisierungsmodells werden. Uns bleibt keine Wahl mehr. Wir halten an einer Theologie des Wortes Gottes fest und zugleich setzten wir uns freudig und ernsthaft mit der Ästhetik auseinander. Wir wissen, dass uns in der gegenwärtigen Krisenzeit bestimmt ist, diesen herausfordernden Weg mit viel Mut und Weisheit zu beschreiten, bevor das helle Licht der Parusie endgültig anbricht.

Dieser Ansatz der Kontextualisierung verändert das Evangelium nicht! Er geht auf aktuelle Merkmale unserer säkularisierten Gesellschaft ein. Dabei entdecken wir biblische Aussagen, die wir bisher nicht in den Vordergrund unserer missionarischen Bemühungen gestellt haben, aber die auch Teil des Evangeliums und des biblischen Zeugnisses sind. Lassen wir uns doch auf diese neuen Wege der Kontextualisierung ein, damit alle Menschen in eine Beziehung mit Gott kommen – so wie es Gottes Wille und Wunsch ist und zutiefst den menschlichen Bedürfnissen entspricht.

Kontextualisieren als Schlüsselkompetenz

Jürgen Schuster

In diesem Beitrag soll es darum gehen, den Begriff „Kontextualisierung" im christlich-missionarischen Kontext in seiner ursprünglichen Bedeutung zu profilieren. Allzu oft wird mit Kontextualisierung lediglich eine Form der Anpassung bezeichnet: Gottesdienstgestaltung, Musikstil, die Art der Kleidung, die Verwendung von Drama und Tanz, ggf. auch die Art der Verkündigung, die Verwendung von Beispielen, die der Lebenswelt der Zuhörer entnommen sind, usw. All das ist zweifellos begrüßenswert. Aber handelt es sich hierbei wirklich bereits um Kontextualisierung im eigentlichen Sinn?

Die eben genannten Beispiele sind alle im Bereich der Kommunikation verortet. Dem entspricht, dass der Begriff Kontextualisierung häufig auf „angepasste Kommunikation" reduziert wird. Kontextualisierung steht dabei für eine Art von Verpackung, die dem Empfänger der Botschaft angepasst ist, jedoch den Inhalt des Evangeliums nicht tangiert.

Das zeigt sich etwa in der Aussage des Missionswissenschaftlers Roy Oksnevad: „Kontextualisierung bedeutet, ‚die unveränderliche Wahrheit des Evangeliums in einem bestimmten Kontext verständlich zu machen.'"[1] Hinter dieser Formulierung steht die platonische Vorstellung eines reinen, von kulturellen Einflüssen nicht belasteten Evangeliums, das gewissermaßen außerhalb des Staubs der Geschichte zuhause ist. Wir werden uns an einer späteren Stelle dieses Aufsatzes mit dem Gedanken beschäftigen müssen, dass es ein solches Evangelium nicht gibt und nicht geben kann. An dieser Stelle sei zunächst nur so viel gesagt: Die Begegnungen zwischen „Evangelium" und „Kulturen", oder besser: die Begegnungen zwischen der heilvollen Geschichte Gottes und partikularen Menschengeschichten sind wesentlich komplexer, interessanter und spannender als es die Vorstellung eines „reinen, kulturfreien Evangeliums" erlaubt.

Wir werden im Folgenden den Fragen nachgehen: (1) Was ist mit Kontextualisierung ursprünglich gemeint? Was ist der Unterschied zwischen Anpassung und Kontextualisierung? Daran schließt sich eine Darstellung der Begriffe (2) „Plausibilitätsstruktur" und (3) „Relevanz" an, die den Aspekt der

---

[1] Oksnevad, Roy: Contextualization in the Islamic Context, 2007. https://www.lausanneworldpulse.com/themedarticles-php/686/04-2007 (abgerufen am 25.10.2023; Übersetzung JS).

Anknüpfung im Kontextualisierungsprozess beschreiben. Ergänzt wird diese Perspektive durch den Aspekt der (4) Weltbild-Transformation und die Frage nach einem (5) „christlichen Weltbild", die den kulturkritischen Aspekt im Kontextualisierungsprozess beschreiben. Eine (6) Definition von Dean Gilliland zum Stichwort „Kontextualisierung" fasst die Darstellung der ersten Abschnitte zusammen. Sie bildet gemeinsam mit (7) den Überlegungen zur Entwicklung einer Kontextualisierungskompetenz das Kernstück dieses Beitrags. Abschließend wird die Frage aufgegriffen, was (8) Missionarinnen und Missionare dazu beitragen können, dass in der Zusammenarbeit mit Kirchen vor Ort Partnerschaften gemeinsamen kontextuellen Reflektierens entstehen und reifen.

1. Unterscheiden zwischen Adaption und Kontextualisierung

Anfang des 20. Jahrhunderts sprach man von Adaption oder Anpassung an die Kultur. Das war ein großer Fortschritt in der Kolonialzeit. Allerdings führte Adaption – eigenartigerweise – zu statischen Ergebnissen. Missionare bemühten sich darum, die Verkündigung des Evangeliums kulturell anzupassen. Dabei entstanden geschichtlich-kulturelle Schnappschüsse, Momentaufnahmen, die das Ergebnis der Anpassung zu einem geschichtlichen Zeitpunkt abbildeten. Diese Formen verfestigten sich und wurden tradiert, auch wenn die Kultur und Gesellschaft sich im Lauf der Zeit weiter veränderten. Der britische Theologe, Missionar und Ökumeniker Lesslie Newbigin (1909–1998) weist in seiner Einleitung zu „Den Griechen eine Torheit" auf die Schwächen das Adaptionsmodells hin.

> „Die Schwäche [des Begriffs Indigenisation] lag darin, daß er die christliche Botschaft in die Abhängigkeit von traditionellen kulturellen Ausdrucksformen brachte – Formen, die ein Teil der Vergangenheit waren und von denen die jungen Leute sich unter dem fortschreitenden Einfluß der ‚Modernisierung' abzuwenden begannen. Folglich wurde das Evangelium mit den konservativen Elementen in der Gesellschaft gleichgesetzt. Die Schwäche des anderen Begriffs, Adaption, lag in der stillschweigenden Voraussetzung, der Missionar bringe das reine Evangelium und dieses sei der empfangenden Kultur lediglich anzupassen. Hier konnte man leicht übersehen, daß das Evangelium, wie es in Predigt und Praxis des Missionars seinen Ausdruck fand, bereits ein angepaßtes Evangelium war, nämlich von dessen oder deren eigener Kultur geprägt. Der Vorzug des Wortes ‚Kontextualisierung' besteht in dem Hinweis darauf, daß das Evangelium zu einem bestimmten Zeitpunkt in den gesamten

> Kontext einer Kultur gestellt wird. Dieser Zeitpunkt ist geprägt von der Vergangenheit [dieser Kultur] und [gleichzeitig] ausgerichtet auf [ihre] Zukunft."[2]

Der umfassendere Blick auf eine Kultur und ihre Entwicklung ist eine Voraussetzung für Kontextualisierung. Ebenso der ganzheitliche Blick auf die soziale, politische und ökonomische Wirklichkeit einer menschlichen Gemeinschaft, nicht nur auf ihre kulturellen Aspekte.

Im Folgenden soll es darum gehen, wie wir von Anpassung und einem Fokus auf angepasste Kommunikation zu einem tieferen Verständnis von Kontextualisierung kommen können. Dabei ist die Verbform „kontextualisieren" in der Überschrift dieses Beitrags bewusst gewählt, um den dynamischen Prozess anzudeuten, der sich des fortwährenden kulturellen und gesellschaftlichen Wandels bewusst ist, und der auch in Gemeinden und Organisationen andauernde Veränderungen erfordert.

Schon bei der Einführung des Begriffs „Kontextualisierung" im Jahr 1972 wurde er vom *Theological Education Fund* des ÖRK definiert als „die Fähigkeit, im Rahmen der eigenen Situation sinnvoll auf das Evangelium zu antworten".[3] Diese Definition geht weit über eine gelungene Anpassung auf kommunikativer Ebene hinaus. Kontextualisierung hat mit der *Antwort* der Menschen auf das Evangelium zu tun. Sie setzt eine erfolgreiche Kommunikation der heilvollen Geschichte Gottes mit seinen Menschen bereits voraus. Sie zielt darauf ab, dass Menschen im Rahmen ihres Lebensumfelds sinnvoll auf diese Geschichte Gottes *reagieren* können. Dazu muss die Geschichte Gottes gewissermaßen erst einmal einige Schritte in den Denkstrukturen einer Kultur zurücklegen.

2. Anknüpfen an einer Plausibilitätsstruktur

Der Begriff „Plausibilitätsstruktur", geprägt von dem Theologen und Soziologen Peter Berger (1929–2017), bezeichnet die weltanschaulichen und gedanklichen Grundlagen einer sozialen Gemeinschaft, die wiederum deren religiöse Überzeugungen prägen. Die soziale Struktur einer Gemeinschaft ist dabei eng mit ihrer Kultur und mit ihrer Plausibilitätsstruktur verknüpft. Die Plausibilitätsstruktur hat in der Entwicklung einer Gemeinschaft einen solch starken Einfluss, dass sie sich als Abbild der Realität konstituiert und sich

---

2 Newbigin, Lesslie: Den Griechen eine Torheit. Das Evangelium und unsere westliche Kultur, Neukirchen-Vluyn 1989, 8.

3 Theological Education Fund: Ministry in Context. The Third Mandate Programme of the Theological Education Fund (1970–77), Bromley, Kent 1972, 20 (Übersetzung JS).

durchsetzt. Sie interpretiert die Welt, „wie sie (vermeintlich) ist". Sie dient als Grundlage dafür, was „plausibel" ist.[4] Plausibilitätsstruktur bezeichnet

> „den Satz von Kriterien, nach denen eine Aussage für plausibel, d. h. einer Klärung nicht bedürftig gehalten wird. [...] Plausibel erscheint jemandem ein Aussagensystem, insoweit er in dessen Sinn sozialisiert worden ist und getragen wird durch die Beziehungen mit signifikanten Anderen. Die Struktur dieser Beziehungen bestimmt die phänomenologische Struktur des Selbstverständlichen."[5]

Eine Plausibilitätsstruktur bildet so das kognitive Fundament einer sozialen Gemeinschaft, im Bild gesprochen: eine Art gedankliches Wegenetz, vergleichbar etwa mit Pfaden durch einen Wald, Wege in einem Irrgarten oder ein geflochtenes Netz, in dem die Schnüre immer wieder miteinander verknotet sind. Eng verbunden damit sind Weltbild und Werte der Gemeinschaft, Ziele, Rollenbilder, Vorstellungen vom guten Leben usw. Diese Grundlagen werden in der Regel nicht hinterfragt. Sie werden durch Rituale und alltägliche Lebensvollzüge oder auch durch die Interpretation vertrauter Beobachtungen immer wieder bestärkt. So entsteht eine Plausibilitätsstruktur einer Gemeinschaft, die zur Überzeugung führt: „So *ist* die Welt!", im Gegensatz zu: „So nehmen wir als soziale Gemeinschaft die Welt wahr", was den Sachverhalt in jedem Fall präziser beschreiben würde. Jeder „bikulturelle" Mensch, der gelernt hat, sich in mehreren kulturellen Kontexten zu bewegen, kennt diese Diskrepanz zwischen eigener Wahrnehmung und einer ethnozentrischen, nicht hinterfragten Überzeugung.

Newbigin weist hin auf das Problem eines ethnozentrischen Gebrauchs des Begriffs „Vernunft". Im westlichen Diskurs wird Vernunft als universaler Zugang zu Erkenntnis betrachtet. Was vernünftig ist, muss doch allen Menschen einleuchten. Das führt etwa dazu, in der Tradition einer westlich-christlichen Apologetik vernünftige Argumente heranzuziehen, um Menschen von der Wahrheit des christlichen Glaubens zu überzeugen. Allerdings „funktioniert" ein solcher Umgang mit Vernunft allenfalls in einer Tradition, die einen solchen Gebrauch von Vernunft eingeübt und in ihrer Plausibilitätsstruktur verankert hat. Das Verständnis von Vernunft ist immer kulturell geprägt und verankert in einer sozialen Gemeinschaft.[6]

---

4 Berger, Peter L.: The Sacred Canopy. Elements of a Sociological Theory of Religion., New York 1990, 12.45.

5 Bühl, Walter L.: Art. Plausibilitätsstruktur, in: Fuchs-Heinritz, Werner u. a. (Hg.): Lexikon zur Soziologie, Wiesbaden ^{4}2007, 494.

6 Newbigin, Lesslie: The Gospel and Our Culture, London 1990, 7: „The idea of a supra-cultural, supra-historical reason which operates apart from any specific human tradition of rational discourse is an illusion."

> „Jede Gesellschaft ist für ihren Zusammenhalt von mehreren, wie Peter Berger es nennt, ‚Plausibilitätsstrukturen' abhängig, also von Glaubens- und Handlungsmustern, die innerhalb einer bestimmten Gesellschaft akzeptiert sind und die festlegen, welche Überzeugungen für ihre Mitglieder plausibel sind und welche nicht. Diese Plausibilitätsstrukturen sind natürlich an verschiedenen Orten und zu unterschiedlichen Zeiten auch verschieden. Wenn folglich in einer Gesellschaft eine Überzeugung als ‚vernünftig' eingestuft wird, dann ist das eine Beurteilung aufgrund der vorherrschenden Plausibilitätsstruktur."[7]

Menschen in sozialen Gemeinschaften mit anderer Plausibilitätsstruktur denken nicht „unvernünftig", jedoch anders. Sie verwenden eine andere Art von Logik, die ihrerseits ihre Überlegungen als „vernünftig" erscheinen lässt. Während in der westlichen Welt eine formale, analytische Logik dominiert, die seziert und gliedert, dabei Objekte hierarchisch geordneten Kategorien zuweist und sich auf lineare Ursache-Wirkung Beziehungen konzentriert, herrscht in großen Teilen der Menschheit eine praktisch-funktionale Logik vor, die danach fragt, wie die einzelnen Objekte im praktischen Lebensvollzug zusammen gehören und im konkreten Kontext Sinn ergeben.[8] Keine dieser Denkweisen ist „unlogisch". Aber beide richten sich an unterschiedlichen Kriterien aus.

Ich nenne zwei Beispiele: Animisten in Uganda führen während einer langanhaltenden Dürre eines Tages ein magisches Regenritual durch. Es ist ein Sonnentag wie viele andere in den vergangenen Wochen. Kein Wölkchen am Himmel, weit und breit. Die Menschen führen einen schwarzen Stier in die Mitte des Dorfplatzes, schlachten ihn rituell, zerteilen ihn und braten sein Fleisch. Die Dorfgemeinschaft beobachtet und feiert das Ritual und freut sich auf das gemeinsame Essen. Noch bevor der Tag zu Ende geht, erscheinen – seit Wochen zum ersten Mal wieder – dunkle Wolken am Horizont und kurz danach bricht ein starker Regen los, der über einen längeren Zeitraum anhält. Fragen wir die Menschen, warum es ausgerechnet an diesem Tag regnet, werden sie antworten: „Da fragst du noch? Wir haben den schwarzen Stier geschlachtet, also sind die schwarzen Wolken am Horizont erschienen!" Der Analogiezauber hat in ihrer Plausibilitätsstruktur einen festen Platz. Äußerlich ähnliche Dinge beeinflussen sich gegenseitig. Die soziale Gemeinschaft opfert einen schwarzen Stier, das bringt schwarze Regenwolken. Währenddessen steht der europäische Ethnologe daneben und fragt sich im Kontext seiner Plausibilitätsstruktur: Wie konnten sie im Voraus wissen, dass es heute regnen würde? Zufall? Wetterfühligkeit? Haben sie eine besondere Sensibilität für sich ankündigenden Regen? Ein Missionar fragt sich vielleicht im

---

7 Newbigin, Lesslie: Das Evangelium in einer pluralistischen Gesellschaft, Neukirchen-Vluyn 2017, 9–10.

8 Vgl. Schuster, Jürgen: Gemeinsam unterwegs. Mission verändert. Mission verändert sich, Berlin 2023, 184.

Rahmen seiner theologischen Plausibilitätsstruktur: Hat Gott diese Menschen erhört und ihnen Regen gegeben?[9] Oder haben sie durch ihr magisches Handeln andere Kraftquellen angezapft? Ein und dasselbe Ereignis, mehrere Interpretationen. Alle Interpreten sind in ihren Plausibilitätsstrukturen so fest verwurzelt, dass sie die jeweils andere Argumentation kaum oder gar nicht nachvollziehen können.[10]

Ein zweites Beispiel: Der US-amerikanische Missionar Don Richardson lebte mit seiner Familie in den 1960er Jahren in Irian Jaya unter dem Stamm der Sawi, einer Gruppe von kannibalistischen Kopfjägern.[11] Beim Erlernen der Sprache und dem Umgang mit den Einheimischen wurde Richardson je länger je mehr die große Kluft zwischen seiner Lebensanschauung und dem Weltbild der Sawi bewusst. Verrat und Täuschung waren Werte, die von den Sawi hochgehalten wurden. Jemand, der sich bei einem Feind einschleichen, sein Vertrauen gewinnen und dann diesen Feind verraten, töten und verspeisen konnte, galt als Held. Kein Wunder, dass die Sawi in dem Verräter Judas den Held der biblischen Passionsgeschichte sahen. Ihm war es gelungen, sich in den engsten Kreis um Jesus einzuschleichen, nur um ihn zu einem geeigneten Zeitpunkt zu verraten. Jesus, der Betrogene und Verratene, war die Lachnummer dieser Geschichte. Richardson stand vor der Frage: Wie sollte und konnte er diesen Menschen die wahre Bedeutung des Sterbens Christi verdeutlichen? Die Sawi interpretierten die Geschichte im Rahmen einer völlig anderen Plausibilitätsstruktur.

Einen Schlüssel zur Kommunikation der Passionsgeschichte in der Plausibilitätsstruktur der Sawi entdeckte Richardson erst während eines Krieges zwischen den Sawi und einem verfeindeten Stamm. Die Kriegshandlungen spielten sich in unmittelbarer Nähe des Hauses von Familie Richardson ab. Die Richardsons waren drauf und dran, die Region zu verlassen, als die Sawi schließlich beschlossen, ein Friedensabkommen mit dem verfeindeten Stamm zu schließen. Der Friedensvertrag wurde durch folgendes Ritual geschlossen: Der Häuptling der Sawi übergab seinen neugeborenen Sohn dem Häuptling des verfeindeten Stammes. Dieser würde den Sohn seines Feindes dauerhaft in seinem Stamm aufnehmen und aufziehen. Solange der Sohn am Leben war, würde Frieden herrschen zwischen den verfeindeten Stämmen. Ein Mann, der seinen eigenen Sohn in die Hände seines Feindes übergab, galt als vertrauenswürdig. Es lag im Interesse des verfeindeten Stammes, dieses Vertrauen zu erwidern. Der Sohn war das Friedenskind.

---

9 Vgl. Apg 14,17; Mt 5,45.

10 Burnett, David: World of the Spirits. A Christian Perspective on Traditional and Folk Religions, London 2000, 7–9.

11 Richardson, Don: Friedenskind. Wandlung einer Dschungelkultur grausamer Tücke in Neuguinea, Lahr [8]2007. https://renewaljournal.com/2019/05/08/peace-child-png-a-story-that-impacted-world-missions/ (abgerufen am 25.10.2023).

Als Richardson über dieses Ritual nachdachte, erkannte er die Chance, die Geschichte von Jesus aus einer anderen Perspektive zu erzählen. Jesus Christus ist Gottes Friedenskind. Gott gab seinen Sohn in unsere menschlichen Hände. Gott machte Frieden mit uns Menschen. Durch die Hingabe seines Sohnes beweist er seine Vertrauenswürdigkeit. Aus dieser Perspektive wird die Geschichte Jesu für die Sawi in ihrer Plausibilitätsstruktur verständlich. Das Ritual des Friedenskindes wird zum Schlüssel für ihr Verständnis des Evangeliums.

Hier ist der Punkt: Die Story, der Inhalt der Passionsgeschichte, hat sich nicht verändert. Aber Richardson hat sozusagen in der Welt der Sawi den Pfad entdeckt, auf dem sie Zugang bekommen können zu einer angemessenen Interpretation der Geschichte. Dieses wahre Ereignis illustriert, dass es bei Kontextualisierung nicht um eine äußere Anpassung des Evangeliums geht, sondern darum, Denkpfade in der Welt der Hörer zu entdecken, entlang derer die Geschichte des Evangeliums verstanden werden und seine Kraft entfalten kann.

3. Die Frage der Relevanz

Der Zugang zur Plausibilitätsstruktur einer Gemeinschaft ist die Voraussetzung, um die Relevanz der Geschichte Gottes für das Leben dieser Menschen zu entdecken. Die Botschaft vom Handeln Gottes muss für das Leben von Menschen relevant sein, damit es zu einem authentischen Erstkontakt kommt. Die Relevanz soll und darf dabei nicht zum Maßstab einer theologischen Interpretation erhoben werden. Gott hat uns Menschen immer mehr zu sagen, als das, was uns in unseren existentiellen Erfahrungen im augenblicklichen Zustand anspricht. Es geht also immer um mehr als Relevanz. Aber ohne einen authentischen Erstkontakt der Botschaft, in dem die Relevanz erfahren wird, verhallt christliche Verkündigung ohne Echo. Damit Menschen sinnvoll auf das Evangelium antworten können, muss es in ihr Leben hineingesprochen haben.

Luther war in seiner Zeit umgetrieben von der Frage: „Wie bekomme ich einen gnädigen Gott?" Seine Klostererfahrung konzentrierte sich auf eigene Bemühungen, gottgefällig zu leben. Diesen Weg erlebte er als Sackgasse. In seiner autobiographischen Einleitung zu einer Sammlung seiner lateinischen Schriften aus dem Jahr 1545 beschreibt er die Erfahrung, die als „Turmerlebnis" in die Geschichte der Reformation eingegangen ist. Die Entdeckung, dass Gerechtigkeit Gottes als aus Gnade gewährte Gerechtigkeit zu verstehen sei, bedeutete für ihn einen Durchbruch in seinem theologischen Denken. Hier erwies das Evangelium seine Relevanz für Luther.

> „Da begann ich, die Gerechtigkeit Gottes zu verstehen als die, durch die als durch Gottes Geschenk der Gerechte lebt, nämlich aus Glauben, und daß dies der Sinn sei: Durch das Evangelium werde Gottes Gerechtigkeit offenbart,

> nämlich die passive, durch die uns der barmherzige Gott gerecht macht durch den Glauben, wie geschrieben ist: ‚Der Gerechte lebt aus Glauben'. Da hatte ich das Empfinden, ich sei geradezu von neuem geboren und durch geöffnete Tore in das Paradies selbst eingetreten. Da zeigte mir sofort die ganze Schrift ein anderes Gesicht."[12]

Die wenigsten Menschen unserer Zeit werden von Luthers Frage umgetrieben. Jugendliche und junge Erwachsene stehen heute vielmehr vor der Frage der eigenen Identität und des eigenen Lebensentwurfs: Wer bin ich? Wer kann ich sein? Wer will ich sein? Die Frage der Relevanz lautet vor diesem Horizont: Wie erweist sich die Geschichte vom Handeln Gottes in der Welt als bedeutsam für die Identitätsfrage dieser Menschen?

Wir brauchen zunächst einen Anknüpfungspunkt, um mit Menschen, die einer sozialen Gemeinschaft mit anderer Plausibilitätsstruktur angehören, überhaupt ins Gespräch zu kommen. Und das kann am besten geschehen in Interaktionen im Alltag, die etwas mit unserem gemeinsamen Menschsein und unseren existenziellen Fragen zu tun haben.

4. Die Gleichzeitigkeit von Anknüpfung und Weltbild-Transformation

Aus dem bisher Gesagten könnte der Eindruck entstehen, es handle sich bei Kontextualisierung um eine „Einbahnstraße", nämlich eine Anknüpfung an Bedürfnissen von Menschen und an der Plausibilitätsstruktur einer sozialen Gemeinschaft. Newbigin weist bereits 1986 darauf hin, dass das Verhältnis zwischen Evangelium und Kultur komplexer ist. Es geht um eine doppelte Bewegung, nämlich „hinein in eine Kultur" und als Folge davon um eine Transformation einer Kultur von innen heraus. Kontextualisierung hat immer beide Bewegungen im Blick.

> „Wenn ich vom Evangelium rede, meine ich natürlich die Aussage, dass die gesamte Menschheit in dem Geschehen um das Leben, den Dienst, den Tod und die Auferstehung Jesu Christi verändert und daher jede menschliche Kultur in Frage gestellt wird. Sicher ist auch diese Ankündigung selbst in einem bestimmten kulturellen Umfeld geschehen. Sie kam nicht einfach vom Himmel oder aus dem Mund eines Engels. Die Worte ‚Jesus Christus' sind die griechische Wiedergabe des hebräischen Namens und Titels ‚Joshua der Messias'. Sie sind Teil einer bestimmten Kultur in einem bestimmten Teil der Welt – dem östlichen Mittelmeerraum – zu einem geschichtlichen Zeitpunkt, als Griechisch die verbreitetste internationale Sprache in den Ländern um das

---

12 Brecht, Martin: Martin Luther. Bd. 1. Sein Weg zur Reformation (1483–1521), Stuttgart ³1990, 129. Zitat entnommen aus: https://ghdi.ghi-dc.org/docpage.cfm?docpage_id=5194 (abgerufen am 25.10. 2023).

> Mittelmeer war. Weder am Anfang noch irgendwann später kann es ein Evangelium geben, das nicht in eine bestimmte kulturell geprägte Form von Worten gefasst ist. Die Vorstellung, man könne auf irgendeine Weise ein reines Evangelium herausdestillieren, unverfälscht durch irgendwelche kulturellen Zutaten, ist eine Illusion. Ja, sie ist geradezu ein Verrat am Evangelium, denn das Evangelium handelt vom fleischgewordenen Wort. Wo immer das Evangelium in Worte gefasst wird, steht es unter dem Einfluß der Kultur, zu der diese Worte gehören. Und jede Lebensweise, die die Wahrheit des Evangeliums ausdrücken will, ist eine kulturell bestimmte Lebensweise. Ein kulturfreies Evangelium wird es niemals geben. Und doch stellt das Evangelium, selbst ganz und gar in kulturell geprägten Formen ausgedrückt, alle Kulturen in Frage, einschließlich derjenigen, in der es sich zum ersten Mal darstellte."[13]

Diese doppelte Bewegung lässt sich etwa an den drei Predigten des Paulus gut beobachten, die uns Lukas in der Apostelgeschichte überliefert. Deutlich wird, dass Paulus jedes Mal an der Plausibilitätsstruktur seiner Zuhörer anknüpft und doch im Lauf seiner Predigt ein neues Ereignis und eine neue Interpretation dieses Ereignisses vorstellt, die sich nicht nahtlos in die bisherige Plausibilitätsstruktur seiner Hörer integrieren lassen, und die deshalb nach einer Veränderung dieser Struktur rufen.

In seiner Predigt in der Synagoge in Antiochia in Pisidien (Apg 13,16–41) führt Paulus seine jüdischen Hörer hin zu einer spezifischen Deutung der Geschichte Israels, die die Kreuzigung und Auferstehung Jesu als die Erfüllung der davidischen Verheißung zeigt und Jesus als Messias vorstellt. Paulus knüpft an der bekannten jüdischen Geschichte und an der eschatologischen Erwartung seiner Zuhörer an und fordert die Juden durch seine Interpretation gleichzeitig heraus, ihr Denken zu verändern und ihr Leben im Licht der neuen Wirklichkeit zu gestalten, dass der Messias jetzt erschienen ist.

Aus Lystra (Apg 14, 8–20) wird uns die eigentliche Predigt des Paulus nicht überliefert, nur einige Fragmente der Interaktion zwischen Paulus und der Volksmenge, die ihn und Barnabas als Hermes und Zeus verehren wollen. Paulus verweist in seinen Zwischenrufen auf das gemeinsame Menschsein (V. 15: „Auch wir sind nur Menschen, von gleicher Art wie ihr.").[14] Und er verweist darauf, dass Gott sich auch den Völkern nicht unbezeugt gelassen und sie mit Regen, Nahrung und Fruchtbarkeit gesegnet hat (V. 17). Auch hier verbindet Paulus die Anknüpfung an der Plausibilitätsstruktur seiner Zuhörer (Regen und Fruchtbarkeit kommen von den Göttern) mit einer Herausforderung, den Unterschied zwischen den „Nichtigen" (Göttern) und dem „lebendigen Gott", dem Schöpfer der Welt, wahrzunehmen.

---

13 Newbigin: Griechen (Anm. 2), 9–10.

14 Alle Bibeltexte werden zitiert aus: Die Bibel. Einheitsübersetzung der Heiligen Schrift, Stuttgart, 1980.

Die Predigt des Paulus in Athen zeigt diese doppelte Bewegung in besonders schöner Weise. Sie lebt von der Spannung zwischen den Aussagen in V. 23 („Was ihr verehrt, ohne es zu kennen, das verkünde ich euch.“) und V. 30 („Gott, der über die Zeiten der Unwissenheit hinweggesehen hat, lässt jetzt den Menschen verkünden, dass überall alle umkehren sollen.“). Diese beiden Akzente in Paulus’ Rede spannen einen Bogen auf zwischen Anknüpfung und Transformation. Die Rede kann hier nicht näher untersucht werden. Aber zwei Aspekte verdienen besondere Aufmerksamkeit: Paulus spricht zu den Stoikern in Athen in einer Art und Weise, die zeigt, dass er mit der stoischen Philosophie gut vertraut ist. Er streut nicht einfach – mehr oder weniger wahllos – einige stoische Zitate ein.[15] Gleichzeitig sind die zentralen Aussagen des Paulus eindeutig eine Zusammenfassung alttestamentlicher Theologie.[16] Die Predigt mündet ein in eine christologische Aussage, mit der Paulus die Frage der Athener nach Jesus und der Auferstehung beantwortet (Apg 17,18). Allem Anschein nach waren einige unter den Zuhörern davon ausgegangen, dass Paulus zwei neue Gottheiten verkünde, wenn er von „Jesus“ und „Anastasis“ (Auferstehung) sprach.

Der Neutestamentler Dean Flemming fasst die hier genannten beiden Aspekte sehr treffend zusammen:

> „Es stimmt, dass die Theologie der Rede fest im Alten Testament und im Judentum verwurzelt ist, aber Paulus ist in der Lage, die biblische Offenbarung in der Sprache und in den Kategorien seiner griechischen Zuhörer zu vermitteln – ohne, wie N. T. Wright es ausdrückt, ‚auf die schiefe Bahn des Synkretismus zu geraten‘. Paulus nutzt die Ähnlichkeiten zwischen den jüdischen Schriften und dem hellenistischen Denken, um apologetische Brücken zu seinen Zuhörern zu bauen. Die griechische Philosophie wird zu einem ‚legitimen Gesprächspartner‘ in Paulus’ Versuch, das jüdisch-christliche Evangelium für seine gebildeten Zeitgenossen zu kontextualisieren. [...] Das Geniale an Paulus’ kontextsensitiver Predigt in Apostelgeschichte 17 ist, dass er bewusst die philosophische Sprache seiner Zuhörer verwendet, nicht nur, um eine gemeinsame Basis zu finden, sondern auch, um ihr Weltbild zu verändern. Hinter dieser Strategie steht die tiefe Überzeugung, dass die heidnische Welt erlöst werden kann. Die vertraute Sprache wird daher übernommen und im Licht der

---

15 Der US-amerikanische Neutestamentler Lynn Allan Losie, A Model of Cross-Cultural Evangelism, in: Robert L. Gallagher and Paul Hertig (Hg.): Mission in Acts. Ancient Narratives in Contemporary Context, Maryknoll (NY) 2004, 221–238, spürt in seiner Analyse des Textes den Quellen der stoischen Zitate nach, die Paulus in seiner Predigt verwendet.

16 Man vergleiche nur die folgenden Textaussagen miteinander: Apg 17,24–29 mit Jes 42,5.8.

biblischen Offenbarung und des Christusereignisses mit einer neuen Bedeutung versehen."[17]

Das, was uns hier in der Zusammenfassung der paulinischen Predigten als kleiner Schritt in einer kurzen, überschaubaren Zeit erscheint, ist in Wahrheit erst der Beginn eines langen Prozesses. Die Transformation der Plausibilitätsstruktur und des Weltbilds ist ein kontinuierlicher Prozess, der ein Leben lang andauert. Bekehrung ist nur der erste Schritt auf diesem Weg. Newbigin illustriert solche Transformationsprozesse des Denkens mit einem Beispiel aus der Welt des Kletterns, einem Hobby aus seiner Jugendzeit:

> „Ein Bergsteiger macht Fortschritte, indem er jeweils nur einen Haltegriff oder einen Fuß loslässt, während er nach einem neuen Halt sucht. Dabei gilt seine ganze Aufmerksamkeit der Hand oder dem Fuß, der nach einem neuen Halt sucht, aber in Wirklichkeit ist er auf die anderen drei Griffe angewiesen, denen er im Moment keine Beachtung schenkt. Wenn er versuchen würde, sie alle gleichzeitig loszulassen, wäre er verloren. Genauso hängen die Prozesse des Zweifelns und Umdenkens, durch die wir im Verstehen vorankommen, von Überzeugungen ab, die wir im Moment nicht anzweifeln, sondern einfach als gegeben hinnehmen."[18]

Das trifft auf alle unsere Erkenntnisprozesse zu, erst recht auf so komplexe Prozesse wie die Reorganisation eines Weltbildes und einer Plausibilitätsstruktur.

5. Kein kulturfreies „christliches Weltbild"

Auf ein Missverständnis muss hier noch hingewiesen werden. Es wäre zu einfach gedacht, die hier angesprochenen Veränderungsprozesse als das Austauschen einer vorchristlichen Plausibilitätsstruktur mit einer „christlichen" Plausibilitätsstruktur zu verstehen. So wenig es ein kulturfreies Evangelium gibt, so wenig gibt es eine kulturunabhängige, „christliche" Plausibilitätsstruktur oder ein kulturunabhängiges, „christliches" Weltbild. Plausibilitätsstrukturen und Weltanschauungen sind immer verknüpft mit sozialen Gemeinschaften. Wir können also etwa Plausibilitätsstrukturen unterschiedlicher christlicher Kirchen durch die Jahrhunderte untersuchen. Aber es gibt keine „christliche" Kultur, kein kulturfreies Evangelium und kein zeitloses christliches Weltbild. Die Geschichte vom heilvollen Handeln Gottes kann und will in menschlichen Gemeinschaften Prozesse auslösen, um eine bestehende

---

17 Flemming, Dean E.: Contextualization in the New Testament. Patterns for Theology and Mission, Downers Grove (IL) 2005, 77.79 (Übersetzung JS).

18 Newbigin, Lesslie: Honest Religion for Secular Man, Philadelphia (PA) 1966, 37–38 (Übersetzung JS).

Plausibilitätsstruktur zu verändern, zu korrigieren und eine neue Sicht der Welt einzuüben. Aber die Veränderung wird immer von vorhandenen Vorstellungen ausgehen und zu einer spezifischen kulturell-christlichen Gestalt einer Plausibilitätsstruktur in einer christlichen Gemeinschaft an einem bestimmten geschichtlichen Ort führen. Dies lässt sich an einer Beobachtung des ghanaischen Theologen Kwame Bediako (1945–2008) zeigen.

Er arbeitet in einem seiner Aufsätze sehr schön heraus, welche Probleme die Verkündigung der Missionare in seiner Heimat verursachte.[19] Die Missionare präsentierten den Akan Christus als Mittler zwischen Gott und den Menschen, eine Stellung, die im Denken der Akan den Ahnen zukam. Dabei gingen die Missionare davon aus, dass die verkündigte „biblische" Weltsicht das traditionelle Verständnis ersetzen würde.[20] Das geschah jedoch nicht. Vielmehr stürzte die Verkündigung des Evangeliums die Akan in schwierige kulturelle und theologische Fragen. Im Verständnis der Akan versorgten die Ahnen des Stammes ihre Nachkommen mit Leben und Gesundheit sowie mit den Dingen, die zum Leben notwendig waren. Ahnen waren die Mittler zwischen den Göttern, dem Hochgott Ayame und den Akan.

> „Weil sie [die Ahnen] als der Teil der Sippe angesehen werden, der zum Haus Gottes vorangegangen ist, glaubt man, daß sie dadurch mächtig sind, daß sie den Fluß des Lebens hier und jetzt aufrechterhalten und zum Guten oder Bösen beeinflussen. Sie geben den Lebenden Kinder, sie verschaffen eine gute Ernte, sie teilen die Sanktionen für das moralische Leben der Nation aus und strafen, entlasten oder belohnen die Lebenden, je nachdem, wie es sich verhält."[21]

Für die Akan stellte sich also die Frage: Wie passen unsere Vorstellungen von den Ahnen zu der von den Missionaren verkündigten Vorstellung, Christus sei der (einzige) Mittler zwischen Gott und den Menschen? Diese spezifische kulturelle Frage spielt in westlicher Theologie keine Rolle und wurde von den Missionaren nicht thematisiert. Die Akan waren also allein gelassen mit den beiden Vorstellungen, Leben und Gesundheit werden durch die Ahnen vermittelt und/oder sie werden durch Christus vermittelt. Während sich im modernen westlichen Denken diese beiden Optionen gegenseitig ausschließen, können die Akan – so wie viele andere Menschen in der Mehrheitswelt – gut mit dem Gedanken leben, dass beide Deutungen ihre Berechtigung haben.

---

19 Bediako, Kwame: Biblische Christologien im Kontext traditioneller afrikanischer Religionen, in: Vinay Samuel und Chris Sugden (Hg.): Der ganze Christus für eine geteilte Welt. Evangelikale Christologie in der Zwei-Drittel-Welt, Erlangen 1987, 79–133.

20 Es muss an dieser Stelle offenbleiben, inwieweit die Missionare sich mit den traditionellen Vorstellungen der Akan beschäftigt hatten oder nicht.

21 Bediako, Biblische Christologien (Anm. 19), 100.

Deshalb ist es aus der Sicht der Akan nicht notwendigerweise ein Widerspruch, im christlichen Gottesdienst um Heilung zu bitten und gleichzeitig über einen Schamanen Geistwesen und Ahnen zu kontaktieren, um Heilung zu erlangen. Die Lösung liegt nicht darin, die traditionelle Sicht durch eine neue „christlich-westliche" Sicht zu ersetzen. Es muss zu einer Begegnung der beiden Vorstellungen kommen, aus der eine „christliche Akan-Sicht" erwachsen kann. Dabei steht im Kern die Frage: Wie ist das Verhältnis zwischen Christus und den Ahnen der Akan zu verstehen? Verschiedene afrikanische Theologen schlagen eine Form der Identifikation vor und beschreiben die Rolle Christi als die eines Ahnen. Bediako beschreitet seinen theologischen Weg vorsichtiger, umsichtig und gründlich. So kritisiert er etwa den ghanaischen Theologen John S. Pobee, der von Christus als dem „Greatest Ancestor" spricht, für seine mangelnde Sorgfalt, zwischen biblischen und ghanaischen Vorstellungen und Begriffen zu unterscheiden:

> „[Pobee] läßt [...] in seinem Versuch die traditionellen dogmatischen Formulierungen der Christologie den Denkkategorien der Akan anzupassen, die biblische Offenbarung nicht genügend in ihren eigenen Begrifflichkeiten in die Situation der Akan hinein sprechen. Zu leicht nimmt er Ähnlichkeiten zwischen der biblischen (für ihn ‚jüdischen') Weltsicht und der der Akan an und unterschätzt so das Potential für einen echten Konflikt und kommt nicht zu einer echten Begegnung."[22]

In diesen Formulierungen wird deutlich, wie Bediako sich dieser Aufgabe der Begegnung zwischen biblischen und ghanaischen Vorstellungen stellt. Eine solche Begegnung kann durchaus zu Konflikten führen, denen der christliche Theologe nicht ausweichen darf. Dessen ist sich Bediako bewusst. Zusammenfassend stellt er seine Position so dar:

> „So ist unser Heiland unser älterer Bruder, der an unserer afrikanischen Erfahrung in jeder Hinsicht Anteil genommen hat, außer in [sic!] unserer Sünde und Entfremdung von Gott, einer Entfremdung, mit der wir durch unsere Ursprungsmythen nur zu vertraut sind. Weil er jetzt in der Gegenwart Gottes, seines und unseres Vaters, unser wahrer älterer Bruder ist, ersetzt er die Vermittlerfunktionen unserer natürlichen ‚Geist-Väter'. Denn diese selbst brauchen die Errettung, da sie von uns herkommen. [...]
>
> Vom Standpunkt der traditionellen Theologie und Kosmologie der Akan aus ist Jesus in den Bereich der Ahnengeister und Götter gegangen. [...] [Er ist] als Herr über sie dorthin gegangen, ebenso wie er der Herr über uns ist. [...] Er ist hocherhaben über alle ‚Götter' und Autoritäten im Bereich der Geister.

---

22 A.a.O., 101.

> So vereinigt er in sich alle ihre Macht und macht jeglichen terrorisierenden Einfluß, den sie auf uns haben könnten, zunichte."[23]

Bediako findet in einer kritischen Reflexion einen angemessenen Platz für Christus in der Plausibilitätsstruktur der Akan, der sich nicht aus dem Weltbild der Akan, sondern aus einer biblischen Christologie herleitet. Dabei richtet er den Fokus auf das „Christus Victor" Motiv, das die Herrschaft Christi über die „Mächte und Gewalten" hervorhebt und genau auf diese Weise Menschen von der Angst vor den Geistwesen befreien kann. Solch ein theologischer Zugang ist gefragt im Prozess des Kontextualisierens. Das christliche Weltbild der Akan in Ghana wird sich so von einem christlichen Weltbild sozialer Gemeinschaften in Europa unterscheiden. Am Ende steht nicht eine Homogenisierung „christlicher Weltbilder", sondern verständnisvolle und kritische Begegnung und Auseinandersetzung. Aber in beiden Weltbildern spielt die Herrschaft Christi die entscheidende Rolle. Auf diese zentrale Rolle der Christusherrschaft im Prozess des Kontextualisierens weist der ecuadorianische Theologe René Padilla hin.

> „Das Evangelium zu kontextualisieren bedeutet, es so zu übersetzen, dass die Herrschaft Jesu Christi nicht ein abstraktes Prinzip oder eine bloße Lehre ist, sondern der bestimmende Faktor des Lebens in all seinen Dimensionen und das grundlegende Kriterium, an dem alle kulturellen Werte gemessen werden, die die eigentliche Substanz des menschlichen Lebens ausmachen. Ohne Kontextualisierung wird das Evangelium zu einer Nebensache oder sogar völlig irrelevant."[24]

Kontextualisieren will dahin führen, dass Menschen ihre Plausibilitätsstruktur, ihr Weltbild und ihre Werte an Christus und seiner Herrschaft ausrichten und von dieser Mitte aus ihre Kultur, ihr Denken und Handeln reflektieren. Was auf der kulturellen Ebene gilt, gilt auch auf der Ebene der Plausibilitätsstruktur und des Weltbilds. Gefragt ist nicht eine globale „christliche" Homogenisierung (Vereinheitlichung), sondern eine fundierte, verständnisvolle und kritische Begegnung und Auseinandersetzung, die zu selbst gewonnenen theologischen Überzeugungen führt.

6. Definition „Kontextualisierung"

Die hier beschriebenen Prozesse finden sich kompakt in einer Definition des US-amerikanischen Theologen und Experten für kontextualisierte Theologie und Afrika-Studien Dean S. Gilliland:

---

23 A.a.O., 106.

24 Padilla, C. René: Mission Between the Times: Essays on the Kingdom, Carlisle (UK) 2010, 113 (Übersetzung JS).

> „Das Ziel von Kontextualisierung ist – soweit das menschlich möglich ist –, dass Jesus Christus authentisch erfahren werden kann in jedem menschlichen Kontext. Kontextualisierung zielt darauf ab, dass das Wort – Jesus Christus – unter allen Familien und Kulturen der Menschheit so wohnt und Gestalt gewinnt, wie Jesus unter den Menschen seiner Zeit gewohnt hat. Das Evangelium ist dann ‚Gute Nachricht', wenn es Antworten bereit stellt für eine bestimmte Gruppe von Menschen an einem bestimmten Ort zu einer bestimmten Zeit. Dazu gehört: die Weltsicht dieser Menschen bildet den Rahmen für die Kommunikation, die Fragen und Bedürfnisse der Menschen dienen als Leitfaden für die Akzente der Botschaft, und die Begabungen der Menschen werden zu Ausdrucksformen für ihre Antwort auf das Evangelium.
>
> Kontextualisierung in der Mission beschreibt das Bemühen einer Kirche, das Evangelium erfahrbar zu machen in ihrem eigenen Lebensumfeld. In diesem Prozess wird die Kirche – geleitet durch den Heiligen Geist – Elemente ihrer eigenen Kultur kritisch reflektieren, sie integrieren oder auch transformieren, mit dem Ziel, sie unter die Herrschaft Christi zu bringen. Die Gläubigen werden das Wort Gottes reflektieren in ihren eigenen Gedanken, ihre eigenen kulturellen Gaben einsetzen, und auf diese Weise das Evangelium als Inkarnation in ihre Lebenswelt verstehen lernen."[25]

Das zentrale Stichwort lautet „Inkarnation". Im Bild gesprochen: Christen begegnen Menschen aus anderen sozialen Gemeinschaften mit der Frage, wo sich „Krippen" zeigen, in denen Christus in dieser spezifischen sozialen Gemeinschaft „zur Welt kommen kann". Wenn das geschieht, werden Christen und Kirchen sich in einem zweiten Schritt darin üben, ihr eigenes Umfeld kritisch zu reflektieren und einen Lebensstil zu entwickeln, der sich an der

---

[25] Gilliland, Dean S.: Contextualization, in: A. Scott Moreau u. a. (Hg.): Evangelical Dictionary of World Missions, Grand Rapids (MI) 2000, 225–228. Engl. Original: „The goal of contextualization perhaps best defines what it is. That goal is to enable, insofar as it is humanly possible, an understanding of what it means that Jesus Christ, the Word, is authentically experienced in each and every human situation. Contextualization means that the Word must dwell among all families of humankind today as truly as Jesus lived among his own kin. The gospel is Good News when it provides answers for a particular people living in a particular place at a particular time. This means the worldview of that people provides a framework for communication, the questions and needs of that people are a guide to the emphasis of the message, and the cultural gifts of that people become the medium of expression.

Contextualization in mission is the effort made by a particular church to experience the gospel for its own life in light of the Word of God. In the process of contextualization the church, through the Holy Spirit, continually challenges, incorporates, and transforms elements of the culture in order to bring them under the lordship of Christ. As believers in a particular place reflect upon the Word through their own thoughts, employing their own cultural gifts, they are better able to understand the gospel as incarnation" (Übersetzung JS).

Herrschaft Christi orientiert und die eigene kulturelle Prägung einerseits bewusst mit aufnimmt und sie gleichzeitig umwandelt und neu gestaltet.

Was ergibt sich aus diesen grundlegenden Überlegungen für die Begleitung von Kirchen und die Entwicklung einer eigenen Kontextualisierungskompetenz?

7. Schritte zur Entwicklung einer dynamischen Kontextualisierungskompetenz

Kulturelles Training ist seit vielen Jahrzehnten für kirchliche Mitarbeiter, die in ihnen fremden kulturellen Kontexten arbeiten, selbstverständlich. Sprache, Kultur, Werte und Weltbild verstehen lernen steht unter dem pragmatischen Fokus: Was muss ich mir als Missionar oder kirchlicher Mitarbeiter aneignen, um meine Rolle gut auszufüllen, um verständlich zu kommunizieren, um die Plausibilitätsstruktur der Menschen, mit denen ich es zu tun habe, so gut es geht zu verstehen?

Reflexionsfähigkeit und Sensibilität für kulturelle Symbole und Prozesse sind jedoch nicht nur für kirchliche Mitarbeiter wichtig, die in ihnen fremden kulturellen Kontexten tätig sind. Auch einheimische Mitarbeiter und Kirchen brauchen die Befähigung zur Auseinandersetzung mit der eigenen Kultur. Sie müssen in die Lage versetzt werden, ihre Welt zu interpretieren, um sich selbst und die Rolle ihrer Kirche in ihrer sozialen Gemeinschaft verstehen und justieren zu können. Um es mit den Worten des südafrikanischen Theologen Johann-Albrecht Meylahn zu formulieren: „[Die Kirche] ist aufgerufen, zunächst die Welt zu verstehen und zu interpretieren, um ihre Berufung als alternative Gemeinschaft [in dieser Welt] erkennen zu können.“[26]

Meylahn zeigt, dass Kulturverstehen nicht nur wichtig ist für eine missionarische Anknüpfung im Kontext einer Kultur, sondern vor allem auch für die theologische Orientierung der Kirche selbst, um ihre Berufung als Kirche Christi in ihrem konkreten sozio-kulturellen und politisch-ökonomischen Umfeld zu erkennen. Hier wird noch einmal deutlich: Es geht nicht um Anpassung, sondern um die Fähigkeit, sich selbst zu orientieren und zu positionieren in den ganzheitlichen Herausforderungen eines kulturellen Umfelds, das selbst im Wandel begriffen ist.

Was bedeutet das für die Praxis? Ich schlage vier Schritte vor:

---

26 Meylahn, Johann-Albrecht: Transforming Mission, Twenty Years Later: Paradigm Shift or Cosmetic Facelift?, in: Missionalia 39/1–2 (2011), 130–151:133 (Übersetzung JS).

7.1 Kirche als hermeneutische Gemeinschaft

Wir nehmen Menschen von Anfang an mit hinein in die Interpretation biblischer Texte. Die Frage lautet: Was bedeuten die Heilstaten Gottes für uns – hier, heute, in unserer Situation? Das Leitbild für Kirche ist nicht eine Lehrgemeinschaft (alle folgen einem sachkundigen Lehrer), sondern eine hermeneutische Gemeinschaft, die Christus – als Retter und Lehrer – in die Mitte nimmt und gemeinsam interpretiert, anbetet und lebt. Hier soll nicht das Medium der Predigt diskreditiert werden. Aber: Mit jedem Predigtplatz, den wir eröffnen, starten wir auch einen neuen Bibelgesprächskreis. Mit jedem Lehrsaal, mit jeder Medienplattform, die wir eröffnen, schaffen wir auch eine Gesprächsplattform zum gegenseitigen Austausch. Theologisieren ist ein gemeinschaftliches Geschehen, und zwar auf allen Ebenen, von der Gemeindebasis bis hin zur Kirchenleitung und theologischen Institutionen.

7.2 Kirche als Konsulat Gottes an einem konkreten Ort

In einem zweiten Schritt fragen wir mit den Menschen vor Ort: Welche Aufgabe haben wir als lokale Kirche oder als Kirchen im regionalen Verbund für unsere Community? Welche Bedarfe nehmen wir wahr? Welche treiben uns um? Welche Begabungen und Ressourcen haben wir, um diese Bedarfe zu adressieren? Was können wir beitragen, ohne uns zu überfordern? Es geht zunächst um kleine Schritte, nicht um große Projekte. Das Zeugnis des christlichen Glaubens braucht das Involviert-Sein im öffentlichen Leben der lokalen sozialen Gemeinschaft. So wird Kirche zu einer Art „Konsulat Gottes“. Sie repräsentiert Christus in ihrem Umfeld und handelt in seinem Namen.

7.3 Kirche als Katalysator

Kultur und Welt zu verstehen und den eigenen Standort in der Welt wahrzunehmen, führt zu einer gewissen Distanz zur eigenen Kultur, in der kritische Fragen reifen können. Auf diese Weise wird Kirche zu einem Katalysator, der Veränderungsprozesse auslösen und fördern kann.

Das beginnt bei Fragen des christlichen Lebens. Die theologische Reflexion Bediakos zur Rolle der Ahnen im Leben der Akan ist hier vorbildlich. Im Kontext animistischer Weltbilder spielen Fragen zum Umgang mit Ahnen in der Regel eine wichtige Rolle: Welche Weltbildvorstellungen stehen hinter der Praxis der Ahnenverehrung in unserer sozialen Gemeinschaft? Welche Erwartungen verbinden wir mit der Anrufung unserer Ahnen? Wie sind diese Vorstellungen und Erwartungen im Licht der biblischen Offenbarungsgeschichte zu bewerten? Welche Schlussfolgerungen ergeben sich aus diesen Beobachtungen für ein kulturell relevantes christliches Verständnis und eine christliche Praxis?

Missionare sind an dieser Stelle Mit-Lernende und Mentoren. Ziel ist, dass die Kirche darin wächst, aus dem Kulturverstehen heraus notwendige Veränderungsprozesse *selbst* abzuleiten, zu initiieren und langsam und stetig zu implementieren.

Impulse zur Veränderung gehen aber auch über die Kirche hinaus. N. T. Wright berichtet aus seiner Zeit als Bischof einer Diözese im Nordosten Englands von einem sozialmissionarischen Einsatz junger Menschen. Eine ihrer Aktionen war, in einer dunklen Seitengasse im Armenviertel einer Stadt die Rückseiten der Häuser anzustreichen und die Straße mit Blumenkübeln zu schmücken. Die Bewohner hatten zunächst Sorge, sie müssten für die Aktion aufkommen. Die Nachricht, das sei ein Geschenk der Kirche, beruhigte sie. Aber nicht nur das. Sie ließen sich anstecken, selbst aktiv zu werden, kleine Gärten anzulegen und gemeinsame Grillpartys auf der Straße zu veranstalten. Als ein Mitarbeiter der Kirche, der in dieser Straße wohnte, die Anwohner auf Jesus ansprach, waren sie interessiert. Sie selbst hatten Zeichen des Handelns Gottes in ihrem Umfeld gesehen.[27]

Kontextualisieren als Reflexions-, Entscheidungs- und Handlungskompetenz

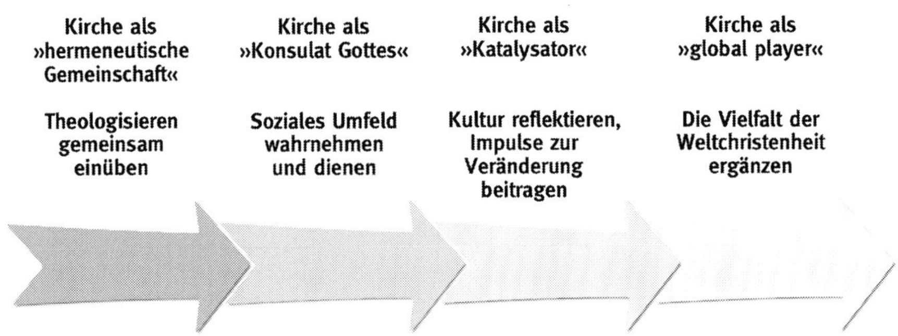

7.4 Kirche als „global player"

Kirchenleiter und Gemeinden mit einer solchen Reflexions- und Entscheidungskompetenz werden dann selbst auch *global player*. Als lokale Kirche sind sie Teil der hermeneutischen Gemeinschaft der weltweiten Kirche Christi und damit auch Teilhaber an der Mission Gottes. Sie können und sollen sich mit ihren Stärken einbringen, und zwar lokal und international.

27 Wright, N. T.: Surprised by Scripture. Engaging Contemporary Issues, New York 2014, 214f.

Westliche Mitarbeiter, Missionswerke und Kirchen werden von Menschen mit solchen Kompetenzen profitieren können, wenn diese mit einer Außenperspektive verstehend und kritisch auf unsere westlichen Herausforderungen und unsere theologischen Antworten schauen.

Die vier Schritte zeigen: Es geht beim Kontextualisieren um theologische und kulturelle Weisheit, die Reflexions-, Entscheidungs- und Handlungskompetenz gemeinsam fördert. Es geht um die Frage, wie die Tatsache der Herrschaft Christi Menschen in ihrem Lebensumfeld, in ihrem Denken und Handeln prägen und im Ergebnis lokal zu (kleinen und großen) Schritten der Veränderung im Sinne Christi führen kann.

8. Schlussbemerkungen zur Praxis

Wie kommen wir einem solchen Modell in der Praxis näher? Die abschließenden Bemerkungen weisen auf Herausforderungen für unsere westliche Partizipation in solchen Prozessen hin.

8.1 Interkulturelle Kompetenz

Christliche Mission, die einheimische Kirchen in Kontextualisierungsprozessen begleiten will, wird auch an Qualifizierungsprozessen für ihre Mitarbeiter arbeiten. Theologisieren im Kontext einer fremden Kultur braucht nicht weniger, sondern mehr Reflexionsfähigkeit als sie im eigenen kulturellen Kontext nötig wäre.

Hier lässt sich etwa von der anglikanischen Kirche in England lernen. Mitarbeiter, die in so genannten Fresh X Projekten[28] in kirchenfernen Milieus missionarisch tätig sein wollen, absolvieren nicht nur ein vollständiges Theologiestudium, sondern durchlaufen auch ein Bewerbungsverfahren, in dem ihr Potential für interkulturelle Kompetenz und theologische Reflexion in fremden kulturellen Kontexten geprüft und gefördert wird. Eine solche Expertise ist unerlässlich.[29]

---

[28] Gemeint sind „fresh expressions of church", „neue Ausdrucksformen gemeindlichen Lebens", die sich mit bereits bestehenden Gemeinden vernetzen. Siehe: https://freshexpressions.org.uk/, für Deutschland: https://freshexpressions.de/ (beide abgerufen am 25.10.2023).

[29] Für hauptamtliche Initiatoren solcher Projekte gilt ein spezielles Anforderungsprofil mit strengen Qualifikationskriterien. In einem längeren Bewerbungsverfahren werden sie durch einen Fachausschuss auf ihre Begabungen und Fähigkeiten hin geprüft. Dabei unterscheidet der Fachausschuss in seiner Bewertung zwischen Fertigkeiten, die erlernt werden können, sofern sie noch nicht vorhanden sind, und grundlegenden Begabungen, die für eine solche missionarische Initiative im Leben der Bewerber sichtbar sein müssen und die nach Meinung des Prüfungsausschusses nicht erarbeitet oder erlernt werden können. Wer dieses

Interkulturalität & Religion / Intercultural & Religious Studies

Liebenzeller Impulse zu Mission, Kultur und Religion

hrsg. von Prof. Dr. Jürgen Schuster, Prof. Dr. Mihamm Kim-Rauchholz und Prof. Dr. Volker Gäckle

Jürgen Schuster
Gemeinsam unterwegs – Mission verändert
Mission verändert sich
Kirche muss nicht nur Theologie, sondern auch Welt und Kultur verstehen. Das gilt erst recht für die neue Epoche der Weltchristenheit. Die Beiträge in diesem Band sensibilisieren für Herausforderungen, die der Wandel hin zu einer vielfältigen Weltchristenheit mit sich bringt. Unter den Stichworten Mission – Theologie – Kontext werden im ersten Teil Fragen zur Bedeutung einer interkontextuellen hermeneutischen Gemeinschaft reflektiert. Teil 2 beschäftigt sich mit Beiträgen des englischen Theologen und Ökumenikers Lesslie Newbigin. Teil 3 enthält Vorträge, die die Relevanz der Interkulturellen Theologie für Kirche und Gemeinde aufzeigen.
Bd. 7, 2023, 324 S., 29,90 €, br., ISBN 978-3-643-15423-1

Harald Jung; Jürgen Schuster; Volker Gäckle (Hrsg.)
Europa, wie hältst du's mit der Religion?
Zum Verhältnis von Religion und Gesellschaft
Das Verhältnis zu Religion und zu den Religionen wird zurecht wieder neu als eine gesellschaftliche „Gretchenfrage" wahrgenommen. Die lange im Westen angenommene „Säkularisierungsthese" vom allmählichen Verschwinden des Religiösen aus dem gesellschaftlichen Leben hat sich nicht bewahrheitet, so dass die Selbstverständigung über seine Bedeutung und die Neubesinnung auf sein Verhältnis zur Gesellschaft neue Dringlichkeit gewinnt. Das gilt im Blick auf religiöse Vielfalt und unterschiedliche Vorstellungen von Gesellschaft und Politik ebenso, wie für die grundsätzliche Rolle von Transzendenz für die Menschenwürde und die Grundlagen des Zusammenlebens. Hier knüpft der Band an Band 5 der Reihe an und bringt namhafte Autoren aus philosophischer, politischer, theologischer und interreligiöser Perspektive ins Gespräch.
Bd. 6, 2020, 192 S., 24,90 €, br., ISBN 978-3-643-14476-8

Jürgen Schuster; Volker Gäckle (Hrsg.)
Religionsfreiheit, Meinungsfreiheit und christlicher Glaube
Das Recht auf Meinungs- und Religionsfreiheit ist als Grundrecht mit der Würde eines jeden Menschen fest verknüpft. Trotzdem leben nach Auskunft des ‚Institute on Religion and Public Policy' rund 75 Prozent der Weltbevölkerung in Ländern mit starken Einschränkungen gegenüber religiösen Minderheiten. Vor diesem Hintergrund hat sich die IHL im Rahmen eines Symposiums mit dem Thema beschäftigt. Der Band enthält Beiträge zu den geschichtlichen Wurzeln von Religionsfreiheit, zur Geschichte in der Spätantike und Teilen Europas, zu religionstheologischen und philosophischen Aspekten, sowie religionswissenschaftliche Beiträge zur Religionsfreiheit in islamischen Kontexten.
Bd. 5, 2017, 308 S., 29,90 €, br., ISBN 978-3-643-13829-3

LIT Verlag Berlin – Münster – Wien – Zürich – London

Auslieferung Deutschland / Österreich / Schweiz: siehe Impressumsseite

Ulrich Giesekus; Bradford M. Smith; Jürgen Schuster (Eds.)
Global Mental Health and the Church
The book presents Christian psychology approaches and international mental health care projects from around the world. It focuses on the resources of the church, mostly in local settings, to address challenges of psychosocial care. Good relationships, positive self-esteem and mental health are basic to improvements of the entire situation in poor and wealthy regions alike. The compendium includes contributions from China, Kenya, Mexico, Switzerland, USA and Germany. It is based on a symposium in June 2015 in Bad Liebenzell, Germany.
vol. 4, 2017, 136 pp., 19,90 €, pb., ISBN-CH 978-3-643-90854-4

Helmuth Egelkraut
Die Liebenzeller Mission und der Nationalsozialismus
Eine Studie zu ausgewählten Bereichen, Personen und Positionen. Mit einer Stellungnahme des Komitees der Liebenzeller Mission
Die Zeit des Dritten Reiches ist nicht eine vergangene Ära. Das zeigt sich in diesem Jahr: Siebzig Jahre nach dem Ende des Zweiten Weltkrieges und der Befreiung von der Gewaltherrschaft des Nationalsozialismus. Wie durchlebte die Liebenzeller Mission diese Zeit? Bisher schwieg man darüber. Als die Missionsleitung den Auftrag zur Erforschung dieser Zeit gab, wusste niemand, was man finden würde. Es zeigte sich, dass man meinte, für eine gute Sache zu kämpfen und geschehendes Unrecht in vielfältiger Gestalt nicht zur Kenntnis nahm. Es ist schwer und doch wichtig, diesen schmerzlichen Abschnitt der Geschichte des Missionswerkes anzunehmen. Umso mehr staunt man über die Gnade, dass der dreieinige Gott es dennoch über alle Jahre gebrauchte, segnete und zum Segen setzte.
Bd. 3, 2. Aufl. 2016, 536 S., 39,90 €, br., ISBN 978-3-643-12980-2

Volker Gäckle; Jürgen Schuster (Hrsg.)
Das Evangelium und die Religionen
Religionskundliche Fragen – religionstheologische Folgerungen
Die theologische Reflexion des Evangeliums von Jesus Christus geschah in der ersten Kirche gezwungenermaßen und ganz selbstverständlich im Kontext pluraler Religiosität und in der Auseinandersetzung mit anderen Heilsangeboten und religiösen Ansprüchen. Die Herausforderungen für die Kirche heute sind also nicht neu, eher ungewohnt. Die Internationale Hochschule Liebenzell hat in ihren „Theologischen Tagen" im Juni 2014 den Blick auf diese grundlegende Herausforderung der Theologie gerichtet. Die hier veröffentlichen Aufsätze verfolgen – in ihrer Verschiedenheit – das Ziel, die Reflexion des Evangeliums hineinzustellen in den Kontext religionskundlicher Wahrnehmungen, und diese Wahrnehmungen zu berücksichtigen bei religionstheologischen Überlegungen.
Bd. 2, 2015, 154 S., 19,90 €, br., ISBN 978-3-643-12886-7

Jürgen Schuster; Volker Gäckle (Hrsg.)
Der Paradigmenwechsel in der Weltmission
Chancen und Herausforderungen nicht-westlicher Missionsbewegungen
Bd. 1, 2014, 256 S., 19,90 €, br., ISBN 978-3-643-12374-9

LIT Verlag Berlin – Münster – Wien – Zürich – London
Auslieferung Deutschland / Österreich / Schweiz: siehe Impressumsseite